Wörlen · Balleis

Anleitung zur Lösung von Zivilrechtsfällen

Anleitung zur Lösung von Zivilrechtsfällen

Methodische Hinweise und 22 Musterklausuren

(zum Bürgerlichen Recht – mit Handelsrecht und Arbeitsrecht)

Begründet von

Dr. iur. Rainer Wörlen †

ehemals Professor an der Fakultät Wirtschaftsrecht
der Hochschule Schmalkalden

fortgeführt und überarbeitet seit der 10. Auflage von

Dr. iur. Kristina Balleis

Professorin an der Fakultät Wirtschaft und Recht
der Technischen Hochschule Aschaffenburg

11., überarbeitete und verbesserte Auflage 2025

Verlag Franz Vahlen

Zitiervorschlag: Wörlen/Balleis ZivilR Rn.

vahlen.de

ISBN Print 978 3 8006 7535 7
ISBN E-Book 978 3 8006 7536 4

Wilhelmstraße 9, 80801 München
info@vahlen.de
Druck und Bindung: Beltz Grafische Betriebe GmbH
Am Fliegerhorst 8, 99947 Bad Langensalza

Satz: R. John + W. John GbR, Köln
Umschlag: Martina Busch Grafikdesign, Homburg Saar

myclimate
shape our future

vahlen.de/nachhaltig
produktsicherheit.vahlen.de

Gedruckt auf säurefreiem, alterungsbeständigem Papier
(hergestellt aus chlorfrei gebleichtem Zellstoff)

„Von den vielen Welten,
die der Mensch nicht von der
Natur geschenkt bekam,
sondern sich aus eigenem
Geist erschaffen hat,
ist die Welt der Bücher
die größte.“

(Hermann Hesse)

Vorwort zur 11. Auflage

Seit dem Erscheinen der 10. Auflage dieser Anleitung sind einige Jahre vergangen und das Schuldrecht hat in der Zwischenzeit die wohl umfassendste Reform seit 2002 erfahren. Die bedeutsamsten Änderungen erfolgten zum 1.1.2022 durch das Gesetz zur Umsetzung der Richtlinie über bestimmte vertragsrechtliche Aspekte der Bereitstellung digitaler Inhalte und digitaler Dienstleistungen vom 25.6.2021 (BGBl. 2021 I 2123), das Gesetz zur Regelung des Verkaufs von Sachen mit digitalen Elementen und anderer Aspekte des Kaufvertrags vom 25.6.2021 (BGBl. 2021 I 2133). Aber auch das Gesetz zur Umsetzung der Digitalisierungsrichtlinie (DiRuG) vom 5.7.2021 (BGBl. 2021 I 3338), das Gesetz zur Modernisierung des Personengesellschaftsrechts (MoPeG) vom 10.8.2021 (BGBl. 2021 I 3436) und das Gesetz für faire Verbraucherverträge vom 10.8.2021 (BGBl. 2021 I 3433) haben Änderungen zum 28.5. bzw. 1.7.2022 herbeigeführt.

Insofern war eine Aktualisierung dringend geboten, denn das Anliegen dieses Buches ist zeitlos.

Es möchte allen Studierenden des Rechts im Haupt- oder Nebenfach an Universitäten, Hochschulen und Berufsakademien die **Technik des Klausurenschreibens** vermitteln, wobei die gutachtliche **Lösung eines Zivilrechtsfalles** im Mittelpunkt steht. Damit beginnt man üblicherweise im Studium und Anfängerinnen und Anfänger haben ihre Not mit den Besonderheiten der juristischen Arbeitstechnik, die man für das Gutachten benötigt.

Voraussetzung für den gewinnbringenden Einsatz dieses Buches ist ein materielles Vorwissen im Zivilrecht, das auch für die ersten Prüfungen unerlässlich ist. Dieses Wissen sollte sich auf die Grundzüge der ersten drei Bücher des BGB (BGB AT, Schuldrecht und Sachenrecht) erstrecken sowie für die Fälle 21 und 22 auch auf das Basiswissen im Handels- und Arbeitsrecht (in etwa entsprechend den Darstellungen in den Büchern von Wörlen ua in der Reihe „Lernen im Dialog" zum BGB, Sachen-, Handels- und Arbeitsrecht – vgl. Literatur, S. XXIV).

Hilfreich für das erfolgreiche Arbeiten mit diesem Buch ist die Lektüre des nachfolgenden Auszugs aus dem **Vorwort zur ersten Auflage – zugleich eine Arbeitsanleitung** – der bis heute seine Gültigkeit hat.

22 Fälle mit Musterlösungen und methodischen Hinweisen können für den Einstieg in die Klausurtechnik genügen. Wichtig ist es, stets zunächst zu versuchen, die Fälle eigenständig zu lösen, ohne zuvor die Musterlösungen zu lesen. Denn Klausurenschreiben lernt man am besten durch *Klausuren schreiben*!

Das bewährte **Konzept der synoptischen Darstellung** von „Methodischen Hinweisen" auf der linken und der „gutachtlichen Ausarbeitung" des Falles auf der rechten Seite wird beibehalten. Die „Methodischen Hinweise" werden angereichert durch Prüfungsschemata zu Anspruchsgrundlagen, Gestaltungsrechten ua. Rechtsprechung und Literatur im Literaturverzeichnis und in den Vertiefungshinweisen am Ende der Fälle sind auf dem neuesten Stand. Die empfohlenen Vertiefungshinweise sind inhaltlich ergänzt um die jeweiligen Kapitelüberschriften, sodass man direkt erkennen kann, welche Rechtsthemen damit vertieft werden können.

Mein besonderer Dank gilt stud. iur. Gustav Kokemoor für seine Unterstützung bei der Aktualisierung und Überarbeitung einiger Fälle und Lösungen. Die studentische Perspektive hat die Diskussion der Lösungen sehr bereichert. Gleiches gilt für die Hinweise und Anregungen aus dem Kreis der Leserinnen und Leser, die ich auch künftig dankbar und gerne entgegennehme.

Meine Anschrift lautet:

Technische Hochschule Aschaffenburg
Fakultät Wirtschaft und Recht
Würzburger Str. 45
63743 Aschaffenburg

E-Mail: kristina.balleis@th-ab.de

Aschaffenburg, im April 2025 Kristina Balleis

Aus dem Vorwort zur ersten Auflage – zugleich eine Arbeitsanleitung –

Dieses Buch geht zurück auf eine in der Zeitschrift „Juristische Arbeitsblätter" (JA-Übungsblätter 1979 und 1980) erschienene Aufsatzserie „Praktische Anleitung zur Lösung von Fällen im Zivilrecht für Studienanfänger (1. und 2. Semester)", die für die jetzt erfolgte Zusammenfassung eingehend überarbeitet, ergänzt und aktualisiert wurde.

Den Anstoß zur Veröffentlichung möglichst „einfacher" klausurmäßiger Falllösungen gab die Beobachtung, dass bisher publizierte Anfänger-Fallsammlungen häufig erst für das Niveau von Studierenden dritter und höherer Semester geeignet erscheinen. Studierenden des ersten und auch des zweiten Semesters, denen darüber hinaus vom ersten Tag des Studiums an die einschlägigen Ausbildungszeitschriften zur Durcharbeitung empfohlen werden, können jedoch mit den dort angebotenen – qualitativ guten – Fallbearbeitungen oft wenig anfangen, zumal sie angesichts einer Fußnotenflut von Rechtsprechungs- und Literaturhinweisen „den Wald vor lauter Bäumen" nicht mehr sehen.

Unverständnis und Mutlosigkeit sind daher nicht selten die Folge. Hier abzuhelfen war nicht zuletzt Ziel meiner dreijährigen Tätigkeit als Leiter von Arbeitsgemeinschaften und Übungen an den Universitäten Würzburg und Freiburg – beides Hochschulen von Bundesländern, die in ihren juristischen Staatsexamina das reine Klausurensystem (ohne Hausarbeit) bevorzugen. Die von mir gewählte Darstellungsweise der optischen Gegenüberstellung von „Methodischen Hinweisen" (die, um die Darstellung möglichst kurz zu halten, bisweilen in stichwortartigen Sätzen erfolgen) und „Ausarbeitung (Gutachten)" fand bei den Studierenden ein so positives Echo, dass ich mich entschloss, die wichtigsten Fälle einem größeren Leserkreis zugänglich zu machen.

Das nun entstandene Buch soll nicht als Konkurrenz zu der bereits großen Anzahl von Fallsammlungen im Zivilrecht verstanden werden, sondern soll diese ergänzen bzw. als Vorbereitung auf eines dieser – materiell schwierigeren und entsprechend „anspruchsvolleren" – Werke dienen. Die Vermittlung materiellen Stoffs ist daher nur sekundäres Ziel meines Buchs. Qualitativ und quantitativ bewegt sich der Inhalt der Falllösungen im Rahmen dessen, was ihr Studium ernst nehmende durchschnittliche Anfänger(innen) nach guter Vorbereitung in den Arbeitsgemeinschaften in einer Klausur tatsächlich „zu Papier bringen" könnten.

Um möglichst intensiv von der Durcharbeitung dieses Buchs zu profitieren, müssen die Studierenden wissen, wie sie vorgehen sollen. Bevor man sich als Anfänger(in) mit den *Methoden* zur Lösung von Klausuren beschäftigt, sollte man zumindest *ein Einführungswerk* zum BGB gelesen haben, das mit der Terminologie und den wesentlichen Grundbegriffen vertraut macht*. **Weiter ist wie folgt zu verfahren: Zunächst müssen (jedesmal bzw. so oft und so lange, bis Sie sie beherrschen) die für alle**

* ZB die Lehrbücher von Wörlen ua zum BGB AT, SchuldR AT, SchuldR BT und SachenR, die im Literaturverzeichnis aufgeführt sind, aber im Erscheinungsjahr der 1. Auflage noch nicht existierten.

Fallbearbeitungen gültigen „Allgemeinen Vorüberlegungen" am Anfang des Buchs (=„Einführung") gelesen werden. Sodann sollte jeder Fall von den Leser(inne)n selbst zu lösen versucht werden, was natürlich nur sinnvoll ist, wenn man über das in den Überschriften skizzierte Stoffgebiet schon einmal etwas gehört bzw. gelesen hat. Welche Zeit für die eigene klausurmäßige Bearbeitung eines Falls durchschnittlich nicht überschritten werden darf, ist jeweils angegeben. **Ist die eigene Lösung fertig gestellt, empfiehlt es sich, zunächst die hier vorgeschlagene Gutachten-Lösung auf den rechten Seiten des Buchs durchgehend zu lesen. Dann sollten die „Methodischen Hinweise" (= „Besondere Vorüberlegungen") auf den linken Buchseiten durchgearbeitet und der dort angesprochene Abschnitt der Ausarbeitung (Gutachten) auf den rechten Buchseiten sofort (nochmals) gelesen werden.**

Im Anschluss daran sei schließlich die erneute zusammenhängende Lektüre von Sachverhalt und Gutachten (rechte Seiten) empfohlen, damit der unmittelbare Bezug zum Fall nicht verloren geht und eine geschlossene Lösung im Gedächtnis bleibt.

Bewusst wurden in den „Methodischen Hinweisen" mancherorts Wiederholungen vorgenommen; denn je öfter man „dasselbe" liest, umso mehr bleibt erfahrungsgemäß haften.

Die Literaturhinweise am Ende der „Methodischen Hinweise" sind – wie die Überschrift erkennen lässt – insbesondere für die Bearbeiter(innen) gedacht, die den angesprochenen Stoff eingehend vertiefen wollen.

Noch etwas: *Gesetzesparagraphen, die man noch nicht „auswendig" kann, sollte man immer wieder lesen! Nicht umsonst heißt es: „Die halbe Juristenweisheit steht im Gesetz" oder „Der Blick ins Gesetz erleichtert die Rechtsfindung"!*

Einen Gesetzestext müssen Sie also *immer* nebenher benutzen, um *jede* zitierte Vorschrift nachzulesen!

Es soll und kann nicht Ziel dieses Buchs sein, aus den Leser(inne)n schon „perfekte Klausurenschreiber(innen) " zu machen; die Lektüre kann aber den Studierenden eine „Angst" nehmen, die sich vom ersten Tag des Studiums an festzusetzen scheint – die Angst vor dem „Gespenst Klausur".

Für Hinweise und Anregungen aus dem Leserkreis bin ich stets dankbar.

Köln, im Mai 1986 Rainer Wörlen

Inhaltsverzeichnis

(Die Zahlen beziehen sich auf die Seiten.)

Verzeichnis der Übersichten

(Die Zahlen beziehen sich auf die Randnummern.)

Verzeichnis der Prüfungsschemata

(Die Zahlen beziehen sich auf die Randnummern.)

1 Paragrafen (§§) in diesem Buch ohne Bezeichnung sind solche des BGB.

Abkürzungsverzeichnis

aaO . . . . am angegebenen Ort
Abs. . . . . Absatz
Abschn. . . . . Abschnitt
aF . . . . alte Fassung
AG . . . . Amtsgericht
AGB . . . . Allg. Geschäftsbedingungen
AGG . . . . Allgemeines Gleichbehandlungsgesetz
allg. . . . . allgemein/e/er/es
Alt. . . . . Alternative
Anm. . . . . Anmerkung
ArbG . . . . Arbeitsgesetze/Arbeitsgericht
ArbR . . . . Arbeitsrecht
Arg. . . . . Argument(ation)
ASG . . . . Anspruchsgrundlage
AT . . . . Allgemeiner Teil
Aufl. . . . . Auflage

BGB . . . . Bürgerliches Gesetzbuch
BGBl. . . . . Bundesgesetzblatt
BGH . . . . Bundesgerichtshof
BGH LM . . . . Lindenmaier-Möhring – Kommentierte BGH-Rechtsprechung (elektronische Fachzeitschrift)
BGHZ . . . . Entscheidungen des BGH in Zivilsachen
BT . . . . Besonderer Teil
BürgerlR . . . . Bürgerliches Recht
BZRG . . . . Gesetz über das Zentralregister und das Erziehungsregister (Bundeszentralregistergesetz)
bzw. . . . . beziehungsweise

cic . . . . culpa in contrahendo (Verschulden bei/vor Vertragsschluss)

DAR . . . . Deutsches Autorecht (Zeitschrift)
dh . . . . das heißt
Diss. . . . . Dissertation
Dr. . . . . Doktor
DS-GVO . . . . Verordnung (EU) 2016/679 des Europäischen Parlaments und des Rates zum Schutz natürlicher Personen bei der Verarbeitung personenbezogener Daten, zum freien Datenverkehr und zur Aufhebung der Richtlinie 95/46/EG (Datenschutz-Grundverordnung)

ebd . . . . ebenda
ECLI . . . . European Case Law Identifier
Einf. . . . . Einführung
etc . . . . et cetera

f., ff. . . . . folgende Seite bzw. Seiten
Fn. . . . . Fußnote

gem. . . . . gemäß
ges. . . . . gesetzlich/e
GewO . . . . Gewerbeordnung
gg. . . . . gegen

ggf. . . . . gegebenenfalls
ggs. . . . . gegenseitig
GRZ . . . . Göttinger Rechtszeitschrift

HandelsR . . . . Handelsrecht
HGB . . . . Handelsgesetzbuch
HK . . . . Handkommentar
hM . . . . herrschende Meinung (in Rechtsprechung und/oder Literatur)
Hrsg. . . . . Herausgeber
hrsg. . . . . herausgegeben
Hs. . . . . Halbsatz

ibid. . . . . ibidem
idR . . . . in der Regel
insbes. . . . . insbesondere
iSe . . . . im Sinne einer/eines
iSd . . . . im Sinne des/der
iSv . . . . im Sinne von
iÜ . . . . im Übrigen
iVm . . . . in Verbindung mit
IWRZ . . . . Zeitschrift für internationales Wirtschaftsrecht

JA . . . . Juristische Arbeitsblätter (Zeitschrift)
jM . . . . juris – Die Monatszeitschrift
JURA . . . . Juristische Ausbildung (Zeitschrift)
Jur. . . . . Juristische
JuS . . . . Juristische Schulung (Zeitschrift)
JZ . . . . JuristenZeitung

Kap. . . . . Kapitel
KSchG . . . . Kündigungsschutzgesetz
KV . . . . Kaufvertrag; Köchelverzeichnis

lat. . . . . lateinisch
LG . . . . Landgericht
LL.M. . . . . Master of Laws
LzV . . . . Literatur zur Vertiefung

mAnm . . . . mit Anmerkung
Min. . . . . Minute(n)
MM . . . . Mindermeinung
MMR . . . . Zeitschrift für das Recht der Digitalisierung, Datenwirtschaft und IT
MüKo . . . . Münchener Kommentar
MuSchG . . . . Gesetz zum Schutz von Müttern bei der Arbeit, in der Ausbildung und im Studium (Mutterschutzgesetz)

NJ . . . . Neue Justiz (Zeitschrift)
NJOZ . . . . Neue Juristische Online Zeitschrift
NJW . . . . Neue Juristische Wochenschrift (Zeitschrift)
NWB . . . . Neue Wirtschafts-Briefe (Verlag)
NZA . . . . Neue Zeitschrift für Arbeitsrecht
NZI . . . . Neue Zeitschrift für Insolvenz- und Sanierungsrecht
NZV . . . . Neue Zeitschrift für Verkehrsrecht

o. . . . . oder
OHR . . . . Office of the High Representative in Bosnia and Herzogovina

Prof. . . . . Professor

RA . . . . Rechtsanwalt
RGZ . . . . Entscheidungen des Reichsgerichts in Zivilsachen
Rn. . . . . Randnummer
Rspr. . . . . Rechtsprechung

S. . . . . Seite(n), Satz
s. . . . . siehe
SachenR . . . . Sachenrecht
SchuldR . . . . Schuldrecht
SGB . . . . Sozialgesetzbuch
sog. . . . . sogenannt/e/er/es
Std. . . . . Stunde/n

u. . . . . und
ua . . . . unter anderem/und andere
UNMIK . . . . United Nations Mission in Kosovo
Urt. . . . . Urteil
usw . . . . und so weiter

Var. . . . . Variante
v. . . . . vor, von
vgl. . . . . vergleiche
Vorb. . . . . Vorbemerkung
VuR . . . . Verbraucher und Recht (Zeitschrift)

WE . . . . Willenserklärung

zB . . . . zum Beispiel
zit. . . . . zitiert
zjs . . . . Zeitschrift für das juristische Studium
zul. . . . . zuletzt

Literaturverzeichnis

Aufsätze erscheinen mit vollem Titel nur in der jeweiligen „Literatur zur Vertiefung" am Ende der Fälle.

Zitierte und in der LzV empfohlene Literatur:

Alpmann Schmidt, Skript Arbeitsrecht, 23. Aufl. 2022 (Marschollek); Skript BGB AT 1, 25. Aufl. 2023 (Lüdde); Skript BGB AT 2, 23. Aufl. 2023 (Lüdde); Skript Handelsrecht, 19. Aufl. 2022 (Braasch); Skript Schuldrecht AT 1, 26. Aufl. 2024 (Langkamp); Skript Schuldrecht AT 2, 25. Aufl. 2024 (Langkamp/Lüdde); Skript Schuldrecht BT 1, 24. Aufl. 2025 (Langkamp); Skript Schuldrecht BT 3, 22. Aufl. 2024 (Langkamp); Skript Schuldrecht BT 4, 23. Aufl. 2023 (Haack); Skript Sachenrecht 1, 25. Aufl. 2025 (Veltmann); Basiswissen Arbeitsrecht, 2. Aufl. 2021 (Marschollek); Basiswissen Methodik der Fallbearbeitung im Studium und Examen, 6. Aufl. 2025 (Pense/Lüdde)

Bartels, K., Klausurtraining Gesetzliche Schuldverhältnisse, Fälle und Lösungen, 2. Aufl. 2025 (zit.: Bartels Ges. Schuldverhältnisse)

Baur, J. F./Stürner, R., Sachenrecht, Lehrbuch, 18. Aufl. 2009 (zit.: Baur/Stürner SachenR)

Boecken, W. *, BGB - Allgemeiner Teil, 3. Aufl. 2019 (zit.: Boecken BGB AT)

Bringewat, J.*, Klausuren schreiben leicht gemacht, 20. Aufl. 2024 (zit.: Bringewat Klausurenschreiben)

Brox, H./Henssler, M.*, Handelsrecht, 23. Aufl. 2020 (zit.: Brox/Henssler HandelsR)

Brox, H./Walker, W.-D.*, Allgemeiner Teil des BGB, 48. Aufl. 2024 (zit.: Brox/Walker BGB AT)

Brox, H./Walker, W.-D.*, Allgemeines Schuldrecht, 48. Aufl. 2024 (zit.: Brox/Walker SchuldR AT)

Brox, H./Walker, W.-D.*, Besonderes Schuldrecht, 48. Aufl. 2024 (zit.: Brox/Walker SchuldR BT)

Däubler, W., Arbeitsrecht – Ratgeber für Beruf, Praxis und Studium, 15. Aufl. 2024 (zit.: Däubler ArbR)

Dütz, W./Thüsing, G.*, Arbeitsrecht, 29. Aufl. 2024 (zit.: Dütz/Thüsing ArbR)

Eisenmann, H./Quittnat, J./Tavakoli, A.*, Rechtsfälle aus dem Wirtschaftsprivatrecht, 10. Aufl. 2014 (zit.: Eisenmann/Quittnat/Tavakoli WirtschaftsPrivatR Fälle)

Fezer, K.-H./Obergfell, E. I., Klausurenkurs zum Schuldrecht Besonderer Teil, 11. Aufl. 2023 (zit.: Fezer/Obergfell Klausurenkurs SchuldR BT)

Fikentscher, W./Heinemann, A., Schuldrecht, 12. Aufl. 2022 (zit.: Fikentscher/Heinemann SchuldR)

Fischer, P. C.*, Wirtschaftsprivatrecht, 2. Aufl. 2023 (zit.: Fischer WirtschaftsPrivatR)

Glossner, S., Dallmayer, T.*, Jura – erfolgreich studieren, 8. Aufl. 2021 (zit.: Glossner/Dallmayer Jura erfolgreich)

Gruber, J., Handelsrecht – Schnell erfasst, 6. Aufl. 2019 (zit.: Gruber HandelsR)

Grüneberg, Ch. u.a. (vormals Palandt, O.), Bürgerliches Gesetzbuch, Kurz-Kommentar, 83. Aufl. 2024 (zit.: Grüneberg/Bearbeiter)

Hau, W./Poseck, R. (Hrsg.), Beck'scher Online-Kommentar BGB, 72. Edition, Stand: 1.11.2024 (zit.: BeckOK BGB/Bearbeiter)

Hildebrand, T.*, Juristischer Gutachtenstil, 4. Aufl. 2024 (zit.: Hildebrand Gutachtenstil)

Hirsch, C.*, BGB Allgemeiner Teil, 10. Aufl. 2019 (zit.: Hirsch BGB AT)

Hirsch, C.*, Schuldrecht Allgemeiner Teil, 11. Aufl. 2018 (zit.: Hirsch SchuldR AT)

Hoffmann, M.*, Deutsch fürs Jurastudium, 3. Aufl. 2020 (zit.: Hoffmann Deutsch)

Hoffmann, U., Technik der Fallbearbeitung im Wirtschaftsprivatrecht, 5. Aufl. 2024 (zit.: Hoffmann Fallbearbeitung)

Hromadka, W./Maschmann, F., Arbeitsrecht Band 1 – Individualarbeitsrecht, 8. Aufl. 2023 (zit.: Hromadka/Maschmann ArbR I)

Jauernig, O. , Bürgerliches Gesetzbuch, Kommentar, 19. Aufl. 2023 (zit.: Jauernig/Bearbeiter)

Jung, P., Handelsrecht, 13. Aufl. 2023 (zit.: Jung HandelsR)

Junker, A.*, Grundkurs Arbeitsrecht, 23. Aufl. 2024 (zit.: Junker GK ArbR)

Kirchner, H., Abkürzungsverzeichnis der Rechtssprache, 11. Aufl. 2024 (zit.: Kirchner Abkürzungen)

Köhler, H., BGB Allgemeiner Teil, 30. Aufl. 2024 (zit.: Köhler BGB AT)

Lange, B.*, Jurastudium erfolgreich (mit Examensvorbereitung), 9. Aufl. 2025 (zit.: Lange Jurastudium)

Lettl, T., Fälle zum Handelsrecht, 5. Aufl. 2021 (zit.: Lettl HandelsR)

Liebs, D., Lateinische Rechtsregeln und Rechtssprichwörter, 8. Aufl. 2024 (zit.: Liebs Rechtsregeln Latein)

Löwisch, M./Caspers, G./Klumpp, S., Arbeitsrecht, 12. Aufl. 2019 (zit.: Löwisch/Caspers/Klumpp ArbR)

Looschelders, D., Schuldrecht Allgemeiner Teil, 22. Aufl. 2024 (zit.: Looschelders SchuldR AT)

Looschelders, D., Schuldrecht Besonderer Teil, 19. Aufl. 2024 (zit.: Looschelders SchuldR BT)

Mann, T., Einführung in die juristische Arbeitstechnik, 5. Aufl. 2015 (zit.: Mann Jur. Arbeitstechnik)

Mayer, V./Oesterwinter, P., Die BGB-Klausur – eine Schreibwerkstatt, 3. Aufl. 2021 (zit.: Mayer/Oesterwinter BGB-Klausur)

Medicus, D./Lorenz, S., Schuldrecht I, Allgemeiner Teil, 22. Aufl. 2021 (zit.: Medicus/Lorenz SchuldR I)

Medicus, D./Lorenz, S., Schuldrecht II, Besonderer Teil, 18. Aufl. 2018 (zit.: Medicus/Lorenz SchuldR II)

Medicus, D./Petersen, J., Allgemeiner Teil des BGB, 12. Aufl. 2024 (zit.: Medicus/Petersen BGB AT)

Medicus, D./Petersen, J., Bürgerliches Recht – Eine nach Anspruchsgrundlagen geordnete Darstellung zur Examensvorbereitung, 29. Aufl. 2023 (zit.: Medicus/Petersen BürgerlR)

Medicus, D./Petersen, J.*, Grundwissen zum Bürgerlichen Recht – Ein Basisbuch zu den Anspruchsgrundlagen, 13. Aufl. 2024 (zit.: Medicus/Petersen BürgerlR Grundwissen)

Metzler-Müller, K./Füglein, F.*, Wie löse ich einen Privatrechtsfall? – Aufbauschemata, Mustergutachten, Klausurschwerpunkte, 8. Aufl. 2022 (zit.: Metzler-Müller/Füglein PrivatRFall)

Möllers, T. M. J., Juristische Arbeitstechnik und wissenschaftliches Arbeiten, 11. Aufl. 2024 (zit.: Möllers Arbeitstechnik)

Münchner Kommentar zum Bürgerlichen Gesetzbuch, BGB: Band 1: Allgemeiner Teil §§ 1–240, AllgPersönlR, ProstG, AGG, 10. Aufl. 2025; Band 2: Schuldrecht – Allgemeiner Teil I §§ 241–310, 9. Aufl. 2022; Band 3: Schuldrecht – Allgemeiner Teil II §§ 311–432, 9. Aufl. 2022; Band 4/1: Schuldrecht – Besonderer Teil I/1 §§ 433–480, CISG, 9. Aufl. 2024; Band 7: Schuldrecht – Besonderer Teil IV §§ 705–853, Partnerschaftsgesellschaftsgesetz, Produkthaftungsgesetz, 9. Aufl. 2024; Band 8: Sachenrecht §§ 854-1296, WEG, ErbbauRG, 9. Aufl. 2023 (zit.: MüKoBGB/Bearbeiter)

Neuner, J., Allgemeiner Teil des Bürgerlichen Rechts, 13. Aufl. 2023 (zit.: Neuner BGB AT)

Olzen, D./Maties, M./Looschelders, D., Zivilrechtliche Klausurenlehre mit Fallrepetitorium, 10. Aufl. 2024 (zit.: Olzen/Maties/Looschelders Klausurenlehre)

Prütting, H., Sachenrecht, 38. Aufl. 2024 (zit.: Prütting SachenR)

Putzke, H.*, Juristische Arbeiten erfolgreich schreiben, 7. Aufl. 2021 (zit.: Putzke Jur. Arbeiten)

Schäfer/Schimmel, Juristische Recherche – analog und digital, 2024 (zit.: Schäfer/Schimmel Jur. Recherche analog digital)

Schimmel, R.*, Juristische Klausuren und Hausarbeiten richtig formulieren, 15. Aufl. 2022 (zit.: Schimmel Klausuren)

Schmuck, M., Deutsch für Juristen, Vom Schwulst zur klaren Formulierung, 5. Aufl. 2021 (zit.: Schmuck Deutsch für Juristen)

Schreiber, C.*, Sachenrecht, 8. Aufl. 2022 (zit.: Schreiber SachenR)

Schulze, R./Dörner, H./Ebert, I. ua (Hrsg.), Bürgerliches Gesetzbuch, Handkommentar, 12. Aufl. 2024 (zit.: HK-BGB/Bearbeiter)

Stadler, A.*, Allgemeiner Teil des BGB, 21. Aufl. 2022 (zit.: Stadler BGB AT)

Vogel, I., Erfolgreich recherchieren – Jura, 4. Aufl. 2024 (zit.: Vogel Recherche Jura)

Wagner, G./McColgan, P., Die BGB-Klausur, 10. Aufl. 2024 (zit.: Wagner/McColgan BGB-Klausur)

Walter, T., Kleine Stilkunde für Juristen, 4. Aufl. 2024 (zit.: Walter Stilkunde)

Wank, R./Maties, M., Die Auslegung von Gesetzen, 7. Aufl. 2023 (zit.: Wank/Maties Auslegung)

Wesel, U., Fast alles, was Recht ist – Jura für Nichtjuristen, 10. Aufl. 2021 (zit.: Wesel Was Recht ist)

Wellenhofer, M.*, Sachenrecht, 39. Aufl. 2024 (zit.: Wellenhofer SachenR)

Westermann, H.-P., Grundbegriffe des BGB, 17. Aufl. 2013 (zit.: Westermann Grundbegriffe BGB)

Wörlen, R./Kokemoor, A.*, Arbeitsrecht, 14. Aufl. 2023 (zit.: Wörlen/Kokemoor ArbR)

Wörlen, R./Kokemoor, A./Lohrer, S.*, Handelsrecht mit Gesellschaftsrecht, 15. Aufl. 2024 (zit.: Wörlen/Kokemoor/Lohrer HandelsR)

Wörlen, R./Kokemoor, A./Lohrer, S.*, Sachenrecht mit Kreditsicherungsrecht, 12. Aufl. 2023 (zit.: Wörlen/Kokemoor/Lohrer SachenR)

Wörlen, R./Metzler-Müller, K./Balleis, K.*, BGB AT, Einführung in das Recht und Allgemeiner Teil des BGB, 16. Aufl. 2023 (zit.: Wörlen/Metzler-Müller/Balleis BGB AT)

Wörlen, R./Metzler-Müller, K./Balleis, K.*, Schuldrecht AT, 15. Aufl. 2023 (zit.: Wörlen/Metzler-Müller/Balleis SchuldR AT)

Wörlen, R./Metzler-Müller, K./Kokemoor, A.*, Schuldrecht BT, 14. Aufl. 2022 (zit.: Wörlen/Metzler-Müller/Kokemoor SchuldR BT)

Ergänzende Literatur:

Byrd, B. S./Lehmann, M., Zitierfibel für Juristen, 2. Aufl. 2016

Fezer, K.-H./Obergfell, E. I., Klausurenkurs zum BGB Allgemeiner Teil, 11. Aufl. 2022

Fezer, K.-H./Obergfell, E. I., Klausurenkurs zum Schuldrecht Allgemeiner Teil, 10. Aufl. 2022

Fritzsche, J. *, Fälle zum BGB Allgemeiner Teil, 9. Aufl. 2024

Fritzsche, J. *, Fälle zum Schuldrecht I, 9. Aufl. 2024

Fritzsche, J. *, Fälle zum Schuldrecht II, 7. Aufl. 2024

Führich, E., Wirtschaftsprivatrecht, 14. Aufl. 2022

Heinemann, A./Kern, Ch. A., Übungen im Bürgerlichen Recht, 2. Aufl. 2019

Hirsch, C.*, Schuldrecht Besonderer Teil, 6. Aufl. 2020

Jacoby, F./von Hinden, M., Bürgerliches Gesetzbuch: BGB, Studienkommentar, 18. Aufl. 2022

Junker, A.*, Fälle zum Arbeitsrecht, 6. Aufl. 2025

Kallwass, W./Abels, P./Müller-Michaels, O., Privatrecht, 26. Aufl. 2024

Kindl, J./Feuerborn, A., Bürgerliches Recht für Wirtschaftswissenschaftler, 3. Aufl. 2018

Kindl, J./Feuerborn, A., Übungen zum Bürgerlichen Recht für Wirtschaftswissenschaftler, 3. Aufl. 2023

Klunzinger, E./Bartlitz, D./Hoffmann, J, Einführung in das Bürgerliche Recht, 18. Aufl. 2024

Kornblum, U./Stürner, M.*, Fälle zum Allgemeinen Schuldrecht, 9. Aufl. 2022

Leipold, D.*, BGB I: Einführung und Allgemeiner Teil, Ein Lehrbuch mit Fällen und Kontrollfragen, 11. Aufl. 2022

Meyer, D., Juristische Fremdwörter, Fachausdrucke und Abkurzungen, 13. Aufl. 2012

Müller-Laube, H. M., 20 Probleme zum Handels- und Gesellschaftsrecht, 4. Aufl. 2024

Musielak, H.-J./Hau, W.*, Grundkurs BGB, 18. Aufl. 2023

Muckel, S./Rolfs, Ch./Weißer, B., Die Examensklausur, 8. Aufl. 2022

Preis, U./Temming, F., Arbeitsrecht – Individualarbeitsrecht, Lehrbuch, 7. Aufl. 2024

Schade, F./Feldmann, E./Graewe, D., Wirtschaftsprivatrecht, Grundlagen des Bürgerlichen Rechts und des Wirtschaftsrechts, 5. Aufl. 2022

Schade, F./Pfaff, S. O./Feldmann, E., Fälle zum Arbeitsrecht, 4. Aufl. 2022

Schade, F./Teufer, A./Graewe, D./Feldmann, E., Fälle zum Wirtschaftsprivatrecht, 4. Aufl. 2023

Schimmel, R./Basak, D./Reiß, M., Juristische Themenarbeiten – Anleitung für Klausur und Hausarbeit im Schwerpunktbereich, Seminararbeit, Bachelor- und Master-Thesis, 4. Aufl. 2024

Schöne, T., Fälle zum Handels- und Gesellschaftsrecht Band I, 10. Aufl. 2018

Schöne, T., Fälle zum Handels- und Gesellschaftsrecht Band II, 9. Aufl. 2019

Vieweg, K./Lorz, S.*, Sachenrecht, 9. Aufl. 2022

Vieweg, K./Röthel, A., Fälle zum Sachenrecht, 5. Aufl. 2021
Wank, R./Maties, M., Handels- und Gesellschaftsrecht, 6. Aufl. 2025
Weber, K. (vormals Creifelds), Rechtswörterbuch, 24. Aufl. 2022
Werner, O./Werner, A./Schrader, P., Fälle für Anfänger im Bürgerlichen Recht, 14. Aufl. 2022
Wieling, H. J./Finkenauer, T., Fälle zum Besonderen Schuldrecht, 9. Aufl. 2022
Zerres, T., Bürgerliches Recht, 10. Aufl. 2022

Anmerkung

Es gibt für Studierende am Anfang ihres Studiums besonders geeignete Werke, die mit einem * versehen wurden. Die übrigen Werke stellen meist höhere Ansprüche, als man sie üblicherweise von juristischen Anfangssemestern verlangen kann. Dies gilt zB für die Standard-Kommentare von Jauernig und Grüneberg (vormals Palandt) sowie für den Handkommentar zum BGB (HK-BGB), aber auch für Fallbücher, die explizit für das Examenstraining ausgewiesen sind (zB die Reihe von Fezer/Obergfell). Alle enthalten aber (sieht man von den bisweilen eigenwilligen Sprachabkürzungen bei Grüneberg ab) in manchen Passagen so stringente und verständliche Ausführungen, dass sie zur Vertiefung des Stoffes durchaus auch am Studienanfang geeignet sind. Das Gleiche gilt für die bekannten „Standardwerke", insbesondere von Baur/Stürner, Fikentscher/Heinemann, Larenz und Medicus (letzter fortgeführt von Lorenz bzw. Petersen). Allerdings wird nicht jeder „Klassiker" neu aufgelegt. So sind zB aus den großen Lehrbuchreihen (teilweise vorübergehend) eingestellt worden Baur/Stürner Sachenrecht (zuletzt von 2009)[2] oder Canaris Handelsrecht (zuletzt von 2006) sowie die Lehrbücher zum Schuldrecht von Larenz (zuletzt von 1986/87).

Die am Ende der jeweiligen methodischen Hinweise angegebene „Literatur zur Vertiefung" hat den Sinn, dieses Buch um das zu ergänzen, was (vgl. Vorwort) nicht sein eigentliches Ziel ist: die Vermittlung umfassenden materiell-rechtlichen Wissens, die Stoffvermittlung also! Wer die zur Vertiefung angegebenen Literaturpassagen tatsächlich alternativ oder gar kumulativ gelesen und das vorliegende Buch sorgfältig durchgearbeitet hat, sollte in der Lage sein, die entsprechenden Anfängerübungen im BGB oder die Fach-, Modul- bzw. Bachelorprüfungen in einem wirtschaftsrechtlichen, wirtschaftswissenschaftlichen oder einem anderen nichtjuristischen Studium erfolgreich zu absolvieren.

2 Neuauflage angekündigt für Ende 2025 als Baur/Stürner/Stadler.

A. Einführung

Wer das Bürgerliche Recht, sei es als juristische Studienanfängerin oder als Wirtschaftswissenschaftler oder andere Nichtjuristin, studieren und anwenden will (oder muss), kommt nicht umhin, die zivilrechtliche gutachtliche Denkweise zu erlernen. Sie wird in diesem Buch vermittelt. Um ein Gutachten anfertigen zu können, muss man zunächst das **juristische Handwerkszeug** kennen: 1

I. Arbeitsmittel und Arbeitsmethoden zum Erlernen des „Rechts"

1. Das Gesetz

Das wichtigste Arbeitsmittel für Studierende, die das „Recht" (gleich welchen Umfangs) erlernen wollen, ist das Gesetz. Damit ist weder das Gesetz „im formellen Sinn" noch im „materiellen Sinn" gemeint (falls Sie nicht wissen, was sich hinter diesen Begriffen verbirgt, vgl. Wörlen/Metzler-Müller/Balleis BGB AT, Übersicht 2, Rn. 12), sondern der **Gesetzestext**! Siehe Vorwort zur ersten Auflage am Ende: „Die halbe Juristenweisheit steht im Gesetz". Insofern haben es Juristinnen und Juristen bisweilen etwas leichter als Wirtschaftswissenschaftlerinnen und Wirtschaftswissenschaftler sowie andere Nichtjuristen, die sich mit vielfältigen Theorien und Autoren auseinandersetzen müssen. Im Recht ist vieles von vorneherein klar, da der Gesetzgeber bereits eindeutige Entscheidungen getroffen hat. Natürlich hindert das nicht den freien Lauf der Rechtstheorien ... Doch um Grundzüge des Rechts zu erlernen, müssen Sie sich nur mit wenigen dieser Theorien beschäftigen. 2

Einen guten Juristen macht unter anderem aus, dass er das Gesetz kennt und anwenden kann. In diesem Sinne sollten auch Sie den Ehrgeiz haben, eine gute Juristin bzw. ein guter Jurist zu werden: Es kommt dabei nicht darauf an, dass man gesetzliche Vorschriften ihrem Inhalt nach auswendig aufsagen kann (dafür eignen sich Gedichte besser…), sondern man muss Inhalt und Systematik des Gesetzes einmal verstanden haben und wissen, wo etwas steht. 3

Der gute Jurist kann nicht auf alle juristischen Fragen eine Antwort parat haben, aber wissen, wo die Antwort zu finden ist. Und das können Sie auch, wenn Sie alle Gesetzesparagrafen, die irgendwo (zB in diesem Buch) zitiert werden, immer und immer wieder im Gesetz aufsuchen und (nach)lesen! **Dabei ist es empfehlenswert, dass Sie jede Vorschrift im Gesetz beim ersten Lesen (zB mit einem Textmarker)[3] kennzeichnen, sodass Sie bei erneuter Lektüre immer daran erinnert werden, dass Sie sich mit der dortigen Regelung schon einmal befasst haben.** Irgendwann werden Sie feststellen, dass aus dem „Aufsuchen" nur noch ein „Aufschlagen" geworden ist …

3 Aber Vorsicht: Wenn das bereits die Gesetzesausgabe ist, die Sie auch mit in die Klausur nehmen wollen, müssen Sie klären, ob in Ihrem Bundesland so etwas überhaupt erlaubt ist. Viele Prüfungsordnungen verbieten jegliche Anmerkungen und Markierungen im Gesetz.

4 Gesetzestexte gibt es in verschiedenen Ausgaben. Oftmals sind sie abgedruckt in sog. **Gesetzessammlungen**.

Wenn Sie Jura studieren, werden Sie nicht umhinkommen, sich auf dem Weg zum Examen eine umfangreiche „Loseblatt-Sammlung", wie etwa die im Beck-Verlag erschienene von Habersack (vormals Schönfelder): „Deutsche Gesetze", anzuschaffen, die neben dem BGB noch viele weitere Gesetze zum Zivil-, Straf- und Verfahrensrecht enthält. Studieren Sie aber Wirtschaftsrecht, Sozialrecht, Wirtschaft und Recht oder Recht im Nebenfach, brauchen Sie im Zweifel keine Loseblattausgabe, sondern können sich mit einer handlichen, gebundenen Textausgabe begnügen. Ausreichend wird die jeweils neueste Ausgabe „Bürgerliches Gesetzbuch: BGB" aus der Reihe Beck-Texte im dtv Nr. 5001 oder die NWB Textausgabe „Wichtige Gesetze des Wirtschaftsprivatrechts" sein. Neben dem BGB enthalten diese (teils auszugsweise) eine Reihe von zivilrechtlichen Nebengesetzen; von einigen (wenigen) dieser Nebengesetze zum BGB werden Sie hin und wieder eine oder mehrere Vorschriften brauchen.

Für Fälle aus dem Handels- und Arbeitsrecht benötigen Sie noch je eine gebundene Textausgabe „Handelsgesetzbuch: HGB" und „Arbeitsgesetze: ArbG". Damit sind Sie ausreichend für dieses Buch, aber auch ähnliche Bücher gerüstet. Damit kommen wir zum nächsten Arbeitsmittel.

2. Fachliteratur

5 Wenn Sie Rechtswissenschaft nicht als Hauptfach studieren, werden Sie sich mit der juristischen Fachliteratur nur in begrenztem Maße auseinandersetzen müssen, sofern Sie nicht ein juristisches Thema für eine Seminar- oder Ihre Bachelor- oder Masterarbeit wählen. Unabhängig davon sollten Sie zumindest einen groben Überblick darüber bekommen, welche Arten von Literatur zu unterscheiden sind. Wenn Sie Jura studieren, reicht dieser Überblick für den ersten Einstieg.[4]

a) Kommentare

6 ... zu den verschiedensten Gesetzen enthalten zu jedem Paragrafen des bearbeiteten Gesetzes, der zunächst zitiert wird, eine mehr oder minder ausführliche Auseinandersetzung mit der in der jeweiligen Vorschrift angesprochenen Problematik. Die Kommentierung enthält **Erläuterungen des Gesetzestextes**, gibt Hinweise auf weiterführende Literatur und Gerichtsentscheidungen, die dazu erlassen wurden. Kommentare dienen vor allem der raschen Orientierung für jeden, der regelmäßig mit dem Gesetz arbeiten muss, gleichzeitig dienen sie der Vertiefung von Einzelproblemen. In letzter Hinsicht könnte auch für Sie einmal ein Blick in einen sog. „Kurzkommentar"[5] hilf-

---

4 Wer tiefer in die juristische Recherche einsteigen will, dem sei Vogel Recherche Jura und Schäfer/Schimmel Jur. Recherche analog digital empfohlen.

5 Wenn Sie sich einmal die Mühe machen, den im Literaturverzeichnis zitierten „Grüneberg" (vormals Palandt) zu Rate zu ziehen, werden Sie die Bezeichnung „Kurz-Kommentar" sicherlich als Scherz empfinden – aber zum BGB gibt es daneben eben auch Großkommentare, wie zB „Staudinger" oder „Münchner Kommentar", die oft auf über 10 Bände ausgelegt sind. Beliebt sind mittlerweile auch die einfach zugänglichen online-Kommentare (zB der Beck'sche Onlinekommentar Bürgerliches Recht – BeckOK BGB oder der beck-online.GROSSKOMMENTAR im Zivilrecht – BeckOGK).

reich sein, sofern Sie ohnehin in die Bibliothek Ihrer Hochschule gehen wollten. Dort finden Sie dann auch:

b) Lehrbücher und Grundrisse (Grundzüge) des Rechts

Je nach Umfang und Inhalt sind sog. klassische Lehrbücher und Grundrisse (Grundzüge) zu unterscheiden. 7

Lehrbücher wollen einen systematischen Überblick über ein Rechtsgebiet geben. Je nachdem, wie sehr die Verfasserin oder der Verfasser ins Detail geht, können solche Werke durchaus umfangreich sein, so insbesondere sog. „große Lehrbücher", die eher als Nachschlagewerke geeignet sind. Darunter gibt es eine ganze Reihe verschiedener Lehrbücher, die sich im Umfang und in der Ausrichtung unterscheiden, manchmal auch „Juristisches Kurz-Lehrbuch" heißen und dennoch sehr ausführlich sind. Ausführliche Lehrbücher zum BGB tragen regelmäßig den Namen des Gebietes eines der fünf Bücher des BGB, wobei das Allgemeine Schuldrecht und das Besondere Schuldrecht jeweils noch gesondert aufbereitet werden. Sofern sich der Umfang in Grenzen hält, sind diese Lehrbücher auch ausgezeichnete „Lernbücher" für das Jurastudium; für diejenigen, die Recht nur im Nebenfach studieren, können sie indessen eher zur vertiefenden Nacharbeitung von Einzelproblemen empfohlen werden.

Der Vermittlung von Grundwissen dienen **Grundrisse** und **Grundzüge** eines Rechtgebiets, wie die im Literaturverzeichnis aufgeführten Einführungswerke. Grundwissen vermitteln auch **Juristische Lernbücher** zB aus der von Wörlen begründeten Reihe „Lernen im Dialog", in denen regelmäßig auf „Literatur zur Vertiefung" des erlangten Wissens verwiesen wird.

c) Fallsammlungen

... sollen den Studierenden zeigen, wie man theoretische Rechtskenntnisse auf einen konkreten Sachverhalt anwendet, um diesen **Sachverhalt („Fall") praxisnah in Form eines juristischen Gutachtens zu lösen**. Die Lektüre und Anschaffung einer solchen Fallsammlung ist nur sinnvoll und empfehlenswert, wenn man den Stoff, der in den jeweiligen Fällen und Lösungen behandelt wird, bereits materiell einigermaßen beherrscht. Dazu ist Voraussetzung, die entsprechenden Vorlesungen nicht nur „gehört", sondern – mithilfe eines Grundrisses (→ Rn. 7) – auch nachgearbeitet zu haben! Durch die Lektüre von Fallsammlungen, selbst wenn sie nur die gutachtliche Lösung der Fälle enthalten, ohne die Methodik der Fallbearbeitung zu erklären, wird man irgendwann in die Lage versetzt, das Wesentliche vom Unwesentlichen zu trennen. 8

Fallsammlungen sind besonders geeignet, das aus Vorlesungen und Lehrbüchern oder Grundrissen erworbene Wissen zu „ordnen", um es in Prüfungsklausuren zutreffend anzuwenden: Da in der Praxis nicht nur das reine Wissen, sondern auch die richtige Anwendung des Rechts maßgebend ist, werden Prüfungsklausuren regelmäßig als Fallbearbeitung ausgestaltet und die rechtlichen Probleme des Falls sind in Form eines Gutachtens zu lösen.[6]

6 Nach der Durcharbeitung dieses Buchs können Sie das!

d) Monographien

9 ... sind wissenschaftliche Darstellungen, die einem einzelnen Problem gewidmet sind. In rechtswissenschaftlichen Monographien werden ganz **spezielle Fragen aus bestimmten Rechtsgebieten** unter Berücksichtigung des aktuellen Meinungsstands ausführlich erörtert. Damit werden Sie sich für einen erfolgreichen Studienabschluss im Zweifel nicht befassen müssen, sofern Sie nicht eine juristisch ausgerichtete Abschlussarbeit anfertigen wollen. Sollten Sie Jura studieren, kommen Sie im Rahmen von Hausarbeiten an solchen Monographien nicht vorbei!

e) Rechtslexika, Rechtswörterbücher

Solche Nachschlagewerke dienen zur raschen Orientierung, wenn man sich über einen bestimmten Rechtsbegriff oder ein Rechtsgebiet anhand eines **Stichworts** informieren will. Sie helfen auch dabei, die Rechtsordnung zu verstehen und tragen zum richtigen Gebrauch von Fachbegriffen bei.

Besonders empfehlenswert ist das Rechtswörterbuch von Weber (1989 Seiten), welches man sich – im Gegensatz zu den dicken Loseblatt-Sammlungen (→ Rn. 4) – schon im ersten Semester anschaffen sollte. Selbst wenn Sie Ihr Studium aufgeben sollten, kann es nicht schaden, wenn dieses Werk in Ihrem Bücherregal steht.

Zum Einlesen in ein Rechtsgebiet war früher der Griff zum Lexikon unausweichlich, heute findet die Recherche von Rechtsliteratur vor allem in juristischen Datenbanken im Internet (Rn. 14) statt.[7]

3. Entscheidungssammlungen

10 ... sind Sammelbände von Entscheidungen (Urteile, Beschlüsse) der oberen und obersten Gerichte aus den verschiedenen Gerichtsbarkeiten, so zB die Sammlungen der Entscheidungen des Reichsgerichts in Zivilsachen (RGZ), der Entscheidungen des Bundesgerichtshofs in Zivilsachen (BGHZ) oder der Oberlandesgerichte in Zivilsachen (OLGZ).

Die aktuellen **gerichtlichen Entscheidungen** dieser (und anderer) Gerichte werden regelmäßig in der juristischen Fachdatenbank beck-online, dem Rechtsportal juris sowie auch in ...

4. Fachzeitschriften, Ausbildungszeitschriften

11 ... veröffentlicht. Die verbreitetste der juristischen Fachzeitschriften ist die „NJW" (Neue Juristische Wochenschrift). Wie die meisten **praxisbezogenen Fachzeitschriften** besteht sie etwa je zur Hälfte aus einem Aufsatz- und aus einem Rechtsprechungsteil. Liest man zum Beispiel ein Zitat wie „BGH NJW 2018, 507"[8], bedeutet das, dass sich eine Entscheidung des BGH in der 2018 erschienenen „NJW" auf Seite 507 befindet (die Seiten von Fachzeitschriften werden idR vom ersten bis

---

7 Vgl. mit weiteren Hinweisen Möllers Arbeitstechnik § 5 Rn. 21.

8 Recherchieren Sie in den in Ihrer Bibliothek vorhandenen juristischen Datenbanken (meist beck-online oder juris), ob sich unter der Fundstelle tatsächlich ein Urteil des BGH befindet.

letzten wöchentlich oder monatlich erscheinenden Heft des Jahres durchlaufend nummeriert).

Neben der NJW und vielen anderen Fachzeitschriften zu speziellen Rechtsbereichen gibt es sog. **Ausbildungszeitschriften**, zB die „JuS" (Juristische Schulung), die „JA" (Juristische Arbeitsblätter) und die „JURA" (Juristische Ausbildung), welche sich alle in erster Linie an den juristischen Nachwuchs (Studium, Referendariat) wenden. Von oft hoher didaktischer Qualität sind dort neben gutachtlich aufbereiteter Fälle vor allem Einführungsaufsätze, deren Lektüre mitunter auch für diejenigen, die „Recht" nicht im Hauptfach studieren, geeignet sein kann.

Letzteres gilt auch für manche schriftlich fixierte

5. Repetitorien[9]

Man mag über die Notwendigkeit gewerblicher und damit kostenpflichtiger Repetitor-Kurse zur Examensvorbereitung geteilter Meinung sein. Wenn Repetitorien jedoch – wie zB das von Alpmann Schmidt oder das von Hemmer –, in sog. **„Skripten"** schriftlich niedergelegt sind, sind sie sehr gut zum Studium geeignet: Sie gewährleisten, den Stoff aus teils sehr theoretisch ausgelegten Lehrbüchern (oder Vorlesungen) praxis- und prüfungsbezogen nacharbeiten zu können. 12

Für diejenigen, die nicht Jura als Hauptfach studieren, sind auch „Skripten" indessen sehr umfangreich, gibt es doch von Alpmann Schmidt allein zum Zivilrecht rund ein Dutzend Bände mit durchschnittlich 200 Seiten. Wegen ihrer Anschaulichkeit und eingängigen Darstellungsweise werden einzelne Abschnitte aus diesen Skripten in diesem Buch als „Literatur zur Vertiefung" empfohlen.

Welche Arbeitsmittel Sie letztlich benutzen und in welchem Umfang Sie das wollen, ist selbstverständlich Ihre eigene Entscheidung. An dieser Stelle sollten nur einige Informationen und Hinweise gegeben werden.[10] Gehen Sie baldmöglichst in das juristische Seminar bzw. Ihre Hochschulbibliothek und informieren Sie sich im Lesesaal der dortigen Präsenzbibliothek[11]. Dasselbe kann man, namentlich zur Vorbereitung der eigenen Kaufentscheidung, in der juristischen Abteilung einer gut sortierten Fachbuchhandlung tun. Hilfreich können auch Rezensionen (Buchbesprechungen) in juristischen Fachzeitschriften (insbesondere auch den Ausbildungszeitschriften JA, JURA und JuS) – oder auch im Internet – sein. Letztlich ist es nicht so wichtig, mit welchem Buch Sie arbeiten – wichtiger ist, dass Sie dies überhaupt tun! 13

6. Elektronische Publikationen

Mittlerweile ist die Benutzung elektronischer Hilfsmittel auch bei der juristischen Recherche nicht mehr wegzudenken. Jede Hochschulbibliothek verfügt über Zugänge 14

9 Lat. (*repetere* = wiederholen); in einem „Repetitorium" wird das Wissen wiederholt, das man für eine erfolgreiche Prüfung benötigt.

10 Auch wenn Sie nicht Jurist(in), sondern Wirtschaftswissenschaftler(in) werden wollen: Um einen Einblick in das „Studium des Rechts" zu bekommen, nehmen Sie sich Lange Jurastudium, Glossner/Dallmayer Jura erfolgreich oder Wesel Was Recht ist zur Hand (vgl. Literaturverzeichnis).

11 … wo man Bücher allerdings nur vor Ort lesen kann. In jeder Hochschulbibliothek gibt es auch einen ausleihbaren Bestand im sog. „Freihandmagazin", wo Sie Bücher ausleihen und mitnehmen können.

zu **juristischen Online-Datenbanken**, von denen es eine Vielzahl gibt (zB juris, beck-online, Jurion, LexisNexis.com, Westlaw ua). Diese Arbeitsmittel sind eine große Hilfestellung und durchaus zu empfehlen, Vor- und Nachteile sind aber zu vergegenwärtigen.[12] Davon zu unterscheiden ist die Recherche auf frei zugänglichen (juristischen) Webseiten im Internet, bei der große Vorsicht zu walten ist,[13] worauf hier aber nicht näher eingegangen wird. Ein jüngeres Phänomen, das in Zukunft auch in den Rechtswissenschaften viel verändern wird, ist die juristische Recherche mit KI und Sprachmodellen, wie ChatGPT, perplexity uvm. Wegen der schnellen Entwicklung in diesem Bereich muss auch diesbezüglich auf weiterführende Literatur verwiesen werden.[14]

Hingewiesen aber werden soll auf die mittlerweile höchst komfortable Möglichkeit, nicht nur Literatur (zB in Form von ebooks), sondern auch Gesetzestexte und Rechtsprechung blitzschnell online einsehen und bei Bedarf herunterladen zu können.

II. Vorüberlegungen vor Anfertigung einer Zivilrechtsklausur

1. Methodik der Fallbearbeitung: Gutachten und Urteil

15 In einer juristischen Klausur ist regelmäßig ein sogenannter Fall zu lösen. Sie haben bisher schon eine Reihe solcher Fälle kennen gelernt, ohne dass Sie sich Gedanken darüber machen mussten, was eigentlich der Begriff „Fall" im juristischen Sprachgebrauch bedeutet. Unter einem Fall versteht man einen tatsächlichen oder erdachten Geschehensablauf, der rechtlich beurteilt werden soll. Dieser Fall heißt in der juristischen Fachsprache auch **„Sachverhalt"**.

Für Klausuren ist ein solcher Geschehensablauf als rechtlich zu beurteilender Sachverhalt zumeist so formuliert und vereinfacht, dass nur ganz bestimmte rechtliche Fragen zu prüfen sind.

Bei der rechtlichen Prüfung und Lösung eines Falls gibt es **zwei grundlegende Arten der Darstellung**, und zwar zum einen aus der Sicht des Richters, zum anderen aus der Sicht eines Anwalts.

Die schriftliche Lösung eines Rechtsfalls durch einen Richter oder eine Richterin nennt man „Urteil". Eine Rechtsanwältin oder ein Rechtsanwalt dagegen erarbeitet die Lösung eines Falls in Form eines „Gutachtens"! Der Unterschied dieser beiden Darstellungsarten liegt einerseits im Aufbau und andererseits im Stil.

16 Das **Urteil** ist dadurch gekennzeichnet, dass es das Ergebnis der rechtlichen Prüfung eines Falls voranstellt und die Begründung nachliefert, aus der hervorgeht, warum

12 S. Möllers Arbeitstechnik § 4 Rn. 8–17; Putzke Jur. Arbeiten Rn. 51 rät unbedingt auch zur elektronischen Recherche; ähnlich Schimmel Klausuren Rn. 453.

13 S. Schimmel Klausuren Rn. 522; ausführliche Hilfestellungen bei Möllers Arbeitstechnik § 4 Rn. 18–23, insbes. Anhang 1 „Wichtige Internetadressen für die juristische Recherche" S. 263–266 sowie Mann Jur. Arbeitstechnik Rn. 34–54; umfassend: Vogel Recherche Jura und Schäfer/Schimmel Jur. Recherche analog digital.

14 S. exemplarisch Möllers Arbeitstechnik § 4 Rn. 24–33. Interessierte sollten die aktuelle Aufsatzliteratur verfolgen, zB Rossipaul, Künstliche Intelligenz in der Wissenschaft, NVwZ 2025, 152.

das Ergebnis richtig ist. Das Urteil teilt grundsätzlich zwei Denkschritte mit (zweiteiliger Aufbau):

(1) Feststellung eines Ergebnisses bzw. einer Aussage,
(2) Begründung für die Richtigkeit dieser Aussage.

Diese Denkweise findet auch ihren Niederschlag im Stil des Urteils: Jeder Satz des Urteils enthält eine definitive Aussage, die dann kurz begründet wird.

Ein Urteil könnte folgendermaßen lauten:

„V *hat* gegen K einen Anspruch auf Bezahlung des Kaufpreises gem. § 433 Abs. 2[15], *denn* zwischen V und K *ist* ein Kaufvertrag iSd § 433 zustande gekommen. V *hat* das erforderliche Angebot abgegeben, *indem* er ... K *hat* dieses Angebot *dadurch* angenommen, *dass* er ... usw."

17 Im **Gutachten** ist die Denk- und Darstellungsweise anders, man könnte sagen: umgekehrt. Das Gutachten teilt nämlich das Ergebnis der rechtlichen Würdigung des Falles nicht sofort als definitive Feststellung mit, sondern stellt im ersten Denkschritt zunächst das Ergebnis, das es in dem zu prüfenden Fall für möglich hält, als „Hypothese"[16] voran. Der erste Satz, der bei dem Urteilsbeispiel eben hieß: „V hat gegen K einen Anspruch auf Bezahlung des Kaufpreises gem. § 433 Abs. 2", würde deshalb im Gutachten so formuliert: „V *könnte* gegen K einen Anspruch auf Bezahlung des Kaufpreises gem. § 433 Abs. 2 haben."

18 Im zweiten Denkschritt des Gutachtens, der die Begründungen für dieses Ergebnis liefern muss, werden Schritt für Schritt die rechtlichen Voraussetzungen geprüft, die erfüllt sein müssen, damit das vermutete Ergebnis zutrifft. Im Beispiel kann daher der zweite Satz des Gutachtens nicht so formuliert werden wie im Urteil. Statt: *„denn* zwischen V und K *ist* ein Kaufvertrag iSv § 433 zustande gekommen" muss der zweite Satz lauten: *„Dann müsste* zwischen V und K ein Kaufvertrag zustande gekommen sein." Und weiter: *„Voraussetzung dafür ist*, dass einer der beiden ein wirksames Angebot gemacht hat, das der andere angenommen hat. Ein Angebot *könnte* hier in der Erklärung des V zu sehen sein, dass ... usw. Indem K mit dem Kopf nickte, hat er dieses Angebot angenommen. *Somit ist* zwischen V und K ein wirksamer Kaufvertrag zustande gekommen ..." usw.

19 Das **Stilmittel des Gutachtens** ist der **Konditionalsatz** mit Konjunktiv – auch als Möglichkeitsform bezeichnet. Das bedeutet indessen nicht, dass Sie jeden Satz „konjunktivieren" dürfen: Voraussetzung für einen Anspruch aus § 433 Abs. 1 S. 1 „ist" zB ein wirksamer Kaufvertrag! Das „ist" so, weil es im Gesetz steht! Schlechter Gutachtenstil ist es daher, wenn es heißt: „Voraussetzung für diesen Anspruch *wäre* ein wirksamer Kaufvertrag ...". Die Voraussetzung steht fest (Indikativ!), fraglich ist nur, ob sie im Sachverhalt erfüllt ist (Konjunktiv).[17] Es wird, wie gesagt, etwas als möglich angenommen. Dann wird der Sachverhalt Schritt für Schritt den rechtlichen Voraus-

15 Paragrafen (§§) in diesem Buch ohne Bezeichnung sind solche des BGB.
16 Das ist eine unbewiesene (wissenschaftliche) Annahme, die noch eines Beweises bedarf.
17 Statt im Konjunktiv ist es auch möglich, die Arbeitshypothese (Obersatz), die immer einen Bezug zum Sachverhalt aufweisen sollte, mit einem Möglichkeitswort einzuführen („möglicherweise"/ „fraglich"), s. Hildebrand Gutachtenstil 14–17, die in ihrem Buch überhaupt sehr ausführlich mit hilfreichen Übungsaufgaben und Lösungen Schritt für Schritt durch die Gutachtentechnik führt.

setzungen, welche die jeweils zu prüfende Rechtsvorschrift enthält, untergeordnet. Man nennt diese **Unterordnung des Sachverhalts unter das Gesetz** auch **Subsumtion**. Der Lebenssachverhalt wird im Gutachten unter rechtliche Voraussetzungen subsumiert. Die Formulierung sollte im Indikativ (= Wirklichkeitsform) erfolgen. Wenn man so festgestellt hat, wie in dem Beispiel eben, dass eine Voraussetzung erfüllt ist, prüft man die nächste Voraussetzung, die erfüllt sein muss, damit das vermutete Ergebnis stimmt.

20 Liegen alle Voraussetzungen vor, folgt als dritter Denkschritt die **Feststellung des tatsächlichen Ergebnisses**, das in diesem Fall mit dem vermuteten (hypothetischen), vorangestellten Ergebnis übereinstimmt. Der letzte Satz des Gutachtens in unserem Beispiel müsste dann lauten: „*Folglich hat* V gegen K einen Anspruch auf Bezahlung des Kaufpreises gem. § 433 Abs. 2." Er ist immer im **Indikativ** formuliert!

Das Gutachten zieht aus seinen Gedanken immer eine Schlussfolgerung, die stilistisch mit sinngleichen schlussfolgernden Worten wie „somit", „also", „folglich", „mithin" usw beginnt.[18]

Im Urteil steht an dieser Stelle immer ein „denn". Dieses „denn" – ebenso wie „weil" und „da" – sind im Gutachten fehl am Platz!

21 Wenn sich im Gutachten im zweiten Denkschritt, also bei der Subsumtion des Sachverhalts unter die rechtlichen Voraussetzungen, ergibt, dass eine Voraussetzung nicht erfüllt ist, muss man die Prüfung abbrechen und feststellen, dass das anfangs vermutete Ergebnis nicht zutrifft. Der letzte Satz des schriftlichen Gutachtens würde in diesem Fall heißen: „*Somit hat* V gegen K *keinen* Anspruch auf Bezahlung des Kaufpreises gem. § 433 Abs. 2."

22 Auf den ersten Blick scheint der Urteilsstil wesentlich einfacher zu sein als der Gutachtenstil. Dennoch ist der Urteilsstil allein dem Richter und der Richterin vorbehalten und in Klausuren der Gutachtenstil anzuwenden[19]. Dies nicht etwa, um den Studierenden mit dem scheinbar schwierigeren Gutachtenstil das Leben schwer zu machen, sondern weil die gutachtliche Denkweise die natürliche Denkweise von Juristen ist: Wenn ein Mandant seiner Rechtsanwältin seinen Fall schildert, wird diese meist nicht sofort in der Lage sein, dem Mandanten die richtige Lösung des Falls zu präsentieren. Die Anwältin wird vielmehr sinngemäß Folgendes antworten: „Wenn das alles stimmt[20], was Sie mir erzählt haben, *könnten* Sie gegen Ihren Nachbarn einen *Anspruch* (zB) auf Schadensersatz nach § 823 Abs. 1 *haben*. Dafür *müssen folgende Voraussetzungen erfüllt sein …*".

Auch der Richter und die Richterin denken zunächst gutachtlich, wenn sie in ihrem Büro sitzen und die Akten eines Falles, den es zu beurteilen gilt, durcharbeiten: „Wenn der Vortrag des Klägers bewiesen ist, *könnte* er gegen den Beklagten einen *Anspruch* auf … aus § … *haben* …" Erst wenn die Richter ihren Fall gutachtlich durch-

18 Den Vorgang der Subsum(p)tion verdeutlicht sehr anschaulich folgendes Beispiel:
Die **Norm** („§ 1") soll lauten: „Alle Professoren sind zerstreut."
Der **Sachverhalt** sagt aus: „*Wörlen* war ein Professor."
Die **Subsumtion** (Schlussfolgerung) ergibt: „Somit war *Wörlen* gem. § 1 zerstreut"!

19 Ausnahme: Sofern Sie beabsichtigen, das zweite juristische Staatsexamen zu absolvieren, müssen Sie auch Klausuren schreiben, in denen ein komplettes Urteil anzufertigen ist.

20 Die meisten Mandanten sagen ihren Anwälten nur die halbe Wahrheit!

dacht und gelöst haben, fertigen sie das Urteil an, das den Parteien dann im Gerichtssaal mit knapper und präziser Begründung im Urteilsstil mitgeteilt wird. Was vorher vom Richter gutachtlich alles durchdacht wurde, interessiert die Parteien nicht, sie wollen vor allem das Ergebnis hören. Deshalb wird das Ergebnis, der sog. „Tenor", auch zuerst mitgeteilt.

So viel Zeit, wie ein Richter oder eine Richterin in ihrem Büro haben, haben Sie zur Lösung einer Klausur nicht. Daher wird von Ihnen nur das (einfachere) Gutachten verlangt, und die Umarbeitung in ein Urteil bleibt Ihnen im Studium erspart.

Für den Anfang soll dieser Einstieg in die juristische Fallbearbeitung genügen. Schon bei der Erarbeitung des materiellen Wissens zum Bürgerlichen Recht sollten Sie sich **an die gutachtliche Denkweise gewöhnen**.

Am Anfang steht immer der **„Obersatz"**, der das hypothetische Ergebnis entsprechend der Fallfrage nennt (jede Anspruchsgrundlage ist einzeln zu prüfen!). Dann werden die einzelnen rechtlichen Voraussetzungen („Tatbestandsmerkmale") der Anspruchsgrundlage Schritt für Schritt geprüft. Dabei ist für jedes Tatbestandsmerkmal ein „Unterobersatz" zu bilden.[21] Soweit Rechtsbegriffe nicht aus sich selbst heraus verständlich sind, sondern einer „Definition" bedürfen, ist diese vor der **„Subsumtion"** vorzunehmen. Die Definition ist immer abstrakt und ohne Fallbezug. Am Ende folgt dann die Mitteilung des tatsächlichen **„Ergebnisses"**.[22]

Wiederholen Sie das bisher Gesagte nochmals anhand der Übersicht 1 (→ Rn. 23) und merken Sie es sich!

21 Gut erklärt bei Hildebrand Gutachtenstil 12: Mit dem Obersatz kann man zwei Fragen stellen: Erfüllt mein Fall eine Norm? Erfüllt mein Fall ein Tatbestandsmerkmal?

22 Ist eine Definition nötig, sind es also vier Schritte; zum Viererschritt siehe Hildebrand Gutachtenstil 5 ff., wo die einzelnen Schritte zusätzlich in den Kapiteln 3–6 sehr ausführlich behandelt werden.

23 Übersicht 1

<table>
<tr><th colspan="3">Methodik der Fallbearbeitung</th></tr>
<tr><th colspan="3">Gutachten und Urteil</th></tr>
<tr><td colspan="3">Jede wissenschaftliche Untersuchung bezieht sich auf eine Fragestellung und hat ein Ergebnis, das auf einer Begründung beruht. Dabei gibt es verschiedene Methoden, Ergebnisse und Begründungen einander zuzuordnen.</td></tr>
<tr><th colspan="2">Gutachten/Gutachtenstil</th><th>Urteil/Urteilsstil</th></tr>
<tr><td colspan="2">Im Gutachten wird von der Fragestellung ausgegangen und Schritt für Schritt zum Ergebnis hin gefolgert. Grobeinteilung des Gutachtens in drei Denkschritte:
1. Ein Ergebnis, das die Fragestellung des Sachverhalts („Fallfrage") beantwortet, wird als möglich vorangestellt (sog. hypothetisches Ergebnis/Arbeitshypothese).
2. Begründung dieses Ergebnisses durch Prüfung seiner einzelnen Voraussetzungen (Subsumtion).
3. Feststellung des tatsächlichen Ergebnisses (Conclusio = Schlussfolgerung).</td><td>Im Urteil werden diese Denkschritte nicht schriftlich nachvollzogen. Es tauchen nur noch die Denkschritte 2 und 3 in umgekehrter Reihenfolge auf:
1. Mitteilung des tatsächlichen Ergebnisses.
2. Begründung der Richtigkeit des Ergebnisses durch Darlegung der Voraussetzungen.</td></tr>
<tr><th>Denkschritt</th><th>Beispiel zum Gutachtenstil</th><th>Beispiel zum Urteilsstil</th></tr>
<tr><td>1</td><td>„K könnte gegen V einen Anspruch auf Übereignung des Autos gegen Zahlung von 2.800 EUR gem. § 433 Abs. 1 S. 1 haben.</td><td>„K hat keinen Anspruch gegen V gem. § 433 Abs. 1 S. 1 auf Übereignung des Autos gegen Zahlung von 2.800 EUR.</td></tr>
<tr><td>2</td><td>Voraussetzung ist, dass zwischen K und V ein Kaufvertrag zustande gekommen ist. Dazu müssen ein wirksames Angebot und seine Annahme vorliegen. Ein Angebot könnte ... [Subsumtion Sachverhalt]</td><td>Denn zwischen K und V ist kein gültiger Kaufvertrag zustande gekommen. Keiner der beiden hat dem anderen ein Angebot gemacht, das von diesem angenommen worden ist."</td></tr>
<tr><td>3</td><td>Somit hat K keinen Anspruch gegen V auf ... gemäß ..."</td><td></td></tr>
</table>

2. Methodik der Fallbearbeitung: Allgemeine Vorüberlegungen zum Gutachten anhand eines Beispiels

Ziel eines juristischen Gutachtens ist es, einen bestimmten, tatsächlichen oder erdachten Lebensvorgang, einen sog. **Sachverhalt**, rechtlich einzuordnen, zu beurteilen und seine rechtlichen Probleme zu erkennen sowie zu lösen. Solche Lebensvorgänge nennt die Rechtswissenschaft, wie Sie inzwischen wissen, auch „Fälle". Fälle, so hatten wir festgestellt, sind nichts anderes, als erdachte oder tatsächlich vorgekommene Geschehnisse des täglichen Lebens. Kommt es in einem Fall zu Streitigkeiten, wird daraus ein Rechtsfall. Ein solcher Fall ist auch der folgende, dessen Ausarbeitung (Gutachten) Sie unten finden (→ Rn. 116 ff.[23]). 24

Fallbeispiel

K sieht auf dem Gelände des Gebrauchtwagenhändlers V einen VW Golf, Baujahr 2008, ausgestellt, der mit „300 EUR" ausgezeichnet ist, was K ungeheuer günstig erscheint. Er geht sofort zu V und sagt, er wolle den Wagen zum angegebenen Preis kaufen. V ist erstaunt und erklärt, es handele sich um einen Schreibfehler. Der Wagen koste in Wirklichkeit 3.000 EUR! K bietet daraufhin 2.500 EUR. V will jedoch nur für 2.800 EUR verkaufen, was K sich aber erst überlegen möchte. Zwei Tage später ruft K den V an und erklärt, er sei mit 2.800 EUR einverstanden. V erwidert jedoch, er habe es sich anders überlegt und verlange wieder 3.000 EUR. K ist empört und verlangt von V den Golf für 2.800 EUR. Zu Recht?

Das Lesen und Verstehen des Sachverhalts bilden die erste Stufe der methodischen Vorbereitung eines juristischen Fallgutachtens, die wir deshalb

a) Erfassen des Sachverhalts

nennen. Zum Erfassen des Sachverhalts gehört zunächst das Verständnis des tatsächlichen Geschehens. Auch wenn der Sachverhalt beim ersten Lesen noch so einfach erscheint, sollten Sie sich für jede Klausurbearbeitung zum Grundsatz machen, den **Sachverhalt** erst **einmal ganz** und am besten **zweimal (mindestens!)** zu **lesen**, bevor[24] Sie sich Gedanken darüber machen, was rechtlich erheblich sein könnte. Wenn man juristisch schon etwas vorgebildet ist, besteht beim Lesen des Sachverhalts häufig die Gefahr, dass man etwas hinzudichtet oder hineininterpretiert und so versucht ist, rechtlich etwas zu prüfen, das für die Lösung des Falls ohne Bedeutung bzw. falsch ist. 25

Dazu einige **Negativ-Beispiele** aus Klausuren:

(1) Wenn es in einem Sachverhalt heißt, „A leiht sich am 27.10. von B ein Buch" und dieses Buch wird dann bei A durch eine Nachlässigkeit des A zerstört (usw), wäre es in einer Klausur **überflüssig** und deshalb falsch, zu prüfen, ob ein wirksamer Leihvertrag zustande gekommen ist und dann sein Wissen darüber auszubreiten, dass ein Vertrag durch **Angebot** und **Annahme** zustande kommt, dass Angebot und Annahme sich decken müssen, dass ein Angebot, wie überhaupt jede Willenserklärung, zur Wirksamkeit Abgabe und Zugang voraussetzt usw ... Denn in diesem angedeuteten Fallbeispiel kann das Wirksamwerden der Willenserklärung und das Zustandekommen des Leihvertrags (der am 27.10. geschlossen wurde) kein Problem 26

23 Zu „f." und „ff." (vgl. auch Abkürzungsverzeichnis): Rn. (oder S.) 117 f. bedeutet: „117" und die folgende (also: 118); Rn. (oder S.) 1 ff. bedeutet: „1" und die fortfolgenden (also: 1 bis 3 etc).

24 Typische Klausursituation: Fünf Sekunden nach Austeilung des Sachverhalts greifen manche Bearbeiter schon zum Gesetzestext, ohne die Fallfrage am Ende zu kennen.

der Klausur sein! Das Problem liegt vielmehr bei der Frage, welche Folgen die Zerstörung des Buchs bei A für dessen aus dem Leihvertrag folgende Rückgabepflicht[25] hatte. An der Wirksamkeit des Leihvertrags lässt dieser Sachverhalt keine Zweifel!

27 (2) „Schlimm" wird es, wenn man bei einer Klausur gar den **Sachverhalt „verbessert"**! Dann ist derjenige, der den Sachverhalt zur Bearbeitung gestellt hat, möglicherweise „verschnupft". Der Geschehensablauf in einem Klausursachverhalt ist in der Regel so formuliert und vereinfacht, dass nur ganz bestimmte rechtliche Fragen angesprochen und zu prüfen sind. Beispiel für einen Sachverhalt, der von einem besonders spitzfindigen Bearbeiter einmal „verbessert" wurde, ist Folgendes: Im Sachverhalt hieß es: „K bestellt beim Porschehändler V im Januar einen Porsche Cayenne. Die Lieferung wird für Februar desselben Jahres vereinbart. V liefert aber erst im April. K musste sich deshalb einen Mietwagen nehmen usw ..."

Das rechtliche Problem, das angesprochen werden sollte, war die Frage, ob V mit der verspäteten Lieferung des Autos „in Verzug" gekommen war, wie der Jurist das nennt, und ob K eventuell Ersatz eines Verzugsschadens verlangen konnte. Ein Bearbeiter hatte sich vor der Lösung dieser Rechtsfrage etwa mit folgenden „lebensnahen" Ausführungen gedrückt: „Dass V erst im April lieferte, ist unerheblich! Da ein Porsche Cayenne normalerweise Lieferfristen von einem Jahr und mehr hat, konnte K noch froh sein, sein Auto so früh zu erhalten."

Als Klausursteller muss man bei der Korrektur hier erst einmal tief durchatmen ...! Wenn der Bearbeiter schon auf die normalen Lieferfristen von Porsche, die der Sachverhalt gar nicht erwähnt, zu sprechen kommt (was eigentlich schon zu weit geht), hätte er zumindest merken müssen, dass die Vertragsfreiheit[26] es den Parteien gestattet, frühere Lieferungen als normalerweise üblich zu vereinbaren. Und wenn so etwas vertraglich vereinbart wird, muss der Verkäufer auch pünktlich liefern, denn „pacta sunt servanda" (zu Deutsch: „Verträge müssen eingehalten werden" = römischer Rechtsgrundsatz, der auch heute noch im Bürgerlichen Recht gilt[27]).

28 (3) Weiteres Beispiel: Im Sachverhalt heißt es „A schickt dem B einen Brief." Wenn weiter nichts dazu im Sachverhalt steht, müssen Sie vom **Normalfall** ausgehen, dh davon, dass der Brief auch angekommen ist. **Überflüssig** und deswegen wiederum falsch wäre es zu schreiben: „Da der Sachverhalt nichts darüber aussagt, ob der Brief auch bei B angekommen ist, ist nicht sicher, ob der Brief dem B auch tatsächlich zugegangen ist. Nach der sog. Empfangstheorie liegt der Zugang einer Willenserklärung vor, wenn diese dergestalt in den Machtbereich des Empfängers gelangt ist, dass er die Möglichkeit der Kenntnisnahme hatte ... usw."

Wenn die Verfasserin oder der Verfasser dieser Worte dem Korrektor zeigen möchte, dass die Empfangstheorie[28] des BGH über den Zugang von Willenserklärungen beherrscht wird, bringt das keine zusätzlichen Pluspunkte; diese Ausführungen haben mit der Lösung des konkreten Falls nichts zu tun.

---

25 Lesen Sie zur ersten Information § 604!

26 Die Vertragsfreiheit bzw. sog. Privatautonomie erklärt Wörlen/Metzler-Müller/Balleis SchuldR AT Rn. 17–38.

27 Vgl. Liebs Rechtsregeln Latein Buchstabe P Nr. 3.

28 Wenn Sie diese Theorie nicht mehr genau einordnen können, lesen Sie nach bei Wörlen/Metzler-Müller/Balleis BGB AT Rn. 178–193, zur besagten Theorie insbes. Rn. 185 mwN.

(4) Das letzte Beispiel für eine **Überinterpretation** des Sachverhalts, die gleichzeitig mit einem Missverständnis des Gesetzestextes verbunden ist, stammt aus einer Strafrechtsübungsklausur für das erste juristische Staatsexamen: **29**

Es ging darum, dass jemand mit einem Nachschlüssel ein fremdes Schließfach auf dem Bahnhof öffnete und einen Koffer stahl. Der Bearbeiter der Klausur prüfte ernsthaft, ob der Dieb D, der „mittels eines Nachschlüssels in das Schließfach eingedrungen war“, einen Hausfriedensbruch gem. § 123 StGB begangen habe! In § 123 StGB heißt es: „Wer in die Wohnung, in die Geschäftsräume oder in das befriedete Besitztum eines anderen oder in abgeschlossene Räume, welche zum öffentlichen Dienst oder Verkehr bestimmt sind, widerrechtlich eindringt, wird ... (wegen Hausfriedensbruch) ... bestraft.“

Als Korrekturbemerkung stand in der Klausur am Rand: „Meinen Sie, D sei so klein, dass er wirklich in das Schließfach eindringen konnte?“

Fazit dieser Beispiele soll sein: Der Sachverhalt muss auf jeden Fall immer sehr genau gelesen werden, und zwar, wie gesagt (→ Rn. 25), mindestens zweimal. Keinesfalls darf man ihn aber überinterpretieren oder sogar noch etwas hinzufügen. Beim zweiten Lesen empfiehlt sich übrigens, gleich einige Stichworte bzw. Rechtsbegriffe, die einem spontan dazu einfallen, auf einem „Schmierzettel“ zu notieren. Bei kompliziert erscheinenden Sachverhalten, vor allem, wenn mehrere Personen beteiligt oder viele Zeitangaben enthalten sind, kann es hilfreich sein, sich eine (grafische) Skizze anzufertigen und Zeitangaben auszusondern. **30**

Lesen Sie noch einmal unser Fallbeispiel (→ Rn. 24). Wenn Sie es beim ersten Mal aufmerksam gelesen haben, haben Sie vielleicht schon gemerkt, um welches rechtliche Problem es sich hauptsächlich dreht.

■[29] Worin sehen Sie in diesem Fallbeispiel das Hauptproblem?

▶ In der Frage, in welcher Äußerung von K oder V ein Vertragsangebot und eine Annahme gelegen haben kann.

Wenn man dieses Problem erkannt hat, dann könnte man sich beim zweiten Lesen auf dem „**Schmierzettel**“ (Konzeptblatt)[30] etwa folgende Notizen machen, um den Sachverhalt zu komprimieren: **31**

Sachverhalt	**Konzeptblatt**
Erster Satz	VW Golf für 300 EUR = Angebot V oder „invitatio ad offerendum“?
	Annahme durch K?
Zweiter Satz	3.000 EUR = Angebot V?
Dritter und vierter Satz	2.500 EUR = Angebot K?
Fünfter Satz	2.800 EUR = Angebot V?
	Zwei Tage später Annahme durch K?
Sechster Satz	Ablehnung durch V, neues Angebot V: 3.000 EUR?
Siebter Satz	K verlangt Golf für 2.800 EUR → Frage: Angebot V 2.800 EUR verbind-
Achter Satz	lich? = §§ 145 ff. prüfen!

29 „■“ bedeutet im Folgenden immer, auch wenn es nicht ausdrücklich erwähnt wird: „Achtung! Erst selbst nachdenken! Dann weiterlesen!“ Überlegen Sie also erst selbst, bevor Sie die Antwort nach dem Pfeil („▶“) lesen!

30 Der „Schmierzettel“ sollte allerdings nicht mit der Klausur abgegeben werden; es sei denn, es wird von Ihnen ausdrücklich die Abgabe des Konzeptblattes verlangt.

Wenn wir das tatsächliche Geschehen auf diese Weise im Hinblick auf das zu erstellende Rechtsgutachten schon etwas geordnet haben, sind unsere „**Vorüberlegungen**", die wir anstellen müssen, bevor wir mit der eigentlichen Ausarbeitung, der Formulierung des Gutachtens, beginnen, noch nicht beendet!

Nach dem Erfassen des Sachverhalts müssen wir uns noch etwas bei seinem letzten Satz aufhalten, aus dem regelmäßig die Fallfrage folgt. Der nächste Schritt der Vorüberlegungen ist daher die

b) Qualifizierung der Fallfrage

32 ■ Wie lautet diese Frage in unserem Fallbeispiel? Versuchen Sie, aus den letzten beiden Sätzen des Sachverhalts eine Frage zu formulieren!

▶ „Verlangt K von V den VW Golf zu Recht für 2.800 EUR?"

Anders ausgedrückt heißt das: „Hat K gegen V einen Anspruch auf Übereignung des VW Golfs zum Preis von 2.800 EUR?"
Dass es bei Streitigkeiten im Bürgerlichen Recht regelmäßig um **Ansprüche** geht, wurde bereits angedeutet. Allerdings haben wir uns noch nicht näher damit befasst, was eigentlich der Begriff „Anspruch" genau umschreibt. Versuchen Sie, mit eigenen Worten den Inhalt eines Anspruchs zu formulieren!

■ Was tut jemand, der gegenüber einem anderen einen Anspruch geltend macht?

▶ Er „verlangt" etwas von dem anderen! K verlangt ausdrücklich den VW Golf für 2.800 EUR von V. Wenn ein solcher Anspruch begründet ist, hat derjenige, der etwas verlangt, – das ist der „Anspruchsteller", im Gegensatz zum „Anspruchsgegner" – ein **Recht, „etwas" zu verlangen.**
Da dieses Recht, besser: dieses „etwas", nicht bei jedem Anspruch dasselbe ist, hat der Gesetzgeber eine ganz allgemeine Definition des Anspruchs gegeben.

33 ■ Wenn Sie einen Blick in das Sachverzeichnis (Index) am Ende des Gesetzestextes werfen, können Sie selbst herausfinden, in welcher Vorschrift sich die Definition des Anspruchs befindet. Suchen Sie im Index!

▶ Im Index der BGB-Gesetzessammlung Beck-Texte im dtv finden Sie hinter den Stichwörtern „Anspruch, Ansprüche" die Worte „Begriff, Verjährung", danach die fette Ziffer 1 (für das Gesetz Nr. 1 in dieser Sammlung) und dann die magere Ziffer 194, die den Paragrafen bezeichnet. Lesen Sie also **§ 194**, der in **Abs. 1** die **Legaldefinition**[31] **des Anspruchs** enthält. Da § 194 im Buch 1, Allgemeiner Teil des BGB angesiedelt ist, gilt diese Definition für sämtliche Ansprüche aller vier nachfolgenden Bücher des BGB!

Nach einem Anspruch, dem **Recht**, von einem anderen **ein Tun oder Unterlassen zu verlangen,** wird in den meisten Fallfragen gefragt[32].

34 Allerdings sind diese Fragen nicht immer so zielgerichtet formuliert wie in dem vorliegenden Sachverhalt. Man unterscheidet deshalb **konkrete** und **abstrakte Fallfragen.**

---

31 Wenn der Gesetzgeber im Gesetz selbst einen Rechtsbegriff definiert, spricht man von „Legaldefinition", gut zu erkennen am im Paragrafen selbst in Klammern gesetzten Rechtsbegriff.

32 Manchmal gibt es auch Fallfragen, die nicht auf einen Anspruch, sondern auf die Möglichkeit, ein Gestaltungsrecht auszuüben, gerichtet sind; zB: „Kann K zurücktreten?" „... den Vertrag kündigen?" „... anfechten?" Einen „Anspruch auf" Rücktritt, Kündigung oder Anfechtung gibt es **nicht!**

Noch konkreter als unsere Fallfrage wäre etwa die Frage: „Kann K von V Erfüllung des Kaufvertrags verlangen?“ oder: „Kann V von K den Kaufpreis verlangen?“, da schon direkt der Vertrag angesprochen wird, aus dem der Anspruch folgen könnte!

Manchmal werden zu einem Fall auch zwei oder mehrere konkrete Fragen gestellt. Dann ist bei der Beantwortung die Reihenfolge einzuhalten, da diese Fragen idR logisch aufeinander aufbauen und man bei der Beantwortung der nächsten Frage oft auf die Beantwortung der vorhergehenden Frage zurückverweisen kann (= die Aufgabenstellerin oder der Aufgabensteller versuchen Ihnen damit bei der Lösung des Falls zu helfen!).

■ Wie lautet eine abstrakte Fallfrage?
▶ „Welche Ansprüche hat K gegen V?“ oder: „Wie ist die Rechtslage?“

Diese Fragen sind noch konkretisierungsbedürftig, dh, je nach Sachverhalt gegebenenfalls in mehrere konkrete Einzelfragen umzuformulieren. Je nach Sachverhalt könnten diese heißen: „Hat V gegen K einen Anspruch auf ...

... Kaufpreiszahlung?“
... Schadensersatz?“
... Herausgabe?“ usw.

Wenn wir auf diese Weise ermittelt haben, wonach konkret gefragt ist, kommen wir der Falllösung immer näher; denn dann haben wir meist schon festgestellt, wer Anspruchsteller, wer Anspruchsgegner und welches das „Anspruchsbegehren“ ist. **35**

Vereinfacht ausgedrückt haben wir uns gefragt:

„**Wer** will von **wem was?**“

■ Versuchen Sie einmal, die Antwort auf diese einfache Frage für unseren Fall umzuformulieren, ohne dass Sie dabei schon rechtliche Begriffe verwenden:
▶ „K will von V den VW Golf zum Preis von 2.800 EUR.“

Aus dem Sachverhalt ergibt sich regelmäßig eine Begründung, die dieses Verlangen, also diesen Anspruch, stützen könnte.

Die nächste Frage, die man sich in den Vorüberlegungen zur Falllösung zu stellen hat, lautet deshalb: „**Warum** macht der Anspruchsteller diesen Anspruch geltend?“. Um diese Frage richtig beantworten zu können, muss man sich selbst in die Situation des Anspruchstellers hineindenken!

Die „Warum-Frage“ wird in einschlägigen Anleitungen zur Falllösungstechnik teils weggelassen.[33] Man begnügt sich mit nur vier „W“. Wir bleiben bei fünf, denn gerade die Frage nach dem „warum?“ stellt für den vernünftigen (= rational denkenden) Anspruchsteller die Weiche zur richtigen Anspruchsgrundlage![34]

■ Warum glaubt K in unserem Fall, dass er den VW Golf zum Preis von 2.800 EUR verlangen kann?

---

33 So auch bei Metzler-Müller/Füglein PrivatRFall 28 f., wo zwar auf das „Warum“ hingewiesen, es aber für die gutachtliche Prüfung als nicht zwingend erforderlich betrachtet wird (Metzler-Müller/Füglein PrivatRFall 29 Fn. 7); augenscheinlich fehlt das „Warum“ zB bei Hildebrand Gutachtenstil 107, die aber den Vertragstyp im Obersatz mitbenennt, was dem „Warum“ gleichkommt.

34 Als aufmerksamer Leser fragen Sie sich bestimmt gerade, was denn das fünfte bzw. vierte „W“ ist. Dazu gleich (→ Rn. 42)!

▶ Weil seiner Meinung nach zwischen V und ihm ein Kaufvertrag über den VW Golf zum Preis von 2.800 EUR geschlossen wurde!

36 Um seinen Anspruch rechtlich begründen zu können, braucht K eine gesetzliche Vorschrift, aus deren Formulierung sich ein solcher Anspruch ergeben könnte. K braucht eine **Anspruchsgrundlage**. Eine Anspruchsgrundlage ist eine Vorschrift, aus deren Formulierung sich schließen lässt, dass jemand das „Recht hat, von einem anderen etwas zu verlangen" (das ist die Definition für den Anspruch → Rn. 33)! Sind die Tatbestandsvoraussetzungen der Vorschrift erfüllt, ist die Rechtsfolge ein bestehender Anspruch.[35]

Hierzu einige **Beispiele**:

37 (1) **§ 535 – Abs. 1 S. 1** lesen!

■ Wer hat nach dieser Vorschrift ein Recht, etwas von dem anderen zu verlangen, und was?

▶ Der Mieter hat das Recht, vom Vermieter den Gebrauch der Mietsache während der Mietzeit zu verlangen. § 535 Abs. 1 S. 1 ist eine typische Anspruchsgrundlage für den Mieter (die Verpflichtung des Vermieters entspricht dem Recht des Mieters).

■ Welchen Anspruch hat nach § 535 Abs. 2 (lesen!) der Vermieter gegen den Mieter?

▶ Anspruch auf Bezahlung der vereinbarten Miete!
§ 535 Abs. 2 ist also die entsprechende Anspruchsgrundlage für den Vermieter!

38 (2) Lesen Sie noch einmal **§ 145**!

■ Wer kann nach dieser Vorschrift von wem etwas verlangen?

▶ Niemand! Was denn?

In § 145 wird lediglich geregelt, dass jemand, der ein Vertragsangebot macht, normalerweise daran gebunden ist. Aus dieser Formulierung geht nicht hervor, dass der andere von dem Anbietenden etwas Bestimmtes verlangen kann. § 145 kann also **keine** Anspruchsgrundlage sein! Es handelt sich vielmehr um eine **einfache Rechtsfolgenregelung**.

39 (3) Wie sieht das zB mit **§ 130 Abs. 1 S. 1** aus (lesen!)?

■ Ist das eine Anspruchsgrundlage oder nicht? Überlegen Sie!

▶ Daraus folgt ebenfalls keine Verpflichtung bzw. umgekehrt kein Recht einer Person gegenüber einer anderen. Also: **keine** Anspruchsgrundlage!

40 (4) Lesen Sie nun **§ 823 Abs. 1**!

■ Anspruchsgrundlage oder nicht?

▶ Aus der Formulierung, dass jemand aufgrund einer Rechtsgutverletzung (durch Tun oder Unterlassen) einem anderen zum Schadensersatz verpflichtet ist, folgt, dass der andere das Recht hat, Schadensersatz zu „verlangen", dh, er hat einen Schadensersatzanspruch! § 823 Abs. 1 ist eine typische **Anspruchsgrundlage**.

(5) Letztes Beispiel: **§ 249 Abs. 1** – lesen!

---

35 Damit haben wir es mit einer besonderen Rechtsfolgenregelung zu tun, bei der Rechtsfolge der Norm ein Anspruch ist. Vorschriften, die keine Anspruchsgrundlagen sind, enthalten idR – wenn die Tatbestandsmerkmale (Voraussetzungen) erfüllt sind – ebenfalls eine Rechtsfolge, aber eben keinen Anspruch; das sind dann einfache Rechtsfolgenregelungen.

■ Anspruchsgrundlage oder nicht?

▶ Aus dem Wortlaut von § 249 Abs. 1 können Sie – anders als bei § 823 Abs. 1 – nicht herauslesen, dass jemand von einem anderen etwas verlangen kann! § 249 Abs. 1 setzt dies bereits voraus: „wer" – aufgrund einer Anspruchsgrundlage wie zB § 823 Abs. 1 oder § 280 Abs. 1 – bereits „zum Schadensersatz verpflichtet ist", muss im in § 249 Abs. 1 bestimmten Umfang Schadensersatz leisten! Wenn in einer Klausurlösung steht „K könnte gegen V einen Anspruch auf Schadensersatz gem. § 249 Abs. 1 haben", ist das schlichtweg falsch!" § 249 Abs. 1 ist keine Anspruchsgrundlage, sondern ergänzt diese (in dem Fall die Normen, die einen Schadensersatz vorsehen). Auch diese Vorschrift ist nur eine **einfache Rechtsfolgenregelung**.

c) Suche nach der Anspruchsgrundlage

Die Suche nach der Anspruchsgrundlage ist nach 41

(a) dem Erfassen des Sachverhalts und
(b) der Qualifizierung der Fallfrage

die dritte und wichtigste Stufe in den Vorüberlegungen zur Falllösung; denn die Anspruchsgrundlage enthält regelmäßig das mögliche (hypothetische) Ergebnis, das dem schriftlichen Gutachten vorangestellt wird.

Um die richtige Anspruchsgrundlage für den jeweiligen Fall zu finden, fragt man sich deshalb, **woraus** – nämlich aus welcher Vorschrift – kann der Anspruchsteller seinen Anspruch herleiten? 42

Um das mögliche Ergebnis eines Falls herauszuarbeiten, muss man sich also in den Vorüberlegungen Schritt für Schritt folgendes fragen:

Wer will von **wem was, warum, woraus?**

Für unseren Fall hatten wir den ersten Teil der Frage einschließlich des „warum?" bereits beantwortet.

■ Versuchen Sie, die Antwort selbst zu formulieren!

▶ K will von V den VW Golf, genauer: die Übereignung[36] des VW Golf zum Preis von 2.800 EUR, weil er glaubt, dass V dazu aufgrund eines Kaufvertrags verpflichtet ist.

Die Teilfrage „woraus?", die unmittelbar auf die Anspruchsgrundlage gerichtet ist, lässt sich regelmäßig (das nötige Wissen vorausgesetzt) ohne große Schwierigkeiten beantworten, wenn man die vorangegangenen Teilfragen sorgfältig beantwortet hat.

■ Woraus, aus welcher Vorschrift also, könnte K sein Verlangen herleiten? Diese Vorschrift ist Ihnen schon bekannt:

▶ § 433 Abs. 1 S. 1 – nochmals lesen!

---

36 K will den Golf „haben", er will Eigentümer des VW Golfs werden; dafür muss ihm der Golf von V „übereignet" werden. Dieser Begriff beschreibt einen Vorgang aus dem 3. Buch des BGB, dem Sachenrecht.

Bei den Vorüberlegungen zur gutachtlichen Lösung eines Falls notiert man sich dieses Schema unbedingt auf dem Konzeptblatt und schreibt dann die einzelnen Antworten dazu.

Das könnte für unser Fallbeispiel in etwa so aussehen:

Wer	will von	wem	was	warum	woraus?
K	will von	V	Übergabe und Übereignung des VW Golf	weil K glaubt, dass V dazu aufgrund eines Kaufvertrags verpflichtet ist	§ 433 Abs. 1 S. 1

43 ■ Wie müsste deshalb der erste Satz des schriftlichen Gutachtens lauten, den wir als mögliches Ergebnis („(Arbeits-) Hypothese" → Rn. 17) an den Anfang des Gutachtens stellen?

▶ „K könnte gegen V einen Anspruch auf Übergabe und Übereignung des VW Golf (zum Preis von 2.800 EUR) gem. § 433 Abs. 1 S. 1 haben."

Erst dieser Satz dürfte von alledem, was wir bis hierhin erwogen haben, in dem **schriftlichen Gutachten** stehen. Alles andere waren gedankliche Vorüberlegungen, die allenfalls auf dem Konzeptblatt, nicht aber in der endgültigen Klausurbearbeitung erscheinen dürfen!

Bevor Sie hier weiterlesen, schauen Sie sich die methodischen Vorüberlegungen noch einmal in einer Zusammenfassung an (Übersicht 2 → Rn. 49).

■ Wenn Sie sich noch an Übersicht 1 über den Aufbau eines Gutachtens erinnern (→ Rn. 23) und den letzten Satz in Übersicht 2 (→ Rn. 49) betrachten, müssten Sie eigentlich beantworten können, welches der nächste Schritt im Gutachten ist, nachdem wir das mögliche Ergebnis mit der entsprechenden Anspruchsgrundlage vorangestellt haben.

▶ Systematische und schrittweise Überprüfung der rechtlichen Voraussetzungen für den möglichen Anspruch durch Subsumtion (Unterordnen) des Sachverhalts unter diese Voraussetzungen!

44 ■ Was ist zunächst Voraussetzung, damit K gegen V einen Anspruch auf Übergabe und Übereignung des VW Golf gem. § 433 Abs. 1 S. 1 hat?

▶ Ein Kaufvertrag! Zwischen K und V müsste also ein wirksamer Kaufvertrag zustande gekommen sein.

■ Welche Voraussetzungen müssen dafür wiederum erfüllt sein?

▶ Für einen wirksamen Kaufvertrag müssen ein wirksames Angebot und dessen wirksame Annahme iSd §§ 145 ff. BGB vorliegen.

Da bei diesem Punkt das Problem unseres Falls liegt, müssen wir jede Erklärung der Beteiligten daraufhin überprüfen.

■ Welches ist die erste Erklärung, die in unserem Sachverhalt geäußert wird?

▶ Das Ausstellen des VW Golf auf dem Gelände des V zu 300 EUR. Dies könnte ein solches Angebot sein (oder: Fraglich ist, ob dies ein solches Angebot ist).

Da wir ein Gutachten anfertigen wollen, wäre es stilistisch falsch, wenn man nach der Feststellung „Voraussetzung für diesen Anspruch ist ein wirksamer Kaufvertrag, der wiederum ein wirksames Angebot (§ 145) und dessen wirksame Annahme (§§ 146 ff.) verlangt." etwa Folgendes schreiben würde: „Kein Angebot liegt in der Preisauszeichnung von 300 EUR, denn das ist nur eine sog. ›invitatio ad offerendum‹, die keine Rechtsbindung nach sich zieht."

- ■ Was hätte man nämlich mit dieser Formulierung geschrieben? 45
- ▶ Ein Urteil! (Sie erinnern sich? Stichwort „denn" → Rn. 20). Und das gerade muss man in Anfängerklausuren vermeiden!

Im Gutachten müsste man die Erklärung des V etwa folgendermaßen prüfen:

„Ein Angebot iSv § 145 des V könnte in der auf dem Preisschild enthaltenen Auszeichnung des VW Golf für 300 EUR liegen. Dann müsste diese Erklärung so gefasst sein, dass sie sich direkt an K richtete und dieser daraus auf den Willen des V schließen konnte, sich ihm – K – gegenüber rechtlich zu binden. Gerade dies ist aber bei einer solchen Preisauszeichnung nicht der Fall. Vielmehr will V mit der Ausstellung des Pkw auf seinem Gelände allen vorbeigehenden Interessenten zeigen, dass er bereit ist, mit irgendeinem von ihnen einen Kaufvertrag über den VW Golf zu schließen. In der Preisauszeichnung liegt daher eine Aufforderung des V an diese Interessenten, ihm ein Angebot zu machen. Das ist eine sog. ‚invitatio ad offerendum'. Diese richtet sich an eine unbestimmte Vielzahl von Personen, sodass V dem K kein Angebot über 300 EUR gemacht hat."

- ■ Worin lag in unserem Fall dann das erste Angebot? 46
- ▶ In der Erklärung des K, er wolle zu 300 EUR kaufen.
- ■ Hat V dieses Angebot angenommen?
- ▶ Nein!
- ■ Sondern?
- ▶ V hat ein neues Angebot zu 3.000 EUR abgegeben (§ 150 Abs. 2).
- ■ Hat K dieses neue Angebot angenommen?
- ▶ Nein! K äußert zwar seinen Kaufwillen, aber nur zum Preis von 2.500 EUR.
- ■ Was bedeutet dies?
- ▶ Dieser Vorschlag des K ist gem. § 150 Abs. 2 als Ablehnung von Vs Angebot und zugleich als neues Angebot des K anzusehen (§ 150 Abs. 2 lesen!). Auch die Erklärung des V, nur für 2.800 EUR verkaufen zu wollen, bildet nach § 150 Abs. 2 ein neues Angebot. 47
- ■ Hat K dieses neue Angebot des V (2.800 EUR) angenommen?
- ▶ Zunächst nicht; er wollte sich das ja erst einmal überlegen!

Eine wirksame Annahme des K könnte aber zwei Tage später telefonisch erfolgt sein. Dann müsste V gem. § 145 zu diesem Zeitpunkt noch an das Angebot gebunden gewesen sein. Ob das der Fall war, ergibt sich aus den §§ 146–149, die Sie nun durchlesen sollten. Nach § 146 muss die Annahme rechtzeitig erfolgt sein. Wann eine Annahme „rechtzeitig" ist, entnehmen wir den §§ 147–149. Prüfen wir die Voraussetzungen dieser Vorschriften, indem wir von unten mit § 149 beginnen:

- ■ Passt § 149 auf unseren Fall?
- ▶ § 149 bezieht sich auf zugesandte Willenserklärungen unter Abwesenden! Es liegt aber eine telefonische Willenserklärung, dh eine Willenserklärung unter Anwesenden vor!

- ■ Passt § 148?
- ▶ Nein. Es wurde keine Annahmefrist vereinbart!
- ■ Passt § 147 Abs. 1?
- ▶ Gemäß § 147 Abs. 1 S. 1 konnte K das Angebot des V über 2.800 EUR, das dieser ihm machte, als K bei ihm anwesend war, nur sofort annehmen.
- ■ Ist das geschehen?
- ▶ Zwei Tage später bedeutet nicht „sofort“!
- ■ Was ist demnach mit dem Angebot des V über 2.800 EUR geschehen?
- ▶ Mangels rechtzeitiger Annahme durch K ist es gem. § 146 erloschen!
- ■ Wie ist die verspätete Annahme durch K rechtlich zu werten?
- ▶ Wiederum als neues Angebot, und zwar folgt dies aus § 150 Abs. 1 – lesen!

48 Somit haben wir schließlich ein Angebot des K, den VW Golf für 2.800 EUR kaufen zu wollen, das V erneut ablehnt, indem er wieder den Verkauf zu 3.000 EUR anbietet. Dieses letzte Angebot hat K nicht angenommen.

- ■ Wie lautet daher das Ergebnis zu diesem Fall?
- ▶ Da es an der Annahme des Verkaufsangebots durch K fehlte, kam kein wirksamer Kaufvertrag zustande: „Somit hat K gegen V keinen Anspruch auf Übereignung des VW Golf gem. § 433 Abs. 1 S. 1!“

Das müsste auch der letzte Satz des schriftlichen Gutachtens sein, in welchem ausdrücklich festgestellt wird, ob das im ersten Satz vermutete Ergebnis („Hypothese“) zutrifft oder nicht. Prägen Sie sich nun Übersicht 2 (→ Rn. 49) ein!

Übersicht 2 49

Methodik der Fallbearbeitung

Allgemeine Vorüberlegungen zur Ausarbeitung einer Klausur (Gutachten)

1. Erfassen des Sachverhalts

- Sachverhalt (SV) = „Fall" = tatsächlicher oder erdachter Geschehensablauf, der rechtlich beurteilt werden soll
- SV mehrmals (mindestens zweimal) durchlesen!
- Ggf. grafische Skizze anfertigen und Zeitangaben aussondern
- Sorgfältig lesen, aber nichts zum SV „hinzudichten" oder gar SV „verbessern".
  (**Beispiel** „Lieferfristen Porsche Cayenne", „A schickt Brief an B" = Brief ist im Normalfall angekommen!)

2. Qualifizierung der Fallfrage

- Im Bürgerlichen Recht ist regelmäßig nach „Ansprüchen" gefragt.
- Legaldefinition „Anspruch": § 194 Abs. 1
- Mögliche Fallfragen:
  a) konkrete Fallfragen, zB „Kann V von K den Kaufpreis verlangen?"
  b) abstrakte Fallfragen, zB „Welche Ansprüche hat V gegen K?"
  = Frage ist noch konkretisierungsbedürftig, etwa:
  „Hat V gegen K einen Anspruch auf Kaufpreiszahlung?"
  oder „... auf Schadensersatz?" oder „... auf Herausgabe der Sache?" etc
  zB „Wie ist die Rechtslage?"
  = Alle für den speziellen Fall in Betracht kommenden Ansprüche sind zu prüfen!
- Bei mehreren konkreten Fallfragen: Reihenfolge einhalten!
- Bei abstrakter Fragestellung, aus der sich mehrere konkrete Fragen ergeben: möglichst logische Reihenfolge bilden!

3. Suche nach der Anspruchsgrundlage

- Anspruchsgrundlage = gesetzliche Vorschrift, aus der sich ergibt, dass jemand von einem anderen etwas (Tun oder Unterlassen, vgl. § 194 Abs. 1) verlangen kann!
- Mit der Suche nach der Anspruchsgrundlage beginnt die eigentliche juristische Arbeit = Gesetzesanwendung!
- Die Anspruchsgrundlage wird dem schriftlichen Gutachten (Klausur) als mögliches („hypothetisches") Ergebnis vorangestellt.
- Nächster Schritt: Voraussetzungen der Anspruchsgrundlage systematisch prüfen (= vgl. Übersicht 1 ⟶ Rn. 23: „Gutachten/Urteil") = Subsumtion.

3. Methodik der Fallbearbeitung: Wichtige Anspruchsgrundlagen des Bürgerlichen Rechts in systematischer Prüfungsreihenfolge

50 In umfangreicheren Sachverhalten (zB Fall 17 → Rn. 389 und Fall 19 → Rn. 445) ist zumeist nicht nur nach einem Anspruch, sondern nach **mehreren Ansprüchen** gefragt.

Es gibt keine Vorschrift, nach der bei der Prüfung dieser Ansprüche im Gutachten eine bestimmte Reihenfolge einzuhalten ist. Eine solche **Reihenfolge** hat sich indessen aus Zweckmäßigkeitserwägungen in langjähriger Übung ergeben und wird in Anleitungen zur Falllösungstechnik regelmäßig mitgeteilt. Daher soll auch hier ein kurzer Hinweis nicht fehlen.

51 Sofern am Ende eines Sachverhalts konkret nach mehreren Ansprüchen gefragt ist, sollte man die vorgegebene Reihenfolge einhalten (→ Rn. 34), da sich der Fragesteller in der Regel etwas dabei gedacht hat.

Beispiel: „K will wissen, ob er Vertragserfüllung oder Schadensersatz verlangen kann." In diesem Fall wäre es ungeschickt, zunächst einen Anspruch auf Schadensersatz (zB weil man sich damit besser auszukennen glaubt) und dann den vertraglichen Erfüllungsanspruch zu prüfen.

52 Ist eine Reihenfolge nicht vorgegeben (**Beispiel**: „Welche Ansprüche hat K gegen V?") und hat sich bei der Suche nach den Anspruchsgrundlagen ergeben, dass zB ein **vertraglicher Anspruch** möglich erscheint, beginnt man mit der Prüfung des vertraglichen Anspruchs. Der Vertrag begründet eine besondere schuldrechtliche Beziehung der Parteien, die sie aufgrund der Vertragsfreiheit weitgehend nach ihrem Belieben ausgestalten und dadurch gegebenenfalls auf andere Anspruchsgrundlagen Einfluss nehmen können.

53 Nach den vertraglichen oder vertragsähnlichen Ansprüchen werden (falls der Sachverhalt auf ihr Vorliegen hindeutet) üblicherweise **sachenrechtliche Ansprüche**, die regelmäßig auf die Geltendmachung eines absoluten, also gegenüber jedermann wirkenden Rechts gerichtet sind, geprüft.

Die weitere Prüfungsreihenfolge, die nicht unbedingt zwingend ist, entnehmen Sie bitte der Übersicht 3 (→ Rn. 54).[37]

37 Die Reihenfolge der Ansprüche kann man sich gut mit der weit verbreiteten, aus den Anfangsbuchstaben der Ansprüche gebildeten Eselsbrücke „Viel Quatsch schreibt der Bearbeiter." merken.

Übersicht 3 54

Methodik der Fallbearbeitung

Die wichtigsten Anspruchsgrundlagen des Bürgerlichen Rechts in systematischer Prüfungsreihenfolge

1. Vertragliche Ansprüche

... **sind immer zuerst zu prüfen**, wenn ein Vertrag vorliegt; denn der Vertrag kann Auswirkungen auf alle anderen Anspruchsnormen haben.
Vertragliche Ansprüche sind **idR Erfüllungsansprüche** (Primärleistungsansprüche): zB[38] §§ 433, 488, 535, 581, 598, 607, 611, 630a, 631, 651a, 652, 688, 705, 765 → **Anspruchsgrundlagen**!
Voraussetzungen schrittweise **prüfen** = **Subsumtion** des Sachverhalts unter das Gesetz.

Prüfungsschema

a) Anspruch entstanden?
zB §§ 106 ff., 116 ff., 145 ff. – nur prüfen, wenn Zweifel!
Wenn ja, ist idR Erfüllung die Rechtsfolge, falls nicht **Ausnahmen** eingreifen, sog. **Einwendungen** und **Einreden**:
b) Nichtigkeitsgründe?
zB §§ 119 ff., 125, 134, 138
c) Erlöschensgründe (→ Sekundärleistungsansprüche)?
zB §§ 362/364, 372, 387, 397, 275, 280–283, 311a, 313, 326
d) Beendigungsgründe?
zB §§ 323 ff., 346 ff.; Kündigungen: zB §§ 543, 620 Abs. 2, 626
e) Anspruch durchsetzbar?
zB §§ 214, 242, 273, 320, 1000

Ergebnis

(1) Anspruch besteht, da Voraussetzungen erfüllt sind.
oder
(2) Anspruch besteht nicht, da nicht entstanden (bzw. b), c), d) oder e) eingreifen). In diesem Fall, insbes. bei c) **Ersatz- [Sekundärleistungs-] -ansprüche** prüfen, zB Schadensersatz statt der Leistung (§§ 280–283, 311a). Ergebnis: Ggf. Ersatzansprüche, Gewährleistungsansprüche (zB §§ 437, 634) oder gar kein Anspruch!

2. Quasivertragliche Ansprüche (aus vertragsähnlichen Beziehungen)
zB cic (§§ 280, 311 Abs. 2 und 3, 241 Abs. 2), GoA (§§ 677 ff.), 179, 122

3. Sachenrechtliche (= dingliche) Ansprüche (insbes. Herausgabe)
zB §§ 861, 985, 1007, 1004

4. Deliktische Ansprüche (unerlaubte Handlung)
Verschuldenshaftung §§ 823 ff.
Gefährdungshaftung zB §§ 833; § 7 StVG; § 1 ProdHaftG

5. Bereicherungsrechtliche Ansprüche (ungerechtfertigte Bereicherung)
§§ 812 ff.

Das in Übersicht 3 (→ Rn. 54) dargestellte grobe Schema der üblichen Anspruchsreihenfolge lässt sich für die „Vorüberlegungen" noch verfeinern. Wenn man eine mögliche Anspruchsgrundlage gefunden hat, sollte man folgende Frage stellen: Ist der **Anspruch entstanden, nicht erloschen** und tatsächlich **durchsetzbar**? 55

38 Die Aufzählungen erfolgen ohne genaue Zitierung der Absätze und nur beispielhaft, nicht abschließend.

Dies macht man aber nur in den „Vorüberlegungen“! Wenn offensichtlich zwei voll geschäftsfähige Parteien miteinander verhandelt haben, unmissverständliche und ernst gemeinte – sich deckende – Willenserklärungen zum Abschluss eines Rechtsgeschäfts, das keiner gesetzlichen oder vereinbarten Form bedarf, abgegeben haben, und dieses Rechtsgeschäft ein durchaus alltägliches ist, das weder gegen ein gesetzliches Verbot noch gegen die guten Sitten verstößt, wäre es nahezu fatal, wenn Sie im Gutachten die §§ 104 ff., 116–118, 125, 134, 138 auch nur erwähnen würden!

Wenn Sie diesen Schachtelsatz (in Klausuren sind solche zu vermeiden!) verstanden haben, wird Ihnen Übersicht 4 (→ Rn. 56) bei Ihren Vorüberlegungen helfen!

56 **Übersicht 4**

Anspruchsprüfung
1. Schritt: Anspruch entstanden?
a) Tatbestandliche Voraussetzungen der ASG prüfen, wenn (+), weiterprüfen: b) Rechtshindernde Einwendungen? zB • Fehlende Geschäftsfähigkeit §§ 104 ff. • Fehler bei der Willenserklärung §§ 116–118 • Formmangel § 125 • Inhaltliche Mängel: § 134 (Gesetzesverstoß), § 138 (Wucher und Sittenwidrigkeit) • Sonderfall:[39] Anfechtung § 142 Abs. 1 iVm §§ 119 ff., 143 f. („*ex tunc*“-Wirkung) **Rechtshindernde Einwendungen** verhindern, dass der Anspruch entsteht.
2. Schritt: Anspruch nicht erloschen?
(+), wenn keine rechtsvernichtenden Einwendungen, zB • Erfüllung §§ 362, 364 • Tatsächliches Ereignis: Unmöglichkeit der Leistung § 275; Gegenleistung § 326 • Gestaltungsrechte: Rücktritt §§ 313 Abs. 3, 323 ff., 346 ff.; Hinterlegung §§ 372 ff.; Aufrechnung §§ 387 ff.; Erlass § 397; Kündigung §§ 542, 620 Abs. 2, 626 **Rechtsvernichtende Einwendungen** lassen den entstandenen Anspruch erlöschen.
3. Schritt: Anspruch durchsetzbar?
(+), wenn keine rechtshemmenden Einreden, zB • Verjährung §§ 194–218 • Rechtsmissbrauch § 242, Verwirkung § 242; Schikane § 226 • Zurückbehaltungsrechte zB §§ 273f., 1000 • Nicht erfüllter Vertrag § 320 **Rechtshemmende Einreden** lassen den entstandenen Anspruch zwar bestehen, verhindern aber seine Durchsetzbarkeit (dauerhaft oder zeitweilig).
4. Schritt: Ergebnis feststellen
Merke: Wenn der Sachverhalt keinerlei Hinweise auf irgendwelche Einwendungen oder Einreden enthält, erscheinen im Gutachten nur die Schritte 1 und 4!

39 Einbau der Anfechtung in Anspruchsaufbau ist streitig. Entweder prüft man sie bei der jeweiligen WE als rechtshindernde Einwendung oder, weil ihre Wirkung erst durch eine entsprechende Erklärung ausgelöst wird, als rechtsvernichtende Einwendung nach dem Zustandekommen des Vertrags.

Literatur zur Vertiefung:

Alpmann Schmidt (Pense/Lüdde), Basiswissen Methodik der Fallbearbeitung im Studium und Examen – Wie schreibe ich eine Klausur?, 6. Aufl. 2025

Beyerbach, Gutachten, Hilfsgutachten und Gutachtenstil – Bemerkungen zur juristischen Fallbearbeitung, JA 2014, 813

Bialluch/Wernert, Grundlagenwissen: Gesetzesbezogene Fallbearbeitung, JuS 2018, 326

Bitter/Rauhut, Grundzüge zivilrechtlicher Methodik – Schlüssel zu einer gelungenen Fallbearbeitung, JuS 2009, 289

Czerny/Frieling, Meine erste Zivilrechts-Klausur: Die vier Phasen der Klausurerstellung, JuS 2012, 877

Dietrich, Auslegen und Subsumieren mit ChatGPT, NJW 2024, 2092

Drehsen, Hinweise zum Erstellen von juristischen Gutachten im Privatrecht – Teil 1, BRJ 2013, 106–110 und Teil 2, BRJ 2014, 50–54

Fervers, Anspruch entstanden – Anspruch untergegangen – Anspruch durchsetzbar: Keine gute Idee, zjs 2015, 5

Hildebrand, Juristischer Gutachtenstil, 4. Aufl. 2024 (sollte jede/r Erstsemester lesen!)

Hofmann, „Anspruchsdenken" und „Remedydenken" im deutschen Privatrecht, JuS 2018, 833

Hoffmann, Technik der Fallbearbeitung im Wirtschaftsprivatrecht, 5. Aufl. 2024, Kapitel A (Die Fallbearbeitungstechnik)

Konertz, Probleme erkennen in juristischen Prüfungsaufgaben, JuS 2020, 297

Körber, Zivilrechtliche Fallbearbeitung in Klausur und Praxis, JuS 2008, 289

Kuhn, Rechtsfolgenorientierung im Aufbau zivilrechtlicher Gutachtenklausuren, JuS 2008, 956

Lange, Jurastudium erfolgreich (mit Examensvorbereitung), 9. Aufl. 2025, 9. Kapitel (Fallbearbeitung und Falllösung)

Leenen, Anspruchsaufbau und Gesetz: Wie die Methodik der Fallbearbeitung hilft, das Gesetz leichter zu verstehen, JURA 2011, 723

Linhart, Das System der Anspruchsgrundlagen, Einwendungen und Einreden in der Zivilrechtsklausur, JA 2006, 266

Mann, Einführung in die juristische Arbeitstechnik, 5. Aufl. 2015, § 5 (Die Grunderfordernisse einer Falllösung)

Mayer/Oesterwinter, Die BGB-Klausur – eine Schreibwerkstatt, 3. Aufl. 2021

Metzler-Müller/Füglein, Wie löse ich einen Privatrechtsfall?, 8. Aufl. 2022

Möllers, Juristische Arbeitstechnik und wissenschaftliches Arbeiten, 11. Aufl. 2024, § 2 (Falllösung und Klausur)

Olzen/Maties/Looschelders, Zivilrechtliche Klausurenlehre mit Fallrepetitorium, 10. Aufl. 2024, 1. Teil (Einführung in die Technik zivilrechtlicher Fallbearbeitungen)

Petersen, Die Entstehung und Prüfung von Ansprüchen, JURA 2008, 180

Petersen, Einwendungen und Einreden, JURA 2008, 200

Rosenkranz, Sinn und Unsinn des Erlernens von Prüfungsschemata, JuS 2016, 294

Schimmel, Juristische Klausuren und Hausarbeiten richtig formulieren, 15. Aufl. 2022 Rn. 15–32 (Gutachtenstil), 2. Kapitel (Formulierungen zum Gutachtenstil)

Ulrici/Purrmann, Einwendungen und Einreden, JuS 2011, 104

Valerius, Der Gutachtenstil in der juristischen Fallbearbeitung, JA 2021, 15

Wagner/McColgan, Die BGB-Klausur, 10. Aufl. 2024 § 4 (Falllösung), § 5 (Arbeitstechnik in der Klausur), § 6 (Gutachten)

Wiederrich/Wolff, Klausurtaktik und -technik – 10 Hinweise für den Studienbeginn, JuS 2023, 711

B. Formalien

I. Äußere Gestaltung und Form von Klausuren

57 Erklärtes Ziel der nachfolgenden Fälle mit Lösungen ist es, den Studierenden Inhalt, Aufbau und Stil des juristischen Gutachtens zu vermitteln, um sie auf die gewinnbringende Durcharbeitung und das Verständnis umfassenderer Übungs-Bücher („Übungen im Privatrecht" bzw. „… Zivilrecht" oder „… Bürgerlichen Recht") vorzubereiten. Im Arbeitsvorschlag des Vorworts zur ersten Auflage werden die Studierenden zur Anfertigung eigener Lösungen innerhalb der angegebenen Bearbeitungszeit eingeladen. Es ist also angebracht, Ihnen auch einige Hinweise zu den Formalien einer Klausur mitzugeben. Sie sollten sich frühzeitig daran gewöhnen, ein Rechtsgutachten zu Papier zu bringen, welches auch äußerlich erkennen lässt, dass es sich um die Arbeit von zukünftigen Hochschulabsolventen und -absolventinnen handelt! Studierende, die der Ansicht sind, dass nur der Inhalt einer Klausurlösung zählt, sollten sich bewusst machen, dass auch Korrektoren und Korrektorinnen von Klausurarbeiten nur Menschen sind: Zwar wird keiner von diesen eine inhaltlich zufriedenstellende Lösung wegen mangelnder äußerer Form aus Prinzip schlechter zensieren; doch das Wohlwollen, welches jeder zu korrigierenden Klausurarbeit regelmäßig entgegengebracht wird, weicht – zumeist unbewusst – einem gewissen Missmut, wenn man mit einem „seltsamen Schriftstück" konfrontiert wird, dessen nachlässige äußere Form eher an einen Notiz- oder Einkaufszettel als an eine wissenschaftliche Arbeit erinnert. In den seltensten Fällen sind dann Gedankenführung und Argumentationsweise der Verfasser(innen) derart brillant, dass dieser Missmut gänzlich beseitigt wird!

58 Sie sollten sich deshalb – bei allem Verständnis für den Zeitdruck, unter dem eine Klausur angefertigt wird – von Anfang an angewöhnen, bei der Anfertigung Ihrer Arbeiten die vielerorts und immer wieder gegebenen **Hinweise zur äußeren Gestaltung und Form einer Klausur** zu beherzigen, und Sie sollten ständig versuchen und üben, diese Hinweise „in die Tat umzusetzen". Die in diesem Buch behandelten Fälle mit der jeweils angegebenen Bearbeitungszeit bieten Ihnen Gelegenheit dazu, wenn Sie stets die folgenden Faustregeln beachten:

1. Korrekturrand

59 Aufgabe des Korrektors/der Korrektorin einer juristischen Klausur ist es nicht nur, zur Benotung einer Arbeit festzustellen, ob die Lösung „falsch" (= „f") oder „richtig" (= „r") ist, sondern die Verfasser(innen) auch darauf hinzuweisen, worin ihre Fehler lagen. Dazu benötigt man Platz, um entsprechende Bemerkungen anzubringen. Klausurlösungen sollten sich deshalb auf einem DIN A4-Blatt befinden, auf dem **mindestens ein Drittel als Rand** freigelassen wird, ob auf der linken oder auf der rechten Seite des Blatts, ist Geschmackssache: Ein Rand auf der linken Seite begünstigt Korrektoren, die Linkshänder sind und hat den Vorteil, dass das Schriftbild der Klausurlösung durch bündigen Zeilenbeginn sauberer wirkt; ein Rand auf der rechten kommt den Lesenden entgegen, da sie von links nach rechts lesen und begünstigt Korrektoren, die Rechtshänder sind. Hat man in der Klausur (verständlicherweise)

kein Lineal zur Hand, kann man die nötige Randlinie durch Umknicken und Falzen der Blätter erzeugen. Wenn eigenes Papier verwendet werden darf, kann man auch im gut sortierten Fachbuchhandel handelsübliche „Klausurblöcke" erwerben, die bereits einen weißen Korrekturrand haben.

2. Kennzeichnung der Arbeit

Die Verfasser(innen) von Klausuren sollten sich darüber im Klaren sein, dass ihre Arbeiten nicht die einzigen sind, mit denen sich der Korrektor oder die Korrektorin zu befassen hat, und ihre Arbeitsgemeinschaft oder Übung und ihr Semester nicht die einzigen, in denen Klausuren geschrieben werden! Das erste Blatt der Klausur sollte deshalb – je nach Anforderungen der Klausursteller(innen), die absolut maßgeblich sind – außer dem **Namen und Vornamen** (Vorname wichtig bei weit verbreiteten Namen wie „Meier" oder ähnliches) oder der **Matrikelnummer** (falls die Klausur anonym bleiben soll, was auch an einigen Hochschulen so üblich ist bzw. vom Klausursteller vorgegeben wird) und der **Semesterzahl** auf dem Rand über dem Textteil auch eine **Zuordnungskennzeichnung** (zB „Übungen im Privatrecht, Sommersemester 2019, bei Prof. Dr. Hörnlein") enthalten – vgl. dazu das **Muster** → Rn. 72. Um eine Verwechslung der Arbeit mit anderen Arbeiten zu verhindern, empfiehlt es sich, sämtliche Blätter mittels Tacker oder notfalls einer Büroklammer zusammenzuheften bzw. zusammenzuklammern. Aus dem gleichen Grund sollten die beschriebenen Blätter unbedingt mit Seitenzahlen und sicherheitshalber auch auf den Blättern 2 ff. mit den Nachnamen (ausreichend) oder der Matrikelnummer versehen werden. 60

3. Einseitige Beschriftung und Schrift

Die Empfehlung der einseitigen Beschriftung soll nicht den Umsatz der Papierindustrie steigern helfen, sondern sie bedeutet eine wichtige Hilfe für die Bearbeiter(innen) und ist vor allem deswegen zweckmäßig, weil man damit Zeit spart, wenn das Gutachten nach Entdeckung von Fehlern teilweise neu formuliert oder ergänzt werden soll. Die fehlerhafte Passage kann sauber durchgestrichen und **auf der Rückseite** durch die Verbesserung ersetzt werden (Vermerk am Rand der Vorderseite: „siehe Rückseite"). 61

Nicht jeder Mensch verfügt über eine „schöne" Handschrift. Aber: Sie schreiben Ihre Klausuren nicht in einem wackelnden Zug, sondern an einem feststehenden Tisch. Trotz aller verständlichen Prüfungsnervosität: Bleiben Sie ruhig und schreiben Sie ruhig, vor allem **leserlich**! Wenn ein erfahrener („grafologisch geschulter") Korrektor einen Satz nicht in die deutsche Sprache „übersetzen" konnte, wird er ihn als „falsch" bewerten! 62

4. Gedankliche und optische Gliederung

Anders als in juristischen Hausarbeiten wird in juristischen Klausuren nicht verlangt, dass die Verfasser(innen) ihren Ausführungen eine schriftliche Gliederung voranstellen. Dennoch erfordert auch die Anfertigung eines Klausurgutachtens, dass man seine Ausführungen „gedanklich" gliedert und diese innere **Struktur möglichst durch Bezifferung der einzelnen Abschnitte** äußerlich, also „optisch" kennzeichnet. Überschriften im Text einer Klausur sind Geschmackssache, strukturieren aber auf jeden Fall den Text und kommen damit der lesenden Person entgegen. Mindestens für jede Anspruchsgrundlage ist eine eigene Überschrift zu empfehlen, denkbar auch für die 63

Tatbestandsmerkmale und die Rechtsfolge. Je nachdem, wo der Schwerpunkt in der Klausur liegt, sollte mindestens dort feiner untergliedert werden. Sind Ansprüche gegenüber mehreren Beteiligten zu prüfen (zB „A. Ansprüche des K gegen V: …“, „B. Ansprüche des K gegen D: …“ usw – vgl. **Muster** → Rn. 72) muss untergliedert werden und Überschriften sind angebracht.

Gerade für das Gliederungsbild einer wissenschaftlichen Arbeit gilt übrigens die Erkenntnis, dass die äußere Form Schlüsse auf die Fähigkeit der Verfasser(innen) zu klarer Gedankenführung zulässt. Welche Art der Bezifferung der Gliederungsabschnitte man wählt, ist wiederum Geschmackssache, aber logisch und einheitlich muss sie sein! Für die Bezeichnung der einzelnen Gliederungspunkte haben sich im Wesentlichen zwei Systeme durchgesetzt: die alphanumerische Gliederung nach Buchstaben und Zahlen (**„klassische“ Gliederung**) sowie die modernere **Dezimalgliederung**.

a) Die „klassische“ Gliederung

64 Wählt man diese Art der Bezeichnung der Gliederungspunkte, ist es nun nicht mehr Geschmackssache, welche Rangfolge der Buchstaben und Ziffern man innerhalb der Untergliederung bevorzugt. Je nach Bedeutung des einzelnen Gliederungsabschnitts ist folgende Rangfolge einzuhalten: Lateinische Großbuchstaben, römische Zahlen, arabische Zahlen (jeweils von einem Punkt gefolgt), lateinische Kleinbuchstaben, zweifache und mehrfache lateinische Kleinbuchstaben in Folge (jeweils von einer Klammer begleitet).

Beispiel:

„A. Ansprüche des A gegen B
    I. …………………… (Text) ……………………………………
        1. …………………………………………………………
            a) ………………………………………………………
                aa) ……………………………………………………
                bb) ……………………………………………………
            b) ………………………………………………………
        2. …………………………………………………………
            a) ………………………………………………………
            b) ………………………………………………………
            c) ………………………………………………………
                aa) ……………………………………………………
                    aaa) …………………………………………………
                    bbb) …………………………………………………
                bb) ……………………………………………………
    II. …………………………………………………………
B. …………………………………………………………… usw“

Anstelle der Dreifachfolge von lateinischen Kleinbuchstaben können auch griechische Buchstaben gewählt werden. Hierzu ist allerdings zu bemerken, dass eine so starke Untergliederung in Klausuren kaum nötig sein wird.

b) Die Dezimalgliederung

65 Diese von Melvil Dewey[40] entwickelte und oft nach ihm benannte Gliederungssystematik („Dewey Decimal Classification“) bezeichnet die einzelnen Gliederungs-

40 US-amerikanischer Bibliothekar (*1851; †1931).

abschnitte je nach der Bedeutung des dort ausgedrückten Gedankens im Gesamtzusammenhang der Darstellung mit einer oder mehreren Ziffern zwischen 0 und 9.

Dies kann jedoch sehr unübersichtlich wirken, wie die folgende Entsprechung zur alphanumerischen Gliederung (→ Rn. 64) zeigt.

Beispiel:
„1. ....
1.1 ....
1.1.1 ....
1.1.1.1 ....
1.1.1.1.1 ....
1.1.1.1.2 ....
1.1.1.2 ....
1.1.2 ....
1.1.2.1 ....
1.1.2.2 ....
1.1.2.3 ....
1.1.2.3.1 ....
1.1.2.3.1.1 ....
1.1.2.3.1.2 ....
1.1.2.3.2 ....
2. .... usw“

66 Welches System man bevorzugt, ist, um es zu wiederholen, Geschmackssache. Früher war die alphanumerische „klassische“ Gliederung weit verbreitet, mittlerweile findet man sie fast nur noch in juristischen Arbeiten, wo aber auch ziemlich strikt daran festgehalten wird. In Klausuren und Hausarbeiten kann man aus Gründen der Übersichtlichkeit durchaus das schlichte „klassische“ System heranziehen.[41]

Die **gedankliche Gliederung ist wichtiger und fester Bestandteil Ihrer Vorüberlegungen.** Für diese Vorüberlegungen sollten Sie als Bearbeiter(in) einer Klausur nicht übertrieben viel, aber auch nicht zu wenig Zeit investieren: Wenn man mit der schriftlichen Ausarbeitung zu früh oder zu spät beginnt, leidet darunter nicht nur die äußere Form der Arbeit, sondern erfahrungsgemäß auch die inhaltliche Güte der Darstellung. Als Richtzeit für die gedankliche Vorarbeit (Konzepterstellung und Gliederung) sollte man daher etwa ¼ (bis maximal ⅓) der zur Verfügung stehenden Bearbeitungszeit ansetzen.

5. Zitieren von Vorschriften, Unterstreichungen, Abkürzungen

a) Zitieren von Vorschriften

67 Das Einzige, was Verfasser(innen) in einer Klausurlösung „zitieren“ sollen, sind die **Vorschriften (Paragrafen) des zur Lösung des Falles angewendeten Gesetzes.** Literatur- und Rechtsprechungszitate werden in Klausuren nicht verlangt und im Zweifel als unnötige Wissensausbreitung auch nicht positiv bewertet. Mit der juristischen Literatur und der Rechtsprechung haben die Studierenden sich in Haus- oder Seminararbeiten bzw. Bachelor- oder Masterarbeiten auseinander zu setzen. Auch dazu gibt es bestimmte ungeschriebene Regeln, die – wie alle hier erklärten Formalien – nicht

41 Für Seminar-, Bachelor- und Masterarbeiten beachten Sie die Vorgaben an Ihrer Hochschule. Vielfach werden Vorlagen zur Verfügung gestellt, die für die Dezimalgliederung eine (automatische) Begrenzung der Anzahl der Gliederungsebenen vorsehen.

entwickelt wurden, weil es sich bei Jurist(inn)en um besonders „pingelige“ Menschen handelt. Vielmehr dienen auch diese Regeln der Übersichtlichkeit der äußeren Darstellung eines juristischen Gutachtens und geben zugleich Aufschluss darüber, ob sein(e) Verfasser(in) den Fall und letztlich das Gesetz wirklich begriffen hat. Wenn in diesem Buch mehrfach betont wird, dass zitierte Vorschriften tatsächlich gelesen werden müssen, dann bedeutet das umgekehrt auch, dass **gelesene und angewendete Vorschriften genau zitiert** werden müssen. Der Anspruch auf Übergabe der Kaufsache und Eigentumsverschaffung ist zwar auch „in § 433 BGB“ geregelt; da „in § 433 BGB“ aber ebenfalls der Anspruch auf Zahlung des Kaufpreises enthalten ist, muss man sich von Anfang an angewöhnen, **immer Absatz, Satz oder Halbsatz, ggf. auch Alternative/Variante oder Ziffer** der Vorschrift, je nach dem auf was Bezug genommen wird, **exakt zu bezeichnen**! Der erstgenannte Anspruch ergibt sich aus **§ 433 Abs. 1 S. 1 BGB**, der Kaufpreiszahlungsanspruch aus **§ 433 Abs. 2 Hs. 1 BGB**.

68 Ganz formal ist hier zu beachten, dass man **Absätze und Sätze eines Paragrafen** (dieses Wort sollte in einer juristischen Untersuchung niemals ausgeschrieben werden; stattdessen verwendet man nur dieses Zeichen: „**§**“; die Mehrzahl davon lautet: „**§§**“!) so zitiert, wie oben (→ Rn. 67) geschehen. Will man auf die Wortabkürzungen („Abs.“, „S.“) verzichten, bezeichnet man „Absätze“ mit römischen Zahlen und „Sätze “ mit arabischen Zahlen, also „§ 433 I 1“ und im Falle von Halbsätzen sieht man manchmal eine arabische Zahl in Klammern: „§ 433 II (1) BGB“. Die „I“ steht also für „Abs.“, die „1“ ohne Klammer für „S.“ und die „(1)“ mit Klammer für „Hs.“. Welche Schreibweise bevorzugt wird, ist wieder Geschmackssache, aber auch hier ist der **Grundsatz der Einheitlichkeit** zu beachten. Bezieht sich die Klausurlösung im Wesentlichen auf ein einziges Gesetz zB das BGB, so kann man etwas Zeit sparen, indem man zum ersten Zitat einer Vorschrift zB folgende Fußnote setzt: „§§ ohne nähere Bezeichnung sind solche des BGB.“

b) Unterstreichungen

69 Ein beliebtes Mittel, um die Wichtigkeit von Aussagen hervorzuheben, sind Unterstreichungen, mit denen Verfasser(innen) ihre Klausurausarbeitungen versehen. Solche **Unterstreichungen** sind in einer wissenschaftlichen Arbeit, die korrigiert und benotet werden soll, **unnötig bzw. mithin sogar unzulässig:** Wichtige und gute (richtige) Ausführungen wird der Korrektor erkennen; er nimmt dann seinerseits (um anschließend bei der Bewertung einen schnellen Überblick zu haben) Unterstreichungen vor. Unwichtige oder schlechte (falsche) Ausführungen werden dagegen vom Korrektor unterschlängelt. Zu diesen Korrekturen wird häufig ein Bleistift benutzt: Da ein Korrektor von hundert oder mehr Klausuren immer wieder von neuem versuchen muss, sich in die Gedankengänge der Verfasser(innen) einer jeden Klausur hineinzuversetzen, kann es durchaus vorkommen, dass eine Korrekturbemerkung am Rand erscheint, die dort nicht hingehört und deshalb wegradiert werden muss! Benutzen Sie deshalb bei der Abfassung Ihres Gutachtens in einer Klausur niemals einen Bleistift!

c) Abkürzungen

70 Beliebt bei Studierenden sind – teils auch typische juristisch-technische – Abkürzungen. Zum Beispiel: „K und V müssen einen KV geschlossen haben. Voraus. dafür sind 2 sich deck. WEen. . .“

Sie sollen eine Klausur aber in deutscher Sprache schreiben![42] Sie sind nicht Mitarbeiter(in) des Kommentars von Grüneberg, in dem eigenwillige, bisweilen „rätselhafte" Abkürzungen verwendet werden; Beispiel: „Vfgen vTw u Zuwendgen dch RGesch unter Lebden" (Grüneberg/Ellenberger § 138 Rn. 50). Sie sind auch nicht *Mozart*, dessen Werke im „KV" (= Köchelverzeichnis) notiert sind.

Also: Verzichten Sie auf diese Abkürzungen, erfinden Sie erst recht keine eigenen Abkürzungen. Aber: Gängige Abkürzungen wie „usw" etc können Sie verwenden.

Zahlen von „1–12" schreibt man im Text in Worten aus („eins bis zwölf"), weil sie so schön kurz sind. Ab „13" dürfen Sie Ziffern verwenden.

Diese Hinweise zur äußeren Gestaltung und Form sollen hier genügen, um Studien- **71**
anfängern und -anfängerinnen zu helfen, sich frühzeitig in einer disziplinierten Arbeitsweise zu üben. Deshalb sollten diese Ratschläge nicht auf die leichte Schulter genommen werden. Sie sind keineswegs trivial (!) – und nicht nur für Prüfungsarbeiten wichtig, sondern vor allem für den späteren beruflichen Umgang mit juristischen Problemen und Sachverhalten.

Die Hinweise zur Gestaltung und Form schließen mit einem vollständigen Zitat aus dem (leider nicht mehr neu aufgelegten) Buch von Schmelzeisen[43], das, vor allem solange Klausuren noch handschriftlich und nicht elektronisch angefertigt werden, immer noch von größter Bedeutung ist.

„Unsere Zeit neigt dazu, vieles nur als etwas Äußerliches anzusehen und deshalb zu vernachlässigen. Aber es gibt nichts schlechthin Äußerliches, das einem gleichgültig sein dürfte. ***Äußeres und Inneres stehen in einer engen Verbindung****. Beim schaffenden Menschen rührt das an den Charakter.* ***Eine äußerlich vernachlässigte Arbeit verrät manches von der Persönlichkeit dessen, der sie geleistet hat****. Ich habe noch keine Übungs- oder Prüfungsarbeit gesehen, die wie im Äußeren nicht auch im Inneren befriedigend oder unbefriedigend gewesen wäre. Selbstverständlich ist bei Aufsichtsarbeiten einige Nachsicht geboten. Doch sollte man nicht vergessen: Die äußere Gestaltung kann nicht völlig misslingen, wenn man sich beizeiten in Zucht genommen und immer wieder darin geübt hat, wenn man der Sache Herr geworden ist und wenn einem die Arbeit wirklich am Herzen liegt. Wer freilich mit der Aufgabe seine liebe Not gehabt und es dabei noch nicht weit gebracht hat, der wird am Ende nur stammeln können. Und wie es nun einmal ist:* ***Gerade darin verrät er sich als Stümper auf der ganzen Linie****.*

Durchschaut man die Dinge, so muss es einen peinlich berühren, über die immer wieder wahrzunehmenden Mängel der äußeren Gestaltung noch ein Wort zu verlieren. Was hier zu sagen ist, ist schon tausendmal ausgesprochen worden."

---

42 Vgl. dazu Wörlen JURA 2009, 239 (240).

43 Schmelzeisen, Übungen im bürgerlichen Recht für Anfänger und Studenten der Wirtschaftswissenschaften, 4. Aufl. 1981, 13, zitiert nach Wörlen JURA 2009, 239 (240); (= zulässiges Sekundärzitat, weil Originalquelle vergriffen).

72 **MUSTER für eine Klausur:**

<table>
<tr><td>

Hochschule X   Sommersemester 2024

Fachbereich Y   Prof. Dr. Hörnlein

<u>Übungen im Privatrecht
für Anfänger</u>

<u>1. Klausur</u>

A. Ansprüche des K gegen V

I. K könnte gegen V einen Anspruch ... [45] gem. § 433 Abs. 1 S. 1 BGB* haben.

1. Voraussetzung ist zunächst, dass …
a) Dann muss K …
b) Dem könnte jedoch entgegenstehen …
c) Somit ist die Voraussetzung, dass … erfüllt …

2. Weiterhin ist Voraussetzung …
a) …
b) …

3. (Ergebnis:) Der Anspruch des K gegen V auf ... gem. § ... ist demnach begründet.

II. Darüber hinaus könnte K gegen V einen Anspruch aus § … auf ... geltend machen.

1. Voraussetzung …
2. …

B. Ansprüche des K gegen D

I. … usw …
II. …

* §§ ohne nähere Bezeichnung sind solche des BGB.

</td><td>

Elvira Meier
Matrikelnummer[44]

3. Semester

– Datum –

– 2 –

</td></tr>
</table>

44 An manchen Hochschulen wird auch noch die Semesteranschrift verlangt.
45 Die Punkte (…) stehen für den Text der jeweiligen Klausur.

Literatur zur Vertiefung:

Alpmann Schmidt (Pense/Lüdde), Basiswissen Methodik der Fallbearbeitung im Studium und Examen – Wie schreibe ich eine Klausur?, 6. Aufl. 2025, 6. Abschnitt (Formalia)

Beaucamp, Typische Fehler in Klausuren, wie sie entstehen und wie man sie vermeidet, JA 2018, 757

Bringewat, Klausuren schreiben leicht gemacht, 20. Aufl. 2024

Fahl, 10 Tipps zum Schreiben von (nicht nur) strafrechtlichen Klausuren und Hausarbeiten, JA 2008, 350

Fleck/Arnold, Die Klausur im Zivilrecht – Struktur, Taktik, Darstellung und Stil, JuS 2009, 881

Hildebrand, Juristischer Gutachtenstil, 4. Aufl. 2024, Kap. 7 (Typische Fehler im Gutachten)

Mann, Einführung in die juristische Arbeitstechnik, 5. Aufl. 2015, 3. Teil (Hinweise zur Anfertigung von Klausuren und Hausarbeiten)

Möllers, Juristische Arbeitstechnik und wissenschaftliches Arbeiten, 11. Aufl. 2024, § 2 IV (Die Niederschrift der Klausur)

Olzen/Maties/Looschelders, Zivilrechtliche Klausurenlehre mit Fallrepetitorium, 10. Aufl. 2024, § 1 1. Abschnitt E VII (Formalien)

Putzke, Juristische Arbeiten erfolgreich schreiben, 7. Aufl. 2021, Kapitel 3 (Formalien)

Schimmel, Juristische Klausuren und Hausarbeiten richtig formulieren, 15. Aufl. 2022, Rn. 529f. (Formalien bei Klausuren)

Wagner/McColgan, Die BGB-Klausur, 10. Aufl. 2024, § 6 VII (Die Sprache der Klausur), § 6 VIII (Die äußere Gestalt der Klausur)

Wieduwilt, Die Sprache des Gutachtens, JuS 2010, 288

II. Äußere Gestaltung und Form von Hausarbeiten

Obwohl dieses Buch als eine „Anleitung zur Lösung von Zivilrechtsfällen" in erster 73
Linie auf die Lösung von Klausurfällen ausgerichtet ist, sollen die Hinweise zur äußeren Gestaltung und Form von Klausuren noch durch Erläuterungen zur Hausarbeitsgestaltung abgerundet werden, womit auch Anregungen aus der Leserschaft Genüge getan wird.

Fokus soll auf den Formalien einer Hausarbeit liegen. Zum inhaltlichen und argumentationstechnischen Aufbau von Hausarbeiten, zur Darstellung von Streitfragen, zur Gegenüberstellung und Verarbeitung von Theorien sowie zur Auswertung der Literatur wäre ein eigenes Buch notwendig. Insofern wird auf die „Literatur zur Vertiefung" verwiesen, insbesondere auf die Werke von Möllers, Mann, Putzke und Schimmel.[46] Andere empfehlenswerte Bücher zum Thema werden Ihnen sicherlich im Laufe Ihres Studiums noch begegnen oder ans Herz gelegt werden.

Fangen wir bei der Darstellung der Formalien einer Hausarbeit „von vorne" an.

1. Deckblatt

Das erste Blatt einer Hausarbeit ist das „Deckblatt". 74

Im Gegensatz zur Klausur wird die Hausarbeit nicht mit der Hand geschrieben, sondern (idR am Computer) getippt. Dabei steht den Studierenden für die Bearbeitung einer Hausarbeit eine gewisse Anzahl von Wochen zur Verfügung. Wenn man sich vom ersten Tag an (= Ausgabe der Hausarbeit) mit dem Unterfangen „Haus-

46 Ebenfalls mit Meinungsstreitigkeiten, Auslegung und Juristischem Argumentieren setzt sich recht praktisch auseinander Hildebrand Gutachtenstil in Kapitel 10–12. Speziell zur Auslegung von Gesetzen, s. Wank/Maties Auslegung.

arbeit“ ernsthaft befasst, reicht diese Bearbeitungszeit normalerweise „locker“ aus. Während man eine schlechte äußere Form, insbesondere kaum leserliche Schrift bei Klausuren – bis zu einem gewissen Grad – mit dem Zeitdruck, unter dem die Bearbeiter(innen) stehen, entschuldigen kann, hat diese Entschuldigung bei Hausarbeiten keine Gültigkeit!

Wer mit einer Hausarbeit erst gegen Ende der Bearbeitungsfrist, oder gar kurz vor dem Abgabetermin beginnt, beginnt typischerweise viel zu spät.

75 Fertigen Sie also das Deckblatt ganz am Anfang ordentlich und überlegt an. Sofern die Aufgabensteller(innen) Ihnen kein vorgefertigtes Deckblatt zur Verfügung stellen, ist die grafische Gestaltung des Deckblatts grundsätzlich freigestellt. Es sollten allerdings folgende Angaben enthalten sein: **Familienname und Vorname der Studierenden, Matrikelnummer, Semesteranschrift, Fachsemester, Abgabedatum** (meist oben rechts), (mittig:) **Bezeichnung der Veranstaltung, Name des Dozenten, laufendes Semester sowie Thema der Arbeit**. Die untenstehende grafische Anordnung der geforderten Angaben hat sich eingebürgert. Das Deckblatt erhält übrigens keine sichtbare Seitenzahl, wird aber mitgezählt. Es könnte – sofern Sie keine anderslautenden zwingenden Vorgaben von Ihrer Hochschule erhalten haben – wie folgt aussehen → Rn. 76.

76

Carina Streuobst
Hauptstraße xy
91054 Erlangen
CS123@fau.de

20. Juli 2024

3. Fachsemester
Matrikelnummer: 123456

Hausarbeit

Zur Übung für Fortgeschrittene
im Zivilrecht

Prof. Dr. Manni Muster
Friedrich-Alexander-Universität Erlangen

SoSe 2024

2. Sachverhalt (Aufgabentext)

77 Im Gegensatz zu Klausuren ist bei Hausarbeiten häufig der Aufgabentext (Sachverhalt) mit abzugeben, es sei denn, der/die Aufgabensteller(in) hat dies ausdrücklich ausgeschlossen. Er[47] wird dann zB **hinter dem Deckblatt** eingefügt.

3. Literaturverzeichnis (Inhalt, Darstellung der Fundstellen)

78 Das Literatur- (oder auch Schrifttums-)verzeichnis sollte **im Anschluss an den Aufgabentext** angefügt werden, sofern nicht eine andere Reihenfolge vorgeschrieben ist: Bisweilen wird gefordert, erst die Gliederung und dann das Literaturverzeichnis anzufügen[48]. Die hier vorgeschlagene Reihenfolge erscheint sinnvoll, da die Gliederung im unmittelbaren inhaltlichen Zusammenhang mit der danach folgenden Ausarbeitung steht. Aber wird es anders gefordert, dann halten Sie sich (unbedingt) an diese Vorgabe!

Das Literaturverzeichnis muss einerseits **alle Werke** enthalten, **die auch wirklich in den Fußnoten (oder im Text) zitiert** wurden; andererseits darf auch – maximal (nicht zB Gerichtsentscheidungen → Rn. 84 aE) – nur diese Literatur im Literaturverzeichnis erscheinen! Was Sie bei der Bearbeitung bzw. Vorbereitung der Lösung alles gelesen oder gar nur gesehen haben, ohne es zu verwenden (iSv „zitieren“), interessiert nicht!

Andererseits: Übernehmen Sie keine fremde Formulierung ohne Beleg-Zitat! Wenn Klunzinger von Brox abschreiben würde, würden Sie das nicht merken! Aber Sie schreiben kein Lehrbuch, sondern eine studentische Hausarbeit – da wird Zitierwahrheit verlangt (→ Rn. 89).

79 Allerdings sollten Sie auch nicht versucht sein, jede juristische Banalität oder Binsenweisheit mit einem Zitat zu belegen, um Ihr Literaturverzeichnis „aufzublähen“! Obwohl es sicher nicht möglich sein wird, Probleme eines Hausarbeitsfalls mit nur „zwei oder drei“ Quellen (Buch oder Aufsatz) zu lösen, ist die Quantität der Literatur nur ein Indiz, aber kein Garant für die Qualität einer wissenschaftlichen Arbeit.

Üblich ist es, die Werke **alphabetisch nach den Nachnamen der Verfasserin oder des Verfassers** bzw. der Herausgeber(innen) zu ordnen. Eine Einteilung in Kategorien (Monographien, Aufsätze, Kommentare etc) findet sich zwar oft in Lehrbüchern, ist aber nur angebracht, wenn der/die Aufgabensteller(in) eine solche Einteilung ausdrücklich wünscht. Das Auffinden der Literatur ist bei alphabetischer Ordnung allemal leichter. Und der Korrektor wird die Zitate aus den Fußnoten nachprüfen (mehr dazu → Rn. 89 ff.).

Wie die einzelnen Werke im Literaturverzeichnis dargestellt werden, hängt davon ab, welcher der genannten Kategorien sie zuzuordnen sind.[49] Oberstes Gebot dabei ist stets: Egal, welche Gestaltungsform Sie wählen, Sie müssen sie durchhalten, sprich: **Einheitlich muss es sein!** Und es gilt die Faustregel: Im Literaturverzeichnis müssen

47 Der Sachverhalt! Nicht der Aufgabensteller …!

48 ZB Schimmel Klausuren Rn. 488 mit Hinweis auf Fachbücher in Fn. 948.

49 Hier werden nur Empfehlungen für die gängigsten Kategorien gegeben. Für die zahlreichen Sonderfälle hilfreich ist Byrd/Lehmann Zitierfibel mit vielen Beispielen, aber auch Schimmel Klausuren Rn. 496–523c oder Möllers Arbeitstechnik § 6 Rn. 85–91.

alle Informationen stehen, **die der Leser für das eindeutige Identifizieren und Auffinden der zitierten Textstelle benötigt!**

a) Lehrbücher

Angegeben wird zunächst der **Familienname** des Verfassers oder der Verfasserin, dann kann der **Vorname** folgen[50]; er muss folgen, wenn Verwechslungsgefahr besteht, weil mehrere Verfasser(innen) denselben Familiennamen haben. Akademische Grade (zB „Prof.“, „Dr.“, „LL.M.“) sind ebenso wie Berufsbezeichnungen (zB „RA“) dabei völlig „uninteressant“, dh, sie sind unbedingt wegzulassen! Adelstitel allerdings gehören zum Namen, werden also nicht weggelassen, oft aber bei der alphabetischen Einordnung ignoriert (Beispiel: Westphalen, Friedrich Graf von). Mehrere Verfasser(innen) eines Werks sind – und unbedingt: alle! – nicht mit Bindestrichen, sondern mit Schrägstrichen (auch akzeptabel ist der Strichpunkt) zwischen den Namen wiederzugeben. Bindestriche sind Doppelnamen vorbehalten! 80

Weiterhin ist anzugeben der genaue **Sachtitel** des Werks, den man nicht dem Einband (Umschlag) entnehmen sollte, sondern der ersten Titelseite innerhalb des Buchs, da außen auf dem Buch häufig verkürzte Titel angegeben sind. Bei mehrbändigen Werken ist der benutzte Band mit eventuellem Untertitel aufzuführen.

Dann folgt die Angabe der **Auflage**. Von jedem Werk ist die jeweils neueste Auflage zu benutzen und diese mit dem **Erscheinungsjahr** zu zitieren. Hin und wieder wird auch noch der **Erscheinungsort** verlangt, erforderlich ist er aber nicht; wenn er genannt wird, muss er vor dem Erscheinungsjahr stehen.

Keinesfalls sollten Sie den Verlag nennen. Das ist in juristischen Literaturverzeichnissen absolut unüblich.

b) Kommentare

Für Kommentare gilt im Wesentlichen das Gleiche wie für Lehrbücher. Kommentare werden aber oft von mehreren Verfasser(inne)n bearbeitet, von denen einer oder mehrere als Herausgeber fungieren. Im Literaturverzeichnis werden idR – entsprechend dem Innentitel des Werks – der oder die Herausgeber (nicht ein einzelner Mitautor) angegeben. Also: **Name des Autors/der Autoren (gegebenenfalls Hrsg.)** oder Name des Kommentars (so zB hat sich das eingebürgert für „Grüneberg“), **Titel des Kommentars, gegebenenfalls Bandnummer, Auflage, (Erscheinungsort) und Erscheinungsjahr, gegebenenfalls Erscheinungsdatum (Stand) bei Loseblattsammlungen.** 81

Bei Kommentaren ist es nicht üblich, alle zitierten Bearbeiter(innen) im Literaturverzeichnis einzeln aufzunehmen; diese erscheinen nur in den Fußnoten und im Literaturverzeichnis steht allein der Kommentar.

c) Monographien

Auch hier gilt im Wesentlichen das Gleiche wie für Lehrbücher: **Familienname, (Vorname), Titel, Auflage, (Erscheinungsort), Erscheinungsjahr.** 82

---

50 Schimmel Klausuren Rn. 501 hält das vielfach anzutreffende Weglassen des Vornamens für unhöflich, außerdem führe es zu Verwechslungen.

Dissertationen und Habilitationen werden ebenso dargestellt. Nur wenn das Manuskript noch nicht veröffentlicht wurde bzw. nicht in einem Verlag, sondern im „Privatdruck" (Eigenverlag) erschienen ist, kennzeichnet man die Angabe üblicherweise noch mit dem Zusatz „Diss." oder „Habil." sowie dem Hochschulort und dem Jahr der Einreichung, sodass die Leserschaft sich ein Exemplar an der entsprechenden Hochschule beschaffen könnte.

d) Aufsätze, Rezensionen und Urteilsanmerkungen

83 Aufgeführt werden **Name der Verfasserin oder des Verfassers, vollständiger Titel des Aufsatzes** (bzw. das Werk oder die Entscheidung des Gerichts, wie sie der Verfasser oder die Verfasserin einer Rezension oder einer Anmerkung selbst bezeichnet hat), **Name der Zeitschrift** (mit der gängigen Abkürzung, es sei denn, Sie haben kein Abkürzungsverzeichnis) oder sonstige Fundstelle, **Jahreszahl** (nicht verkürzt, sondern vollständig, also zB 2006; „06" ohne „20" davor könnte eventuell irreführend auf den Erscheinungsjahrgang der Zeitschrift hinweisen, der oft nicht mit dem Kalenderjahr übereinstimmt), **Seitenzahlen** (die Abkürzung „S." für „Seite" fällt üblicherweise weg – Geschmackssache!), und zwar **Anfangs- und Endseite des Beitrags** (das ist absolut zu empfehlen, denn es beweist, dass Sie den Aufsatz wirklich in der Hand hatten).

Die einzelne Heft-Nummer einer Zeitschrift wird grundsätzlich nicht mitgenannt. Ausnahme: Der Jahrgang ist nicht mit Seitenzahlen durchnummeriert, sondern beginnt (zB) jeden Monat neu mit Seite 1 (bei wissenschaftlichen Zeitschriften eher selten, anders Publikumszeitschriften, aber auch Sonderhefte oder Beilagen).

e) Beispiel für ein Literaturverzeichnis

84 Allgemein gilt, dass Sie bei der Verwendung mehrerer Titel ein- und desselben Verfassers, dessen Namen nicht unbedingt wiederholen müssen, sondern die Abkürzung **„ders." oder „dies."** (für „derselbe" bzw. „dieselbe") benutzen dürfen. Ob man das „schön" oder „unschön" findet, ist Geschmackssache.

Um in den Fußnoten (→ Rn. 89 ff.) in solchen Fällen Verwechslungen auszuschließen, sollte die Angabe eines **Kurztitels** erfolgen. Im Literaturverzeichnis muss diese Angabe als Zitierweise („zitiert als …" / „zit.: …") nachgewiesen werden, damit eine eindeutige Zuordnung möglich ist. Üblich ist der Vermerk zur Zitierweise hinter dem Erscheinungsjahr in Klammern, zB bei Looschelders, Schuldrecht Allgemeiner Teil, 22. Aufl. 2024 (zit.: Looschelders SchuldR AT). Das gleiche gilt für Kommentare mit mehreren Bearbeitern, nicht aber bei Zeitschriftenangaben (hier ist die Angabe der Zitierweise in Klammern falsch).

Unter Berücksichtigung aller bisherigen Hinweise kann ein Auszug aus einem Literaturverzeichnis beispielhaft folgendermaßen aussehen:

Broemel/Stadler	Lernstrategien im Jurastudium, JURA 2014, 1209–1220
Brox/Rüthers/Henssler/Höpfner	Arbeitsrecht, 21. Aufl. 2024 (zit.: Brox ua ArbR)
Fahl	Das Tier als Mensch wie Du und ich, JA 2019, 161–165
Grüneberg	Bürgerliches Gesetzbuch, Kurz-Kommentar, 83. Aufl. 2024 (zit.: Grüneberg/Bearbeiter)
Kaufhold	Anmerkung zu BGH, Urteil vom 22.11.2017 – VIII ZR 83/16, Zurückgebuchte PayPal-Zahlung lässt erloschenen Kaufpreisanspruch wieder aufleben, IWRZ 2018, 80 (82)

Köhler	BGB Allgemeiner Teil, 30. Aufl. 2024 (zit.: Köhler BGB AT)
Medicus/Petersen	Bürgerliches Recht, 29. Aufl. 2023 (zit.: Medicus/Petersen BürgerlR)
Pioch	„Der minderjährige Stellvertreter", JA 2018, 815–820
Wörlen/Kokemoor/Lohrer	Handelsrecht mit Gesellschaftsrecht, 15. Aufl. 2024 (zit.: Wörlen/Kokemoor/Lohrer HandelsR)
Zeh	Das Übergangsrecht – Zur Rechtsetzungstätigkeit von Übergangsverwaltungen am Beispiel von UNMIK im Kosovo und dem OHR in Bosnien-Herzegowina, Diss., Baden-Baden 2011 (zit.: Zeh Übergangsrecht – Diss)

Reine **Gerichtsentscheidungen** (also ohne Anmerkung oder Besprechung), die entweder in Entscheidungssammlungen (zB BGHZ → Rn. 96) oder in Rechtsprechungsübersichten von Zeitschriften zu finden sind, werden **nicht ins Literaturverzeichnis** aufgenommen, sondern erscheinen nur in den Fußnoten des Textes der Hausarbeit (→ Rn. 96).[51] Gleiches gilt für **Entscheidungssammlungen, Gesetze, Gesetzes- oder Amtsblätter, Gesetzesmaterialien oder Gesetzessammlungen.**[52]

4. Abkürzungsverzeichnis

Grundsätzlich ist ein Abkürzungsverzeichnis in Hausarbeiten nicht üblich. Sollte indessen ein solches von Ihnen verlangt werden, so darf es nur die Abkürzungen enthalten, die Sie in Ihrer Ausarbeitung tatsächlich auch benutzen. Dabei sollten Sie möglichst keine „eigenen" Abkürzungen erfinden (→ Rn. 70), sondern sich an die üblichen Abkürzungen halten. Wenn Sie es besonders korrekt machen wollen, empfiehlt es sich, das im Literaturverzeichnis dieses Buchs genannte Werk „Abkürzungsverzeichnis der Rechtssprache" von Kirchner zu benutzen. Da Abkürzungen nicht unbedingt die Lesbarkeit der Ausarbeitung fördern, sollte man damit möglichst zurückhaltend sein. Wenn Sie ein Abkürzungsverzeichnis anfertigen müssen, so ist es sinnvollerweise **dem Literaturverzeichnis voranzustellen**, da auch in diesem schon Abkürzungen vorkommen können. **85**

5. Gliederung

In Hausarbeiten wird (wie bereits angedeutet → Rn. 63) eine Gliederung verlangt, die die nachfolgende Ausarbeitung (Text der Hausarbeit) abschnittsweise mit Überschriften bezeichnet. Diese mit Gliederungsziffern (und ggf. Buchstaben) zu versehenden Überschriften (→ Rn. 64–66) sollen dem Korrektor einen ersten Überblick über den Aufbau und den Gedankengang der gutachtlichen Fallbearbeitung geben. Die Überschriften werden wie in einem Inhaltsverzeichnis mit (rechtsbündigen) **Seitenangaben** versehen. **86**

Die Gliederung soll so knapp wie möglich und so ausführlich wie nötig sein, um über den Inhalt und folgerichtigen Aufbau der Arbeit zu informieren. Das ist kein zu unterschätzendes Unterfangen.[53] Im Vordergrund steht dabei die Übersichtlichkeit, die nicht mehr gewährleistet ist, wenn die Verfasserin oder der Verfasser einer

51 Ausführlich zur Fußnotengestaltung für Rechtsprechung s. Putzke Jur. Arbeiten Rn. 252–156.

52 Ausführlich mit Hinweisen auf weitere Spezialfälle s. Schimmel Klausuren Rn. 518; Putzke Jur. Arbeiten Rn. 287–289.

53 Gute und eindringliche Hinweise auch auf typische Fehlerquellen gibt Schimmel Klausuren Rn. 488–495.

zB 40-seitigen Hausarbeit zehn Seiten Gliederung voranstellt, in der er jedem (seiner in wenigen Sätzen ausgeführten) Gedanken eine eigene Überschrift widmet.

Unabhängig davon, welches Gliederungssystem man wählt – die „klassische" Gliederung oder das Dezimalsystem (→ Rn. 64–66) –, die Untergliederung (**Gliederungstiefe**) muss „irgendwo" ein Ende haben! Beim „klassischen" System sollte eigentlich in der fünften Gliederungsebene – A. I. 1. a) aa) – Schluss sein.

87 Die **Überschriften** zu den Gliederungspunkten müssen „echte" Überschriften sein, dh, der Gedankengang ist stichwortartig kurz und präzise, also nicht in langen ausformulierten Sätzen (gar noch mit Punkt oder Fragezeichen am Ende) wiederzugeben.

Eine Gliederung enthält regelmäßig die wörtlichen Überschriften – und zwar alle! – aus dem Textteil. Möglicherweise ist es Ihnen in der Hausarbeit erlaubt, in der Ausarbeitung Ihres Gutachtens nur die Gliederungsziffern (bzw. -buchstaben) zu nennen und auf die Wiederholung der Überschriften zu verzichten; aber klären Sie das vorher ab! Später, bei wissenschaftlichen Themenarbeiten (Seminar-, Bachelor und Masterarbeiten) geht das auf keinen Fall.

Das Gutachten folgt im Anschluss an die Gliederung als:

6. Ausarbeitung

a) Seitenzahlen und Optik

88 Die Seiten der Ausarbeitung werden **durchlaufend arabisch nummeriert**. Die erste Seite des Gutachtens erhält die Ziffer 1; die römische Nummerierung von den Seiten davor wird also nicht fortgesetzt.

Im Text muss (wie auch schon in der Gliederung!) mindestens **ein Drittel Korrekturrand** (7 cm) gelassen werden – üblicherweise auf der linken Seite, beachten Sie aber die Vorgaben Ihrer Hochschule! Der PC ermöglicht heute einen Blocksatz; deshalb setzen Sie diesen auch ein für ein ordentliches Layout (links und rechts bündig), aber vergessen Sie dabei nicht die Silbentrennung einzuschalten.

Wählen Sie eine **einseitige Beschriftung** der Seiten (also nicht beidseitig ausdrucken).

Wenn auch die Optik wichtig ist: Allein die Tatsache, dass Sie heutzutage mit dem Computer und einem guten Drucker ein bestechendes Schriftbild produzieren und präsentieren können, ist kein Garant für die Güte Ihrer Arbeit. Maßgeblich für die Benotung der Arbeit ist vor allem der Inhalt! Ein negativer Eindruck entsteht aber dennoch auch, wenn Sie von den Möglichkeiten, die der PC bietet (Fettdruck, Kursivdruck, Blocksatz, Silbentrennung etc) keinerlei Gebrauch machen.[54]

Fazit: Ausgezeichneter Inhalt (= Note „1") + schlampige Form = maximal „nur" Note „2"! Bewundernswertes Schriftbild (Form) + mangelhafter Inhalt = ganz klar: „mangelhaft"!

54 Tipps zur Textverarbeitung mit dem PC gibt Mann Jur. Arbeitstechnik Rn. 35 f.; alle Arbeitshilfen im Überblick einschl. KI und Sprachmodelle wie ChatGPT bei Möllers § 1 Rn. 13–21.

b) Fußnoten

aa) Warum zitieren?

Zum einen, weil wir als Leser oder Leserin nicht bei allem wissen (können), „wo es steht"; zum anderen zeigen die Belege in den Fußnoten, mit welcher Literatur sich die Arbeit auseinandergesetzt hat. Außerdem verlangt der Urheberschutz, dass man beim **Zitat fremden Gedankenguts** (das des anderen, also des „zitierten" Autors = Urheber) die Quelle angibt (§§ 51, 63 UrhG). Die Leser(innen) eines juristischen Gutachtens sollen anhand der (ordentlich in der Fußnote, ergänzt durch das Literaturverzeichnis, belegten) Zitate rasch und präzise feststellen können, wessen Rechtsmeinungen der/die Bearbeiter(in) herangezogen hat (und welchen er/sie folgt bzw. welche er/sie ablehnt). 89

„Zitieren" in juristischen Arbeiten bedeutet also nicht nur die (wörtliche oder inhaltliche = sinngemäße) **Wiedergabe einer fremden Textstelle**, sondern auch die Angabe der exakten Fundstelle (Quelle/Literatur), in der die „Meinung" der Bearbeiterin/des Bearbeiters – natürlich nur sofern es nicht ihre/seine eigene ist – zu finden ist oder wodurch sie gestützt wird. Zum Schutz desjenigen, der die Meinung ursprünglich entwickelt hat, wird das Zitat also stets **durch eine Quellenangabe oder einen Literaturnachweis belegt**. Bei der Erstellung eines wissenschaftlichen Gutachtens gilt das **Prinzip der Zitierwahrheit!** Schlimmer als Arbeit und Literaturverzeichnis mit Zitaten bekannter Binsenweisheiten aufzublähen, ist es, fremde Weisheiten als eigene zu „verkaufen": Das ist dann ein **Plagiat!** Übrigens haben Korrektoren meistens mehr gelesen, als Sie sich als Bearbeiterin oder Bearbeiter einer Hausarbeit vorstellen können. Das Risiko, dass das Plagiat auffliegt, ist also nicht zu unterschätzen!

Fußnoten in Hausarbeiten dienen nur als Fundstellennachweis: Problemerörterungen gehören nicht in die Fußnoten, sondern in den Text! Es wird von Ihnen trotz aller notwendigen Auseinandersetzung mit Theorienstreiten, kein „Lehrbuch", sondern die gutachtliche Lösung eines Falls verlangt.

Wir halten fest: Fußnoten enthalten die Belege (Fundstellen) für fremde Ansichten oder Tatsachenbehauptungen aus dem Text, sodass der/die Leser(in) bei Zweifeln immer prüfen kann, wo er/sie für die angezweifelte Textstelle den Nachweis findet. **Das ist Wissenschaftlichkeit!**

Kurz noch etwas zur Gestaltung: Fußnoten müssen in Hausarbeiten immer – regelmäßig in kleinerer Schrift – **unten auf jeder Seite** erscheinen.[55] (Das Einfügen einer Fußnote ist ganz einfach: man geht zB im Word-Menü auf den Reiter „Verweise bzw. Referenzen" und dann auf „Fußnote einfügen". Die Fußnote wird sogleich automatisch im Fußzeilenbereich mit kleinerer Schrift generiert.) 90

Ob Sie auf jeder Seite mit Fußnote 1 beginnen oder abschnittsweise oder insgesamt durchnummerieren, bleibt grundsätzlich Ihnen überlassen, sofern keine Vorgaben der Hochschule bestehen; üblich und unmissverständlich – auch weniger fehleranfällig – ist allerdings die **Durchnummerierung der Fußnoten**.

55 Nicht am Ende der Arbeit, was dann eine sogenannte „Endnote" wäre! Diese und auch die „In-text-Zitation" (Harvard-Zitierweise = Fundstellenangabe in Klammern im laufenden Text) sind bei juristischen Arbeiten absolut unüblich!

Außerdem beginnt jede Fußnote mit einem **Großbuchstaben** und endet mit einem **Punkt**; das hat sich inzwischen eingebürgert. Mehrere Fundstellennachweise werden mit einem **Strichpunkt** getrennt.

Hinsichtlich der „leidigen" Frage, wie die Fußnote eingeleitet wird – vieles ist möglich: „Vgl.", „Siehe", „Ähnlich auch" etc – richten Sie sich nach den Vorgaben Ihrer Dozentin oder ihres Dozenten.[56] Allgemein gilt, dass Belege in der Fußnote für ein wörtliches Zitat gar nicht eingeleitet werden.

bb) Formelle Zitierweise in Fußnoten

91 Den Beginn machen **Monographien und Lehrbücher**. Haben Sie ins Literaturverzeichnis nur ein einziges Werk von einer bestimmten Verfasserin aufgenommen, genügt (aus ökonomischen Gründen) in der Fußnote der **Name** der Verfasserin und die **Seite**, auf der sich deren wiedergegebener Gedanke befindet (vorzugsweise, falls vorhanden, statt der Seite die Randnummer[57]). Die Wiederholung des Werktitels in der Fußnote ist also nicht nötig. Beispiel für eine solche Fußnote wäre:

> „Hoffmann M., S. 9."

Das „S." für „Seite" könnte zugunsten der Platzersparnis auch weggelassen werden:

> „Hoffmann M., 9."

Erscheint ein Verfasser im Literaturverzeichnis hingegen mit mehreren Werken, nennen Sie in der Fußnote den **Namen**, zur Unterscheidung unbedingt den im Literaturverzeichnis gekennzeichneten **Kurztitel** und **die Seitenzahl bzw. Randnummer**, wobei die Kurztitel Ihren Angaben im Literaturverzeichnis (→ Rn. 84) entsprechen müssen. Bei Randnummern ist es wichtig vorher zu prüfen, ob die Randnummern in dem Werk durchgezählt werden oder ob bei jedem Kapitel wieder neu mit Randnummer eins gestartet wird. Beispiele:

> Fn. 1: „Medicus/Petersen, BGB AT, Rn. 212."
> Fn. 5: „Medicus/Petersen, BürgerlR Grundwissen, § 11 Rn. 1."

Würden Sie die beiden eben genannten Zitate hintereinander in einer Fußnote bringen, könnten Sie schreiben:

> „Medicus/Petersen, BGB AT, Rn. 212; ders., BürgerlR Grundwissen, § 11 Rn. 1."

Denkbar ist der Einsatz von „ders./dies." auch bei zwei direkt aufeinanderfolgenden Fußnoten, wobei daran erinnert sei, dass nicht jeder diese Substituierung für „schön" erachtet und sich damit auch neue Fehlerquellen auftun (so müssen Sie sich zB zusätzlich vergewissern, ob der Autor männlich oder weiblich ist).

---

56 Die Einleitung der Fußnote sollte, falls Sie keine Vorgaben bekommen, mit Bedacht gewählt werden; ein immer gleicher Anfang der Fußnote mit „Vgl." wird in der Juristerei in der Regel nicht akzeptiert, sehr kritisch zB Schimmel Klausuren Rn. 557.

57 Randnummern sind der Seitenzahl vorzuziehen, da man mit Ihnen präziser zitiert und sie sich im Gegensatz zu Seitenzahlen in den Folgeauflagen der Werke selten verändern. Vorsicht ist geboten, wenn die Nummerierung der Randnummern in jedem Kapitel des Buches neu beginnt; dann ist der Zusatz der Kapitelnummer unerlässlich.

Gleiches – also das mit den unnötigen Fehlerquellen – gilt übrigens für Verweise wie „aaO“, „ebd“ oder „ibid“, von dessen Verwendung deshalb hier schlicht und ergreifend ganz abgeraten wird.[58] 92

In den Fußnoten muss (darf) also, wie gesagt, nicht der volle Titel aus dem Literaturverzeichnis wiederholt werden. Es dürfen Abkürzungen und Kurztitel verwendet werden, um Verwechslungen auszuschließen. 93

Kommentare werden nicht mit Seitenzahlen, sondern gemäß ihrem **Aufbau** zitiert. 94

Bei einer einzigen Bearbeiter(in) (selten) ergibt sich folgende Reihenfolge: Verfassername, Kurztitel des Kommentars, Paragraf und Randnummer, zB:

> „Fischer, StGB, § 246 Rn. 2.“

Bei mehreren Bearbeiter(inne)n ergibt sich für die Fußnote folgende Zitierweise: Bearbeiter, „in“: Titel des Kommentars, Paragraf und Randnummer, also zB:

> „Weidenkaff, in: Grüneberg, § 433 Rn. 19.“

Möglich ist auch eine weitere Verkürzung, wie sie in diesem Buch gewählt wurde:

> „Grüneberg/Weidenkaff § 433 Rn. 19.“ oder „Grüneberg/*Ellenberger* Einf. v. § 145 Rn. 1.“

Viele Kommentare enthalten, meist im Anschluss an das Bearbeiterverzeichnis, eigene Zitiervorschläge, denen man folgen sollte; zB wird im „Handkommentar …“ von Schulze ua vorgeschlagen: „HK-BGB/Bearbeiter § 822 Rn. 5“.

Aufsätze (deren vollständige Titel ja schon im Literaturverzeichnis aufgeführt sind) zitiert man herkömmlicherweise mit dem Namen des Verfassers oder der Verfasserin, der Fundstelle (Zeitschrift in abgekürzter (!) Form) und der Seitenzahl, auf der das Zitat zu finden ist, wobei die zusätzliche Angabe der Anfangsseite – obwohl nicht zwingend erforderlich, weil durch das Literaturverzeichnis bekannt – üblich ist; an der Kommasetzung wird hingegen oft gespart. Beispiele für die möglichen Varianten: 95

> „Wörlen, JA 2006, 77 (79).“ oder „Wörlen, JA 2006, 77, 79.“

oder

> „Wörlen JA 2006, 77 (79).“ oder „Wörlen JA 2006, 77, 79.“

Bei Zeitschriften, die nur im Internet erscheinen, sollte man im Literaturverzeichnis einen Hinweis auf die Netzadresse geben (zB „verfügbar über www.zjs-online.com“).[59]

Gerichtsentscheidungen (Urteile, Beschlüsse etc) werden **nur in der Fußnote** (nicht im Literaturverzeichnis → Rn. 84) zitiert, und zwar mit der Bezeichnung des Gerichts und der Fundstelle, in der Regel die (amtliche)[60] Entscheidungssammlung des jeweiligen Gerichts, die mit ihrer üblichen Abkürzung (zB BGHZ) gekennzeichnet 96

---

58 Sie verärgern damit nur die Korrektorin oder den Korrektor! Ähnlich ablehnend Schimmel Klausuren Rn. 555b; Putzke Jur. Arbeiten Rn. 251; Möllers Arbeitstechnik § 6 Rn. 18. Neutraler mit Hinweis auf die eingeschränkte Einsatzmöglichkeit von „aaO“ bei Mann Jur. Arbeitstechnik Rn. 330: … nur verwendbar, wenn die zitierte Schrift in der unmittelbar vorangehenden Fußnote oder maximal auf derselben Seite angeführt ist.

59 „zjs“ = Zeitschrift für das juristische Studium, die nur im pdf-Format auf einer eigenen Homepage veröffentlicht wird.

60 Amtliche Sammlungen gibt es zB beim EuGH. Die Sammlung BGHZ wird von Mitgliedern des BGH und der Bundesanwaltschaft herausgegeben.

wird. Hinzu kommen der Band der Sammlung, die Anfangsseite der Entscheidung und in Klammern die Seite mit der zitierten Stelle; gegebenenfalls ergänzt man noch den Namen der Entscheidung. Neuere Entscheidungen haben Randnummern und werden mit diesen zitiert. Zwischen Gerichtsname und Fundstelle steht kein Komma. Die offizielle Fundstelle hat stets Vorrang, aber es ist nicht unzulässig, weitere Fundstellen, zB in Zeitschriften ergänzend anzugeben. Nicht immer aber ist ein Urteil in einer Entscheidungssammlung aufgenommen oder es gibt gar keine solche Entscheidungssammlung, zB bei Untergerichten, sodass die Zeitschriftenangabe dann unerlässlich ist. Vorsicht: Bei Zeitschriften ist die erste Zahl nicht die Bandnummer, sondern das Erscheinungsjahr.

Beispiele:
BGHZ 20, 159 (162).
BGHZ 149, 129–139 (ricardo.de) = NJW 2002, 363; ZIP 2001, 291.
BGHZ 149, 380 = BGH LM EinigungsV Art. 21 Nr. 13; NZM 2002, 402.
BGHZ 233, 70 Rn. 29 ff. = NJW 2022, 2038.
BayObLGZ 2004, 24 = NJW-RR 2004, 836.
OLG Bamberg NJW 2023, 3516.
AG Stuttgart MMR 2014, 779 (780); NJW-RR 2014, 1466.

Der Europäische Gerichthof veröffentlicht seit 1.12.2012 alle seine Rechtssachen nur noch in digitaler Form[61]. Die bis dahin in gedruckter Form zur Verfügung gestellte amtliche Sammlung (Slg.) wurde nicht nach Band, sondern nach Jahr sortiert. Bei europäischen Urteilen wird der übliche Name der Rechtssache – aus Datenschutzgründen kann das auch ein vom Gericht gewählter fiktiver Name ohne Bezug zum Fall sein – mit angegeben. Der EuGH legt Wert auf eine konzise Zitierweise, zusätzlich mitanzugeben ist auch der European Case Law Identifier (ECLI):[62]

Beispiele:
EuGH Urt. v. 11.7.1974, Dassonville, C-8/74, Slg. 1974/837 (840).
EuGH Urt. v. 9.1.2025, Mousse, EU:C:2025:2, Rn. 65 = GRUR-RS 2025, 29.

97 Eine besondere Betrachtung verdienen das oder die **Gesetze**, die Sie zur Lösung Ihres Hausarbeitsfalls benutzen: **Fußnotenverweise auf Paragrafen sind unüblich bzw. falsch! Sie zitieren das Gesetz direkt im Text!** Verbannen Sie die Paragrafen mit dem Gesetz niemals in die Fußnote. Für Jurist(inn)en sind gesetzliche Vorschriften wichtigstes Handwerkszeug und gehören deshalb unmittelbar in den Text! Sie werden mitgelesen und haben einen höheren Stellenwert als sonstige Quellen.

Verwendet werden für den Gesetzesnamen, gerade bei allgemein bekannten Gesetzen (zB BGB, StGB oder GG), stets **gängige Abkürzungen** (also nicht ausschreiben). Was „gängig" ist, kann manchmal zweifelhaft sein. So wurde das ehemalige „Gesetz über den Widerruf von Haustürgeschäften und ähnlichen Geschäften" (kürzer: Haustürwiderrufsgesetz) in zahlreichen Varianten zitiert, zB als „HTW", „HTWG", „HausTürWG" oder „HTürWG". Hat der Gesetzgeber eine **offizielle Abkürzung** festgelegt, ist diese zu verwenden. Liegt keine offizielle oder gängige Abkürzung auf der Hand, sollte man – bevor man eigene Abkürzungen erfindet – vorzugsweise in Kirchners Abkürzungsverzeichnis der Rechtssprache oder im *Duden* nachschlagen.

61 Betroffen sind also alle Entscheidungen des Gerichts und des Gerichtshofs. Die offiziellen Fassungen stehen im PDF-Format zur Verfügung.
62 EuGH, Zitierweise der Rechtsprechung, https://curia.europa.eu/jcms/jcms/P_126035/de/.

Wenn Sie eine reine Zivilrechtsarbeit anfertigen, in der x-mal BGB-Paragrafen zitiert werden müssen, können (sollten) Sie zur Arbeitserleichterung durchaus das erste Paragrafenzitat im Text mit einem Fußnotensternchen versehen und unten auf der Seite das Sternchen als Fußnote mit dem Zusatz wiederholen: ***„Alle Paragrafen ohne Bezeichnung sind solche des BGB!“** Tauchen im Laufe der Arbeit Paragrafen aus anderen Gesetzen, zB der ZPO oder der GBO auf, müssen diese zwingend im Text voll – also mit Angabe des Gesetzesnamen – zitiert werden, also zB „gem. § 935 ZPO“.

Interessant: Die Überschriften der BGB-Paragrafen, die vor der Schuldrechtsreform aus dem Jahr 2002 von den Herausgebern der Gesetzestextsammlungen frei gestaltet werden durften, sind mittlerweile „amtlich“, dh, sie sind Gesetzestext und als solcher bindend und können für Auslegungszwecke genutzt werden[63]!

Das richtige Zitieren einschlägiger Normen wird von Ihnen – wie auch schon in der Klausur – selbstverständlich erwartet. Das müssen Sie beherrschen!

Zur Wiederholung lesen Sie noch einmal zur einheitlichen Zitierung von Absätzen, Sätzen oder Halbsätzen bei → Rn. 67 f. nach.

Zur **Zitierwahrheit** (→ Rn. 89) gehört übrigens auch, dass Sie Zitate aus zweiter Hand niemals ungeprüft übernehmen dürfen!

cc) „Elektronische Zitate“

Lesen Sie zunächst noch einmal den kurzen Absatz zu elektronischen Publikationen **98**
(→ Rn. 14), dann zusätzlich die Hinweise in dem auch als ebook verfügbaren Möllers zur Zitierwürdigkeit von Internetquellen[64] und zum Zitieren von Internetquellen und von Sprachmodellen wie ChatGPT.[65]

Die Verwendung von Internetquellen ist heute keine Seltenheit mehr, wenn auch in juristischen Arbeiten durchaus noch verzichtbar, mindestens aber sollten Sie zurückhaltend damit umgehen.[66] Wenn **gedruckte Quellen** verfügbar sind, ist diesen **immer** der **Vorzug** zu geben. Muss doch einmal auf das Internet ausgewichen werden, muss in der Fußnote eine **eindeutige Fundstellenangabe** gemacht werden. Für das korrekte Zitat einer elektronischen Quelle haben sich keine festen Zitierregeln etabliert.[67] Es wird die gewohnte Zitierweise meist um spezielle Angaben ergänzt. Sollten Sie keine Vorgaben von Ihrer Dozentin oder Ihrem Dozenten erhalten, machen Sie sich Sinn und Zweck des Zitierens klar. Was braucht man, um die Quelle nachverfolgen zu können? Neben den üblichen Angaben (**Autor, Titel, Veröffentlichungsdatum**) müssen Sie die **Internetadresse** in der genauen Buchstaben-, Punkte-, Bindestrich-,

---

63 Anlage zu Art. 1 Abs. 2 des Gesetzes zur Modernisierung des Schuldrechts vom 26.11.2001 (BGBl. 2001 I 3138 [3189 ff.]).

64 Möllers Arbeitstechnik § 6 Rn. 68–75.

65 Möllers Arbeitstechnik § 6 Rn. 76-82. sowie allgemein zum Umgang mit KI und Sprachmodellen wie ChatGPT § 5 Rn. 34–36.

66 Zu begründen mit der Flüchtigkeit und mangelnden Seriosität des Internets, s. Schimmel Klausuren Rn. 522 oder „Alles, was im Internet steht, kann morgen an anderer Stelle oder verschwunden sein“, Byrd/Lehmann Zitierfibel 89.

67 Möllers Arbeitstechnik § 6 Rn. 68 mit einer Reihe von Hilfestellungen zum Zitieren von Texten aus dem Internet (Rn. 71–81).

Schrägstrich- und Unterstrich-Reihenfolge angeben, sowie das **Datum Ihres letzten Abrufs** der Seite, zB durch Klammerzusatz (zuletzt abgerufen am 25.2.2025).

c) Sprache und Stil

99 Die Sprache der Jurist(inn)en (Wörlen/Metzler-Müller/Balleis BGB AT Rn. 1–3 und Wesel 1. Kapitel: „Alle Sprachgewalt geht vom Volke aus“[68]) scheint bisweilen eine andere zu sein als die eines „normalen“ Menschen. Das ist nur insofern richtig, als die **Sprache der Jurist(inn)en** genauso wie die Sprache in anderen Wissenschaften die Kenntnis einer Vielzahl von Fachausdrücken voraussetzt.

Der Einsatz von **Fachausdrücken** verlangt allerdings, dass man diese auch wirklich verstanden hat.[69] Wer etwa in einer BGB-Klausur die Begriffe „vorherige Einwilligung“ oder „nachträgliche Genehmigung“ gebraucht, scheint die Legaldefinitionen in § 183 Abs. 1 S. 1 und § 184 Abs. 1 nicht richtig verstanden zu haben: Der Oberbegriff heißt „Zustimmung“! Wird diese vorher erteilt, ist es eine „Einwilligung“, erfolgt sie nachträglich, handelt es sich um eine „Genehmigung“! Schließlich würden Sie auch nicht „schwarzer Rappe“ und „weißer Schimmel“ schreiben – oder?

Ein(e) Jurist(in), jede und jeder, der es werden will, oder jemand, der sich als Wirtschaftswissenschaftler(in) mit „Recht“ befasst, muss neben der Fachsprache vor allem auch die – geht es wie hier um deutsches Recht – **deutsche Sprache beherrschen**, wenn er/sie „mitreden“ (oder „-schreiben“) will! Wer nicht in der Lage ist, sich orthografisch und grammatikalisch richtig auszudrücken, wird sich regelmäßig dem Vorwurf aussetzen müssen, auch kaum in der Lage zu sein, Sachprobleme souverän, überzeugend und verständlich darzustellen. Besonders wichtig ist es, klar strukturierte und möglichst kurze Sätze zu formulieren.

Besonders in den Anfangssemestern neigen Studierende dazu, sich sehr „gelehrt“ ausdrücken zu wollen, was sich in langen Schachtelsätzen mit unschönen Substantivierungen, wie zB „die *Inkaufnehmung*“(!) niederschlägt. Zur Vermeidung von allzu häufigen Wortwiederholungen, kann man ein (Online) Synonym-Wörterbuch zu Rate ziehen. Begriffe aus dem Gesetz sind davon ausgenommen; an diese Fachausdrücke ist man gebunden und eine Wiederholung ist nicht zu vermeiden.

Direkte Fragen, Subjektivismen („Ich bin der Meinung“, „meines Erachtens“) sowie sogenannte „Kraftausdrücke“ („zweifellos“, „eindeutig“, „völlig daneben“ oder „abwegig“, um nur einige zu nennen) sind in Klausuren und Hausarbeiten ebenso zu vermeiden wie übertriebene Polemik. Eigene Kritik kann durchaus angebracht sein, aber sie muss sachlich und konstruktiv bleiben. Mit typischen Jurist(inn)enausdrücken wie „fraglich ist“, „jedoch“, „hingegen“, „indessen“, „also“, „mithin“, „somit“, „daher“ sollte sparsam und überlegt umgegangen werden. Häufig liest man Sätze, in denen diese Worte ohne jeden Sinn verwendet werden, sodass man sie ersatzlos streichen kann.

> **Beispiel:** „K könnte gegen V einen Anspruch auf Lieferung des Autos gem. § 433 Abs. 1 S. 1 BGB haben. Dann muss jedoch (?) zwischen K und V ein wirksamer Kaufvertrag zustande gekommen sein ...“ Das „jedoch“ ist sinnlos bzw. überflüssig und kann ersatzlos entfallen!

---

68 Überschrift des ersten Kapitels bei Wesel Was Recht ist 1.

69 „Hinzu kommt, dass der Jurist eine besondere sprachliche Präzision benötigt, um Sachverhalte und rechtliche Analysen korrekt wiedergeben zu können.“, Glossner/Dallmayer Jura erfolgreich 168.

Zu Recht wird in einschlägiger Literatur zur BGB-Klausur festgestellt: „Ein erfahrener Prüfer erkennt den Ausbildungsstand eines Kandidaten an den ersten drei Sätzen der Bearbeitung.“[70], weil die Art der sprachlichen Darstellung den Ausbildungsstand kommuniziert. Entscheidend ist neben einer geradlinigen strukturierten Gedankenführung eine sachliche und klare Sprache, die eingeübt werden muss. „Juristisches Arbeiten ist Arbeiten mit der Sprache“,[71] und zwar nicht nur inhaltlich, sondern auch formal. „Wer Schwierigkeiten mit Rechtschreibung, Grammatik und Zeichensetzung hat, riskiert bei schriftlichen Arbeiten einen Punkteabzug.“[72] Dem ist uneingeschränkt zuzustimmen! Leider bekommt man auch in Zeiten computergestützter Schreibprogramme mit automatischer Überprüfung von Rechtschreibung und Grammatik noch so allerhand zu lesen! 100

Wer schon weiß, dass **Sprache nicht seine oder ihre Stärke** ist, sollte sich hier in der einschlägigen Literatur – dass es diese gibt, spricht für sich – Hilfe holen, zB im Sprachkurs „Deutsch fürs Jurastudium – In 10 Lektionen zum Erfolg“ von Hoffmann M. oder im Ratgeber „Deutsch für Juristen – Vom Schwulst zur klaren Formulierung“ von Schmuck.

7. Unterschrift

Viele Hochschulen verlangen, dass Hausarbeiten (später auch Abschlussarbeiten) auf der letzten Seite (oder auch ganz am Anfang) vom Verfasser oder der Verfasserin eigenhändig unterschrieben werden, und dass Sie mit Ihrer Unterschrift erklären, dass Sie die Arbeit eigenhändig und ohne fremde Hilfe usw verfasst haben (sog. Selbständigkeitserklärung, Eigenhändigkeitsvermerk oder ehrenwörtliche Erklärung, je nach Prüfungsordnung). Zunehmend müssen in diesem Zusammenhang auch Angaben zum Einsatz von Künstlicher Intelligenz gemacht werden. Klären Sie im Vorfeld genau ab, was Sie dürfen und was nicht! 101

Literatur zur Vertiefung:

Bäcker, Juristisches Begründen, JuS 2019, 321
Fahl, 10 Tipps zum Schreiben von (nicht nur strafrechtlichen) Klausuren und Hausarbeiten, JA 2008, 350
Halkenhäuser/Blum, Präzision in juristischen Prüfungsarbeiten, JuS 2021, 297
Hillenkamp, 30 Fehler bei der Subsumtion: Ohne sie wird's besser, StudZR 2015, 123
Höhne, Abkürzungen in Fußnoten, JA 2014, 737
Hoffmann, Deutsch fürs Jurastudium, 3. Aufl. 2020
Kerbein, Darstellung eines Meinungsstreits in Klausuren und Hausarbeiten, JuS 2002, 353
Lange, Jurastudium erfolgreich (mit Examensvorbereitung), 9. Aufl. 2025, S. 289–292
Mann, Einführung in die juristische Arbeitstechnik, 5. Aufl. 2015, 3. Teil (Hinweise zur Anfertigung von Klausuren und Hausarbeiten)
Möllers, Juristische Arbeitstechnik und wissenschaftliches Arbeiten, 11. Aufl. 2024, § 3 (Juristische Argumentation), § 5 (Grundsätze des richtigen Zitierens), § 6 (Die einschlägigen Zitierregeln) und § 7 (Juristischer Stil und das Überarbeiten von juristischen Texten), § 8 (Die wissenschaftliche Arbeit)
Putzke, Juristische Arbeiten erfolgreich schreiben, 7. Aufl. 2021 (nicht nur für die Formalien – klein und kompakt, sehr empfehlenswert!)
Schnapp, Krebsübel Substantivitis? Der richtige Umgang mit dem Nominalstil, JURA 2003, 173
Schnapp, Wie entspricht man dem Gebot der Knappheit?, JURA 2003, 602
Schnapp, Da hab ich einen Satz gemacht! Über Bildung und Missbildung von Sätzen, JURA 2004, 22

70 Wagner/McColgan, Die BGB-Klausur, 10. Aufl. 2024, 147.
71 Wagner/McColgan, Die BGB-Klausur, 10. Aufl. 2024, 163.
72 Horn, Sprachfehler, Formfehler, Denkfehler, JURA 1984, 499.

Schimmel, Juristische Klausuren und Hausarbeiten richtig formulieren, 15. Aufl. 2022, ab S. 116 ausführliche Tipps zur sprachlichen Gestaltung eines juristischen Gutachtens: Rn. 324 ff (Richtiges Deutsch), Rn. 340 ff (Lesefreundliches Deutsch) und Rn. 357 ff (Einige juristische Besonderheiten), Rn. 384 ff (Einige Besonderheiten juristischer Übungsgutachten)
Schmuck, Deutsch für Juristen, Vom Schwulst zur klaren Formulierung, 5. Aufl. 2021
Walter, Kleine Stilkunde für Juristen, 4. Aufl. 2024
Wieduwilt, Die Sprache des Gutachtens, JuS 2010, 288

Anmerkung:

102 Man könnte diese Literaturliste nahezu endlos fortsetzen (vgl. Literaturverzeichnis bei Möllers S. XXI–XXIV). Da sich dieses Buch in erster Linie an Studienanfänger richtet, sei davon abgesehen. Für fortgeschrittene Studierende, die im wissenschaftlichen Arbeiten und der juristischen Methodik weiter vorankommen möchten, empfehlen wir uneingeschränkt die Lektüre von Möllers. Zu Recht warnt Möllers die Studierenden auch davor, nur materielles Wissen anzuhäufen, womit einer „Verzwergung“ der Rechtswissenschaft Vorschub geleistet würde.[73]

Das Buch von Möllers verdient das Prädikat „Besonders wertvoll“. Bevor die Studierenden im Anfangssemester sich aber damit eingehend befassen, sollten sie zunächst die einfache Klausurentechnik erlernen. Dazu nun die folgenden Fälle und Lösungen!

73 Möllers Arbeitstechnik § 1 Rn. 2.

C. Fälle und Lösungen mit methodischen Hinweisen

Fall 1 Recht der Willenserklärungen

„Ein Glas Wein zu viel?"

Gast G hat im Lokal ein Glas Wein bestellt und trinkt davon, während er sich in die Lektüre eines Buchs von einem Autor namens Medicus vertieft. Nachdem er das Glas geleert hat, stellt ihm Wirt W wortlos ein zweites Glas Wein hin, was G, gefesselt von seiner Lektüre, nicht bemerkt. Auch dieses Glas leert G, ohne von seinem spannenden Buch abzulassen. **103**

Als G bezahlen will und W den Preis für zwei Glas Wein verlangt, meint G, nach dem, was er soeben im „Medicus" gelesen habe, brauche er nur ein Glas zu bezahlen, denn das zweite Glas habe er nicht bestellt.

Kann W von G die Bezahlung des zweiten Glases Wein verlangen?

(Bearbeitungszeit: 60 Minuten)

Besondere[74] Vorüberlegungen
(gehören auf keinen Fall in die Ausarbeitung!)

104 1. Einstieg mit den W-Fragen **„Wer will von wem was warum woraus?“** (→ Rn. 42)

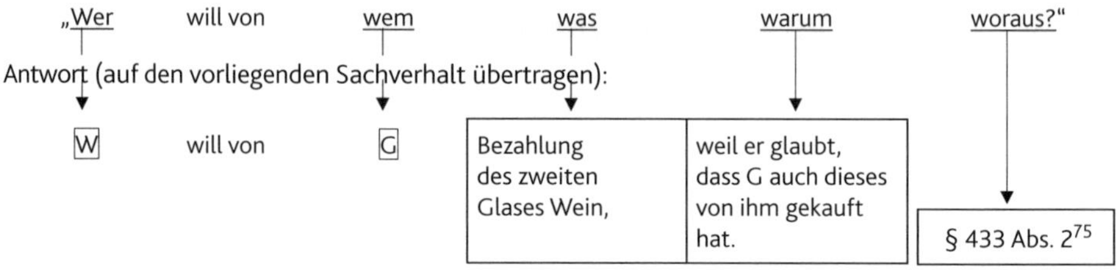

Auf den Fall übertragen heißt das, W will von G, dass dieser das zweite Glas Wein bezahlt, weil er der Meinung ist, dass G auch dieses von ihm gekauft habe. Die Rechtsfolge „Kaufpreiszahlung“ ist in § 433 Abs. 2 geregelt, welcher den von W vorgetragenen Abschluss eines Kaufvertrags voraussetzt.

2. § 433 Abs. 2 ist „Anspruchsgrundlage“ für das Begehren des W und deshalb als mögliches (hypothetisches) Ergebnis der Falllösung voranzustellen = Obersatz, **vgl. Ausarbeitung 1.**

3. Sodann muss dargelegt werden, welche Voraussetzungen der Anspruch hat. Hier: Wirksamer Kaufvertrag zwischen „Käufer“ und „Verkäufer“ also zwischen W und G, **vgl. Ausarbeitung 2.**

a) Im Einzelnen prüfen, ob diese Voraussetzung vorliegt, dh: Ist tatsächlich ein Kaufvertrag zustande gekommen? Dafür müssten zwei übereinstimmende Willenserklärungen vorgelegen haben, „Angebot“ und „Annahme“. Die Prüfung erfolgt durch schrittweise „Subsumtion“ (Ein- bzw. Unterordnung) der tatsächlichen Geschehensabläufe unter die Tatbestandsvoraussetzungen der Anspruchsgrundlage bzw. das Gesetz. Also: Angebot des W? **Vgl. Ausarbeitung 2 a.**

b) Da Angebot des W vorliegt, prüfen, ob Annahme durch G? **Vgl. Ausarbeitung 2 b.**

105 c) Liegen die Voraussetzungen für den Anspruch nicht vor (kein Kaufvertrag geschlossen), ist die Prüfung abzubrechen und das Ergebnis festzuhalten. Zu diesem Ergebnis kommt man, wenn man die **MM** vertritt, dass eine Willenserklärung nicht ohne Erklärungsbewusstsein vorliegen kann. Dann fehlt es nämlich an einer wirksamen Annahme des G und der Vertrag kommt nicht zustande. Zum Streitstand Wörlen/Metzler-Müller/Balleis BGB AT Rn. 143.

Die aktuelle **hM** verlangt für die Abgabe einer Willenserklärung kein Erklärungsbewusstsein mehr (Grundsatzentscheidung BGH NJW 1984, 2279 f. mAnm Canaris). Nach BGH kommt es für das Vorliegen einer Willenserklärung auf die objektive Zurechenbarkeit der Willenserklärung an (BGH NJW 1984, 2279 sowie spätere BGH-Urteile, MüKoBGB/Armbrüster § 119 Rn. 100 mwN):

„Trotz fehlenden Erklärungsbewusstseins (Rechtsbindungswillens, Geschäftswillens) liegt eine Willenserklärung vor, wenn der Erklärende bei Anwendung der im Verkehr erforderlichen Sorgfalt hätte erkennen und vermeiden können, dass seine Äußerung nach Treu und Glauben und der Verkehrssitte als Willenserklärung aufgefasst werden durfte, und wenn der Empfänger sie auch tatsächlich so verstanden hat.“

Dass G sich nicht ausdrücklich geäußert hat (zB „Ich nehme das Angebot an“) ist unschädlich, da Willenserklärungen auch konkludent, dh durch schlüssiges Verhalten kundgetan werden können. Bei gewöhnlicher Aufmerksamkeit hätte G bemerken müssen, dass W ihm ein zweites Glas Wein hingestellt hat und ein Austrinken dieses Glases nach der Verkehrssitte als Annahme des Verkaufsangebots über dieses zweite Glas Wein gedeutet werden durfte. Auch Gründe des Vertrauensschutzes sprechen für eine Bejahung der Zurechenbarkeit. Der Wirt konnte das Austrinken des zweiten Weins durch G nicht anders verstehen und ist deshalb schutzwürdig. Der Erklärende ist außerdem hinreichend geschützt, da er noch die Wahl zwischen der Anfechtung nach § 119 Abs. 1 Alt. 2 und der Erfüllung nach § 362 hat (Privatautonomie!).

Demnach ist die Fallfrage zugunsten des W zu beantworten. Das Ergebnis muss am Ende – mit oder ohne Überschrift („Ergebnis“) – gesondert festgehalten werden, **vgl. Ausarbeitung 3.**

74 Zu den „Allgemeinen Vorüberlegungen“, die für jedes Gutachten gelten → Rn. 24–49.
75 Zur Erinnerung: Sofern die zitierten Paragrafen nicht anders bezeichnet sind, sind es solche des BGB!

Lösung (Ausarbeitung):

1. W könnte gegen G einen Anspruch auf Bezahlung des zweiten Glases Wein aus § 433 Abs. 2 BGB[76] haben. 106

2. Voraussetzung für diesen Anspruch ist, dass zwischen G und W ein wirksamer Kaufvertrag über dieses zweite Glas Wein geschlossen wurde. Ein wirksamer Kaufvertrag kommt durch zwei übereinstimmende (sich inhaltlich deckende) Willenserklärungen (Angebot und Annahme iSv §§ 145 ff.) zustande.

a) W müsste dem G also zunächst ein entsprechendes Angebot gemacht haben, indem 107
er ihm das zweite Glas Wein wortlos auf den Tisch stellte.

Bei einem Vertragsangebot (bzw. „Antrag" iSv § 145) handelt es sich um eine empfangsbedürftige Willenserklärung, die alle wesentlichen Vertragsbestandteile enthält und dem Empfänger den Vertragsschluss so anträgt, dass das Zustandekommen des Vertrages nur noch von dessen (vorbehaltlosem) Einverständnis abhängt. Es ist nicht erforderlich, dass der Erklärende seinen Willen ausdrücklich, etwa durch Schreiben oder Sprechen, formuliert; vielmehr genügt es, wenn er seinen Willen durch sog. schlüssiges (konkludentes) Verhalten zu erkennen gibt. Konkludent ist ein Verhalten, wenn es nach der Verkehrsanschauung typischerweise auf einen bestimmten Rechtsbindungswillen schließen lässt. Ein Wirt gibt mit dem Servieren eines Getränks idR kund, dass er dieses auch an den Gast verkaufen will. Eine konkludente Willenserklärung des W in Form eines Antrages (§ 145) liegt daher mit dem Servieren des zweiten Glases Wein vor.

W hat G ein wirksames Angebot (zum Abschluss eines Kaufvertrags über das zweite Glas Wein) gemacht.

b) Fraglich ist, ob G dieses Angebot auch angenommen hat. 108

Auch die Annahme (§ 147) ist eine empfangsbedürftige Willenserklärung und besteht in der vorbehaltlosen Bejahung des Antrags. Die Annahme kann auch konkludent erfolgen. Nach der Verkehrsanschauung kann das Austrinken eines vom Wirt servierten Glases Wein grundsätzlich nur so gedeutet werden, dass der Gast das Angebot des Wirtes konkludent angenommen hat.

Auch eine konkludente Willenserklärung setzt voraus, dass der Erklärende überhaupt das Bewusstsein hat, dass seine Handlung eine rechtserhebliche Erklärung darstellt, die als solche auch verstanden wird (Rechtsbindungswille). Dieses Erklärungsbewusstsein[77] hatte G im vorliegenden Fall nicht. Seine Bestellung hatte sich nur auf das erste Glas Wein gerichtet. Nur hinsichtlich dieser Bestellung hatte er das Bewusstsein, durch das Austrinken des Glases rechtserheblich zu handeln.

Wenn aber der Erklärungsempfänger das Verhalten des anderen als Willenserklärung auffassen musste, gilt nach hM dieses Verhalten auch ohne Erklärungsbewusstsein als Willenserklärung. Da sich das Verhalten des Gastes G, der hier das zweite Glas Wein austrinkt, für den Wirt W eindeutig als Ausdruck eines bestimmten Rechtsfolgewillens (Kauf dieses Glases Wein) darstellt, ist dem G dieses Verhalten als Willenserklärung zuzurechnen, auch wenn er ohne Erklärungsbewusstsein handelte.

---

76 Sind die zitierten Paragrafen (= §§) im Folgenden nicht anders bezeichnet, handelt es sich um solche des BGB!

77 Beachten Sie dazu → Rn. 105!

109 4. Interessant ist noch die Überlegung, welchen Schutz der G beanspruchen könnte. Allerdings war danach nicht gefragt! G könnte seine Willenserklärung wegen Erklärungsirrtums gem. § 119 Abs. 1 Alt. 2 anfechten. Damit wäre der Vertrag von Anfang an (*ex tunc*) nichtig (§ 142 I) und der Vertrag müsste (nach Bereicherungsrecht) rückabgewickelt werden. Dann müsste G dem Wirt W gem. § 122 Abs. 1 den Wert des Weins ersetzen. Dieser Wert ist aber nicht zwangsläufig mit dem verlangten Kaufpreis identisch. Der Anfechtende haftet nur auf das negative Interesse, dh er muss den Empfänger so stellen, wie dieser stehen würde, wenn vom Vertrag nie die Rede gewesen wäre (dann hätte W zwar seinen Wein noch, aber auch keinen etwaigen Gewinn erzielt).

5. Folgt man der **MM** (→ Rn. 105 am Anfang), dann liegt ebenfalls kein Vertrag vor, weil es schon an der Annahme des G fehlen würde. Es käme auch hier ein Anspruch des W aus ungerechtfertigter Bereicherung gem. § 812 Abs. 1 S. 1 Alt. 1 in Betracht. Aber auch ein solcher Anspruch war wegen der bereits konkretisierten Fallfrage nicht zu prüfen: „Kann W von G die Bezahlung (= den Kaufpreis) für das zweite Glas Wein verlangen?“ Nicht etwa war gefragt: „Welche Ansprüche hat W gegen G?“.

Literatur zur Vertiefung:

Alpmann Schmidt (Lüdde), Skript BGB AT 1, 25. Aufl. 2023, 2. Teil, 1. Abschn. (Grundsätzliches)
Boecken, BGB Allgemeiner Teil, 3. Aufl. 2019, § 8 (Kern der Rechtsgeschäftslehre: Die Willenserklärung)
Brox/Walker, Allgemeiner Teil des BGB, 48. Aufl. 2024, § 4 II (Willenserklärung)
Hirsch, BGB Allgemeiner Teil, 10. Aufl. 2019, Rn. 64–75 (Willenserklärungen), Rn. 131–154 (Auslegungen von Willenserklärungen) und Rn. 585–592 (Fehlendes Erklärungsbewusstsein)
Köhler, BGB Allgemeiner Teil, 48. Aufl. 2024, § 5 (Grundlagen und Grundbegriffe der Rechtsgeschäftslehre), § 6 (Die Willenserklärung)
Lange, Die Willenserklärung – Teil 1, JA 2007, 687 sowie Teil 2, JA 2007, 766
Leenen, Willenserklärung und Rechtsgeschäft – Dogmatik und Methodik der Fallbearbeitung, JURA 2007, 721
Lorenz, Grundwissen – Zivilrecht: Willensmängel, JuS 2012, 490
Medicus/Petersen, Allgemeiner Teil des BGB, 12. Aufl. 2024, 2. Abschnitt (Zustandekommen und Inhalt von Willenserklärungen), § 40 (Die Willensvorbehalte und das Erklärungsbewusstsein)
Meyer, Die abhandengekommene Willenserklärung, JuS 2017, 960
Neuner, Allgemeiner Teil des Bürgerlichen Rechts, 13. Aufl. 2023, §§ 30–35 (Willenserklärungen)
Noack/Uhling, Der Zugang von Willenserklärungen, JA 2012, 740
Petersen, Der Tatbestand der Willenserklärung, JURA 2006, 178
Petersen, Die Wirksamkeit der Willenserklärung, JURA 2006, 426
Stadler, Allgemeiner Teil des BGB, 21. Aufl. 2022, § 17 (Die Willenserklärung)
Stein/Mayer, Das Wirksamwerden analoger und digitaler Willenserklärungen, JA 2023, 359
Wertenbruch, Abgabe und Zugang von Willenserklärungen, JuS 2020, 481
Wörlen/Metzler-Müller Balleis, BGB AT, 16. Aufl. 2023, Rn. 130–194 (Inhalt und Bedeutung von Willenserklärungen)
Würdinger, Konkludente Willenserklärungen, JuS 2023, 627

Er hat also kraft seines schlüssigen Verhaltens konkludent das Angebot des W angenommen.

3. Durch die konkludente Annahme des Angebots von W durch G kam bezüglich des zweiten Glases Wein auch ein wirksamer Kaufvertrag zustande. W hat daher einen Anspruch gegen G auf Bezahlung des zweiten Glases Wein aus § 433 Abs. 2.

Fall 1

Raum für eigene Notizen:

Fälle 2–5 Vertragsrecht, Angebot und Annahme, invitatio ad offerendum, AGB, Fernabsatzgeschäft, Widerrufsrecht

Fall 2: „Keiner will den Golf"

K sieht auf dem Gelände des Gebrauchtwagenhändlers V einen VW-Golf, Baujahr 2008 ausgestellt, der mit „300 EUR" ausgezeichnet ist, was K ungeheuer günstig erscheint. Er geht sofort zu V und sagt, er wolle den Wagen zum angegebenen Preis kaufen. 110

V ist erstaunt und erklärt, es handele sich um einen Schreibfehler. Der Wagen kostet in Wirklichkeit 3.000 EUR! K bietet daraufhin 2.500 EUR; V will jedoch nur für 2.800 EUR verkaufen, was K sich aber erst überlegen möchte. Zwei Tage später ruft er V an und erklärt, er sei mit 2.800 EUR einverstanden. V erwidert jedoch, er habe es sich anders überlegt und verlange wieder 3.000 EUR.

K ist empört und verlangt von V den Golf für 2.800 EUR. Zu Recht?

(Bearbeitungszeit: 60 Minuten*)

Fall 3: „Internetkauf"

K ersteigert im Internet bei einer Online-Auktion von Privatmann V, der sich selbst als „Power-Seller" bezeichnet, einen Hometrainer der Marke FitX. Kundenbewertungen zeigen, dass V regelmäßig online verkauft und allein im letzten Monat weitere 37 Hometrainer und viele andere Fitnessgeräte veräußerte. Die Artikelbeschreibung zum Hometrainer enthält u.a. eine Klausel, die ein Widerrufsrecht des Käufers ausschließt. Eine ausführliche Information über die Rechte des Käufers bekommt K nicht. 111

K bezahlt den Kaufpreis und erhält wenig später den Hometrainer. Nach drei Wochen hat er kein Interesse mehr und bringt das Gerät in den Keller des Mietshauses. Obwohl sein Kellerabteil ordnungsgemäß abgeschlossen ist, wird der Hometrainer von unbekannten Dieben entwendet.

Am liebsten hätte K das Gerät zurückgeben wollen (was nun nicht mehr geht) und den Kaufpreis zurückverlangt. Das teilt er V auch telefonisch mit, widerruft vorsorglich und erklärt entschieden, dass er sich nicht mehr an das Geschäft mit V gebunden sieht.

Kann K von V den Kaufpreis zurückverlangen?

(Bearbeitungszeit: 120 Minuten)

* 1 Std. = 60 Min.

Raum für eigene Notizen:

Fall 4: „Bauernfängerei"

Eines Morgens findet K ein Buch eines ihm bekannten Verlags in der Post; im beigefügten Schreiben heißt es: „Anbei erhalten Sie unser neues Nachschlagewerk zu 85 EUR, das Sie begeistern wird. Bitte senden Sie uns dieses Buch – Porto zu unseren Lasten – binnen 14 Tagen zurück. Andernfalls dürfen wir gem. § 2 Abs. 2 unserer Allgemeinen Verkaufs- und Lieferbedingungen davon ausgehen, dass Sie das Buch behalten wollen." K vergisst das Buch bald völlig und erhält nach drei Wochen eine Rechnung. **112**

Muss K die Rechnung bezahlen?

(Bearbeitungszeit: 1 Std.)

Fall 5: „Der Vertragsschluss hat keine Bremse"

K kommt in letzter Minute zum Bahnhof und steigt ohne Fahrkarte, die er nachlösen will, in den Zug ein. Als die Zugbegleiterin („Schaffnerin") der Deutschen Bahn (DB) kommt und K den Fahrpreis von 25 EUR nennt, hält K das für viel zu teuer und bietet 15 EUR an. Die Zugbegleiterin erwidert, man sei hier schließlich nicht „auf dem Basar", es werde nicht gehandelt, sondern gezahlt, was zu zahlen ist. K hüllt sich in beleidigtes Schweigen. **113**

Am nächsten Bahnhof erscheint die von der Zugbegleiterin verständigte Polizei im Zug und verlangt im Namen der Bahn von K die Bezahlung des Fahrpreises von 25 EUR.

Zu Recht?

(Bearbeitungszeit: 1 Std.)

Besondere Vorüberlegungen

(gehören nicht in die Ausarbeitung der Klausur)

I. Fall 2

1. Auffinden der Anspruchsgrundlage

114 Die Ausgangsfrage ist stets **„Wer will von wem was warum woraus?"** (→ Rn. 104): Die Fallfrage lautet hier: „Verlangt K von V zu Recht den VW-Golf (für 2.800 EUR)?" Gefragt ist also nach einem „Anspruch" (→ Legaldefinition: § 194 Abs. 1) des K gegen V, nicht etwa nach einem Anspruch des V gegen K.

Die allgemeine Ausgangsfrage in Verbindung mit der Fallfrage ergibt somit: K („wer") will von V („von wem") Übergabe des Autos und Verschaffung des Eigentums daran („was"), weil er glaubt, dass zwischen ihm und V ein Kaufvertrag zustande gekommen ist („warum"), der V verpflichtet. Die Rechtsfolge, auf die das Begehren des K gerichtet ist, ist in § 433 Abs. 1 S. 1 („woraus" kann der Anspruch hergeleitet werden?) geregelt.

Diese Vorschrift, deren Auffinden im vorliegenden Fall kein Problem sein dürfte, ist „Anspruchsgrundlage" und deshalb – als hypothetisches Ergebnis formuliert – der Ausarbeitung voranzustellen **(vgl. Ausarbeitung I 1)**.

2. Prüfung der Voraussetzungen der Anspruchsgrundlage **(vgl. Ausarbeitung I 2)**

115 a) Voraussetzung für einen Anspruch aus § 433 (Abs. 1 oder Abs. 2) ist der Abschluss eines wirksamen Kaufvertrags, der, wie jeder gültige Vertragsschluss, zwei inhaltlich übereinstimmende (sich deckende = kongruente) Willenserklärungen (WEen), Angebot und Annahme, voraussetzt. Dies sollte in einer Klausur allerdings nur dann ausführlich behandelt werden, wenn zweifelhaft ist, ob diese WEen tatsächlich beide in übereinstimmender Weise vorliegen oder nicht. Heißt es im Sachverhalt zB „K kauft von V" und lässt die Formulierung des Sachverhalts keinen Zweifel daran, dass der Kaufvertrag wirksam zustande gekommen ist, wäre es überflüssig (und damit Verschwendung wertvoller Schreibzeit), längere Ausführungen darüber zu machen, dass ein Kaufvertrag nur zustande kommt, wenn Angebot und Annahme wirksam sind usw. Die Probleme der Arbeit liegen in einem derartigen Fall also an anderer Stelle. Bereits kurz nach Beginn des Studiums wird die korrigierende Person ein solches Minimum an „Problembewusstsein" bzw. „Schwerpunktsetzungsvermögen" voraussetzen.

b) Im vorliegenden Fall jedoch deutet der Sachverhalt, in dem immer wieder neue Kaufpreise genannt werden, klar darauf hin, dass Zweifel bestehen, worin das Angebot und worin dessen Annahme zu sehen sind. Hier ist es also erforderlich zu klären, welche WE des K und welche WE des V die Anforderungen erfüllen, die an einen wirksamen Vertragsschluss zu stellen sind.

Dabei war Schritt für Schritt (chronologisch) jede Äußerung der Beteiligten zu überprüfen **(Ausarbeitung I 2 a–d** lesen!). Danach den erläuternden Hinweis → Rn. 121 lesen!

Lösung (Ausarbeitung):

I. Fall 2

1. K könnte gegen V einen Anspruch auf Übereignung (= Einigung über Eigentumsübergang und Übergabe) des VW-Golf zum Preis von 2.800 EUR gem. § 433 Abs. 1 S. 1 haben. 116

2. Voraussetzung für diesen Anspruch ist, dass zwischen K und V ein wirksamer Kaufvertrag geschlossen wurde.

a) Dann müsste einer der beiden Vertragspartner dem anderen ein verbindliches Angebot gemacht haben, das dieser vorbehaltlos annehmen konnte und angenommen hat (Arg. aus §§ 145 ff.). 117

aa) Ein Angebot des V könnte in der auf dem Preisschild enthaltenen Auszeichnung des VW-Golfs zu 300 EUR zu sehen sein. Die Preisauszeichnung des V wäre ein Angebot, wenn sie inhaltlich so gefasst ist, dass sie sich direkt an K richtete und dieser daraus einen Willen des V schließen konnte, sich ihm – K – gegenüber rechtlich zu binden. Fraglich ist aber, ob das auf dem Tisch aufgestellte Schild aus der Sicht eines objektiven Empfängers gem. §§ 133, 157 BGB bereits als Angebot auszulegen ist. Dies ist bei Preisauszeichnungen nicht der Fall: derjenige, der eine Ware mit einem Preis auszeichnet, will regelmäßig nur möglichen Interessenten mitteilen, dass er bereit ist, mit ihnen einen Vertrag zu schließen. In der Preisauszeichnung liegt daher lediglich eine Aufforderung des Auszeichnenden an Interessenten, ihm ihrerseits ein Angebot zu machen, eine sog. „invitatio ad offerendum".

Dies ergibt sich im Rahmen der Auslegung (§ 133) aus einer vernünftigen Interessenabwägung, was insbesondere dadurch deutlich wird, dass sich diese „Aufforderung zur Abgabe von Angeboten" an eine unbestimmte Vielzahl von Personen richtet. Folglich hat V dem K kein Angebot über 300 EUR gemacht. 118

bb) Das Angebot iSd § 145 liegt hingegen in der Erklärung des K, er wolle den Wagen für 300 EUR kaufen.

cc) Diesem Angebot des K steht jedoch keine Annahme (§ 147) des V gegenüber, da dieser einen Verkauf des Autos zu 300 EUR abgelehnt hatte.

dd) Somit ist kein Kaufvertrag mit einem Kaufpreis von 300 EUR zwischen K und V zustande gekommen.

b) Ein Wille, sich rechtlich zu binden, ergibt sich indessen aus der Erklärung des V, der Wagen koste in Wirklichkeit 3.000 EUR. Hierin liegt also ein neues Angebot, diesmal des V. 119

aa) Indem K 2.500 EUR für den Wagen bietet, äußert er zwar seinen Kaufwillen, doch ist darin nicht etwa eine „einschränkende Annahme" von Vs Angebot zu sehen. Vielmehr ist das gem. § 150 Abs. 2 die Ablehnung dieses Angebots, verbunden mit einem neuen Angebot („Kauf zu 2.500 EUR") des K.

bb) Indem V äußert, er wolle nur für 2.800 EUR verkaufen, lehnt er abermals das Angebot von K ab und macht selbst ein neues Angebot (§ 150 Abs. 2). K will sich das Geschäft zu diesem Preis aber „erst noch überlegen". Somit hat K das Angebot des V über 2.800 EUR zunächst nicht angenommen.

120 Für die Prüfung zu **Ausarbeitung I 2 a–d** war es notwendig, die allgemeinen Vorschriften zum Zustandekommen eines Vertrags (§§ 145 ff.) zu kennen, in denen allerdings keine Definition von „Angebot" (= Antrag) und „Annahme" zu finden ist. Diese Begriffe, die die §§ 145 ff. voraussetzen, muss der Studierende im Anfangssemester jedoch nach kurzer Zeit ebenso kennen, wie zB das Institut der „invitatio ad offerendum".

Dies vorausgesetzt, lagen die Probleme des Falls lediglich darin, die einzelnen Erklärungen von K und V sauber zu trennen und den entsprechenden Vorschriften der §§ 145 ff. unterzuordnen (= zu subsumieren).

Nicht häufig genug kann der Rat wiederholt werden, beim Suchen einer auf den Sachverhalt passenden Vorschrift auch die der gefundenen Vorschrift folgenden bzw. vorhergehenden Vorschriften im Gesetz zu lesen, zumindest aber die Überschriften der zusammenhängenden Vorschriften zu überfliegen! Dies war im vorliegenden Fall besonders wichtig, da sich alle hier ergebenden Fragen nach der Gültigkeit von Angebot(en) oder Annahme(n) mit dem Gesetz beantworten ließen.

121 3. Nach systematischer Analyse der verschiedenen Erklärungen von K und V konnte man so nur zu dem Ergebnis kommen, dass zwar ein Angebot des K vorlag, dessen Annahme V jedoch ablehnte. Dass diese Ablehnung durch V wiederum über § 150 Abs. 2 zu bewerten ist mit der Folge, dass sich zwei verschiedene Angebote (2.800 EUR seitens K und 3.000 EUR seitens V) gegenüberstehen, brauchte nicht mehr ausgeführt zu werden, weil es am Ergebnis, dass keine zwei inhaltlich übereinstimmenden WEen vorliegen, nichts mehr ändert. Dies war im Anschluss an Gliederungspunkt I 2 d abschließend festzuhalten **(vgl. Ausarbeitung I 3).**

II. Fall 3

122 1. Vorüberlegungen

Der Einstieg in diesen Klausurfall ist durchaus anspruchsvoll. Zum Auffinden der richtigen Anspruchsgrundlage musste besonderes Augenmerk auf das „warum" der Ausgangsfrage **„W̲er will w̲as von w̲em w̲arum w̲oraus?"** gelegt werden (→ Rn. 104). Rechte des Käufers aus § 437, insbesondere ein Rücktrittsrecht, kamen mangels Sachmangels (§ 434) nicht in Betracht und wurden von K auch nicht behauptet. Nur die besondere Form des Vertragsschlusses könnte dem Käufer K hier ein Recht geben, sich dennoch vom Vertrag zu lösen. Diejenigen Bearbeiter(innen), denen das Widerrufsrecht bei Verbraucherverträgen (§§ 355 ff.) unbekannt war, mussten sich die passende Ausgangsvorschrift über den Index (Sachverzeichnis) am Ende ihrer Gesetzestexte suchen. Das erforderliche Schlagwort „Widerrufsrecht" war im Sachverhalt enthalten.

Dann war wichtig zu sehen, dass K an seine den Kaufvertrag begründende WE als Verbraucher nicht mehr gebunden ist, wenn er diese fristgerecht widerrufen konnte (zB wegen § 312g Abs. 1) und auch widerrufen hat (§ 355 Abs. 1 S. 1). Daraus ergibt sich schließlich der Rückgewähranspruch für den Verbraucher K aus § 355 Abs. 3 S. 1 hinsichtlich des geleisteten Entgelts, also auch des Kaufpreises, s. § 357 Abs. 1.

2. Zu **Ausarbeitung II 1 a**

Voraussetzung für ein Widerrufsrecht nach § 355 ist stets ein Vertrag, und zwar zwischen einem Verbraucher (§ 13) und einem Unternehmer (§ 14). Dem Verbraucher wird je nach Vertragsschluss durch Gesetz ein Widerrufsrecht eingeräumt (zB nach § 312g: bei Fernabsatzverträgen gem. § 312c Abs. 1 S. 1 oder bei außerhalb von Geschäftsräumen geschlossenen Verträgen gem. § 312b Abs. 1 S. 1). Das Widerrufsrecht muss dann form- und fristgerecht vom Verbraucher ausgeübt werden (§ 355 Abs. 1 und Sonderregelung § 356 für den Fernabsatzvertrag). Die **Rechtsfolgen des Widerrufs sind eigenständig in den §§ 355 ff.** (mit Modifikationen in §§ 357 ff. für einzelne Verbraucherverträge) **geregelt (→ Rn. 126).** Die Rückabwicklung des Vertrags nach erfolgtem Widerruf aus § 355 Abs. 3 S. 1 richtet sich bei Fernabsatzverträgen nach § 357.

c) Eine Annahme könnte aber zwei Tage später telefonisch durch K erfolgt sein. **123**

aa) Dann müsste das Angebot des V zu diesem Zeitpunkt noch bestanden haben. Dies wäre der Fall, wenn die telefonische Einverständniserklärung des K noch rechtzeitig abgegeben wurde. Andernfalls wäre das Angebot des V bereits erloschen (§ 146).

bb) Wann eine Erklärung noch als rechtzeitige Annahme anzusehen ist, bestimmt sich gem. § 146 nach den §§ 147–149. Da es sich bei der Äußerung des K weder um eine zugesandte Erklärung (§ 149) handelte, noch eine Annahmefrist (§ 148) vereinbart war, ist die Rechtzeitigkeit nach § 147 Abs. 1 zu beurteilen, denn das Angebot des V ist unter Anwesenden geäußert worden.

cc) Gemäß § 147 Abs. 1 konnte K das Angebot nur „sofort" annehmen. Eine Annahme zwei Tage später kann also nicht mehr als rechtzeitig angesehen werden; der Antrag (das Angebot) des V ist gem. § 146 erloschen.

d) Indem K sich zwei Tage später telefonisch mit 2.800 EUR einverstanden erklärt, hat er dem V gem. § 150 Abs. 1 ein neues Angebot gemacht. Dieses hat V, der nun doch nur für 3.000 EUR verkaufen will, abgelehnt. **124**

3. Ergebnis
Mangels einer wirksamen Annahme des Angebots des K durch V fehlt es an zwei sich deckenden Willenserklärungen, dh, zwischen K und V ist kein Kaufvertrag zustande gekommen. K hat keinen Anspruch gegen V auf Übergabe und Übereignung des VW-Golf aus § 433 Abs. 1 S. 1.

II. Fall 3

1. K könnte gegen V einen Anspruch auf Rückzahlung des Kaufpreises aus §§ 355 Abs. 3 S. 1, 357 Abs. 1, 312g Abs. 1 haben.

a) K müsste zunächst ein gesetzliches Widerrufsrecht iSv § 355 Abs. 1 zustehen, zB aus Fernabsatzvertrag gem. § 312g Abs. 1 Var. 2 iVm § 312c. **125**

aa) Dafür müssten die §§ 312 ff. hier anwendbar sein. Dies wäre der Fall, wenn es sich bei dem in Rede stehenden Vertrag um einen (entgeltlichen) Verbrauchervertrag iSd § 312 Abs. 1 iVm § 310 Abs. 3 handelt. Dies ist der Fall, wenn der Käufer Verbraucher iSv § 13 und der Verkäufer Unternehmer iSv § 14 ist, der Vertrag eine entgeltliche Leistung (§ 312 Abs. 1) zum Gegenstand hat und keiner der Ausschlussgründe des § 312 Abs. 2–4 greift.

126

Prüfungsschema:
Voraussetzungen des Widerrufs bei Fernabsatzvertrag (§§ 355, 312g Abs. 1)

1. Gesetzliches Widerrufsrecht des Verbrauchers (§§ 355 Abs. 1 S. 1, 312g Abs. 1)
   a) Anwendbarkeit §§ 312b ff.
      - Verbrauchervertrag (§§ 310 Abs. 3, 13, 14 Abs. 1)
      - Entgeltliche Leistung
      - Keine Ausnahme (§ 312 Abs. 2–4)
   b) Fernabsatzvertrag (§ 312c Abs. 1)
      - Fernkommunikationsmittel (§ 312c Abs. 2)
      - Keine Ausnahme (§ 312g Abs. 2, 3)
2. Ordnungsgemäße Widerrufserklärung des Verbrauchers gegenüber Unternehmer (§ 355 Abs. 1 S. 2–4)
3. Einhaltung der Widerrufsfrist von 14 Tagen (§§ 355 Abs. 1 und Abs. 2, 356 Abs. 2 und 3)

Rechtsfolgen: § 355 Abs. 3 iVm § 357 (Rückabwicklungsverhältnis)

3. Zu **Ausarbeitung II 1 a aa aaa**

127 Es musste erkannt werden, dass ein (Verbraucher-)Vertrag zwischen K und V zustande gekommen ist, und dass es sich mit der Internetauktion um einen besonderen Vertragsschluss handelt, für dessen rechtliche Konstruktion es zwei Möglichkeiten gibt (MüKoBGB/Busche § 145 Rn. 19 mwN): Bei der Willenserklärung des Verkäufers kann es sich – und zwar regelmäßig – entweder um einen für den Zeitraum der Auktion bindenden Antrag iSv § 145 handeln, der unter der Bedingung steht, dass der Vertrag mit demjenigen zustande kommen soll, der bei Ablauf der Auktion das Höchstgebot abgegeben hat (zuletzt BGHZ 211, 331 Rn. 20 = NJW 2017, 468), oder um eine vorweggenommene (lat.: *„antizipierte"*) Annahmeerklärung hinsichtlich des höchsten, wirksam abgegebenen Kaufangebots (so noch BGHZ 149, 129 (134) = NJW 2002, 363). Bei diesen Auktionen kommt der Vertrag jedenfalls nicht (wie bei § 156) durch Zuschlag des Auktionators, sondern unmittelbar durch das Höchstgebot des Meistbietenden innerhalb der Bietfrist zustande (MüKoBGB/Busche § 156 Rn. 2). Diese kurze Abgrenzung zur klassischen Auktion unter Verweis auf § 156 wird – jedenfalls von guten Bearbeiter(innen) – in den Fällen des Vertragsschlusses durch Internetauktion zu erwarten sein.

4. Zu **Ausarbeitung II 1 a aa bbb**

128 Die Prüfung der Unternehmereigenschaft des V bildete einen Schwerpunkt des Falles. Der BGH hat schon 2004 entschieden (BGH, NJW 2005, 53), dass bei Internetauktionen zwischen gewerblichen Anbietern und Verbrauchern ein Widerrufsrecht besteht. Deshalb ist es hier wichtig zu klären, ob der Privatmann V gewerblich handelte oder nicht. 2007 entschied das OLG Frankfurt a.M., dass eine Verkaufstätigkeit über die elektronische Handelsplattform eBay regelmäßig als gewerblich einzustufen ist, wenn der Anbieter als „PowerSeller" registriert ist, die (freiwillige) Registrierung als „PowerSeller" jedoch umgekehrt keine notwendige Voraussetzung für die Bewertung einer Internet-Verkaufstätigkeit als unternehmerisch ist; eine solche Einstufung kann sich aber auch aus anderen Umständen des Einzelfalls ergeben, wobei vor allem Dauer und Umfang der Verkaufstätigkeit sowie deren geschäftsbezogene Ausgestaltung maßgeblich sein können (OLG Frankfurt a.M. Beschl. v. 4.7.2007 – 6 W 66/07 = NJOZ 2008, 836). Der Sachverhalt gab durch den Hinweis auf die weiteren Transaktionen des V im vergangenen Monat ausreichend Anlass dazu.

Im Zusammenhang mit Online-Auktionsplattformen (zB ebay) sollte man zumindest schon einmal von dem Problem gehört haben. Dass einerseits auch die nebenberufliche Tätigkeit (vgl. Grüneberg/Ellenberger § 14 Rn 2) erfasst wird und andererseits die objektive Qualität des Verhaltens und nicht der innere Wille des Handelnden ausschlaggebend sind (vgl. Grüneberg/Ellenberger § 13 Rn. 4), hätte man wissen müssen. Zu den Kriterien, die für eine Unternehmereigenschaft sprechen, gehören die Anzahl der in einem bestimmten Zeitraum verkauften Gegenstände, das damit verbundene Handelsvolumen, aber auch der Verkauf eines hohen Anteils an Neuwaren. Die Rechtsprechung setzt relativ niedrige Schwellen zum unternehmerischen Handeln an (Lorenz, Zur geschäftlichen Handlung und zum Handeln im geschäftlichen Verkehr bei Internetgeschäften, VuR 2013, 369, 372). Ob der Auftritt als „PowerSeller" nun zum Anscheinsbeweis für die Unternehmereigenschaft nach § 14 führt (MüKoBGB/Lorenz § 474 Rn. 40 mwN) oder nach gefestigter Rechtsprechung nur zur Beweislastumkehr (OLG Koblenz MMR 2006, 236; Grüneberg/Ellenberger § 13 Rn. 4), ist für das Ergebnis nicht entscheidend.

aaa) Fraglich ist, ob und wie zwischen K und V ein Vertrag, hier Kaufvertrag, zustande gekommen ist. V stellte auf der Auktionsplattform im Internet ein unvollständiges Verkaufsangebot ein, dem es an wesentlichen Vertragsbestandteilen (*essentialia negotii*[78]) wie Kaufpreis und Vertragspartner fehlt. Das ist jedoch unschädlich. Das Angebot muss nur derart ausgestaltet sein, dass durch eine ihm entsprechende Annahme ein Vertrag geschlossen werden kann. V möchte mit dem Höchstbietenden bei Zeitablauf den Vertrag schließen. Damit hat V Rechtsbindungswillen und es liegt nicht nur eine *invitatio ad offerendum* vor, sondern V hat bereits durch Einstellen des Hometrainers auf der Plattform ein rechtsverbindliches Angebot unter der Bedingung (§ 158) abgegeben, dass der Vertrag mit demjenigen zustande kommen soll, der bei Ablauf der Auktion das Höchstgebot abgibt.

K hat mit der Abgabe seines Gebots, das bei Ablauf der Bietzeit das Höchstgebot **129**
war, die Annahme des Angebots des V erklärt. Anders als bei Präsenz-Auktionen, bei denen der Vertrag durch Zuschlag nach § 156 zustande kommt, ist hier im Fall einer Internetauktion also der Kaufvertrag durch Angebot und Annahme wirksam zustande gekommen.

bbb) Verbraucher ist gem. § 13 jede natürliche Person, die ein Rechtsgeschäft zu **130**
überwiegend privaten Zwecken abschließt. K handelt als Privatperson und ist somit Verbraucher nach § 13.

Unternehmer ist nach § 14 Abs. 1 jede natürliche oder juristische Person, die bei Abschluss eines Rechtsgeschäfts in Ausübung ihrer gewerblichen oder selbstständigen beruflichen Tätigkeit handelt. Eine gewerbliche Tätigkeit ist eine planvolle, auf gewisse Dauer angelegte, selbstständige und wirtschaftliche Tätigkeit, die nach außen in Erscheinung tritt. Erfasst wird auch die nur nebenberufliche Tätigkeit. Auf die Absicht einer Gewinnerzielung und den Umfang der Tätigkeit kommt es nicht entscheidend an. Es genügt vielmehr jedes Verhalten, das irgendwie inhaltlich dem der unternehmerischen Tätigkeit zugerechnet werden kann. Maßgeblich ist die objektive Qualität des Verhaltens. V hat eine Vielzahl von Rechtsgeschäften über die Internetplattform getätigt. Es trifft zwar zu, dass derjenige, der regelmäßig über eine Internetplattform Waren anbietet, damit nicht zwangsläufig „dauerhaft planmäßig" handelt. So ist heute weit verbreitet, private Geschäfte über das Internet abzuwickeln. Vorliegend spricht aber einiges dafür, dass V als Verkäufer gewerbsmäßig handelte. Der Verkauf von zahlreichen Hometrainern und anderen Fitnessgeräten innerhalb nur eines Monats spricht für die Unternehmereigenschaft. Hinzu kommt, dass V sich selbst als „PowerSeller" bezeichnet. Als solcher darf sich nur bezeichnen, wer kontinuierlich besonders viele Artikel verkauft oder ein hohes Handelsvolumen vorweisen kann. V hat die Bezeichnung freiwillig gewählt und damit nach außen den Anschein eines Profiverkäufers erweckt.

78 Lat. für „wesentliche Vertragsbestandteile".

Für Interessierte: Der Anscheinsbeweis, auch Beweis des ersten Anscheins („prima facie), ist eine Art gewohnheitsrechtlich anerkannter, heute in § 371a ZPO geregelter Beweis. Bei typischen Geschehensabläufen kann von bestimmten Tatsachen auf das Vorliegen anderer Tatsachen oder Umstände geschlossen werden, wenn zwischen diesen aller Erfahrung, also „dem ersten Anschein" nach, eine so enge Verbindung besteht, die es rechtfertigt, ihr Vorliegen ohne weiteren Nachweis zu unterstellen (vgl. BGHZ 2, 1 [5] = NJW 1951, 653).

5. Zu **Ausarbeitung II 1 a bb**

131 Von den Bearbeiter(inne)n wurden Ausführungen zum Ausschlusses des Widerrufsrechts bei Versteigerungen erwartet. Die öffentlich zugängliche (klassische) Versteigerung (iSd § 156) endet idR durch den Zuschlag (= WE), und zwar endgültig, so dass ein Widerrufsrecht dem zuwiderliefe (MüKoBGB/Wendehorst § 312g Rn. 47). Die Internet-Auktion hingegen endet durch Zeitablauf und der Vertrag kommt letztlich durch Angebot und Annahme zustande. Besonders Interessierte können die ausführliche Begründung des BGH zur Einordnung der Privatversteigerung nachlesen im Urteil des BGH vom 3.11.2004 – VIII ZR 375/03, NJW 2005, 53 zum Widerruf des Fernabsatzvertrags aus Internet-Auktion. Durch die neue klare Formulierung des § 312g Abs. 2 Nr. 10 wurde der Streit um die Erfassung von Internet-Auktionen wie zB eBay endgültig entschieden und die Verbraucher müssen persönlich anwesend sein können. Reine Internet-Auktionen unterfallen daher eindeutig nicht mehr dem Ausnahmetatbestand, so dass bei ihnen – für den Fall, dass dem Verbraucher ein Unternehmer als Vertragspartner gegenübersteht – ein Widerrufsrecht gegeben ist (MüKoBGB/Busche § 156 Rn. 3 und MüKoBGB/Wendehorst § 312g Rn. 48).

6. Bearbeiter(innen), die den Hinweis beachtet haben, dass sämtliche Vorschriften im Umfeld einer Norm mitzulesen sind, hätten ohne Weiteres § 312m und damit das richtige Ergebnis gefunden. Der Ausschluss des Widerrufsrechts durch die Klausel in der Artikelbeschreibung ist gem. § 312m Abs. 1 S. 1 unwirksam. Sämtliche Vorschriften der §§ 312–312m haben halbzwingenden Charakter. § 312m verbietet Abweichungen zum Nachteil des Verbrauchers, zB den Ausschluss des Widerrufsrechts. Hinsichtlich der Konsequenzen ist grundsätzlich § 306 heranzuziehen (zum Ganzen: MüKoBGB/Wendehorst § 312m Rn. 7–9).

7. Zu **Ausarbeitung II 1 c**

132 Das Problem der Frist konnte durch genaues Arbeiten mit dem Gesetz (§§ 355, 356 Abs. 3 S. 1) gelöst werden. Die Widerrufsfrist beginnt nur nach einer ordentlichen Unterrichtung des Verbrauchers (s. § 355 Abs. 3 S. 1). Laut Sachverhalt hat diese nicht stattgefunden. Im Gegenteil, Privatmann V hat vielmehr ein Widerrufsrecht in seiner Artikelbeschreibung ausgeschlossen. Also hat die Frist noch nicht begonnen. Was den K aber nicht hindert, dennoch den Widerruf zu erklären.

Insofern lässt das Vorgehen des V auf ein typischerweise planmäßiges und auf Dauer angelegtes Handeln schließen. Somit ist V Unternehmer gem. § 14 Abs. 1.

Es soll sich außerdem der Verbraucher als Käufer zur Zahlung eines Preises verpflichten (entgeltliche Leistung, § 312 Abs. 1), was hier der Fall ist. Ebenso sind keine Ausschlussgründe (§ 312 Abs. 2–4) ersichtlich.

Der Vertrag zwischen K und V ist also ein Verbrauchervertrag iSd § 312 Abs. 1 und der Anwendungsbereich der §§ 312 ff. damit eröffnet.

bb) Um K die Berufung auf das Widerrufsrecht aus § 312g Abs. 1 zu ermöglichen, müsste der Vertrag außerdem ein Fernabsatzvertrag iSv § 312c Abs. 1 sein. **133**

Ein Fernabsatzvertrag iSd § 312c Abs. 1 liegt dann vor, wenn der Vertrag unter ausschließlicher Verwendung von Fernkommunikationsmitteln (§ 312c Abs. 2) abgeschlossen wurde.

Fernkommunikationsmittel sind gem. § 312c Abs. 2 solche, die zur Anbahnung oder zum Abschluss eines Vertrags ohne gleichzeitige körperliche Anwesenheit der Vertragsparteien eingesetzt werden können, insbesondere auch E-Mails und Telemedien. Internetdienste gehören regelmäßig zu den Telemedien, also zu den Fernkommunikationsmitteln. **134**

Damit stünde K grundsätzlich das Widerrufsrecht aus § 312g Abs. 1 zu.

Das Widerrufsrecht könnte nach § 312g Abs. 2 Nr. 10 ausgeschlossen sein, wenn es sich bei der Privatauktion um eine Versteigerung iSv § 156 handelt. So genannte „Internetauktionen" können dem allgemeinen Sprachverständnis nach zwar auch als „Versteigerungen" bezeichnet werden, allerdings kommt in diesen Fällen der Kaufvertrag durch Angebot und Annahme gem. §§ 145 ff. (s. II 1 a aa aaa) und nicht durch Gebot und Zuschlag nach § 156 zustande. Das Widerrufsrecht ist also nicht nach § 312g Abs. 2 Nr. 10 ausgeschlossen ist. **135**

Das Widerrufsrecht könnte auch noch durch die Klausel in der Artikelbeschreibung ausgeschlossen sein. § 312m Abs. 1 S. 1 verbietet allerdings Abweichungen von den Vorschriften der §§ 312–312m zum Nachteil des Verbrauchers. Somit konnte V das Widerrufsrecht nicht wirksam ausschließen. **136**

b) K müsste den Widerruf gem. § 355 Abs. 1 S. 2–5 formgerecht gegenüber V erklärt haben. Der Widerruf kann formlos ohne Angabe von Gründen erklärt werden, es muss einzig der eindeutige Entschluss des Verbrauchers zum Widerruf deutlich werden. Laut Sachverhalt „widerruft" K gegenüber V am Telefon „vorsorglich" und erklärt, dass er sich nicht mehr an das Geschäft gebunden sehe. Die Anforderungen des § 355 Abs. 1 S. 2–5 sind gewahrt. **137**

c) K müsste den Widerruf fristgerecht erklärt haben. Gemäß § 355 Abs. 2 S. 1 beträgt die Widerrufsfrist 14 Tage und beginnt bei Fernabsatzverträgen, die zugleich Verbrauchsgüterkauf sind, gem. § 356 Abs. 2 Nr. 1a grundsätzlich mit Wareneingang beim Verbraucher. Gemäß § 356 Abs. 3 S. 1 beginnt die Widerrufsfrist indes nicht bevor der Unternehmer seine Informationspflichten aus Art. 246a EGBGB § 1 Abs. 2 S. 1 Nr. 1 erfüllt hat. K hat zwar die Ware erhalten, die Informationspflichten wurden aber seitens V nicht ordnungsgemäß erfüllt. Folglich hat die Widerrufsfrist noch nicht begonnen, sodass K (abweichend von § 355 Abs. 2 S. 1) auch noch nach drei Wochen den Widerruf fristgerecht erklären konnte.

8. Zu **Ausarbeitung II 1 d**

138 Der konkrete Inhalt des Rückabwicklungsverhältnisses ergibt sich aus den §§ 357–357d, die die ASG § 355 Abs. 3 S. 1 ergänzen. Wichtig für den Fernabsatzvertrag sind § 357 und § 357a.

- Grundsätzlich sind die empfangenen Leistungen innerhalb von 14 Tagen zurück zu gewähren: Der Verbraucher gibt die Ware zurück und der Unternehmer zahlt den Kaufpreis zurück.
- Aufgrund der Konkretisierung nach § 243 Abs. 2 infolge der Lieferung handelt es sich bei der Rückgewährpflicht stets um eine Stückschuld.
- Bei Wertverlust der Ware durch die Ingebrauchnahme der Sache kommt grundsätzlich eine verschuldensunabhängige Ersatzpflicht des Verbrauchers in Betracht, sofern die Bedingungen des § 357a Abs. 1 erfüllt sind. Auch ein vollständiger Wertverlust oder Untergang der Sache wird erfasst (MüKoBGB/Fritsche § 357a Rn. 6, 10).
- Der Unternehmer trägt wegen § 355 Abs. 3 S. 4 die Gefahr des zufälligen Untergangs oder zufälliger Verschlechterung (MüKoBGB/Fritsche § 355 Rn. 66). Dies ändert sich erst, wenn der Verkäufer mit der Rücksendung in Verzug geraten ist. Dann haftet der Verkäufer auch ohne Belehrung uU sogar für den zufälligen Untergang gem. § 287 S. 2 (MüKoBGB/Fritsche § 361 Rn. 5). Nach Ausübung des Widerrufsrechts haftet der Verbraucher in solchen Fällen also für jegliche Abnutzung und Verschlechterung der Sache nach § 280 Abs. 1 auf Schadensersatz aus dem Rückgewährschuldverhältnis (MüKoBGB/Fritsche § 357a Rn. 12).
- §§ 355 ff. regeln die Ansprüche des Unternehmers abschließend. § 361 Abs. 1 stellt gesetzlich klar, dass über die widerrufsspezifischen Vorschriften hinaus keine weiteren Ansprüche gegen den Verbraucher „infolge des Widerrufs“ bestehen.

139 9. Am Ende der Prüfung wird schließlich das Ergebnis mitgeteilt, indem Sie die Eingangsfrage (vgl. II 1) abschließend beantworten. Nochmals der Hinweis: Das Wort „Ergebnis“ müssen Sie nicht unbedingt verwenden (→ Rn. 105).

d) Die empfangenen Leistungen sind innerhalb von 14 Tagen (§ 357 Abs. 1 iVm § 355 Abs. 3) zurückzugewähren. V ist also verpflichtet, K den Kaufpreis zurückzuerstatten. K ist seinerseits gegenüber V zur Rückgabe des Hometrainers verpflichtet (§ 355 Abs. 3 S. 1). **140**

Wenn es sich um einen Verbrauchsgüterkauf nach § 474 Abs. 1 S. 1 handelt, ist der Verbraucher vorleistungspflichtig nach § 357 Abs. 4 S. 1. Verbrauchsgüterkäufe iSv § 474 Abs. 1 S. 1 sind Verträge, durch die ein Verbraucher von einem Unternehmer eine Ware kauft. Dies ist hier der Fall. K bekäme aufgrund seiner Vorleistungspflicht den Kaufpreis also erst nach Rückgabe der Kaufsache zurück.

Die Rückgabe des Hometrainers, der durch die Lieferung zur Stückschuld geworden ist, ist K aufgrund des Diebstahls unmöglich (§ 275 Abs. 1) geworden. Gemäß § 355 Abs. 3 S. 4 trägt aber der Verkäufer die Gefahr der Rücksendung der Ware. Die Rückgabepflicht des K und damit die Vorleistungspflicht könnten also erloschen sein, so dass V den Kaufpreis sofort zurückerstatten müsste.

Gemäß § 361 Abs. 1 sind Ansprüche des Verkäufers außerhalb der §§ 355 ff. gegen den Verbraucher ausgeschlossen, es sei denn der Verbraucher ist zB mit der Rücksendung in Verzug geraten. Dann würde letzterer gem. § 287 S. 1 auch für den zufälligen Untergang der Ware haften. Vorliegend fand der Diebstahl vor der Widerrufserklärung des K statt. Zum Zeitpunkt des Diebstahls kann K also nicht in Verzug gewesen sein. Es bleibt bei der erloschenen Rückgabepflicht.

2. Ergebnis
K hat gegen V einen Anspruch auf Rückzahlung des Kaufpreises aus §§ 355 Abs. 3 S. 1, 312g Abs. 1 und kann das Geld von V verlangen. **141**

III. Fall 4

142 1. Die Vorüberlegungen ergeben über die allgemeine Ausgangsfrage **„Wer will von wem was warum woraus?"** (→ Rn. 104) in Verbindung mit der Fallfrage, dass der Verlag (V) von K Bezahlung eines Buchs verlangt. Gefragt ist also nach einem Anspruch V gegen K. Die von V begehrte Rechtsfolge enthält § 433 Abs. 2, der als Anspruchsgrundlage – als hypothetisches Ergebnis formuliert – der **Ausarbeitung (dort III 1)** voranzustellen ist.

2. Prüfung der Voraussetzungen **(vgl. Ausarbeitung III 2)**

143 Auch hier kann man dem Sachverhalt nicht sofort eindeutig entnehmen, worin Angebot und Annahme, die zum wirksamen Zustandekommen eines Kaufvertrags (= Voraussetzung für Anspruch aus § 433 Abs. 2) führen, zu sehen sind bzw. ob diese WEen überhaupt vorliegen.

a) Zu **Ausarbeitung III 2 a**

144 Es war zwar nicht unbedingt erforderlich, die „invitatio ad offerendum" zu erwähnen, doch zeigt ein kurzer Hinweis darauf, dass man das Abgrenzungskriterium dieses Instituts zum echten Angebot kennt. Wenn hier allerdings eine „invitatio" statt eines Angebots angenommen wurde, dann hat der Bearbeiter oder die Bearbeiterin entweder den Sachverhalt nicht richtig gelesen oder das Institut der „invitatio ad offerendum" nicht verstanden: Diese Aufforderung zu einem Angebot ist entweder (gegenüber einer Einzelperson) als solche formuliert (K sagt zB zu V: „Ich bin am Kauf interessiert. Machen Sie mir ein Angebot.") oder richtet sich als scheinbares Angebot an eine unbestimmte Vielzahl von Personen (zB Preisauszeichnungen im Schaufenster oder in Werbeprospekten, Anzeigen und Inserate in Zeitungen oder auf Online-Marktplätzen).

b) Zu **Ausarbeitung III 2 b**

145 **Merke nochmals:** Annahme ist WE. WE setzt irgendeine Art von Willensäußerung voraus. Nichtstun – wie bloßes Schweigen – kann, anders als konkludentes Handeln, grundsätzlich niemals Willensbetätigung sein. Ausnahmen: zB § 362 Abs. 1 HGB; §§ 108 Abs. 2 S. 2, 177 Abs. 2 S. 2, 516 Abs. 2 S. 2, 545 S. 1, die in dieser Klausur nicht erwähnt werden mussten (durften)!

c) Zu **Ausarbeitung III 2 c**

146 Die Lösung zeigt, dass die Privatautonomie den Parteien grundsätzlich nur (einvernehmliche) „Vereinbarungen", nicht aber einseitige „Anordnungen" gestattet, die sich über das geltende Recht (hier: Schweigen = keine Annahme!) hinwegsetzen.

Dass auch AGB (§§ 305–310) nur gelten, wenn sie Vertragsbestandteil (durch Einbeziehung in den Vertrag nach § 305 Abs. 2) geworden sind, sollte auch Anfangssemestern schon bekannt sein.

d) Zu **Ausarbeitung III 2 d**

147 Wer § 241a nicht gesehen hat, hat trotzdem eine richtige Lösung. Man hätte auch ganz auf einen Hinweis darauf verzichten können und sogleich von **Ausarbeitung III 2 c** zum Ergebnis übergehen können.

§ 241a wurde mit Wirkung vom 1.7.2000 ins BGB aufgenommen und stellt in Abs. 1 klar, dass der Empfänger unbestellter Sachen, der Verbraucher (§ 13) ist, zu gar nichts verpflichtet ist, nicht einmal zur zeitweisen Aufbewahrung (vgl. Wörlen/Metzler-Müller/Balleis BGB AT Rn. 147). Dieser Anspruchsausschluss bedeutet, dass durch die unbestellte Leistung des Unternehmers kein vertraglicher Anspruch des Unternehmers (auf Zahlung einer Gegenleistung oder eines vertraglichen Schadensersatzes) gegen den Empfänger (Verbraucher) entstehen kann.

Laut MüKoBGB/Finkenauer § 241a Rn. 5 ist die Vorschrift sprachlich missglückt, weil sie eine Selbstverständlichkeit ausdrückt. Was die Vorschrift wirklich will, ist das Entstehen eines vertraglichen Anspruchs durch konkludente Annahmehandlungen seitens des Empfängers zu verhindern (MüKoBGB/Finkenauer § 241a Rn. 3). Ausnahmen enthalten § 241a Abs. 2 („Irrläufer") und Abs. 3 („Ersatzware").

148 Auf § 475 Abs. 1 S. 1 (keine Berufung des Unternehmers auf AGB beim Verbrauchsgüterkauf wegen eines Mangels der Kaufsache) war hier nicht einzugehen, da es nicht um einen Mangel der Kaufsache geht.

III. Fall 4

1. Der Verlag V könnte gegen K einen Anspruch auf Bezahlung des Buchs gem. § 433 Abs. 2 haben. **149**

2. Voraussetzung für diesen Anspruch ist ein wirksamer Kaufvertrag zwischen K und V, dh, es müssten zwei sich deckende Willenserklärungen, Angebot und Annahme, vorliegen, gerichtet auf den Abschluss eines Kaufvertrags.

a) Ein Angebot könnte in der Zusendung des Buchs durch V unter Nennung des Kaufpreises liegen. V äußert nicht etwa nur eine „invitatio ad offerendum", sondern bietet ein konkretes Einzelstück zu einem festen Preis einer bestimmten Person an und gibt seinen Rechtsbindungswillen durch Hinweis auf § 2 Abs. 2 seiner Allgemeinen Verkaufs- und Lieferbedingungen kund. Somit liegt ein wirksames Angebot des V vor. **150**

b) Fraglich ist, ob K dieses Angebot angenommen hat. Eine Annahme kann, wie jede Willenserklärung, ausdrücklich oder konkludent erfolgen. **151**

Eine ausdrückliche Erklärung des K liegt nicht vor. Die Annahme ist auch nicht konkludent erfolgt, da K in keiner Weise einen Annahmewillen kund getan hat; vielmehr hat K einfach geschwiegen.

Schweigen ist aber grundsätzlich keine Willenserklärung iSd Gesetzes. Somit liegt keine Annahme durch K vor.

c) Zu prüfen ist noch, ob sich aus § 2 Abs. 2 der Verkaufs- und Lieferbedingungen des V eine Annahme durch K ergeben kann. Die Wirksamkeit solcher „Allgemeinen Geschäftsbedingungen" (= AGB) richtet sich nach den §§ 305–310. Gemäß § 305 Abs. 2 (letzter Hs.) können Allgemeine Geschäftsbedingungen nur Rechtswirksamkeit entfalten, dh Vertragsbestandteil werden, wenn sie vereinbart worden sind. K hat weder ausdrücklich noch konkludent zum Ausdruck gebracht, mit der Geltung der von V übersandten AGB einverstanden zu sein. Die AGB wurden nicht vereinbart und sind somit nicht Vertragsbestandteil. Es bleibt dabei, dass in dem Schweigen des K keine Annahme zu sehen ist. **152**

d) Da davon auszugehen ist, dass K Verbraucher (§ 13) und V Unternehmer (§ 14) ist, würde zugunsten des K auch § 241a Abs. 1 greifen. Er verhindert, dass durch die Lieferung unbestellter Sachen ein Anspruch des Unternehmers gegen den Verbraucher begründet wird. **153**

3. Ergebnis

K hat das Angebot des V nicht angenommen. Ein wirksamer Kaufvertrag ist nicht zustande gekommen. V hat gegen K keinen Anspruch aus § 433 Abs. 2. **154**

IV. Fall 5

1. Zu **Ausarbeitung IV 1**

155 Schwierig bei der Beantwortung der W-Fragen (→ Rn. 104) ist hier das **„woraus?“**. Es konnte von unerfahrenen Studierenden nicht unbedingt verlangt werden, dass sie den Beförderungsvertrag gleich richtig als Werkvertrag iSv § 631 einstufen. Wenn daher als Anspruchsgrundlage der Bahn § 433 Abs. 2 genannt, ansonsten aber die richtige Lösung verfolgt wird, ist dies nicht als Fehler zu bewerten. Entscheidend ist zu erkennen, dass überhaupt ein vertraglicher Erfüllungsanspruch in Betracht kommt, für den das wirksame Zustandekommen eines Vertrags Voraussetzung ist **(vgl. Ausarbeitung IV 2)**.

2. Zu **Ausarbeitung IV 2 a**

156 Keine Schwierigkeiten sollten sich bei der Frage ergeben, worin hier das Angebot zu sehen ist. Dennoch wird das Halten des Zuges auf dem Bahnhof manchmal als „invitatio ad offerendum“ angesehen. Dieser Gedanke ist zwar nicht völlig abwegig, aber unzutreffend, da gegenüber allen in den Zug einsteigenden Personen ein Rechtsbindungswille der Bahn ersichtlich ist, der bei der „invitatio“ aber fehlt.

157 3. Dies führt zu der Frage, worin die Annahme durch K lag **(vgl. Ausarbeitung IV 2 b).** Die hier gewählte Lösung stellt darauf ab, dass das Vorliegen einer Annahme möglichst nach dem Gesetz zu beurteilen ist und entspricht der inzwischen **hM** (vgl. Grüneberg/Ellenberger Einf. v. § 145 Rn. 25).

Früher wollte man den Vertragsschluss bei typisierten Leistungen des Massenverkehrs und der Daseinsvorsorge (zB Straßenbahnfahrten, Stromentnahme, Parkplatzbenutzung) auf rein tatsächliches Verhalten gründen, nach der sog. „Lehre vom faktischen Vertrag aufgrund sozialtypischen Verhaltens“. Eine solche Konstruktion wird aber als überflüssig (vgl. BeckOK BGB/Eckert § 145 Rn. 45; MüKoBGB/Busche vor § 145 Rn. 40) angesehen, weil der Vertragsschluss mit dem Gesetz begründbar ist. Beim Verhalten des Kunden handelt es sich um eine konkludente Annahmeerklärung durch zB das Betreten des Beförderungsmittels und die anschließende Inanspruchnahme der Beförderungsleistung, die auf das konkludente Angebot (auch Realofferte, MüKoBGB/Busche § 145 Rn. 25) auf Abschluss zB eines Beförderungsvertrages durch Bereitstellung des Beförderungsmittels reagiert.

Da beide Lösungen letztlich zu demselben Ergebnis kommen, und das faktische Vertragsverhältnis mittlerweile fast einhellig abgelehnt wird (MüKoBGB/Busche vor § 145 Rn. 40: Theorie gilt als überwunden), kann man in der Klausur auf eine Darstellung des Meinungsstreits verzichten.

158 4. Allerdings sei hier vorbeugend auf einen typischen formalen Fehler hingewiesen, der nicht nur in Anfängerklausuren vorkommt: Rechtsprechungs- oder Literaturzitate haben in Klausuren (anders als in Hausarbeiten) nichts zu suchen! „Wer gegen diesen Grundsatz verstößt, setzt sich dem Verdacht aus, sich unerlaubter Hilfsmittel bedient zu haben. Selbst wenn man zufällig eine Fundstelle auswendig kennt, darf der Beleg in der Klausur nicht erfolgen.“[79]

Literatur zur Vertiefung:

Alpmann Schmidt (Lüdde), Skript BGB AT 1, 25. Aufl. 2023, 2. Teil, 1. u. 2. Abschn. (Grundsätzliches, Willenserklärung)

Alpmann Schmidt (Langkamp/Lüdde), Skript Schuldrecht AT 2, 25. Aufl. 2024, 3. Teil (Verbraucherschutz)

Brox/Walker, Allgemeiner Teil des BGB, 48. Aufl. 2024, § 8 (Angebot und Annahme)

Brox/Walker, Allgemeines Schuldrecht, 48. Aufl. 2024, § 19 (Verbraucherschutz bei Verbraucherverträgen und besonderen Vertriebsformen sowie bei Verträgen über digitale Produkte)

Deutschmann, Der Vertragsschluss im Rahmen von Internetauktionsverfahren, NJ 2020,5

Fikentscher/Heinemann, SchuldR, 12. Aufl. 2022, § 49 (Widerrufsrecht in Verbraucherverträgen)

Föhlisch/Stariradeff, Zahlungsmittel und Vertragsschluss im Internet, NJW 2016, 353

Hirsch, BGB Allgemeiner Teil, 10. Aufl. 2019, Rn. 163–237 (Antrag und Annahme, Sonderfälle des Vertragsschluss)

Köhler, BGB Allgemeiner Teil, 48. Aufl. 2024, § 8 (Der Vertrag)

Kreße, Vertragsschluss bei der Internetauktion und Geltung der Auktionshaus-AGB im Marktverhältnis, NJ 2015, 448

79 Rips, Typische Fehlerquellen bei Klausuren und Hausarbeiten, JuS 1979, 42 (45); empfehlenswert und aktueller: Beaucamp, Typische Fehler in Klausuren, wie sie entstehen und wie man sie vermeidet, JA 2018, 757.

IV. Fall 5

1. Die Deutsche Bahn (DB) könnte gegen K einen Anspruch auf Bezahlung einer Vergütung für die Beförderung des K im Zug gem. § 631 Abs. 1 Hs. 2 haben. 159

2. Voraussetzung dafür ist, dass ein Beförderungsvertrag zwischen K und der DB zustande gekommen ist. Dies wäre der Fall, wenn die DB dem K ein diesbezügliches Angebot gemacht und K dies angenommen hätte (s. §§ 145 ff.). 160

a) Das Angebot der DB liegt im Anhaltenlassen des Zugs auf dem Bahnhof. Damit gibt diese in rechtlich bindender Weise (konkludent) zu erkennen, dass sie mit allen Personen, die in den Zug einsteigen, einen Beförderungsvertrag zu feststehenden Preisen abschließen will.

b) Fraglich ist, ob K dieses Angebot, das durch die Zugbegleiterin mit Nennung des Fahrpreises von 25 EUR wiederholt und konkretisiert wird, angenommen hat. Dagegen scheint zu sprechen, dass K die Zahlung von 25 EUR ablehnt und 15 EUR anbietet. 161

K ist jedoch wissentlich in den Zug eingestiegen und hat dadurch die Leistung der DB tatsächlich in Anspruch genommen. Er hat bewusst und gewollt konkludent eine Willenserklärung abgegeben, die, bei Betrachtungsweise aus der Sicht des objektiven Erklärungsempfängers, nur als Annahme des Angebots der DB angesehen werden kann.

Die gegenteilige Äußerung des K ist nicht ein erneutes Angebot iSd § 150 Abs. 2, sondern wegen Unvereinbarkeit mit dem tatsächlichen Verhalten des K, in dem die Annahme liegt, rechtlich unbeachtlich (sog. *„protestatio facto contraria“* – durch tatsächliches Verhalten widerlegter Vorbehalt).

3. Ergebnis
Somit ist ein Vertrag zwischen K und DB zu einem Fahrpreis von 25 EUR zustande gekommen. Der Anspruch der DB aus § 631 Abs. 1, 2. Hs. ist begründet; K muss zahlen!

Literatur zur Vertiefung (Fortsetzung):
Lange, Die Willenserklärung – Teil 1, JA 2007, 687 und Teil 2, JA 2007, 766
Latzel/Wallenstein, ZR-Anfängerhausarbeit zum BGB AT und Verbraucherschutzrecht – Neue Netiquette, JURA 2024, 510
Lorenz, Zur geschäftlichen Handlung und zum Handeln im geschäftlichen Verkehr bei Internetgeschäften, VuR 2013, 369
Lorenz, Grundwissen – Zivilrecht: Verbrauchsgüterkauf, JuS 2016, 398
Looschelders, Schuldrecht Allgemeiner Teil, 22. Aufl. 2024, § 41 (Grundlagen des Verbraucherschutzrechts), § 42 (Besondere Vertriebsformen, Verträge im elektronischen Geschäftsverkehr und Verträge über digitale Produkte)
Markworth, Vertragsschlüsse durch faktisches oder sozialtypisches Verhalten? JuS 2024, 1105
Muchowski, eBay – „besser kaufen und verkaufen“? JA 2015, 928
Medicus/Petersen, Allgemeiner Teil des BGB, 12. Aufl. 2024, § 26 (Antrag und Annahme)
Paal/Kumkar, Anfängerhausarbeit – Zivilrecht: Schuldrecht AT – Streit um die Internetauktion, JuS 2015, 707
Grüneberg/Ellenberger, Einführung vor § 145 Rn. 1–28
Scheikholeslami-Sabzewari, ZR-Examensklausur zum Verbraucherwiderrufsrecht - Die Risiken eines geschäftstüchtigen Studenten, JURA 2024, 642
Schneider, Der Vertragsschluss im Supermarkt – Ein Überblick für Einsteiger und Fortgeschrittene, JURA 2024, 565
Stadler, Allgemeiner Teil des BGB, 21. Aufl. 2022, § 19 (Angebot und Annahme)
Sutschert, Anforderungen an die Rechtsgeschäftslehre im Internet, NJW 2014, 1041
Tookwaja, Rechtsprobleme des Warenkaufs bei standardisierten Internetauktionen unter besonderer Berücksichtigung der höchstrichterlichen Rechtsprechung, GRZ 2020, 99
Wörlen/Metzler-Müller/Balleis, BGB AT, 16. Aufl. 2023, Rn. 152–167 (Besondere Wirksamkeitsvoraussetzungen für Willenserklärungen)
Wörlen/Metzler-Müller/Balleis, Schuldrecht AT, 15. Aufl. 2023, Rn. 64–110j (Verbraucherverträge, und besondere Vertriebsformen und Verbraucherverträge über digitale Produkte)

Raum für eigene Notizen:

Fall 6 Form von Rechtsgeschäften

„Scheinbar clever"

Karla Kummer (K) will von Viktor Valsch (V) ein Grundstück kaufen. Die beiden einigen sich auf einen Kaufpreis von 200.000 EUR und schließen darüber einen entsprechenden privatschriftlichen Vertrag. Um Grunderwerbssteuer und Notarkosten zu sparen, schließen sie vor einem Notar (vgl. § 311b Abs. 1 S. 1) zum Schein einen weiteren Kaufvertrag über nur 100.000 EUR. K verlangt nun von V die Übereignung des Grundstücks. V weigert sich, weil er inzwischen einen Interessenten gefunden hat, der 230.000 EUR zu zahlen bereit ist. **162**

K verweist auf eine Klausel des privatschriftlichen Kaufvertrags, nach der beide Parteien trotz eventueller Formfehler an den Vertrag gebunden seien und besteht auf Übereignung des Grundstücks.

Zu Recht?

(Bearbeitungszeit: 60 Minuten)

Besondere Vorüberlegungen

(gehören nicht in die Ausarbeitung)

163 1. Die Ausgangsfrage lautet wie immer: **„Wer will von wem was warum woraus?"** (→ Rn. 104). Auf den vorliegenden Sachverhalt übertragen ergibt die Beantwortung dieser Frage: K („wer") will von V („von wem") Übereignung des Grundstücks („was"), weil sie meint, dass zwischen ihr und V ein wirksamer Kaufvertrag zustande gekommen sei („warum"), aus dem V gem. § 433 Abs. 1 S. 1 („woraus") zur Übereignung verpflichtet sei. „Übereignung" bedeutet bei beweglichen Sachen grundsätzlich Einigung über den Eigentumsübergang und Übergabe (§ 929 S. 1); bei Grundstücken ist gem. § 873 Abs. 1 neben der Einigung (auch genannt „Auflassung") anstelle der Übergabe die Eintragung ins Grundbuch erforderlich, was aber in der Falllösung nicht ausgeführt werden muss, da es hier nur darum geht, ob K einen Anspruch hat, und nicht darum, wie er erfüllt wird – „Trennungs- und Abstraktionsprinzip" (→ Fall 14). Die Rechtsfolge „Eigentumsverschaffung" an einer Sache (damit sind bewegliche und unbewegliche Sachen gemeint) enthält § 433 Abs. 1 S. 1. Diese Vorschrift ist Anspruchsgrundlage, die das Begehren der K stützen könnte und deshalb – als hypothetisches Ergebnis formuliert – dem Gutachten voranzustellen ist **(vgl. Ausarbeitung I).**

164 2. Prüfung der Voraussetzungen der Anspruchsgrundlage:
Für einen Anspruch aus § 433 Abs. 1 S. 1 ist ein wirksamer Kaufvertrag Voraussetzung. Da hier scheinbar zwei Kaufverträge über dasselbe Grundstück geschlossen wurden, liegt es nahe, dass zumindest einer davon unwirksam ist. Anspruchstellerin ist nach der Fallfrage die Käuferin K. Sinnvollerweise beginnt man mit der Prüfung des für sie günstigeren Kaufvertrags, dh mit dem notariellen Vertrag, der nur 100.000 EUR als Kaufpreis vorsieht **(vgl. Ausarbeitung I 1).**

Die Notwendigkeit der notariellen Beurkundung des Grundstückskaufvertrags ergibt sich aus § 311b Abs. 1 S. 1 (lesen!), auf den im Sachverhalt eigens hingewiesen wurde. Das Problem des Falls konnte deshalb nicht im Auffinden dieser Vorschrift liegen **(vgl. Ausarbeitung I 1 a),** sondern war zunächst bei den zum Schein abgegebenen Willenserklärungen der Vertragsparteien zu suchen. Deren rechtliche Bedeutung war deshalb herauszustellen **(vgl. Ausarbeitung I 1 b)** und das Ergebnis der Prüfung festzuhalten = Nichtigkeit des notariell beurkundeten Vertrags (über die 100.000 EUR!), die allein aus § 117 Abs. 1 folgt.

165 3. Nachdem die Nichtigkeit des notariellen Vertrags erkannt ist, ist zu prüfen, ob sich der von K geltend gemachte Anspruch aus dem privatschriftlichen Kaufvertrag ergeben kann. Anspruchsgrundlage, die der Prüfung voranzustellen ist, ist auch hier wieder § 433 Abs. 1 S. 1 **(vgl. Ausarbeitung II).**

Die Wirksamkeit dieses Kaufvertrags würde verlangen, dass § 311b Abs. 1 S. 1 nicht gilt – zB weil die Parteien ihn wirksam ausgeschlossen haben –, was hier erst im nächsten Schritt geprüft wird (→ **Rn. 170 und Ausarbeitung II 2).**

166 4. Bei dem privatschriftlichen Vertrag handelt es sich um das „verdeckte Rechtsgeschäft", das in § 117 Abs. 2 (**Merke nochmals:** Jede Vorschrift muss immer ganz gelesen werden!) angesprochen wird. Nun muss – wie immer – Schritt für Schritt der Sachverhalt unter das Gesetz subsumiert werden: Verdecktes Rechtsgeschäft = ein Grundstückskaufvertrag; Vorschrift, auf die § 117 Abs. 2 verweist = § 311 b Abs. 1 S. 1. Dieser verlangt die besondere Form der notariellen Beurkundung iSv § 128; diese gesetzliche Form wurde nicht eingehalten; die Rechtsfolge für diesen Formverstoß ist in der Vorschrift § 125 S. 1 zu finden **(vgl. Ausarbeitung II 1).** (Diese Rechtsfolge des Formmangels sollten Sie sich in Ihrem Gesetz neben § 311b kommentieren.)

Lösung (Ausarbeitung):

I. K könnte gegen V einen Anspruch auf Übereignung des Grundstücks gem. § 433 Abs. 1 S. 1 haben. **167**

1. Voraussetzung für diesen Anspruch ist das Zustandekommen eines wirksamen Kaufvertrags zwischen K und V. Als solcher könnte zunächst der vor dem Notar geschlossene Vertrag mit einem Kaufpreis von 100.000 EUR in Betracht kommen.

a) Bei Grundstücksveräußerungen verlangt das Gesetz in § 311b Abs. 1 S. 1 die besondere Form der notariellen Beurkundung (§ 128), welche hier eingehalten wurde.

b) Wie jeder Vertrag setzt auch der vor dem Notar geschlossene Grundstückskaufvertrag zu seiner Wirksamkeit zwei sich deckende und gültige Willenserklärungen voraus.

Die Willenserklärungen von K und V stimmen zwar inhaltlich überein, wurden aber vor dem Notar einvernehmlich nur zum Schein abgegeben, um Behörde und Notar über den wahren Kaufpreis zu täuschen. Den (vorgetäuschten) Inhalt des Rechtsgeschäfts (den niedrigen Kaufpreis!) wollten K und V nicht, ihnen fehlt daher der Rechtsbindungswille. Gemäß § 117 Abs. 1 sind zum Schein abgegebene Willenserklärungen nichtig. Wegen der nichtigen Willenserklärungen von K und V ist auch der Kaufvertrag über 100.000 EUR trotz notarieller Beurkundung nichtig.

2. Ergebnis
Ein Anspruch des K gegen V auf Übereignung des Grundstücks gem. § 433 Abs. 1 S. 1 aus dem notariellen Vertrag zum Preis von 100.000 EUR besteht nicht.

II. K könnte allerdings gegen V einen Anspruch auf Übereignung des Grundstücks gem. § 433 Abs. 1 S. 1 aus dem privatschriftlichen Vertrag über 200.000 EUR haben. **168**

1. Soll ein Scheingeschäft ein anderes Rechtsgeschäft verdecken, gilt § 117 Abs. 2. **169**
Demnach ist die Wirksamkeit des verdeckten Rechtsgeschäfts nach den für dieses Geschäft geltenden Vorschriften zu beurteilen.

Bei dem von K und V verdeckten, wirklich gewollten Vertrag handelt es sich ebenfalls um einen Grundstücksveräußerungsvertrag, welcher gem. § 311b Abs. 1 S. 1 der notariellen Beurkundung bedarf. Dieser Vertrag mit dem Kaufpreis von 200.000 EUR wurde aber nur privatschriftlich geschlossen, eine notarielle Beurkundung hat für diesen Vertrag nicht stattgefunden.

Somit fehlt es an der gesetzlich vorgeschriebenen Form für den Grundstückskaufvertrag über 200.000 EUR mit der Folge, dass dieser Vertrag wegen Formmangels im Grunde gem. § 125 S. 1 nichtig ist.

170 5. Mit dieser Subsumtion ist aber der Sachverhalt nicht ausgeschöpft, da dort von einer Klausel im privatschriftlichen Vertrag die Rede ist, wonach Formfehler nach dem Willen der Vertragsschließenden unerheblich sein sollen. Das könnte sich auf die Anwendung der Formvorschrift des § 311b auswirken.

Es ist also die Wirksamkeit dieser vertraglichen Klausel (Vereinbarung) zu prüfen **(vgl. Ausarbeitung II 2 a und b).**

Grundsätzlich können die Parteien Verträge frei gestalten (Vertragsfreiheit), aber nur solange dadurch nicht gegen ein zwingendes Gesetz verstoßen wird. Ein wirksamer Ausschluss der Formvorschrift durch die Parteien wäre also nur möglich, wenn § 311b Abs. 1 S. 1 abdingbar (dispositiv) ist. Ob dies der Fall ist, kann in der Klausur – ohne Zugriff auf Hilfsmittel wie einen Kommentar – nur durch Auslegung ermittelt werden, was für den Anfänger noch schwierig sein wird. Dass § 311b Abs. 1 S. 1 nicht abdingbar ist, ist in erster Linie eine Wissensfrage, die man aber nach einer guten Einführungsvorlesung, in der regelmäßig der Unterschied zwischen zwingendem und dispositivem Recht behandelt wird, zu Ende des ersten Semesters schon beantworten kann. (Ein Bearbeiter, dem dieser Unterschied und § 311b Abs. 1 S. 1 als Beispiel für zwingendes Recht noch unbekannt waren, hätte die Klausur aber zumindest bis zu der Feststellung, dass der Vertrag gem. § 125 S. 1 nichtig ist, zutreffend lösen können.)

Literatur zur Vertiefung:

Alpmann Schmidt (Lüdde), Skript BGB AT 2, 23. Aufl. 2023, 1. Teil, 3. Abschnitt (Formerfordernisse und Formnichtigkeit)

Blasche, Notarielle Beurkundung, öffentliche Beglaubigung und Schriftform, JURA 2008, 890

Boecken, BGB Allgemeiner Teil, 3. Aufl. 2019, § 10 I (Nichtige Rechtsgeschäfte)

Brox/Walker, Allgemeiner Teil des BGB, 48. Aufl. 2024, § 13 (Die Form des Rechtsgeschäfts), § 17 (Bewusstes Abweichen von Wille und Erklärung)

Hirsch, BGB Allgemeiner Teil, 10. Aufl. 2019, § 18 (Scherzerklärungen und Scheingeschäfte)

Köhler, BGB Allgemeiner Teil, 48. Aufl. 2024, § 12 (Die Form des Rechtsgeschäfts)

Medicus/Petersen, Allgemeiner Teil des BGB, 12. Aufl. 2024, § 40 (Die Willensvorbehalte und das Erklärungsbewusstsein), § 41 (Der Verstoß gegen gesetzliche Formvorschriften)

Petersen, Die Form des Rechtsgeschäfts, JURA 2005, 168

Preuß, Geheimer Vorbehalt, Scherzerklärung und Scheingeschäft, JURA 2002, 815

Regenfus, Gesetzliche Schriftformerfordernisse – Auswirkungen des Normzwecks auf die tatbestandlichen Anforderungen, JA 2008, 161 und 247

Stadler, Allgemeiner Teil des BGB, 21. Aufl. 2022, § 24 (Formpflichtige Rechtsgeschäfte) und § 25 II 1 (Scheingeschäft)

Schreiber, Die Nichtigkeit von Verträgen, JURA 2007, 25

Wörlen/Metzler-Müller/Balleis, BGB AT, 16. Aufl. 2023, Rn. 285–324 (Form und Nichtigkeit von Rechtsgeschäften)

2. Da die Parteien privatschriftlich vereinbart haben, dass sich keine von beiden auf eventuelle Formfehler berufen dürfe, ist zu prüfen, ob in dieser Vereinbarung ein wirksamer Ausschluss des Formerfordernisses von § 311b Abs. 1 S. 1 zu sehen ist. **171**

a) Dafür müsste § 311b Abs. 1 S. 1 abdingbar sein. Gegen die Abdingbarkeit dieser Vorschrift spricht zunächst § 311b Abs. 1 S. 2, der den Mangel der Form nur dann geheilt sehen will, wenn Auflassung und Eintragung ins Grundbuch erfolgt sind. Das ist hier nicht der Fall.

b) Gegen die Abdingbarkeit spricht auch der Schutzzweck des § 311b Abs. 1. Mit dieser Vorschrift soll erreicht werden, dass übereilte Veräußerungen von in der Regel wertvollen Grundstücken verhindert werden. Dieser Schutzzweck würde unterlaufen, wenn § 311b Abs. 1 S. 1 durch eine formlose Vereinbarung der Parteien einfach außer Kraft gesetzt werden könnte. Es handelt sich also um eine zwingende Vorschrift des BGB. Trotz der Vereinbarung von K und V ist § 311b Abs. 1 S. 1 daher zu beachten. Da die dort vorgeschriebene Form nicht eingehalten wurde, bleibt es bei der unter II.1 festgestellten Nichtigkeit des privatschriftlichen Kaufvertrags gem. § 125 S. 1.

3. Ergebnis
K hat gegen V keinen Anspruch auf Übereignung des Grundstücks gem. § 433 Abs. 1 S. 1.

Raum für eigene Notizen:

Fall 7 Geschäftsfähigkeit, Stellvertretung

Aufgabe I: „Ein günstigeres Angebot"

Der 13-jährige Kilian (K) wünscht sich schon seit langem eine Spielekonsole. Seine Eltern haben ihm die Erfüllung dieses Wunsches versprochen, sobald sich die Gelegenheit eines günstigen Kaufes eines gebrauchten Geräts ergäbe. Als K hört, dass Victoria (V), die Schwester seines Freundes, ihre gebrauchte Spielekonsole verkaufen will, geht er zu V und einigt sich mit ihr auf deren Vorschlag über den Kauf des Geräts zu einem Preis von 300 EUR. Auf Frage der V behauptet K wahrheitswidrig, seine Eltern seien informiert und mit dem Geschäft einverstanden. Als die Eltern des K von dem Geschäft hören, erklären sie wegen des relativ günstigen Kaufpreises K gegenüber ihr Einverständnis. V hat jedoch Zweifel an der Wirksamkeit des Kaufs und ruft deshalb am nächsten Tag die Eltern des K an, um sich von ihnen den Vertrag bestätigen zu lassen. Da der Vater des K inzwischen ein ihm günstiger erscheinendes Angebot gefunden hat, verweigern die Eltern der V gegenüber ihre Zustimmung. 172

Kann V von K oder dessen Eltern die Zahlung des Kaufpreises von 300 EUR verlangen?

Aufgabe II: „Herr der Ringe statt Grüneberg"

Der an Grippe erkrankte Jurastudent Karsten (K), der mit der gleichaltrigen Sam (S) befreundet ist, muss das Bett hüten. Da Karsten sehr strebsam ist, möchte er sein Studium auch während seiner Krankheit fortsetzen. Er bittet deshalb S, ihm irgendwo preisgünstig einen gebrauchten „Grüneberg", den Kurzkommentar zum BGB, zu besorgen. S sagt zu, hält sich aber nicht an die Weisung des K, sondern meint, dass K den „Grüneberg" ohnehin nicht lesen werde, und kauft deshalb ohne dessen Zustimmung im Namen des K vom Trödler Valentin (V), den er zu sich kommen lässt, besonders preisgünstig den Tolkien-Roman „Der Herr der Ringe" in der ersten, noch von Tolkien selbst beeinflussten deutschen Übersetzung aus den 70ern. 173

1. Kann V die Zahlung des Kaufpreises von K verlangen, der den „Herr der Ringe" bereits besitzt und deshalb nicht haben will?
2. Muss S den Betrag des Kaufpreises und eventuelle Fahrtkosten des V bezahlen?

(Bearbeitungszeit: insgesamt 3 Std.)

Besondere Vorüberlegungen

(gehören nicht in die Ausarbeitung)

Aufgabe I

174 1. Ausgangsfrage ist wie immer **„Wer will von wem was warum woraus?“** (→ Rn. 104). Die Rechtsfolge, also das „was?“ ist hier eine „Kaufpreiszahlung“ und ist in § 433 Abs. 2 („woraus?“) geregelt. Diese Vorschrift ist daher in einem ausformulierten Satz dem Gutachten als Anspruchsgrundlage voranzustellen **(vgl. Ausarbeitung I).**

175 2. Prüfung der Voraussetzungen der Anspruchsgrundlage:
Voraussetzung(en) formulieren = hier: Wirksamer Kaufvertrag, der wirksames Angebot und dessen Annahme voraussetzt. Dass man das weiß, kann man zeigen, indem man die Willenserklärungen der möglichen Vertragspartner sogleich entsprechend einordnet und dazu die einschlägigen Paragrafen zitiert **(vgl. Ausarbeitung I 1).**

176 3.a) Zweifel bestehen nur an der Wirksamkeit der Annahmeerklärung von K. Da der Sachverhalt über das Alter der V nichts sagt, geht man – ohne das zu erwähnen oder gar zu rechtfertigen – vom „Normalfall“ aus, nämlich dass V volljährig und somit voll geschäftsfähig ist. Da K indessen erst 13 Jahre alt ist, muss dies rechtlich eingeordnet werden, indem § 106 zitiert (bzw. der Sachverhalt unter diese Vorschrift subsumiert) wird, der auf die §§ 107 ff. verweist. Bei der Prüfung dieser Vorschriften ist Schritt für Schritt vorzugehen und die logische Reihenfolge einzuhalten: Ohne „Zustimmung“ (= Oberbegriff für „Einwilligung“ und „Genehmigung“!) des gesetzlichen Vertreters ist eine Willenserklärung eines beschränkt Geschäftsfähigen gem. § 107 dann wirksam, wenn dieser dadurch nur einen rechtlichen Vorteil erlangt. Also muss zunächst festgestellt werden, ob dies der Fall ist oder nicht **(vgl. Ausarbeitung I 1 a).**

177 b) Ohne Zustimmung kann der Vertrag eines beschränkt Geschäftsfähigen, auch wenn seine Willenserklärung ihm zunächst einen rechtlichen Nachteil iSv § 107 gebracht hatte, wirksam sein, wenn die Voraussetzungen des sog. „Taschengeldparagrafen“ vorliegen. Da sich unter diesen Voraussetzungen die Frage nach einer „Genehmigung“ gem. § 108 gar nicht mehr stellen würde, **muss § 110 vor § 108 geprüft werden!** Bevor man sich über den Betrag des Taschengelds Gedanken macht, muss festgestellt werden, ob die Leistung des Minderjährigen tatsächlich schon bewirkt, dh vollständig erfüllt wurde (§ 362 muss nicht unbedingt erwähnt werden). Ist dies nämlich nicht der Fall, ist der Taschengeldbetrag „uninteressant“ (= kein Wort dazu!) **(vgl. Ausarbeitung I 1 b).**

178 c) Hat man festgestellt, dass die Voraussetzungen von § 110 nicht vorliegen, ist auf die „schwebende Unwirksamkeit“ des Vertrags einzugehen und zu prüfen, ob eine nach § 108 mögliche „Genehmigung“ erteilt wurde.

Diese Vorschrift muss man natürlich in ihrem ganzen Umfang kennen bzw. vor Erstellung des Gutachtens genau lesen, um Abs. 2 S. 1 nicht zu „vergessen“, der von der Grundregel des § 182 Abs. 1 abweicht (lesen Sie § 108 Abs. 2 S. 1 und § 182 Abs. 1 – gegebenenfalls nochmals!) – **(vgl. Ausarbeitung I 1 c).** Die Genehmigung oder ihre Verweigerung kann im Falle einer Aufforderung durch den Dritten – abweichend von § 182 Abs. 1 – nur noch diesem gegenüber erteilt werden.

Die Genehmigung der Eltern beendete den Schwebezustand zunächst, der aber **wiederhergestellt** wurde, weil die Aufforderung durch den Dritten zur Unwirksamkeit der bereits dem Minderjährigen gegenüber erklärten Genehmigung führt (§ 108 Abs. 2 S. 1 Hs. 2). Letztendlich beendet dann die Verweigerung der Genehmigung den erneuten Schwebezustand.

Siehe zum Ganzen Grüneberg/Ellenberger § 108 Rn. 5 f. Eine saubere Subsumtion unter den Gesetzeswortlaut genügt allerdings an dieser Stelle.

Lösung (Ausarbeitung):

Aufgabe I

I. V könnte gegen K einen Anspruch auf Bezahlung des Kaufpreises von 300 EUR gem. § 433 Abs. 2 haben.

1. Voraussetzung für diesen Anspruch ist, dass zwischen K und V ein wirksamer 179
Kaufvertrag über die Spielekonsole zustande gekommen ist.

Dafür sind zwei sich deckende Willenserklärungen nötig. Indem V vorschlägt, dass K die Spielekonsole für 300 EUR kaufen solle, macht V dem K ein wirksames Angebot, das K, indem er sich mit V „einigt", tatsächlich auch annimmt (vgl. §§ 145, 151 S. 1).

a) Fraglich ist, ob die von K abgegebene Annahmeerklärung wirksam war. K ist als 13-Jähriger gem. §§ 106, 2 beschränkt geschäftsfähig, sodass er nach § 107 zu einer Willenserklärung, die ihm nicht lediglich einen rechtlichen Vorteil bringt, der Einwilligung, dh der vorherigen Zustimmung (§ 183), seines gesetzlichen Vertreters bedarf. Nach dem klaren Gesetzeswortlaut des § 107 reicht ein „wirtschaftlicher" Vorteil (zB ein preisgünstiger Kauf), den der beschränkt Geschäftsfähige erlangen würde, nicht aus, um die Einwilligung des gesetzlichen Vertreters entbehrlich zu machen; notwendig ist ein „lediglich rechtlich vorteilhaftes" Geschäft. K verpflichtet sich mit seiner Annahmeerklärung (rechtlich), den Kaufpreis zu zahlen. Darin liegt ein rechtlicher Nachteil, sodass K gem. § 107 grundsätzlich der Einwilligung des gesetzlichen Vertreters bedurfte, dh in diesem Fall der Einwilligung seiner Eltern (vgl. §§ 1626, 1629). Diese Einwilligung lag aber nicht vor; insbesondere kann in der grundsätzlichen Bereitschaft der Eltern, dem K den Wunsch nach einer Spielekonsole zu erfüllen, keine Einwilligung in einen konkreten Vertragsschluss gesehen werden.

b) Gemäß § 110 kann der Vertragsschluss eines beschränkt Geschäftsfähigen auch 180
ohne Zustimmung des gesetzlichen Vertreters grundsätzlich wirksam werden, wenn der Minderjährige seine vertragsgemäße Leistung mit Mitteln bewirkt, die ihm zu diesem Zweck oder zur freien Verfügung überlassen worden sind (Taschengeld). „Bewirkung" der Leistung heißt, dass die Leistung bereits vollständig erbracht ist; erst dann kann das Schuldverhältnis (gem. § 362 Abs. 1) erlöschen. K hat aber die 300 EUR noch nicht an V gezahlt, sodass schon diese Voraussetzung des § 110 nicht erfüllt ist.

c) Es bleibt somit bei der Einwilligungsbedürftigkeit für den Vertrag gem. § 107. Da 181
die Einwilligung nicht vorlag, war der Vertrag zunächst gem. § 108 Abs. 1 schwebend unwirksam, dh, die Wirksamkeit des Vertrags hing von der Genehmigung (= nachträgliche Zustimmung gem. § 184 Abs. 1) der Eltern ab. Zwar haben die Eltern diese Zustimmung dem K gegenüber erteilt, doch gem. § 108 Abs. 2 S. 1 konnte die Genehmigung des Vertrags auf die erfolgte Anfrage der V nur dieser gegenüber erklärt werden, abweichend von § 182 Abs. 1. Die Zustimmung der Eltern gegenüber K ist somit unwirksam, der Vertrag zunächst wieder schwebend unwirksam. Der V gegenüber haben die Eltern die Genehmigung sodann verweigert, sodass der Vertrag endgültig unwirksam war.

4. Hat man festgestellt, dass die Voraussetzungen für den vermuteten bzw. geltend gemachten Anspruch nicht vorliegen, ist als Ergebnis festzuhalten, dass der Anspruch nicht begründet ist **(vgl. Ausarbeitung I 2).**

Exkurs:

182 Ausgangspunkt für die Lösung eines Falles ist nach sorgfältigem Erfassen des Sachverhaltes (→ Rn. 25 ff.) die Fallfrage (→ Rn. 32 ff.)! Hier ist eine direkte Frage unmissverständlich gestellt worden: **„Kann V von K oder dessen Eltern den Kaufpreis verlangen?“** Es musste erkannt werden (warum wohl war das Wörtchen „oder“ unterstrichen?), dass nach zwei verschiedenen Ansprüchen der V gegen verschiedene Anspruchsgegner gefragt war, die getrennt zu prüfen waren! Wenn Sie als ersten Satz des Gutachtens schreiben „V könnte einen Anspruch auf Kaufpreiszahlung gegen K und (!) dessen Eltern gem. § 433 Abs. 2 haben“, haben Sie entweder den Sachverhalt und die Fragestellung nur sehr oberflächlich gelesen oder das Minderjährigenrecht nicht verstanden. Das Minderjährigenrecht bezweckt in erster Linie den Schutz der Minderjährigen, soll sie aber auch – wenn es um Vertragsschlüsse geht – zum alleinigen Vertragspartner werden lassen, wenn der Schutz (= „Zustimmung“ des gesetzlichen Vertreters, Regelfall: Eltern) nicht erforderlich ist. Letzteres war jedoch nicht der Fall; und da die Eltern die erforderliche (§ 107) Einwilligung ebenso wie die mögliche (§ 108) Genehmigung nicht erteilt hatten, war der Vertrag der V mit K unwirksam! Also war als nächstes die Frage zu beantworten, ob V möglicherweise einen Anspruch gegen die Eltern hat.

183 5. Da es um den Anspruch auf Kaufpreiszahlung (§ 433 Abs. 2) geht, müssten die Eltern statt des K Vertragspartner von V geworden sein! Daran fehlt es! Das musste angesichts der klar gestellten Fallfrage kurz unter Prüfung der Voraussetzungen begründet werden **(vgl. Ausarbeitung II 1 und 2).**

6. Ergebnis dieser Prüfung ist festzuhalten wie in **Ausarbeitung II 3.**

184

Prüfungsschema:
Wirksamkeit einer Willenserklärung
beschränkt Geschäftsfähiger (§§ 106 ff.)

- Beschränkt geschäftsfähige(r) Minderjährige(r) – §§ 106, 2
- § 107 – lediglich rechtlicher Vorteil? **Wenn nicht:**
- § 107 – Einwilligung (vorherige Zustimmung, § 183 S. 1) des gesetzlichen Vertreters? **Wenn nicht:**
- § 110 – Leistung mit „Taschengeld“ bewirkt? **Wenn nicht:**
- § 108 Abs. 1 – Genehmigung (nachträgliche Zustimmung, § 184 Abs. 1) des gesetzlichen Vertreters?
  - Bis Genehmigung: Vertrag = schwebend unwirksam
  - Beachte § 108 Abs. 2 und 3, § 109
  - Nach Genehmigung: Vertrag gilt als von Anfang an wirksam, § 184 Abs. 1
  - Beachte: ohne Einwilligung geschlossenes einseitiges Rechtsgeschäft = unwirksam (§ 111 S. 1)

Aufgabe II, 1. Frage

185 1. Die Ausgangsfrage (→ Rn. 104) der Vorüberlegungen **„Wer will was von wem warum woraus?“** führt hier wieder zur Anspruchsgrundlage des § 433 Abs. 2, die dem Gutachten voranzustellen ist **(vgl. Ausarbeitung 1).**

2. Voraussetzung der Anspruchsgrundlage nennen (**vgl. Ausarbeitung 2**). Da K nicht selbst handelte, sofort prüfen, ob S wirksam für K handeln konnte, dh rechtlich: ihn vertreten konnte (**vgl. Ausarbeitung 2 a**).

a) Voraussetzungen einer wirksamen Vertretung (§ 164 Abs. 1 S. 1) schrittweise prüfen = subsumieren **(vgl. Ausarbeitung 2 b aa–cc).**

2. Ergebnis
Mangels eines wirksamen Kaufvertrags hat V gegen K keinen Anspruch auf Bezahlung der 300 EUR für die Spielekonsole aus § 433 Abs. 2.

II. Ein Anspruch der V auf Bezahlung des Kaufpreises von 300 EUR gegenüber den Eltern könnte sich ebenfalls aus § 433 Abs. 2 ergeben. **186**

1. Auch hierfür ist ein wirksamer Kaufvertrag durch Angebot und Annahme erforderlich. Zwar lässt sich das Angebot der V gegenüber K durchaus so verstehen, als solle es auch für den Fall gelten, dass die Eltern anstelle des K selbst als Vertragspartner eintreten wollen.

2. Da die Eltern aber in keiner Weise zu erkennen gegeben haben, dass sie dieses Angebot angenommen haben, fehlt es an der wirksamen Vertragsannahme und somit an einem wirksamen Kaufvertrag.

3. Ergebnis
V hat daher keinen Anspruch auf Zahlung des Kaufpreises gem. § 433 Abs. 2 gegen die Eltern.

Aufgabe II, 1. Frage

1. V könnte gegen K einen Anspruch auf Bezahlung des „Herrn der Ringe" gem. § 433 Abs. 2 haben. **187**

2. Voraussetzung ist, dass zwischen V und K ein wirksamer Kaufvertrag geschlossen wurde.

a) Hier hat aber nicht K selbst, sondern S mit V verhandelt. Das Kaufangebot (Willenserklärung der S) wirkt nur für und gegen K gem. § 164 Abs. 1 S. 1, wenn S den K wirksam vertreten hat.

b) Eine wirksame Stellvertretung iSd § 164 Abs. 1 S. 1 ist unter folgenden Voraussetzungen gegeben:

aa) S muss eine eigene Willenserklärung abgegeben haben. Da S bezüglich des Kaufangebots einen Entscheidungsspielraum hatte, weil sie den BGB-Kommentar „irgendwo preisgünstig" besorgen sollte, ist diese Voraussetzung erfüllt. **188**

bb) S muss ihre Willenserklärung in fremdem Namen abgegeben haben. Indem S ausdrücklich im Namen des K handelte, war für V ersichtlich, dass S als Vertreterin des K auftrat.

cc) Schließlich muss S „innerhalb der ihr zustehenden Vertretungsmacht" gehandelt haben. Ob dies der Fall ist, richtet sich nach dem Inhalt der erteilten Vollmacht (§§ 167 Abs. 1, 166 Abs. 2 S. 1). Diese enthält die Weisung, den „Grüneberg" zu kaufen, nicht den „Herrn der Ringe". Indem S den „Herrn der Ringe" kaufte, hat sie ihre Vertretungsmacht überschritten, sodass die Voraussetzungen von § 164 Abs. 1 S. 1 nicht erfüllt sind. S ist daher so zu behandeln, als ob sie ohne Vertretungsmacht gehandelt hätte.

b) Wenn jemand als „Vertreter ohne Vertretungsmacht" (§ 177) gehandelt hat, ist stets zu prüfen, ob der Vertretene eine Genehmigung (§ 184 = nachträgliche Zustimmung) erteilt hat **(vgl. Ausarbeitung 2 b dd)**. Wird diese verweigert, ist der nach § 177 Abs. 1 zunächst schwebend unwirksame Vertrag endgültig unwirksam.

c) Ergebnis der Prüfung festhalten **(vgl. Ausarbeitung 3)**.

189

Prüfungsschema: Stellvertretung gem. § 164

- Zulässigkeit der Stellvertretung (Unzulässigkeitsgründe zB §§ 1311, 2064, 2274, 2284)
- Eigene Willenserklärung des Vertreters
- Handeln in fremdem (des Vertretenen) Namen – Offenkundigkeitsprinzip
- Vertretungsmacht des Handelnden
  - gesetzliche zB §§ 1626, 1629
  - organschaftliche § 26 I 2
  - rechtsgeschäftliche = Vollmacht (Legaldefinition § 166 Abs. 2 S. 1)
    - Wirksame Erteilung (§ 167)
      - Spezialregelungen §§ 170–173
      - Duldungsvollmacht
      - Anscheinsvollmacht
    - Kein Erlöschen (§ 168)
    - Keine Überschreitung der Vertretungsmacht
  - Beachte bei Fehlen oder Überschreitung der Vertretungsmacht: Vertrag = schwebend unwirksam bis Genehmigung durch Vertretenen (§ 177 Abs. 1).

Aufgabe II, 2. Frage

190 1. Die Fragestellung **„Wer will was von wem warum woraus?"** ergibt, dass V zweierlei will: Kaufpreis und Fahrtkosten.

Kaufpreiszahlung regelt § 433 Abs. 2. Also – nach Voranstellung der ausformulierten Anspruchsgrundlage – prüfen, ob Voraussetzung (Kaufvertragsschluss V – S) gegeben ist **(vgl. Ausarbeitung 1)**. Das ist nicht der Fall; also prüfen, ob weitere Anspruchsgrundlage in Betracht kommt. Die Fallfrage fragt nach dem Betrag des Kaufpreises, nicht nach dem Kaufpreis selbst. Allgemeiner ausgedrückt: Kann V etwas von S verlangen, das der vertraglichen Leistung (= Erfüllung) entspricht? Einen solchen Anspruch enthält § 179 Abs. 1. Diese Anspruchsgrundlage nennen **(vgl. Ausarbeitung 2)**.

Da das Fehlen der Vertretungsmacht (Voraussetzung für den Anspruch aus § 179 Abs. 1) bereits festgestellt wurde (→ Rn. 188), genügt es, gleich die Rechtsfolgen zu nennen.

191

Prüfungsschema: Haftung des Vertreters ohne Vertretungsmacht gem. § 179

- Vertreter hat in fremdem Namen ohne Vertretungsmacht gehandelt (zB Vertragsschluss)
- Keine Genehmigung des Geschäftsherrn (= „Vertretenen") oder Fiktion der Verweigerung, § 177 Abs. 2 S. 2
- Keine sonstigen Wirksamkeitshindernisse wie zB §§ 125, 134, 138, 142 Abs. 1
- Kein Haftungsausschluss nach § 179 Abs. 3

Rechtsfolgen: Geschäftsgegner hat
- Wahlrecht: Erfüllung oder Schadensersatz (positives Erfüllungsinteresse), falls Vertreter vom Fehlen seiner Vertretungsmacht weiß (§ 179 Abs. 1)
- gegebenenfalls nur Anspruch auf Vertrauensschaden (negatives Interesse) (§ 179 Abs. 2)

192 2. Nun klären, was die einzelnen Rechtsfolgen im konkreten Fall bedeuten **(vgl. Ausarbeitung 2 a–c)**. Der Vertreter haftet nach Wahl des Geschäftsgegners auf Erfüllung oder auf Schadensersatz in Geld im Umfang des Erfüllungsinteresses (= positives Interesse) – zur Wiederholung Grüneberg/Grüneberg Vorb. v. § 249 Rn. 16–20.

dd) Gemäß § 177 Abs. 1 ist der Kaufvertrag zwischen K und V „schwebend unwirksam", solange K nicht genehmigt hat. Da K die Genehmigung (§§ 182, 184) konkludent verweigert, indem er zu verstehen gibt, dass er das Buch nicht haben will, ist der Vertrag endgültig unwirksam.

3. Ergebnis
V hat keinen Anspruch gegen K aus § 433 Abs. 2 auf Kaufpreiszahlung.

Aufgabe II, 2. Frage

1. Ein Anspruch des V aus § 433 Abs. 2 könnte aber gegen S begründet sein, wenn zwischen S und V ein wirksamer Kaufvertrag geschlossen wurde. S hat indessen – für V erkennbar (daher nicht: § 164 Abs. 2) – ausdrücklich im Namen des K gehandelt, also kein eigenes Kaufangebot abgegeben. Ein Kaufvertrag zwischen S und V liegt somit nicht vor. Ein Anspruch des V gegen S aus § 433 Abs. 2 auf Zahlung des Kaufpreises ist nicht begründet. **193**

2. S handelte aber wie ein Vertreter ohne Vertretungsmacht (Aufgabe II, 1. Frage 2b cc). Da keine Genehmigung des Vertrags durch K gem. § 177 Abs. 1 (→ dd) erfolgte, haftet S aus § 179 Abs. 1. Danach ist S zur Erfüllung (1. Var.) oder zum Schadensersatz (2. Var.) verpflichtet.

a) Wählt V Erfüllung nach § 179 Abs. 1 Var. 1 iVm § 433 Abs. 2, wird S so behandelt, als sei ein wirksamer Kaufvertrag zwischen ihr und V geschlossen worden, dh, sie ist zur Zahlung des Kaufpreises verpflichtet und kann bzw. muss den „Herr der Ringe" behalten. **194**

b) Wählt V Schadensersatz nach § 179 Abs. 1 Var. 2, ist er so zu stellen, wie er bei ordnungsgemäßer Erfüllung eines wirksam geschlossenen Vertrags gestanden hätte (= Erfüllungsinteresse). Im Ergebnis heißt das: Zahlung eines dem Kaufpreis entsprechenden Betrags abzüglich des tatsächlichen Werts des Buchs. Schadensersatz wird V also nur wählen, wenn der Kaufpreis höher ist als der Wert des Buchs. Davon ist nicht auszugehen, da das Buch günstig beim Trödler erstanden wurde.

c) Die Fahrtkosten dagegen sind nicht von diesem Schadensersatz umfasst, da V die Fahrtkosten auch hätte selbst zahlen müssen, wenn der Vertrag ordentlich erfüllt worden wäre. **195**

3. Ergebnis
S muss gem. § 179 Abs. 1 Var. 1 iVm § 433 Abs. 2 den Kaufpreisbetrag an V zahlen.

Dass die Fahrtkosten nicht zum Erfüllungsinteresse gehören können, folgt aus der vertraglichen Vereinbarung: Der Vertrag selbst verpflichtet nur zur Kaufpreiszahlung, nicht zum Ersatz der Fahrtkosten; ein Erfüllungsanspruch darauf bestand also nicht, sodass Schadensersatz nach § 179 Abs. 1 Var. 2 nur Zahlung eines dem Kaufpreis entsprechenden Betrags bedeuten kann.

Literatur zur Vertiefung:

Alpmann Schmidt (Lüdde), Skript BGB AT 1, 25. Aufl. 2023, 3. Teil (Vertretung, §§ 164 ff.)
Alpmann Schmidt (Lüdde), Skript BGB AT 2, 23. Aufl. 2023, 1. Teil, 1. Abschnitt (Fehlende Geschäftsfähigkeit)
Boecken, BGB Allgemeiner Teil, 3. Aufl. 2019, § 13 (Rechtsgeschäftliches Handeln für Dritte: Die Stellvertretung) und § 12 (Rechtsgeschäftliches Handeln Minderjähriger)
Brox/Walker, Allgemeiner Teil des BGB, 48. Aufl. 2024, § 4 (Vertrag, Willenserklärung und Rechtsgeschäft), § 12 (Die Geschäftsfähigkeit), §§ 23–27 (Die Stellvertretung)
Chiusi, Geschäftsfähigkeit im Recht der Stellvertretung, JURA 2005, 532
Ehlers/Krumm, Anfängerklausur – Zivilrecht: BGB AT – Ein Einkaufsbummel mit Folgen, JuS 2016, 135
Fleck/Schweinfest, Anfängerklausur – Zivilrecht: Minderjährigen- und Stellvertretungsrecht – Die Playstation, JuS 2010, 885
Hackenbroich, Das Wirksamwerden von Willenserklärungen im System des Schutzes nicht voll Geschäftsfähiger, JURA 2019, 136
Hageböke/Ruholl, Das Minderjährigenrecht in der Klausurpraxis, JA 2022, 975
Hirsch, BGB Allgemeiner Teil, 10. Aufl. 2019, § 27 (Geschäfte nicht voll Geschäftsfähiger), § 32 (Erkennbarkeit der Stellvertretung), § 33 (Vertretungsmacht), § 35 (Der Umfang der Vollmacht), § 45 (Vertragsschluss ohne Vertretungsmacht)
Köhler, BGB Allgemeiner Teil, 48. Aufl. 2024, § 10 (Die Geschäftsfähigkeit), § 11 (Die Vertretung)
Leipold/Seifert, Anfängerklausur – Zivilrecht: BGB AT – Vertretergeschäfte unter Minderjährigen, JuS 2021, 43
Lorenz, Grundwissen – Zivilrecht: Rechts- und Geschäftsfähigkeit, JuS 2010, 11
Lorenz, Grundwissen – Zivilrecht: Stellvertretung, JuS 2010, 382
Medicus/Petersen, Allgemeiner Teil des BGB, 12. Aufl. 2024, §§ 38 f. (Die Fähigkeit zur Willensbildung, Probleme der beschränkten Geschäftsfähigkeit), 7. Abschnitt (Die Stellvertretung)
Mock, Grundfälle zum Stellvertretungsrecht, JuS 2008, 309, 391 und 486
Pioch, „Der minderjährige Stellvertreter", JA 2018, 815
Stadler, Allgemeiner Teil des BGB, 21. Aufl. 2022, § 23 (Die Geschäftsfähigkeit), §§ 29–32 (Die Stellvertretung)
Tillmann/Oestmann, Anfängerklausur – Zivilrecht: BGB AT – Ärger im Fanshop, JuS 2018, 542
Wörlen/Metzler-Müller/Balleis, BGB AT, 16. Aufl. 2023, Rn. 117–129 (Geschäftsfähigkeit), 349–403 (Recht der Stellvertretung)

Raum für eigene Notizen:

Fall 8 Stellvertretung, Anfechtung

„Graf Karl G. und der Daumier"

V aus Hamburg, der dringend Geld benötigt, will seine Daumier-Zeichnung „Conversations d'avocats" verkaufen. Da er verreisen muss, bittet er seinen Freund S, dies für ihn zu tun. 196

S setzt sich daraufhin mit mehreren Kunsthändlern in Verbindung und bietet diesen das Bild an, hat aber die Zeichnung, als V zwei Wochen später zurückkommt, immer noch nicht verkauft. Auf seiner Reise hat V jedoch einen Interessenten kennengelernt und sagt nun zu S, von dem er sich das Bild zurück aushändigen lässt, er solle sich nicht weiter bemühen, da er, V, die Sache nun selbst in die Hand nehmen wolle.

Dennoch verkauft S zwei Tage später den „Daumier" im Namen des V an den Kunsthändler und vermögenden Grafen Karl G. (K), der auf das Angebot von S eigens von München nach Hamburg gereist war, um das Bild zu kaufen. Er hatte die Möglichkeit, das Bild mit einem Gewinn von 400 EUR weiterzuverkaufen

K ist der Meinung, dass das Bild ihm zustehe. Jedenfalls aber müssten ihm die Fahrtkosten und die 400 EUR ersetzt werden.

Kann K das Bild verlangen und gegebenenfalls von wem? Hat K Ersatzansprüche hinsichtlich der von ihm geltend gemachten Posten?

Abwandlung:

Wie wäre der Fall unter folgenden Umständen zu lösen? V, der viel Wert auf vertrauensvolle geschäftliche Kontakte in der Kunstwelt legt, erlaubt dem S explizit den Interessenten anzubieten, dass sie den Kaufpreis erst nach Erhalt des Bildes entrichten müssen. Das bietet S im Rahmen der Verhandlungen auch dem K an, den S für einen wohlhabenden Grafen hält. K ist von diesen „zuvorkommenden Kaufbedingungen" begeistert und kauft zu diesen Konditionen das Bild. Dem K gegenüber hat V zunächst erklärt, das Handeln des S „ginge in Ordnung". Als V aber dann erfährt, dass K ein vermögensloser Hochstapler ist, teilt er diesem umgehend mit, er sehe sich nicht mehr an den Vertrag gebunden und denke nicht daran, das Bild zu liefern – denn hätte er gewusst, dass K kein vermögender Graf sei, hätte er sich nie zur Vorleistung verpflichtet, das sei schließlich viel zu riskant. 197

(Bearbeitungszeit: 3 Std.)

Besondere Vorüberlegungen
(gehören nicht in die Ausarbeitung)

A. Ausgangsfall

1. Ausgangsfrage: **„Wer will was von wem warum woraus?“** (→ Rn. 104)

198 Bevor diese Frage auf den vorliegenden Sachverhalt übertragen werden kann, muss man den Geschehensablauf gut erfasst haben. Dies wird regelmäßig etwas schwieriger, wenn – wie hier mit V, S und K – mehr als zwei Personen am Geschehen beteiligt sind. Hier ist bedeutsam, dass sich das Bild inzwischen wieder beim ursprünglichen Eigentümer V (V hat sich das Bild von S wieder aushändigen lassen!) befindet. Der Anspruchsteller K wird sich deshalb mit seinem in der Fallfrage konkret formulierten Begehren sinnvollerweise zunächst an V, in dessen Namen S das Bild verkauft hat, wenden. Die Antwort auf die Ausgangsfrage ergibt: K („wer“) will von V („wem“) Übergabe des Bilds und Verschaffung des Eigentums daran („was“), weil er meint („warum“), dass zwischen ihm und V mittels S ein entsprechender Vertrag geschlossen worden sei. Die Rechtsfolge „Übergabe und Eigentumsverschaffung“ enthält § 433 Abs. 1 S. 1. Damit ist auch geklärt, „woraus“ K sein Begehren herleiten will, nämlich aus § 433 Abs. 1 S. 1, der Anspruchsgrundlage, die deshalb – als hypothetisches Ergebnis formuliert – der Falllösung voranzustellen ist **(vgl. Ausarbeitung A I).**

199 2. Nun sind die Voraussetzungen der Anspruchsgrundlage zu prüfen, bei § 433 also das Vorliegen eines wirksamen Kaufvertrags zwischen Anspruchsteller (K) und Anspruchsgegner (V) **(vgl. Ausarbeitung A I 1).**

Überflüssig (und deshalb falsch) wäre es, allgemeine Ausführungen darüber zu machen, dass ein Kaufvertrag durch zwei sich deckende Willenserklärungen, Angebot und Annahme, zustande kommt etc, da das ganz offensichtlich kein Problem in dem Fall ist und einer stringenten Lösung entgegensteht. Entscheidend für die Lösung ist, ob S – nur dieser verhandelte mit K – den V wirksam vertreten konnte, da dann die gleichen Rechtsfolgen eintreten, wie wenn V selbst mit K verhandelt hätte. Deshalb sofort das Problem beim Namen nennen, dh, die entscheidende Vorschrift für die Stellvertretung (= § 164 Abs. 1 S. 1) zitieren **(vgl. Ausarbeitung A I 2).**

Nun die Voraussetzungen für eine wirksame Vertretung prüfen: „eigene Willenserklärung“, „in fremdem Namen“ (Offenkundigkeitsprinzip) und „Vertretungsmacht“ **(vgl. Ausarbeitung A I 2 a, b, c).**

3. Zu **Ausarbeitung A I 2 c**

200 Dass Vertretungsmacht zum Zeitpunkt der Abgabe der Willenserklärung vorliegen muss, ergibt sich zwingend aus dem Wortlaut des Gesetzes (§ 164 Abs. 1 S. 1: „abgibt“). Erfreulich wäre hier, wenn nicht nur isoliert das Erlöschen der Vollmacht thematisiert wird, sondern auch konkret das zugrundeliegende Rechtsverhältnis und dessen Beendigung. V hat seinen Auftrag widerrufen hat, so dass man die Vorschrift, die ihm das Recht zum Widerruf gibt (§ 671 Abs. 1), ansprechen und die Auswirkung auf die Vollmacht nach § 168 S. 1 darstellen konnte **(vgl. Ausarbeitung A I 2 d).**

Nicht erforderlich waren hingegen vertiefte Ausführungen dazu, dass der Widerruf eine Willenserklärung ist und dass er, wie alle Willenserklärungen, nicht ausdrücklich geäußert werden muss, sondern auch konkludent erfolgen kann. Dass dies so ist und dass Sie das wissen, zeigen Sie, wenn Sie sich für eine Formulierung, wie hier gewählt, entscheiden: In der Ausarbeitung wurde im Satz vor „d“ gesagt, dass V dem S bereits mitgeteilt habe, er wolle die Sache selbst in die Hand nehmen. Aus dem dann folgenden Wort „damit“ und dem Zitat der nachfolgenden Vorschriften (§§ 167 ff.) geht hervor, dass dieses Geschehen rechtlich richtig eingeordnet (= subsumiert) wurde!

4. Zu **Ausarbeitung A I 3 und 4**

201 Der Hinweis auf das Nichtvorliegen von Duldungs- und Anscheinsvollmacht ist nicht unbedingt notwendig, hier aber – in dieser Kürze! – schön, um zu zeigen, dass man diese beiden Möglichkeiten (Rechtsschein einer Bevollmächtigung) kennt und weiß, worauf es dabei ankommt („Wissen“ = bewusstes Dulden; „Wissen können“ = fahrlässiges Dulden). Gleiches gilt für den Hinweis auf §§ 177 Abs. 1, 182, 184 Abs. 1.

Lösung (Ausarbeitung):

A. Ausgangsfall

I. K könnte gegen V einen Anspruch auf Übergabe des Bilds und Verschaffung des Eigentums daran gem. § 433 Abs. 1 S. 1 haben. 202

1. Voraussetzung ist, dass zwischen V und K ein wirksamer Kaufvertrag zustande gekommen ist.

2. V stand selbst nicht mit K in Kontakt, sodass er selbst keine auf einen Vertragsschluss gerichtete Willenserklärung gegenüber K abgegeben hat. Allerdings könnte S eine solche Erklärung gegenüber K abgegeben haben, welche dem V nach den §§ 164 ff. zugerechnet werden könnte. 203

Voraussetzung für eine solche Zurechnung wäre, dass S bei den Vertragsverhandlungen mit K als Stellvertreter des V iSd § 164 Abs. 1 S. 1 gehandelt hat. Nach dieser Vorschrift wirken, sofern die Voraussetzungen einer wirksamen Vertretung vorliegen, die Willenserklärungen des Vertreters unmittelbar für und gegen den Vertretenen.

a) S müsste zunächst eine eigene Willenserklärung abgegeben und nicht bloß als Erklärungsbote eine fremde Willenserklärung übermittelt haben. Eine solche könnte das Verkaufsangebot des S an K sein. S sollte sich aber entsprechend dem ursprünglichen Auftrag des V bezüglich Preis und Käufer selbst entscheiden. Also war das Verkaufsangebot des S an K eine eigene Willenserklärung des S.

b) Dieses Verkaufsangebot müsste S auch in fremdem Namen abgegeben haben. Indem S ausdrücklich „im Namen des V" verkaufte, gab er unmissverständlich zu erkennen, dass er nicht im eigenen Namen kontrahieren wollte, er handelte mithin offenkundig.

c) Schließlich müsste S gem. § 164 Abs. 1 S. 1 innerhalb der ihm zustehenden Vertretungsmacht gehandelt haben. V bat den S, das Bild für ihn zu verkaufen und bevollmächtigte ihn gem. § 167 Abs. 1, den Verkauf vorzunehmen. Also hatte S ursprünglich eine entsprechende Vollmacht (vgl. § 166 Abs. 2 S. 1). Diese Vertretungsmacht müsste zum Zeitpunkt der Abgabe der Willenserklärung des Vertreters, also zum Zeitpunkt des Verkaufsangebots durch S, noch vorgelegen haben. Zu diesem Zeitpunkt aber hatte V dem S bereits mitgeteilt, dieser solle sich nicht weiter bemühen, da er, V, die Sache nun selbst in die Hand nehmen wolle.

d) Damit hat V den der Vollmacht zugrunde liegenden Auftrag (§ 662) gem. § 671 Abs. 1 widerrufen. Dadurch ist die Vollmacht des S nach § 168 S. 1 erloschen. S handelte also ohne Vollmacht, dh er agierte beim Verkauf des Bildes als Vertreter ohne Vertretungsmacht (*falsus procurator*). Die Voraussetzungen für eine wirksame Vertretung des V durch S nach §§ 164 ff. sind somit nicht gegeben. 204

3. Auch die ausnahmsweise entsprechende Anwendung der Vertretungsvorschriften nach den Grundsätzen über die Duldungs- oder Anscheinsvollmacht kommt nicht in Betracht, da nicht ersichtlich ist, dass V von dem Handeln des S wusste und es duldete, oder dass V es hätte erkennen und verhindern können.

4. V hat den Vertrag auch nicht gem. §§ 177 Abs. 1, 182, 184 Abs. 1 genehmigt, sodass der Vertrag endgültig unwirksam ist.

5. Zu **Ausarbeitung A I 5**

205 Eine andere Anspruchsgrundlage gegen V als § 433 Abs. 1 S. 1 ist nicht ersichtlich. Dies braucht aber in der Ausarbeitung nicht gesagt zu werden; es ergibt sich daraus, dass keine neue Anspruchsgrundlage geprüft wird und das Ergebnis (= kein Anspruch) der gesamten gutachtlichen Prüfung festgehalten wird.

6. Zu **Ausarbeitung A II**

206 Mit der Formulierung der Frage nach einem Anspruch des K gegen S zeigt man, dass man die Fallfrage („von wem kann K das Bild verlangen"?) richtig verstanden hat.

Um Längen zu vermeiden, kann man – da die Anspruchsgrundlage § 433 Abs. 1 S. 1 schon ausführlich in der Ausarbeitung unter I geprüft wurde – die Anspruchsgrundlage und ihre Voraussetzung („Kaufvertrag") gleich in einem Satz formulieren.

7. Zu **Ausarbeitung A III**

207 a) Nachdem vorher kurz (da „unproblematisch") festgestellt wurde, dass die Voraussetzungen für einen eigenen Vertragsschluss durch S nicht gegeben sind, S also Vertreter ohne Vertretungsmacht war, sind nun die Rechtsfolgen zu nennen, die sich daraus ergeben (§ 179). Da § 179 Abs. 1 von der Verweigerung der Genehmigung handelt, war es angebracht, die Vorschriften zu nennen, die sich mit der Erteilung der Genehmigung (§ 177) und mit der Genehmigung selbst (§ 184) befassen.

b) Dass V die Genehmigung nicht erteilt, ergibt sich aus dem Sachverhalt: Hätte er sie (konkludent oder ausdrücklich) erteilt, käme es gar nicht zum Streit = aus dem Verlangen des K geht zwingend hervor, dass V ihm das Bild nicht – freiwillig – geben will. Unrichtig wäre es gewesen, spitzfindig festzustellen: ... da V noch nicht genehmigt habe, könne er dies noch tun, und dann sei der Vertrag V – K gültig usw.

Schon gar nicht durfte man hier etwa mutmaßen, dass V „mangels anderer Anhaltspunkte im Sachverhalt" genehmigt habe und deshalb der Vertrag gültig sei. Solche Sachverhaltsunterstellungen, die leider in (Übungs-)Klausuren immer wieder vorkommen, sind unzulässig und falsch; der Sachverhalt darf niemals überstrapaziert werden, er kann allenfalls lebensnah ausgelegt werden. Wiederholen Sie vorsorglich die Ausführungen zur Methodik, Stichwort „Sachverhaltserfassung" (→ Rn. 25–31).

c) Schließlich sind die sich aus § 179 Abs. 1 ergebenden Rechtsfolgen **(vgl. Ausarbeitung A III 1 und 2)** im Einzelnen zu prüfen, und dann ist festzustellen, ob und wie sie durchgreifen. Dabei realistischerweise am konkreten Fall bleiben: Da S das Bild nicht herausgeben kann, wäre die Lösung unvollständig (= falsch), wenn man nur den Anspruch auf Erfüllung (§ 179 Abs. 1 Var. 1) als Ergebnis festhielte, ohne auf Schadensersatz einzugehen.

Literatur zur Vertiefung:

Alpmann Schmidt (Lüdde), Skript BGB AT 1, 25. Aufl. 2023, 34. Teil (Vertretung, §§ 164 ff.)
Boecken, BGB Allgemeiner Teil, 3. Aufl. 2019, § 13 (Rechtsgeschäftliches Handeln für Dritte: Die Stellvertretung)
Brox/Walker, Allgemeiner Teil des BGB, 48. Aufl. 2024, §§ 23–27 (Die Stellvertretung)
Hirsch, BGB Allgemeiner Teil, 10. Aufl. 2019, § 33 (Vertretungsmacht), § 35 (Der Umfang der Vollmacht), § 45 (Vertragsschluss ohne Vertretungsmacht)
Köhler, BGB Allgemeiner Teil, 48. Aufl. 2024, § 11 (Die Vertretung)
Lorenz, Grundwissen – Zivilrecht: Stellvertretung, JuS 2010, 382
Lorenz, Grundwissen – Zivilrecht: Vertretung ohne Vertretungsmacht, JuS 2025, 9
Medicus/Petersen, Allgemeiner Teil des BGB, 12. Aufl. 2024, 7. Abschnitt (Die Stellvertretung)
Mock, Grundfälle zum Stellvertretungsrecht, JuS 2008, 309, 391 und 486
Petersen, Die Abstraktheit der Vollmacht, JURA 2004, 829
Petersen, Unmittelbare und mittelbare Stellvertretung, JURA 2003, 744
Stadler, Allgemeiner Teil des BGB, 21. Aufl. 2022, §§ 29–32 (Die Stellvertretung)
Thum, Anfängerklausur – Zivilrecht: Stellvertretungsrecht – Der geschäftsunfähige Professor, JuS 2014, 418
Wörlen/Metzler-Müller/Balleis, BGB AT, 16. Aufl. 2023, Rn. 349–403 (Recht der Stellvertretung)

5. Ergebnis
Mangels einer wirksamen Vertretung des V durch S kann dem V die Willenserklärung des S nicht zugerechnet werden und es kam daher zwischen K und V kein Kaufvertrag zustande. K hat gegen V keinen Anspruch auf Eigentumsverschaffung am Bild aus § 433 Abs. 1 S. 1.

II. Ein Anspruch des K auf Übereignung des Bilds aus § 433 Abs. 1 S. 1 könnte aber 208
gegen S bestehen, wenn zwischen K und S ein Kaufvertrag geschlossen worden wäre. S verkaufte jedoch ausdrücklich im Namen des V. S gab keine auf einen Vertragsschluss zwischen ihm selbst und K gerichtete Willenserklärung ab, sondern handelte wie ein Vertreter des V, was für K auch erkennbar war, sodass § 164 Abs. 2 nicht eingreift.

III. K könnte allerdings den S aus § 179 Abs. 1 in Anspruch nehmen. Da S ohne Ver- 209
tretungsmacht handelte (s. 2 d) und V keine Genehmigung (§§ 177 Abs. 1, 182, 184 Abs. 1) erteilte (s. 4), war K Vertreter ohne Vertretungsmacht. K hat damit die Wahl zwischen einer Erfüllungs- oder Schadensersatzhaftung des S.

1. K könnte grundsätzlich zwar das Bild (= Erfüllung) von S gem. § 179 Abs. 1 Var. 1 verlangen, doch ist die Realisierung des Anspruchs nicht möglich, wenn V, der Eigentümer des Bilds, die Herausgabe an S verweigert (§ 275 Abs. 1).

2. In diesem Fall wird K daher Schadensersatz gem. § 179 Abs. 1 Var. 2 wählen. Er ist im Falle des bösgläubigen *falsus procurator* (nicht § 179 Abs. 2) so zu stellen, als ob ordnungsgemäß erfüllt worden wäre (sog. positives Interesse oder Erfüllungsinteresse), dh, S muss dem K die 400 EUR (vgl. § 252) ersetzen, nicht aber die Fahrtkosten, da diese auch bei ordnungsgemäßer Erfüllung angefallen wären.

3. Ergebnis
K hat also einen Anspruch gegen S auf Schadensersatz in Höhe von 400 EUR aus § 179 Abs. 1 Var. 2.

B. Abwandlung

210 1. Spätestens beim Lesen der Zusatzfrage musste der Bearbeiter merken, dass im Ausgangsfall keine Genehmigung erteilt war.

Bis zu diesem Zeitpunkt, zu dem V erklärt, das Handeln des S ginge in Ordnung, ändert sich an der Falllösung gegenüber dem Ausgangsfall nichts. Dies ist daher in der Ausarbeitung unter Voranstellung der Anspruchsgrundlage festzustellen **(vgl. Ausarbeitung B I)**.

211 2.a) Nun ist darzulegen, worin die Änderung zum Ausgangsfall liegt, und diese Änderung ist unter die entsprechenden Rechtsvorschriften zu subsumieren **(vgl. Ausarbeitung B I 1 a)**. Zu prüfen sind also Möglichkeiten des V, sich gegen den Anspruch des K zu wehren: **„Regel-Ausnahme-Prinzip"**.

Regel: Sind die Voraussetzungen erfüllt, ist der Anspruch entstanden.
Ausnahme: Anspruchsgegner kann durch Einwendungen den Anspruch an seiner Entstehung hindern bzw. zum Erlöschen bringen.

b) Der den Anspruch begründende Vertrag wurde wirksam durch Genehmigung des V **(vgl. Ausarbeitung B I 2)**. Daher stellte sich die Frage, ob V vom Vertrag wieder loskommen kann. Die Genehmigung mittels Widerruf kann er nicht beseitigen, weil die Genehmigung eine rechtsgestaltende Erklärung und damit unwiderruflich ist, s. Grüneberg/Ellenberger § 184 Rn. 4; MüKoBGB/Schubert § 177 Rn. 36 **(vgl. Ausarbeitung B I 1 b)**. Eine Anfechtung der Genehmigung würde voraussetzen, dass die Willensmängel die Genehmigung selbst betreffen und nicht das zustimmungsbedürftige Rechtsgeschäft (Grüneberg/Ellenberger Einf. § 182 Rn. 3). Hier geht es um die Hochstaplereigenschaft des K, die für den Vertragsschluss wichtig ist und somit das zustimmungsbedürftige Rechtsgeschäft betrifft. Zu denken ist also an eine Anfechtung der zum Abschluss des genehmigten Kaufvertrags führenden WE des S (vgl. zB § 119).

212 3. Daher ist zu fragen, ob eine Anfechtung der WE möglich ist **(vgl. Ausarbeitung B I 3)**. Zu prüfen ist zunächst das Vorliegen eines Anfechtungsgrunds **(vgl. Ausarbeitung B I 3 a)**. Hier konnte man direkt auf § 119 Abs. 2 kommen; es wäre aber auch nicht falsch, mit einem Satz zu sagen, warum die Irrtumsarten des § 119 Abs. 1 nicht in Betracht kommen. Wichtig war zu erkennen, dass auf den Vertreter und nicht den Vertretenen abzustellen ist, siehe § 166 Abs. 1 **(vgl. Ausarbeitung B I 3 a)**.

Eine verkehrswesentliche Eigenschaft ist eine nicht nur vorübergehende Eigenschaft, die im Zusammenhang mit dem konkreten Rechtsgeschäft Bedeutung hat. Zahlungsfähigkeit des Geschäftsgegners ist beim Barkauf keine verkehrswesentliche Eigenschaft, wohl aber bei einem Kreditgeschäft, wie hier dem Vorleistungsgeschäft. Zum Ganzen vgl. Grüneberg/Ellenberger § 119 Rn. 26.

Liegt ein Anfechtungsgrund vor (wie in **Ausarbeitung B I 3 a** festgestellt), sind weitere Voraussetzungen für die Wirksamkeit der Anfechtung zu prüfen. Zunächst also die Anfechtungserklärung und dann kurz die Anfechtungsfrist **(vgl. Ausarbeitung B I 3 b und c)**.

213

Prüfungsschema:
Anfechtung von Willenserklärungen (§§ 119–124, 142 f.)

- Anfechtungsgrund
  - Inhaltsirrtum (§ 119 Abs. 1 Var. 1)
  - Erklärungsirrtum (§ 119 Abs. 1 Var. 2)
  - Eigenschaftsirrtum (§ 119 Abs. 2)
  - Irrtum wegen falscher Übermittlung (§ 120)
  - Irrtum durch arglistige Täuschung (§ 123 Abs. 1 Var. 1) (beachte § 123 Abs. 2 Täuschung durch Dritten)
  - Willenserklärung aufgrund widerrechtlicher Drohung (§ 123 Abs. 1 Var. 2)
- Anfechtungserklärung, § 143 (= empfangsbedürftige Willenserklärung) gegenüber richtigem Anfechtungsgegner (§ 143 Abs. 2 und 3)
- Anfechtungsfrist
- bei §§ 119, 120: § 121 (unverzüglich)
- bei § 123: § 124 (binnen Jahresfrist)

B. Abwandlung

I. K könnte gegen V einen Anspruch aus § 433 Abs. 1 S. 1 auf Übergabe des Bilds 214
und Verschaffung des Eigentums daran haben.

Ob dieser Anspruch entstanden ist, hängt ua davon ab, ob V durch S beim Vertragsschluss mit K wirksam vertreten wurde. Dies war – wie bereits (unter A I 2 a–d) dargestellt – nicht der Fall, dh, S handelte als Vertreter ohne Vertretungsmacht.

1.a) Gemäß § 177 Abs. 1 hat V aber die Möglichkeit gehabt, den Vertragsschluss 215
durch S zu genehmigen (vgl. §§ 184, 182). V erklärte gegenüber K, das Handeln des S „ginge in Ordnung“. Damit hat er den Vertrag genehmigt.

b) Diese Genehmigung konnte V auch nicht widerrufen, da ein Widerruf nur bei der Einwilligung (vorherige Zustimmung) möglich ist (Arg. aus Vergleich §§ 183 und 184).

Eine Anfechtung der Genehmigung als solche wegen Irrtums (§ 119 Abs. 1) scheidet aus, denn V hat, als er die Genehmigung aussprach, nicht ein anderes Erklärungszeichen benutzt als er beabsichtigte, und die Erklärung hat auch nichts anderes bedeutet, als V damit gemeint hatte.

2. Der zunächst schwebend unwirksame Vertrag zwischen V und K wurde damit wirksam. Ein Anspruch des K gegen V auf Übereignung des Bilds gem. § 433 Abs. 1 S. 1 wäre danach grundsätzlich entstanden.

Allerdings könnte V sich von der bindenden Wirkung der Willenserklärung, die S für ihn wirksam abgegeben hat, und die zum Vertragsschluss geführt hat, durch Anfechtung *ex tunc* (§ 142 Abs. 1) befreit haben, womit in der Folge der Kaufvertrag von Anfang an unwirksam wäre und keine Ansprüche begründen könnte.

3. V könnte den Kaufvertrag also möglicherweise durch Anfechtung (§ 142 Abs. 1) 216
der durch S abgegebenen und ihm zuzurechnenden Willenserklärung beseitigen.

a) Dafür müsste zunächst einen Anfechtungsgrund vorliegen. Bei Willensmängeln ist auf den Vertreter abzustellen (vgl. § 166 Abs. 1), dessen Fehlvorstellungen sind bei der Beurteilung eines Irrtums entscheidend.

In Betracht kommt hier ein sog. Eigenschaftsirrtum gem. § 119 Abs. 2. 217

S müsste sich über eine Eigenschaft in der Person des K geirrt haben, die im Verkehr als wesentlich angesehen wird, also für das konkrete Geschäft von Bedeutung war. Als eine solche verkehrswesentliche Eigenschaft gilt bei einem Vorleistungsgeschäft ausnahmsweise gerade auch die Zahlungsfähigkeit des Geschäftsgegners, die bei einem vermögenslosen Hochstapler – wie dem K – nicht gegeben ist. S, der K für einen wohlhabenden Grafen hielt, unterlag somit einem Irrtum gem. § 119 Abs. 2, der dem Inhaltsirrtum gleichgesetzt ist und zur Anfechtung berechtigt. Ein Anfechtungsgrund liegt mithin vor.

b) Damit die Anfechtung wirksam ist, müsste V die Anfechtung ferner gegenüber 218
dem „Vertragspartner“ K als richtigem Anfechtungsgegner (§ 143 Abs. 2) erklärt (§ 143 Abs. 1) haben. V gab dem K unmissverständlich zu erkennen, dass er sich an den Vertrag nicht mehr gebunden fühle, als er die Lieferung des Bildes verweigerte. Das Wort „Anfechtung“ muss nicht ausgesprochen werden. V hat die Anfechtung K gegenüber erklärt.

Sodann kurz zu prüfen ist die Anfechtungsfrist **(vgl. Ausarbeitung B I 3 c).**

219 4. Liegen alle Voraussetzungen für die Wirksamkeit des Einwands des Anspruchsgegners vor, greifen die Rechtsfolgen dieses Einwands, hier der Anfechtung, ein. Das heißt, im vorliegenden Fall ist der Vertrag nichtig (§ 142 Abs. 1) = ein Anspruch des K aus Kaufvertrag besteht deshalb nicht.

Dieses Ergebnis formulieren **(vgl. Ausarbeitung B I 4).**

5. Zu **Ausarbeitung B II:**

220 Dass K als Hochstapler gegenüber V keinerlei Ansprüche hat, ist eigentlich selbstverständlich; dennoch ist ein Hinweis auf die Vorschrift des § 122 angebracht, um zu zeigen, dass man diese Vorschrift, die zu den Anfechtungsregeln gehört, nicht übersehen hat.

Literatur zur Vertiefung:

Alpmann Schmidt (Lüdde), Skript BGB AT 1, 25. Aufl. 2023, 34. Teil (Vertretung, §§ 164 ff.)
Alpmann Schmidt (Lüdde), Skript BGB AT 2, 23. Aufl. 2023, 1. Teil, 4. Abschnitt (Nichtigkeit wegen Anfechtung)
Boecken, BGB Allgemeiner Teil, 3. Aufl. 2019, § 10 IV (Vernichtbare Rechtsgeschäfte – Anfechtung)
Brox/Walker, Allgemeiner Teil des BGB, 48. Aufl. 2024, §§ 16–20 (Die Willensmängel)
Coester-Waltjen, Die Anfechtung von Willenserklärungen, JURA 2006, 348
Hirsch, BGB Allgemeiner Teil, 10. Aufl. 2019, Rn. 396–592 (Willensmängel)
Kalin, Anfängerklausur – Zivilrecht: Wahlschuld, Stellvertretung, Anfechtung – Die Qual der Wahl, JuS 2018, 446
Köhler, BGB Allgemeiner Teil, 48. Aufl. 2024, § 7 (Die Willensmängel)
Lorenz, Grundwissen – Zivilrecht: Die Vollmacht, JuS 2010, 771
Lorenz, Grundwissen – Zivilrecht: Willensmängel JuS 2012, 490
Medicus/Petersen, Allgemeiner Teil des BGB, 12. Aufl. 2024, 5. Abschnitt (Das anfechtbare Rechtsgeschäft)
Mock, Grundfälle zum Stellvertretungsrecht, JuS 2008, 309, 391 und 486
Musielak, Die Anfechtung einer Willenserklärung wegen Irrtums, JuS 2014, 491 und 583
Petersen, Unmittelbare und mittelbare Stellvertretung, JURA 2003, 744
Petersen, Die Abstraktheit der Vollmacht, JURA 2004, 829
Petersen, Der Irrtum im Bürgerlichen Recht, JURA 2006, 660
Stadler, Allgemeiner Teil des BGB, 21. Aufl. 2022, § 25 (Willensmängel)
Wörlen/Metzler-Müller/Balleis, BGB AT, 16. Aufl. 2023, Rn. 214–267 (Anfechtung von Willenserklärungen und Rechtsgeschäften)

c) Schließlich muss die Anfechtungsfrist des § 121 Abs. 1 eingehalten sein, dh, die Anfechtung muss „unverzüglich" nach Kenntnis vom Anfechtungsgrund erfolgen.

Indem V dem K umgehend nach Kenntniserlangung von dessen Vermögenslosigkeit mitteilte, dass er das Bild nicht liefern wolle, weil er sich nicht mehr an den Vertrag gebunden fühle (Anfechtungserklärung, s. 3. b), hat V diese Frist eingehalten.

Zur Annahme eines schuldhaften Zögerns (§ 121 Abs. 1 S. 1) gibt der Sachverhalt keinen Anlass.

4. Damit sind alle Voraussetzungen für eine wirksame Anfechtung gegeben. Die Wil- **221**
lenserklärung, die S für V abgegeben hat, ist gem. § 142 Abs. 1 als von Anfang an (*ex tunc*) nichtig anzusehen. Damit ist auch der Kaufvertrag zwischen V und K rückwirkend als nicht zustande gekommen zu betrachten.

5. Ergebnis
Ein Anspruch des K gegen V auf Übereignung des Bilds gem. § 433 Abs. 1 S. 1 besteht somit nicht.

II. Denkbar ist noch ein Anspruch des K gegen V auf Schadensersatz (= Vertrauensschaden) aus § 122 Abs. 1.

Als vermögensloser Hochstapler kannte oder hätte K zumindest den Grund der Nichtigkeit bzw. der Anfechtbarkeit kennen müssen (§ 122 Abs. 2), sodass ein solcher Schadensersatzanspruch ausscheidet.

Fall 8

Raum für eigene Notizen:

Fall 9 Anfechtung, Dissens, Auslegung

„Ein Zimmer für zwei"

Die Pensionswirtin Vera (V) schreibt auf Anfrage ihrer Bekannten Martha (M), die mit ihrer Tochter bei V in der Hauptsaison zehn Tage Urlaub machen möchte, folgendes Angebot: „Du kannst ein Doppelzimmer bekommen. Preis (Übernachtung und Frühstück) 35 oder 40 EUR (letzteres Balkonzimmer), alles inklusive." M hält das Angebot für sehr günstig, da sie irrtümlich davon ausgeht, der angegebene Betrag beziehe sich auf das ganze Zimmer und nicht, was in der Hotelbranche aber verkehrsüblich ist, auf den Preis pro Person. M nimmt das Angebot der V bezüglich des Doppelzimmers mit Balkon an und zieht, ohne mit V nochmals über den Preis zu sprechen, mit ihrer Tochter ein. Als die beiden nach zehn Tagen wieder aufbrechen und V Bezahlung von 800 EUR verlangt, verweigert M die Bezahlung. Sie ist der Meinung, sie habe nur ein Angebot über insgesamt 400 EUR für das Doppelzimmer angenommen. **222**

1. Welchen Gesamtpreis kann V von M verlangen?
2. Kann M den Vertrag anfechten?
3. Kann V von M auch im Falle einer wirksamen Anfechtung durch M Zahlung von 800 EUR verlangen?

(Bearbeitungszeit: 120 Minuten)

Besondere Vorüberlegungen

(gehören nicht in die Ausarbeitung)

I. Frage 1

223 1. Die Ausgangsfrage, die man sich nach Erfassen des Geschehens (Sachverhalt mindestens zweimal durchlesen!) zu stellen hat, **„Wer will was von wem warum woraus?"** (→ Rn. 104), lässt sich im vorliegenden Fall leicht auf den Sachverhalt übertragen: V will von M 800 EUR, weil sie meint, in dieser Höhe habe sie einen Beherbergungsvertrag mit M geschlossen. Der Beherbergungsvertrag ist ein gemischter Vertrag, dessen Kern und Schwerpunkt das mietvertragliche Element bildet, ergänzt um andersvertragliche Nebenleistungen (zB Reinigung des Zimmers oder Bewirtung der Übernachtungsgäste – in unserem Fall das Frühstück) (Grüneberg/Weidenkaff Einf. v. § 535 Rn. 36). Dieser Vertrag wird grundsätzlich nach Mietrecht (§§ 535 ff. BGB) behandelt (BGH NJW-RR 2024, 862 Rn. 18). Sie haben also keinen schweren Fehler begangen, wenn Sie den Vertrag als Mietvertrag eingestuft und behandelt haben. Besser aber Sie merken sich ab jetzt den speziellen Vertragstyp des Beherbergungsvertrags, sofern Sie ihn noch nicht kannten.

Da V als Anspruchstellerin 800 EUR verlangt, beginnt man sinnvollerweise mit diesem Anspruchsbegehren: § 535 Abs. 2 wird dabei der Lösung als Anspruchsgrundlage vorangestellt **(vgl. Ausarbeitung A I)**. Da der Einstieg in den Fall nicht besonders schwer gewesen sein sollte, konnte man hier auch auf einen separaten Obersatz wie „V könnte gegen M einen Anspruch auf Zahlung von 800 EUR aus § 535 Abs. 2 haben" verzichten. Indem man die Voraussetzungen des Anspruchs sofort nennt (wie in der **Ausarbeitung A I** geschehen), steuert man direkt auf das Wesentliche zu.

224 2. Nunmehr ist zu prüfen, ob die Voraussetzungen tatsächlich vorliegen. Da – scheinbar – verschiedene (= sich nicht deckende) Willenserklärungen der Vertragspartner (V = 800 EUR, M = 400 EUR) vorliegen, ist der allgemeine Hinweis, dass ein Vertrag nur bei zwei kongruenten Willenserklärungen zustande kommt, hier nicht überflüssig **(vgl. Ausarbeitung A I 1)**; denn nun ist zu prüfen, ob nicht vielleicht zwei objektiv verschiedene Willenserklärungen vorliegen, was zu einem sog. Dissens führen würde **(vgl. Ausarbeitung A I 2)**, so dass evtl. die Auslegungsregeln der §§ 154, 155 anzuwenden wären.

225 3. Bevor ein solcher Dissens (= Einigungsmangel) bejaht werden kann, ist jedoch die objektive Bedeutung der Willenserklärungen zu ermitteln, dh zunächst des Angebots der V (es handelt sich nicht um eine sog. „invitatio ad offerendum" der V! Diese wurde vielmehr von M gemacht = M fragte bei V an!), welches M, „ohne mit V nochmals über den Preis zu sprechen", annahm. Die Willenserklärung der V ist also auszulegen **(vgl. Ausarbeitung A II 1)**. Wie das geht, sollten Sie mittlerweile wissen: … am objektiven Empfängerhorizont nach den §§ 133, 157 BGB (zur Wiederholung lesen Sie Fall 1 → Rn. 103 und zur Vertiefung die LzV zu Fall 1 und zu diesem Fall).

226 4. Ist die Auslegung vollzogen, wobei jeder Hinweis im Sachverhalt beachtet werden musste, sind nach Feststellung des Ergebnisses der Auslegung dessen Folgen darzulegen **(vgl. Ausarbeitung A II 2)**. Hier wurde es Ihnen dadurch einfach gemacht, dass angegeben wurde, welches die Verkehrssitte bei Zimmervermietungen in der Hotelbranche ist (Preis pro Nacht und Person!). [In der Praxis sollte man angesichts der vielen Buchungsportale im Internet regelmäßig sehr genau die Preisangaben studieren und gegebenenfalls nachfragen.]

Lösung (Ausarbeitung):

A. Frage 1

I. V könnte gegen M einen Anspruch auf Zahlung von 800 EUR aus § 535 Abs. 2 haben, wenn zwischen beiden ein Beherbergungsvertrag mit einem in dieser Höhe vereinbarten vertraglichen Entgelt zustande gekommen wäre. 227

1. Ein Beherbergungsvertrag mit überwiegend mietvertraglichen Elementen läge vor, wenn V und M zwei sich deckende Willenserklärungen – gerichtet auf Abschluss eines solchen Vertrages – abgegeben hätten, wenn V also ein Angebot über 800 EUR abgegeben und M dieses angenommen hätte.

2. Für sich betrachtet scheint das Angebot der V für das Balkonzimmer mehrdeutig: entweder will sie 10 (Nächte) x 40 EUR pro Doppelzimmer oder 10 (Nächte) x 40 EUR pro Person. Da M von Ersterem, V aber von Letzterem ausging, könnte man an einen Dissens (Einigungsmangel) denken. 228

Läge ein solcher Einigungsmangel vor, beträfe er das vertragliche Entgelt und damit einen wesentlichen Vertragsbestandteil (*essentialia negotii*). In diesen Fällen des gesetzlich nicht geregelten „Totaldissens“ ist nach hM bereits gar kein Vertrag zustande gekommen. Die gesetzlichen Auslegungsregeln zum „offenen“ (§ 154 Abs. 1) und „versteckten“ Dissens (§ 155) betreffen nur Einigungsmängel über die sog. *accidentalia negotii*[80] und sind damit nicht anwendbar.

Allerdings liegt ein Dissens immer nur dann vor, wenn der objektive Erklärungswert beider Willenserklärungen nicht kongruent ist.

II. Dieser objektive Erklärungswert ist daher vorrangig zu ermitteln, bevor ein Dissens angenommen werden kann; die beiden Willenserklärungen der Parteien müssen auf ihre Übereinstimmung hin untersucht, dh gem. §§ 133, 157 ausgelegt werden. 229

1. Zu prüfen ist dabei, wie der Empfänger die Erklärung verstehen durfte bzw. musste. Maßgeblich ist der objektive Erklärungsinhalt und der wirkliche Wille des Erklärenden unter Berücksichtigung von Treu und Glauben und der Verkehrssitte vom Standpunkt eines objektiven, verständigen Erklärungsempfängers aus. Der wirkliche Wille der V war eindeutig auf insgesamt 800 EUR Miete gerichtet. Da es in der Hotelbranche verkehrsüblich, also Verkehrssitte ist, Doppelzimmer preislich pro Nacht und Person anzubieten, konnte das Angebot der V auch aus der Sicht eines verständigen objektiven Erklärungsempfängers nur so (80 EUR pro Nacht für das Doppelzimmer für 2 Personen) verstanden werden.

2. Subjektive Vorstellungen der M sind dabei nicht maßgeblich, vielmehr hat M, „ohne nochmals mit V über den Preis zu sprechen“, deren Angebot zumindest konkludent angenommen. Objektiv stimmen Angebot und Annahme überein, ein Dissens liegt nicht vor. Der Vertrag ist mithin zu einer Gesamtmiete von 800 EUR für 10 Übernachtungen zustande gekommen. Das Zahlungsverlangen der V ist begründet. 230

III. Ergebnis
V hat gegen M einen Anspruch auf Zahlung von 800 EUR gem. § 535 Abs. 2.

---

80 Lat. für Geschäftsnebenpunkte, dh also nicht wesentliche Vertragsbestandteile oder Nebensächlichkeiten in einem Vertrag im Gegensatz zu den wesentlichen Vertragsbestandteilen.

II. Frage 2

231 Aufgrund dieser Fragestellung hätte man die richtige Antwort auf Frage 1 (800 EUR Miete) schon ahnen können: Wäre der Beherbergungsvertrag zu 400 EUR zustande gekommen, wie M meint, wäre eine Anfechtung durch M sinnlos. Wären die ersten beiden Fallfragen nicht so konkret gestellt worden, sondern hätte es stattdessen geheißen: „Wie ist die Rechtslage?", hätte man nach Feststellung des zunächst entstandenen Anspruchs der V von selbst auf die Möglichkeit der Anfechtung durch M kommen müssen.

Es waren deshalb keine schwierigen Überlegungen notwendig, sondern es kam lediglich darauf an, dass man eine sorgfältige Prüfung der Voraussetzungen für die Möglichkeit einer Anfechtung vornahm **(vgl. Ausarbeitung B).** Nach den Folgen der Anfechtung sowie den Durchführungsvoraussetzungen für eine ordnungsgemäße Anfechtung war zwar nicht mehr direkt gefragt, es schadet aber nicht, wenn diese – in so knapper Form wie hier – kurz dargelegt werden (zur Wiederholung: Prüfungsschema → Rn. 213).

Da die Fallfrage aber nicht nach der „Rechtslage" gefragt hat, waren unter Frage 2 auf keinen Fall bereits Ansprüche der V gegen M (aus § 812 Abs. 1 S. 1 Alt. 1 oder aus § 122 Abs. 1) zu prüfen. Dafür gedacht war vielmehr Frage 3.

III. Frage 3

Beide möglichen Ansprüche waren sauber durchzuprüfen.

Zur Ausarbeitung C. I

Der Schadensersatz wegen Anfechtung musste bisher noch nicht weiter aufgeführt werden (Fall 1 → Rn. 105; Fall 8 → Fn. 220). Die Vorschrift des § 122 Abs. 1 ist im Grunde selbsterklärend. Nur beim Schadensumfang ist die Begrenzung des Schadens durch das positive Interesse zu beachten, was aber im vorliegenden Fall nicht zum Tragen kam. Ausführlich zur Schadensersatzpflicht des Anfechtenden siehe Wörlen/Metzler-Müller/Balleis BGB AT Rn. 24 f.

232

Prüfungsschema:
Schadensersatzpflicht des Anfechtenden gem. § 122

- Wirksame Anfechtung einer WE (§§ 119, 120, 143)
- Geschädigter hat auf die Gültigkeit der angefochtenen WE vertraut (§ 122 Abs. 1)
- Geschädigter hatte weder Kenntnis noch fahrlässig Unkenntnis vom Anfechtungsgrund (§ 122 Abs. 2)

Rechtsfolge:
Ersatz des Vertrauensschadens (= negatives Interesse), begrenzt durch den Erfüllungsschaden (= positives Interesse), § 122 Abs. 1

B. Frage 2

M könnte den Vertrag, genauer gesagt ihre Willenserklärung (Annahme), die zum Vertragsabschluss geführt hat, anfechten, wenn sie einen Anfechtungsgrund iSd §§ 119 ff. hätte. In Betracht kommt ein Erklärungs- oder ein Inhaltsirrtum iSv § 119 Abs. 1. **233**

Dafür müsste entweder schon der äußere Erklärungstatbestand nicht dem Willen des Erklärenden entsprechen oder dieser müsste über die Bedeutung oder Tragweite seiner Erklärung irren. Der Erklärungsirrtum nach § 119 Abs. 1 Alt. 2 scheidet aus, denn M benutzte kein anderes Erklärungszeichen, als sie wollte.

Allerdings irrte M über die Bedeutung des Inhalts dessen, was sie (konkludent) erklärte. Sie erklärte konkludent die Annahme des Angebots der V über ein „Doppelzimmer zu 40 EUR" im Glauben (subjektiv), 40 EUR für die Übernachtung von zwei Personen zahlen zu müssen, während diese Erklärung tatsächlich (objektiv) bedeutete „40 EUR pro Nacht und Person". Somit liegt ein Inhaltsirrtum vor und damit ein Anfechtungsgrund iSv § 119 Abs. 1 Alt. 1.

M kann also ihre Willenserklärung anfechten und zwar mit der Folge, dass der Vertrag gem. § 142 Abs. 1 *ex tunc*, also von Anfang an nichtig ist. Voraussetzung dafür ist aber noch, dass M die Anfechtung auch unter Einhaltung der Anfechtungsfrist (§ 121) gegenüber dem richtigen Anfechtungsgegner (hier V) erklärt.

C. Frage 3

I. V könnte die Zahlung von 800 EUR möglicherweise als Schadensersatz aus § 122 Abs. 1 von M verlangen.

1. Die erste Voraussetzung dafür ist eine wirksame Anfechtung durch M, von der auszugehen ist.

2. Gemäß § 122 Abs. 2 muss der Geschädigte gutgläubig gewesen sein. V müsste also auf die Gültigkeit der angefochtenen Willenserklärung der M vertraut haben. V wusste nicht, dass M ihr Angebot falsch verstanden hatte, und sie musste auch nicht davon ausgehen, denn ihre Vorstellung vom Zustandekommen des Preises war in der Hotelbranche üblich.

3. Zu ersetzen ist im Falle des § 122 der Vertrauensschaden (negatives Interesse), also der Schaden, der durch das Vertrauen auf die Gültigkeit der Erklärung entstanden ist, begrenzt durch das positive Interesse, dh den Betrag des Interesses, das die Anfechtungsgegnerin an der Gültigkeit der Erklärung hatte.

Die Anfechtungsgegnerin V ist also so zu stellen, wie sie stünde, wenn sie nie etwas von dem (jetzt unwirksamen) Beherbergungsvertrag gehört hätte.

In der Hauptsaison hätte sie das Doppelzimmer für die 10 Tage anderweitig vermieten können. Damit ist ihr ein kausaler Schaden in Höhe von 800 EUR entstanden. Mehr hätte V auch nicht von M bekommen, so dass hier negatives Interesse und positives Interesse wertmäßig nicht voneinander abweichen.

4. V kann von M die Zahlung von 800 EUR aus § 122 Abs. 1 verlangen.

Zur Ausarbeitung C. II

233a Der Anspruch nach Bereicherungsrecht wird entlang dem Prüfungsschema (→ Rn. 413a) geprüft. Ein wichtiger Punkt war die Frage nach der Entreicherung der M. Hier taucht zum ersten Mal die Frage auf, wie die Entreicherung zu bestimmen ist. Nach Sinn und Zweck des § 818 Abs. 3 soll der Inanspruchgenommene keinen Nachteil erleiden. Es darf also nach der Rückabwicklung kein Vermögensnachteil verbleiben, sodass nur die echte Vermögensmehrung herauszugeben ist. M ist also nicht entreichert, wenn sie Aufwendungen erspart hat. Sog. Luxusaufwendungen (die der Bereicherungsschuldner sich sonst nicht geleistet hätte) fallen grundsätzlich unter § 818 Abs. 3; das sollten Sie (spätestens jetzt) wissen. Die Behandlung des „Standardproblems" finden Sie ua bei Wörlen/Metzler-Müller/Kokemoor SchuldR BT Rn. 389: „Weihnachtsgans statt Würstchen". Die Problematik der Luxusaufwendungen, hinsichtlich derer der Empfänger der rechtsgrundlosen Leistung entreichert ist, wird auch noch einmal in Fall 18 behandelt (→ Rn. 434, 439).

Literatur zur Vertiefung:

Alpmann Schmidt (Lüdde), Skript BGB AT 1, 25. Aufl. 2023, 2. Teil, 2. u. 3. Abschn. (Willenserklärung, Vertragliche Einigung)

Alpmann Schmidt (Lüdde), Skript BGB AT 2, 23. Aufl. 2023, 1. Teil, 4. Abschnitt (Nichtigkeit wegen Anfechtung, §§ 142 Abs. 1, 119 ff.)

Boecken, BGB Allgemeiner Teil, 3. Aufl. 2019, § 9 II 6 und 7 (Dissens und Vertragsauslegung)

Brox/Walker, Allgemeiner Teil des BGB, 48. Aufl. 2024, § 6 (Die Auslegung des Rechtsgeschäfts), § 11 (Konsens und Dissens), § 16 (Überblick über die gesetzliche Interessensbewertung bei Willensmängeln), § 18 (Der Irrtum)

Coester-Waltjen, Die Anfechtung von Willenserklärungen, JURA 2006, 348

Hirsch, BGB Allgemeiner Teil, 10. Aufl. 2019, § 8 (Einigungsmängel), §§ 22 f. (Inhalts- und Erklärungsirrtum)

Köhler, BGB Allgemeiner Teil, 48. Aufl. 2024, § 7 (Die Willensmängel), § 8 E (Der Einigungsmangel: Dissens)

Medicus/Petersen, Allgemeiner Teil des BGB, 12. Aufl. 2024, § 29 (Konsens und Dissens), 5. Abschnitt (Das anfechtbare Rechtsgeschäft)

Petersen, Die Auslegung von Rechtsgeschäften, JURA 2004, 536

Petersen, Der Irrtum im Bürgerlichen Recht, JURA 2006, 660

Petersen, Täuschung und Drohung im Bürgerlichen Recht, JURA 2006, 904

Petersen, Der Dissens beim Vertragsschluss, JURA 2009, 419

Stadler, Allgemeiner Teil des BGB, 21. Aufl. 2022, § 19 V (Konsens und Dissens), § 25 (Willensmängel)

Wörlen/Metzler-Müller/Balleis, BGB AT, 16. Aufl. 2023, Rn. 214–267 (Anfechtung von Willenserklärungen und Rechtsgeschäften), 337–348 (Einigungsmangel)

II. V könnte ihren Anspruch auch auf § 812 Abs. 1 S. 1 Alt. 1 stützen.

1. M müsste „etwas erlangt" haben. Unter etwas ist „jeder Vermögensvorteil" zu verstehen. M konnte mit ihrer Tochter 10 Tage in dem Zimmer wohnen und hat Frühstück bekommen. Diese Vermögensvorteile hat sie erlangt.

2. Dies müsste durch eine „Leistung" der V geschehen sein. Leistung ist „jede bewusste und zweckgerichtete Mehrung fremden Vermögens". V hatte der M und deren Tochter bewusst das Zimmer für 10 Tage überlassen und ihnen Frühstück serviert, und zwar zum Zwecke der Erfüllung des Beherbergungsvertrages. Also wurde das Vermögen der M durch Leistung der V gemehrt.

3. Schließlich müsste M die Vermögensvorteile „ohne rechtlichen Grund" erlangt haben. Als rechtlicher Grund kommt der zunächst geschlossene Beherbergungsvertrag in Betracht. Allerdings hat M den Vertrag bzw. ihre zum Vertragsschluss führende Annahmeerklärung wirksam angefochten, so dass der Vertrag *ex tunc* entfallen ist wegen § 142 Abs. 1.

4. Der unwirksame Beherbergungsvertrag ist in der Leistungsbeziehung rückabzuwickeln nach § 818 Abs. 1. M hat Vermögensvorteile im Wert von 800 EUR erlangt. Es ist nicht möglich, solche Vermögensvorteile wie hier erlangt (Wohnen und Frühstücken) herauszugeben. Daher muss M gem. § 818 Abs. 2 den Wert der Vermögensvorteile ersetzen.

5. M könnte allerdings teilweise entreichert sein gem. § 818 Abs. 3. M ist nur dann noch bereichert, wenn sie Aufwendungen erspart hat, also eine bleibende Vermögensmehrung bei ihr eingetreten ist. M wollte 400 EUR für den Urlaub ausgeben, insofern hat sie Aufwendungen iHv 400 EUR erspart. Diese Ersparnis verbleibt ihr auch als Bereicherung in ihrem Vermögen. Der Aufenthalt kostete tatsächlich aber ja 800 EUR. Das sind 400 EUR mehr als M ausgeben wollte und ausgegeben hätte. Hinsichtlich dieser Differenz hat sie also keine Aufwendungen erspart. Es handelt sich für sie um sog. Luxusaufwendungen, die sie andernfalls nicht getätigt hätte. Sie kann sich daher in dieser Höhe auf Entreicherung (§ 818 Abs. 3) berufen. M ist also nur in Höhe von 400 EUR bereichert.

6. V hat gegen M aus § 812 Abs. 1 S. 1 Alt. 1, § 818 Abs. 2 nur einen Wertersatzanspruch in Höhe von 400 EUR.

Raum für eigene Notizen:

Fall 10 Leistungsstörungen: Unmöglichkeit, Gattungsschuld

„Ein Apfel kommt selten allein"

K, die einen kleinen Bioladen betreibt, kauft beim Bio-Obsthändler V eine Kiste mit 10 Kilogramm Äpfel der Sorte Delicious. Die Vertragsparteien vereinbaren, dass V die Äpfel auf Kosten der K an deren Geschäftssitz versenden soll. **234**

V gibt die Äpfel ordnungsgemäß verpackt als sog. Bahnfracht bei DHL auf. Unterwegs geht die Ware verloren, ohne dass V ein Verschulden daran trifft.

Kann K dennoch die Lieferung der Kiste Delicious-Äpfel von V verlangen?

(Bearbeitungszeit: 60 Minuten)

Besondere Vorüberlegungen

(gehören nicht in die Ausarbeitung)

235 1. Ausgangsfrage: **„Wer will was von wem warum woraus?"** (→ Rn. 104)
K will von V Lieferung einer Kiste mit 10 kg Delicious-Äpfel, weil sie meint, dass V auch nach dem Verlust der DHL-Sendung (hier in Form einer sog. Bahnfracht) zur Lieferung verpflichtet sei. Rechtlich bedeutet Lieferung der Kaufsache: Übergabe und Eigentumsverschaffung dieser Sache. Diese Rechtsfolge enthält § 433 Abs. 1 S. 1. Diese Vorschrift kommt als Anspruchsgrundlage für das Verlangen der K in Betracht und ist – als hypothetisches Ergebnis formuliert – der Falllösung voranzustellen **(vgl. Ausarbeitung I).** Da es sich hier um einen Kauf zwischen Unternehmerin und Unternehmer handelt, sind die Sonderregelungen über den Verbrauchsgüterkauf (§§ 474 ff.) nicht zu berücksichtigen. Deshalb muss man auf die Unternehmereigenschaft (§ 14) beider Parteien in der Ausarbeitung nicht eingehen.

2. Prüfung der Voraussetzungen der Anspruchsgrundlage
Der Anspruch aus Vertrag setzt bekanntlich das wirksame Zustandekommen des Vertrages voraus, also Angebot und Annahme. Darüber darf man sich jedoch nur auslassen, wenn der Sachverhalt wirklich Anlass dazu gibt, zB wenn Hinweise auf Geschäftsunfähigkeit einer Vertragspartei oder Anzeichen von Sittenwidrigkeit (§ 138) oder sonstige Nichtigkeitsgründe vorliegen.

Das ist in unserem Fall unproblematisch (Formulierung Sachverhalt: „kauft"), daher genügt ein kurzer Satz dazu **(vgl. Ausarbeitung I 1).**

236 3.a) Liegen die Voraussetzungen der Anspruchsgrundlage nicht vor, ist der Anspruch nicht entstanden = Prüfung abbrechen, nächste in Betracht kommende Anspruchsgrundlage prüfen (hier nicht einschlägig).

b) Liegen – wie hier – die Voraussetzungen für die Anspruchsgrundlage (hier Kaufvertrag) vor, ist Rechtsfolge, dass der Anspruch zunächst entstanden ist **(vgl. Ausarbeitung I 2).** Damit ist die Prüfung allerdings noch nicht beendet! Der Anspruchsgegner könnte nämlich möglicherweise eine Einwendung erheben, die den Anspruch zum Erlöschen bringt oder diesem Anspruch eine Einrede entgegenhalten, die seine Durchsetzbarkeit verhindert – → Rn. 211: **„Regel-Ausnahme-Prinzip" (vgl. Ausarbeitung II).**

c) Prüfung der Voraussetzungen der in Betracht kommenden Einwendungen nach dem „Regel-Ausnahme-Prinzip" **(vgl. Ausarbeitung II 1 und 2).**

237 4.a) Wenn die Voraussetzungen einer Einwendung nicht vorliegen, ist der Anspruch gegeben, dh, nicht ausgeschlossen (= nicht erloschen).

b) Wenn die Voraussetzungen einer Einwendung hingegen vorliegen, ist zu prüfen, ob sich der Anspruchsteller seinerseits auf Vorschriften stützen kann, die den Anspruch dennoch erhalten und die Einwendung des Anspruchsgegners damit „übertrumpfen" **(vgl. Ausarbeitung II 3).** Dabei ist immer Bezug zum Fall zu halten, dh, nur das zu prüfen, was für die Lösung von Bedeutung ist. Es wäre hier zB überflüssig gewesen, Hol- und Bringschuld ausführlich zu definieren.

c) Zuletzt ist das Ergebnis des Gutachtens in einem Satz unter Beantwortung der Fallfrage festzuhalten. Gefragt ist hier nur nach dem Anspruch auf Lieferung! **(vgl. Ausarbeitung II 4)**

[Der Verkäufer behält seinen Anspruch auf die Gegenleistung (Zahlung des Kaufpreises) abweichend vom Regelfall des § 326 Abs. 1 unter den Voraussetzungen der kaufrechtlichen Ausnahmevorschrift von § 447 Abs. 1. Dafür steht dem Käufer (beim Handelskauf) regelmäßig gem. § 421 Abs. 1 S. 2 Hs. 1 HGB die Geltendmachung der Schadensersatzansprüche des Verkäufers gegen das Frachtunternehmen (hier zB DHL) zu.]

Lösung (Ausarbeitung):

I. K könnte gegen V einen Anspruch auf Lieferung einer 10 kg-Kiste Delicious-Äpfel gem. § 433 Abs. 1 S. 1 haben. **238**

1. Voraussetzung für diesen Anspruch ist ein wirksamer Kaufvertrag. Ein solcher wurde zwischen K und V geschlossen.

2. Der Anspruch der K gegen V gem. § 433 Abs. 1 S. 1 ist demnach entstanden.

II. Der Anspruch könnte jedoch erloschen sein, wenn V gem. § 275 Abs. 1 von seiner Leistungspflicht frei wurde. Das ist der Fall, wenn die Leistung für V oder für jedermann wegen des Verlusts der Kaufsache (nachträglich) unmöglich ist.

1. Unmöglichkeit iSv § 275 Abs. 1 meint die Nichterbringbarkeit des geschuldeten Leistungserfolgs durch eine Leistungshandlung des Schuldners. Der geschuldete Leistungserfolg liegt hier in der Lieferung einer Kiste mit 10 kg Delicious-Äpfeln. Das ist zunächst eine Gattungsschuld iSd § 243 Abs. 1. V hat also nicht einzelne, ganz konkret bestimmte Delicious-Äpfel in einer Kiste zu liefern, sondern nur irgendeine Kiste mit Delicious-Äpfeln, also nur eine bestimmte Menge (hier 10 kg) solcher Äpfel von „mittlerer Art und Güte". Das wäre ihm solange möglich, wie nicht die ganze Gattung untergangen ist. Das Beschaffungsrisiko iSv § 276 Abs. 1 S. 1 trägt bei der Gattungsschuld grundsätzlich der Schuldner.

2. Die Leistungspflicht des V könnte sich vorliegend allerdings nur auf die eine konkrete Kiste Äpfel beziehen, wenn sich die ursprüngliche Gattungsschuld des V gem. § 243 Abs. 2 „zur Stückschuld konkretisiert" hat. **239**

3. Voraussetzung dafür ist, dass der Schuldner das zur Leistung seinerseits Erforderliche getan hat. Ob dies der Fall ist, hängt von dem Inhalt des Schuldverhältnisses ab, dh, welche Art der Schuld (Hol-, Bring- oder Schickschuld) die Vertragsparteien vereinbart haben. Hier haben V und K eine Schickschuld vereinbart, da V die Ware auf Kosten der K mit der Bahn an deren Geschäftssitz versenden sollte. Bei der Schickschuld hat der Schuldner das seinerseits Erforderliche getan, wenn er die Sache ordnungsgemäß verpackt und an den Versanddienstleister übergeben hat, vgl. § 447 Abs. 1. V hat die Äpfel ordnungsgemäß verpackt als Bahnfracht bei DHL aufgegeben. **240**

Gemäß § 243 Abs. 2 ist also Konkretisierung eingetreten und die Schuld des V beschränkte sich damit auf die konkret bestimmte, von ihm zur Bahn gebrachte 10 kg-Kiste mit Delicious-Äpfeln. Die Lieferung dieser Äpfel ist dem V durch den Verlust bei der Bahn unmöglich geworden. Somit liegen die Voraussetzungen von § 275 Abs. 1 vor; V wurde von seiner Leistung frei.

4. Ergebnis
Der Anspruch der K aus § 433 Abs. 1 S. 1 ist folglich gem. § 275 Abs. 1 ausgeschlossen; K verlangt die Lieferung zu Unrecht.

Literatur zur Vertiefung:

Alpmann Schmidt (Langkamp), Skript Schuldrecht AT 1, 26. Aufl. 2024, 3. Teil, 1. u. 2. Abschn. (Überblick und Unmöglichkeit)
Brox/Walker, Allgemeines Schuldrecht, 48. Aufl. 2024, § 8 (Gattungsschuld, Wahlschuld, Ersetzungsbefugnis), § 22 (Unmöglichkeit der Leistung)
Berisha/Möller, Der Entfall der Gegenleistungspflicht aufgrund von Unmöglichkeit (§ 326 BGB) – ein Überblick für die Fallbearbeitung, JURA 2022, 1011
Bernhard, Holschuld, Schickschuld, Bringschuld – Auswirkungen auf Gerichtsstand, Konkretisierung und Gefahrübergang, JA 2011, 9
Canaris, Die Bedeutung des Übergangs der Gegenleistungsgefahr im Rahmen von § 243 II BGB und § 275 II BGB, JuS 2007, 793
Coester-Waltjen, Die Gegenleistungsgefahr, JURA 2007, 110
Coester-Waltjen, Verzögerungsgefahr, Sachgefahr, Leistungsgefahr, JURA 2006, 829
Fikentscher/Heinemann, Schuldrecht, 12. Aufl. 2022, § 28 (Gattungsschuld, Wahlschuld und Ersetzungsbefugnis), § 43 (Unmöglichkeit)
Hirsch, Schuldrecht, Allgemeiner Teil, 11. Aufl. 2018, § 6 (Gattungsschuld)
Linardatos, Basiswissen zur Preis- und Leistungsgefahr, JURA 2021, 1015
Looschelders, Schuldrecht Allgemeiner Teil, 22. Aufl. 2024, § 13 (Typische Gegenstände der Leistungspflicht), § 21 (Unmöglichkeit als Ausschlussgrund für die primäre Leistungspflicht)
Lorenz, Grundwissen – Zivilrecht: Unmöglichkeit – Voraussetzungen und unmittelbare Rechtsfolgen, JuS 2022, 394
Lorenz, Grundwissen – Zivilrecht: Unmöglichkeit – Schadensersatz statt der Leistung, JuS 2023, 10
Medicus/Lorenz, Schuldrecht I, Allgemeiner Teil, 22. Aufl. 2021, § 17 (Gattungsschuld, Wahlschuld, Ersetzungsbefugnis)
Musielak, Der Ausschluss der Leistungspflicht nach § 275 BGB, JA 2011, 801
Wörlen/Metzler-Müller/Balleis, Schuldrecht AT, 15. Aufl. 2023, Rn. 155–158 (Hol-, Bring-, Schickschuld), 261-266 (Tatsächlich bestehende Unmöglichkeit und Ausschluss der Leistungspflicht), 282–294 (Nachträgliche Unmöglichkeit) 295–312a (Besondere Regelungen für gegenseitige Verträge), 313–333 (Der Ausschluss der Leistungspflicht nach § 275 im System des Allgemeinen Schuldrechts)

Raum für eigene Notizen:

Fall 11 Leistungsstörungen: Unmöglichkeit, Gläubigerverzug

„Tränen sind immer das Ende"

Privatier K aus Freiburg bestellt im März bei dem Weingut V in Breisach 50 Flaschen Weißwein „Kaiserstühler Tränenberg". Es wurde vereinbart, dass V den Wein am 11.5. persönlich liefern und K ihn gleich bei Lieferung bezahlen sollte. Am 1.5. reiste K für vier Wochen zur Erholung nach Spanien. Die Weinbestellung hatte er vergessen. **241**

Als V den Wein am 11.5. mit seinem Lieferwagen zur Wohnung des K brachte, fand er diese verschlossen und erfuhr von den Nachbarn, dass K erst in 14 Tagen wieder zurückkommen werde. Aus Ärger über die nutzlose Fahrt fuhr V auf dem Rückweg etwas zu schnell und konnte deshalb den Zusammenstoß mit einem auf der falschen Straßenseite entgegenkommenden Wagen, dessen Fahrer betrunken war, nicht mehr verhindern. Bei dem Unfall gingen die 50 Flaschen Wein zu Bruch.

K, vom Urlaub zurückgekehrt, besteht auf Lieferung des bestellten Weins bzw. auf Schadensersatz. V dagegen verlangt Bezahlung, ohne nochmals liefern zu wollen.

Wer hat Recht?

(Bearbeitungszeit: 2 Std.)

Besondere Vorüberlegungen

(gehören nicht in die Ausarbeitung)

I. Ansprüche K gegen V

1. Ausgangsfrage: **„Wer will was von wem warum woraus?"** (→ Rn. 104)

242 Die allgemeine, bei jeder Klausurlösung zu berücksichtigende Frage ist unter Heranziehung der speziellen Fallfrage auf den vorliegenden Sachverhalt zu übertragen und zu beantworten. Die Fallfrage „Wer hat Recht?" ist konkretisierungsbedürftig, dh hier: „Wer von den beiden Beteiligten hat einen (welchen) Anspruch gegen den anderen?" Da beide – K und V – etwas verlangen, ergeben sich zwei Fragen:

(A) Kann K von V Lieferung des Weins verlangen?
und
(B) Kann V von K Bezahlung des Weins verlangen?

Da der Sachverhalt keinen besonderen Anlass dazu gibt, die Reihenfolge der Ansprüche zu ändern, ist die von der Fallfrage in Verbindung mit den beiden eben genannten Fragen vorgegebene Reihenfolge [(A) K gegen V und (B) V gegen K] einzuhalten.

Die Beantwortung der allgemeinen Ausgangsfrage, übertragen auf den Sachverhalt und in Verbindung mit der speziellen Fallfrage, ergibt somit zu A: K („wer") will von V („von wem") Lieferung des Weins („was"), weil er glaubt, dass zwischen ihm und V ein Kaufvertrag zustande gekommen sei („warum"), aus dem („woraus") V zur Lieferung verpflichtet sei. Lieferung einer Sache im juristischen Sinne bedeutet „Übergabe und Verschaffung des Eigentums" an der Sache. Dies ist in § 433 Abs. 1 S. 1 geregelt.

Diese Vorschrift ist Anspruchsgrundlage, aus der K sein Begehren herleiten könnte und – als hypothetisches Ergebnis formuliert – der Ausarbeitung voranzustellen (**vgl. Ausarbeitung A I**).

2. Prüfung der Voraussetzungen der Anspruchsgrundlage

243 Da ein Kaufangebot nicht ausdrücklich im Sachverhalt angesprochen wird – es ist nur von „Bestellung" die Rede –, ist ein kurzer Satz zu Angebot und Annahme erforderlich (**vgl. Ausarbeitung I 1**). Mehr aber auch nicht, da der Vertragsschluss unter den Parteien nicht streitig ist: Beide wollen ja Erfüllung dieses Vertrags!

3.a) Liegen die Voraussetzungen nicht vor, ist der Anspruch nicht entstanden = Prüfung abbrechen und nächste in Betracht kommende Anspruchsgrundlage prüfen (hier nicht einschlägig).

244 b) Liegen – wie hier – die Voraussetzungen vor, ist Rechtsfolge, dass der Anspruch entstanden ist (**vgl. Ausarbeitung A I 2**).

Nunmehr ist zu überlegen, ob der Anspruchsgegner (hier V) Einwendungen entgegenhalten kann, die den Anspruch des K zum Erlöschen bringen könnten. Der Bearbeiter muss sich in die Lage des V versetzen. Allein der Annahmeverzug des K, an den man beim Lesen des Sachverhalts sofort denken mag, beseitigt die Lieferpflicht des V noch nicht = Argument aus § 304, der die Möglichkeit der Lieferung des geschuldeten Gegenstands voraussetzt.

Merke: Keine Vorschrift der §§ 293 ff. („Gläubigerverzug") ergibt, dass der Lieferungsanspruch des Gläubigers bzw. die Leistungspflicht des Schuldners entfallen! Als Vorschrift, nach der V von der Leistung frei werden könnte, kommt nur § 275 in Betracht.

c) In der Klausur sind diese Überlegungen nicht anzusprechen; vielmehr ist sofort die mögliche Einwendung des Anspruchsgegners zu zitieren, wobei es sinnvoll ist, gleich auch ihre Voraussetzung zu nennen (**vgl. Ausarbeitung A I 3**).

Diese Voraussetzung ist nun zu prüfen: Nachträgliche objektive Unmöglichkeit (**vgl. Ausarbeitung A I 3 a–c**). Dabei Schritt für Schritt vorgehen und den Sachverhalt unter rechtliche Begriffe subsumieren: Unmöglichkeit grundsätzlich nur bei Stückschuld, nicht bei Gattungsschuld; liegt Gattungsschuld vor - Schuldner schuldet aus einer Gesamtmenge nur der Gattung nach bestimmte, gleichartige Sachen -, Konkretisierung zur Stückschuld möglich; Zeitpunkt der Konkretisierung richtet sich nach Art des Erfüllungs- bzw. Leistungsorts. Das ist der Ort, an dem der Schuldner seine Leistungshandlung zu erbringen hat, um das „seinerseits Erforderliche" iSv § 243 Abs. 2 getan zu haben. Davon zu unterscheiden ist der Erfolgsort, an dem die Erfüllung eintritt. Die Orte können je nach Art der Schuld (Holschuld, Bringschuld, Schickschuld) auseinander- oder zusammenfallen. Falls Sie das nicht (mehr) gewusst haben, lesen Sie in der „Literatur zur Vertiefung" nach.

Lösung (Ausarbeitung):

A. Ansprüche K gegen V

I. K könnte gegen V einen Anspruch auf Lieferung der bestellten 50 Flaschen Weißwein „Kaiserstühler Tränenberg“ aus § 433 Abs. 1 S. 1 haben. 245

1. Voraussetzung ist, dass zwischen K und V ein wirksamer Kaufvertrag geschlossen wurde. Das dazu erforderliche Angebot iSv §§ 145 ff. liegt in der Bestellung des K; die Annahme durch V erfolgt mit Vereinbarung der Lieferungsmodalitäten.

2. Der Anspruch des K gegen V gem. § 433 Abs. 1 S. 1 ist somit entstanden.

3. Dieser Anspruch des K könnte aber erloschen sein, wenn dem V die Lieferung der bestellten 50 Flaschen Wein unmöglich ist (§ 275 Abs. 1). 246

a) Unmöglichkeit der Lieferung könnte dadurch eingetreten sein, dass die von V am 11.5. zu K gebrachten Flaschen Weißwein auf der Rückfahrt zerstört wurden. Dann müsste es sich bei den 50 Flaschen Wein um eine Stückschuld handeln, da im Falle, dass es sich um eine Gattungsschuld iSd § 243 Abs. 1 handeln würde, die Lieferung solcher Flaschen Wein gleicher Art und Güte noch möglich wäre und V das Beschaffungsrisiko (§ 276 Abs. 1 S. 1) zu tragen hätte.

b) Es wird zunächst eine bestimmte Weinsorte „mittlerer Art und Güte“ geschuldet, sodass es sich bei den 50 Flaschen Weißwein „Kaiserstühler Tränenberg“ grundsätzlich um eine Gattungsschuld iSd § 243 Abs. 1 handelt. Gemäß § 243 Abs. 2 wandelt sich aber die Gattungsschuld in eine Stückschuld um, wenn der Schuldner alles seinerseits Erforderliche getan hat, um seine Leistung zu erbringen. 247

c) Zu welchem Zeitpunkt diese Konkretisierung der Gattungsschuld zur Stückschuld eintritt, richtet sich nach dem Inhalt des vereinbarten Schuldverhältnisses hinsichtlich des Leistungsorts, dh, entscheidend ist, ob eine Hol-, Bring- oder Schickschuld vereinbart wurde. Aus der Vereinbarung, dass V dem K den Wein persönlich liefern sollte, ist auf eine Bringschuld zu schließen. Danach hat V mit der versuchten Lieferung am 11.5. das seinerseits Erforderliche getan, um seine Leistung zu erbringen. Somit hat sich die Gattungsschuld bereits vor der Zerstörung der Flaschen bei dem Unfall zur Stückschuld konkretisiert (§ 243 Abs. 2). Die Lieferung dieser 50 Flaschen Wein ist dem V unmöglich geworden, sodass § 275 Abs. 1 zur Anwendung kommt.

4. Ergebnis
Somit ist V von seiner ursprünglichen Leistungspflicht frei geworden, dh, der Anspruch des K gegen V aus § 433 Abs. 1 S. 1 auf Lieferung der bestellten 50 Flaschen Weißwein ist gem. § 275 Abs. 1 ausgeschlossen.

4. Zu **Ausarbeitung A II 1 und 2**

248 Da V auf der Heimfahrt etwas zu schnell fuhr, liegt der Gedanke nahe, dass er die Unmöglichkeit der Leistung verschuldet und die Pflichtverletzung daher zu „vertreten" hat. Diesen Fall erfasst zunächst § 280 Abs. 1 S. 1, auf den § 275 Abs. 4 ebenso verweist wie auf § 283. Da bereits festgestellt wurde, dass V nach § 275 Abs. 1 nicht zu leisten braucht, kommt grundsätzlich ein Anspruch des K aus § 283 (auf den zudem § 280 Abs. 3 verweist) in Betracht, dh genauer: ein Anspruch aus § 283 S. 1 „unter den Voraussetzungen des § 280 Abs. 1". Diese Paragrafenkette bildet somit die Anspruchsgrundlage, deren Voraussetzungen im Folgenden zu prüfen sind.

249

Prüfungsschema:
Schadensersatz statt der Leistung wegen nachträglicher Unmöglichkeit (§ 280 Abs. 1 und 3 iVm § 283)

- Wirksames Schuldverhältnis (§ 280 Abs. 1 S. 1)
- Pflichtverletzung durch den Schuldner (nachträgliche Unmöglichkeit der Leistung) (§ 280 Abs. 1 S. 1)
- Leistungsbefreiung für den Schuldner (§ 275 Abs. 1 oder 2 oder 3, § 283)
- Vertretenmüssen (§ 280 Abs. 1 S. 2 iVm § 276 oder § 278)
- Kausaler Schaden beim Gläubiger (§ 280 Abs. 1 S. 1)

Rechtsfolge:
- Schadensersatz „statt der Leistung"
- Umfang: §§ 249 ff. = Erfüllungsinteresse/positives Interesse

5. Zu **Ausarbeitung A II 3**

250 Die Grundregel des Vertretenmüssens enthält § 276. Auch hier gilt (wie immer!): Gesetz genau lesen! Die Formulierung in § 276 Abs. 1 „sofern nicht ein anderes bestimmt ist" führt zur Frage nach dem Eingreifen einer Sondervorschrift, hier zB einer Verzugsvorschrift (vgl. § 300 Abs. 1). Erst an dieser Stelle wird der Gläubigerverzug des K bedeutsam!

251

Prüfungsschema:
Annahmeverzug des Gläubigers (§§ 293 ff.)

- Erfüllbarkeit der Leistung (§ 271)
- Ordnungsgemäßes Leistungsangebot (§ 294, Ausnahmen: §§ 295, 296)
- Leistungswille und Leistungsvermögen (§ 297)
- Nichtannahme der Leistung (§ 293)
- Gegenseitiger Vertrag: Annahmeverzug auch durch Verweigerung der Gegenleistung (§ 298)
- Vorübergehende Annahmeverhinderung idR nicht ausreichend (§ 299)

Rechtsfolgen: §§ 300 Abs. 1, 300 Abs. 2, 326 Abs. 2 S. 1 Var. 2 (bei ggs. Vertrag), 304

Diese Voraussetzungen muss man kennen und gedanklich prüfen, aber nicht jede in jedem Fall schriftlich abhandeln. Hier genügte es, die Nichtannahme durch K (§ 293) und das tatsächliche und ordnungsgemäße Angebot des V (§ 294) hervorzuheben (**Ausarbeitung A II 3a bis c**).

6. Hinweise zu §§ 294–296 („ordnungsgemäßes Angebot")

Die Leistung muss grundsätzlich tatsächlich angeboten werden (§ 294). Ein tatsächliches Angebot setzt voraus, dass der Schuldner alles getan hat, was ohne Mitwirkung des Gläubigers möglich ist; er muss also die von ihm zu erbringende (ordnungsgemäße) Leistungshandlung soweit vorgenommen haben, dass der Gläubiger nur noch „zugreifen" und die Leistung anzunehmen braucht. Die konkreten Anforderungen an die Leistungshandlung richten sich danach, ob eine Hol-, Bring- oder Schickschuld vereinbart wurde (→ Rn. 244), **vgl. Ausarbeitung A II 3c.**

Ausnahmsweise genügt ein wörtliches Angebot (§ 295), wenn der Gläubiger erklärt, er werde die Leistung nicht annehmen (1. Var.), oder wenn der Gläubiger die geschuldete Leistung abzuholen hat (2. Var.). Im Fall des § 295 S. 1 Var. 2 ist auch ein wörtliches Angebot entbehrlich, wenn der Zeitpunkt für die Mitwirkungshandlung nach dem Kalender bestimmt ist (§ 296).

II. K könnte aber gegen V einen Anspruch auf Schadensersatz statt der Leistung gem. §§ 280 Abs. 1 und 3, 283 S. 1 haben. 252

1. Dann müsste zwischen V und K ein wirksames Schuldverhältnis vorliegen. Diese Voraussetzung ist mit dem zwischen V und K geschlossenen Kaufvertrag iSv § 433 erfüllt.

2. Weiterhin müsste V, der Schuldner, gem. § 280 Abs. 1 S. 1 eine Pflichtverletzung begangen haben. V war gem. § 433 Abs. 1 S. 1 verpflichtet, dem K 50 Flaschen einer bestimmten Sorte Wein zu liefern. Diese Flaschen wurden zerstört. Folglich kann V seine Leistungspflicht aufgrund nachträglicher Unmöglichkeit (§ 275 Abs. 1) nicht mehr erfüllen (siehe I 3 c). Somit liegt eine Pflichtverletzung durch V vor.

3. V müsste diese Pflichtverletzung gem. § 280 Abs. 1 S. 2 zu vertreten haben. Nach § 276 Abs. 1 S. 1 hat der Schuldner Vorsatz und Fahrlässigkeit zu vertreten, wenn eine strengere oder mildere Haftung nicht ersichtlich ist. Nach § 276 Abs. 2 handelt fahrlässig, wer die im Verkehr erforderliche Sorgfalt außer Acht lässt. V fuhr etwas zu schnell und hat damit die im Verkehr erforderliche Sorgfalt missachtet und somit fahrlässig gem. § 276 Abs. 2 gehandelt. Hier könnte sich aber zu Gunsten des V eine mildere Haftung aus § 300 Abs. 1 ergeben. Danach hat der Schuldner nur Vorsatz und grobe Fahrlässigkeit zu vertreten, wenn sich der Gläubiger (bei Eintritt der Unmöglichkeit) im Annahmeverzug befindet. 253

a) Indem K die von V angebotene Leistung nicht angenommen hat, könnte er in Annahmeverzug (§ 293) gekommen sein.

b) Die Leistung war am 11.5. erfüllbar (§ 271). Ebenso bestand zu diesem Zeitpunkt noch die Möglichkeit zur Leistungserbringung (§ 297).

c) Fraglich ist, ob V die Leistung ordnungsgemäß angeboten hat (§ 294). Ein ordnungsgemäßes Angebot nach § 294 setzt voraus, dass der Schuldner dem Gläubiger die Leistung zur richtigen Zeit (§ 271) und am richtigen Ort (§§ 269, 270) tatsächlich anbietet. Beide vereinbarten, dass der Wein am 11.5. bei K anzuliefern sei, vereinbart war also eine Bringschuld. Folglich konnte die Leistung nur am Wohnort des K erbracht werden. V war am 11.5. am Wohnort des K mit den 50 Flaschen Wein. Allerdings nahm K die Flaschen nicht an, weil er nicht anwesend war. Dies spielt aber nur eine Rolle, wenn ein Fall der vorübergehenden Annahmeverhinderung gem. § 299 vorliegt. Als Liefertermin war der 11.5. vereinbart, die Leistungszeit war somit bestimmt, sodass § 299 nicht einschlägig ist. Also hat V die Leistung dem K tatsächlich und ordnungsgemäß nach § 294 angeboten. K befand sich folglich im Annahmeverzug. 254

7. Hinweis zu § 300 Abs. 1 („grob fahrlässig“)

255 Wenn Annahmeverzug bejaht wird, muss im Anschluss geprüft werden, ob „grobe“ Fahrlässigkeit vorliegt. Grobe Fahrlässigkeit bedeutet, dass die im Verkehr erforderliche Sorgfalt in besonders hohem Maße außer Acht gelassen wird. Wenn dies bei V bejaht würde, so erschiene das etwas lebensfremd, zumal dann für „einfache“ Fahrlässigkeit, die dem Schuldner bei Annahmeverzug des Gläubigers gerade nicht vorzuwerfen ist, kein Platz mehr wäre **(vgl. Ausarbeitung A II 4)**.

II. Ansprüche V gegen K

1. Ausgangsfrage: **„Wer will was von wem warum woraus?“** (→ Rn. 104)

256 V will von K Bezahlung des Weins, weil er glaubt, dass K – trotz Nichtlieferung – aufgrund des wirksamen Kaufvertrags aus § 433 Abs. 2 dazu verpflichtet sei.

2. Anspruchsgrundlage § 433 Abs. 2 voranstellen **(vgl. Ausarbeitung B I)**.

3. Voraussetzungen der Anspruchsgrundlage prüfen bzw. hier, da Kaufvertrag schon oben bejaht wurde, nur kurz auf ihr Vorliegen hinweisen **(vgl. Ausarbeitung B I 1)**.

4. Vorschrift suchen, die aus der Sicht des Anspruchsgegners (nun K) den Anspruch vernichten kann. Dabei den ganzen Fall im Auge behalten: Unmöglich wurde die Leistung des V; die Bezahlung ist also die Gegenleistung zur unmöglich gewordenen Leistung. Von dieser Gegenleistung ist nicht in §§ 275 ff., sondern nur in §§ 320 ff. die Rede!

5. Da der Schuldner V, wie festgestellt, nach § 275 Abs. 1 nicht zu leisten braucht, ist – mit Hilfe des Verweises in § 275 Abs. 4 – zunächst an § 326 Abs. 1 S. 1 zu denken **(vgl. Ausarbeitung B II 1)**, sofern nicht eine Sondervorschrift eingreift: K war bezüglich der unmöglich gewordenen Leistung Gläubiger und als solcher in Annahmeverzug (→ Rn. 254), sodass § 326 Abs. 2 S. 1 Var. 2 bzw. im Kaufrecht § 446 S. 3 eingreift **(vgl. Ausarbeitung B II 2)**.

257 6. Die Rechtsfolgen des § 446 S. 3 sind die gleichen wie die des § 326 Abs. 2 S. 1 Var. 2: K bleibt zur Zahlung verpflichtet. Dieses Ergebnis ist abschließend zu formulieren **(vgl. Ausarbeitung B III)**.

Merke: § 326 Abs. 2 und § 446 S. 3 sind keine „Anspruchsgrundlagen", sondern nur Rechtsfolgeregelungen, die besagen, dass unter bestimmten Voraussetzungen (= bei alleiniger oder weit überwiegender Verantwortlichkeit des Gläubigers oder bei Annahmeverzug) der Anspruch des Schuldners auf die Gegenleistung bestehen bleibt. „Anspruchsgrundlage" ist – beim Kaufvertrag! – allein § 433 Abs. 2. Richtiges Zitat ist daher: „... Anspruch auf Kaufpreiszahlung aus § 433 Abs. 2"!

258 **Exkurs: Hinweis für den Fall einer bereits geleisteten Anzahlung des Käufers**

Wenn die Leistung gem. § 275 unmöglich ist, entfällt grundsätzlich die Gegenleistungspflicht gem. § 326 Abs. 1 S. 1 Hs. 1. Ist die dann nicht geschuldete Gegenleistung aber bereits erbracht, kann sie nach § 326 Abs. 4 iVm § 346 Abs. 1 zurückgefordert werden.

4. V fuhr „etwas zu schnell“, womit er die im Verkehr erforderliche Sorgfalt nicht in besonders hohem Maß außer Acht gelassen hat, im Gegensatz zu seinem Unfallgegner, der unter Alkoholeinfluss auf der falschen Straßenseite fuhr. V handelte bei Eintritt der Unmöglichkeit also nicht vorsätzlich oder grob fahrlässig, sondern nur leicht fahrlässig. Somit hat V die Pflichtverletzung nicht zu vertreten (Arg. § 300 Abs. 1). **259**

5. Ergebnis
Der Anspruch des K gegen V auf Schadensersatz statt der Leistung gem. §§ 280 Abs. 1 und 3, 283 S. 1 ist folglich nicht begründet.

B. Ansprüche V gegen K

I. Ein Anspruch des V gegen K auf Bezahlung des Weins könnte sich aus § 433 Abs. 2 ergeben.

1. Voraussetzung ist ein wirksamer Kaufvertrag, dessen Vorliegen bereits (→ A I 1) bejaht wurde. **260**

2. Der Zahlungsanspruch des V gegen K ist somit entstanden.

II. Fraglich ist, ob dieser Anspruch des V auf die Gegenleistung des K wegen der Unmöglichkeit der Leistung des V entfallen ist.

1. Dies ist gem. § 326 Abs. 1 S. 1 grundsätzlich der Fall, wenn der Schuldner – wie hier V – nach § 275 Abs. 1 (bis 3) nicht zu leisten braucht.

2. Ausnahmsweise kann der Anspruch auf die Gegenleistung nach § 326 Abs. 2, bei Annahmeverzug des Gläubigers nach § 326 Abs. 2 S. 1 Var. 2 trotz Entfallens der Leistungspflicht bestehen bleiben. Im Kaufrecht richtet sich der Übergang der Preisgefahr nach den Sondervorschriften der §§ 446, 447 Abs. 1, 475 Abs. 2 und 3. Ist die Gefahr des zufälligen Untergangs auf den Käufer übergegangen, muss er den Kaufpreis zahlen, obwohl er keine Leistung mehr erhält (sog. Preisgefahr). **261**

Nach § 446 S. 1 geht die Gefahr für den zufälligen Untergang grundsätzlich mit der Übergabe der Sache auf den Käufer über. Eine Übergabe der 50 Flaschen Weißwein ist noch nicht erfolgt. Der Übergabe ist nach § 446 S. 3 der Annahmeverzug (§§ 293 ff.) gleichgestellt. K befand sich zum Zeitpunkt des Unfalls als Gläubiger in Annahmeverzug nach § 293 (→ A II 3). Somit ist die Preisgefahr für den zufälligen Untergang nach § 446 S. 3 auf ihn übergegangen.

Zu prüfen ist, ob die Unmöglichkeit der Leistung zufällig (§ 446 S. 1) eingetreten ist. Zufall bedeutet, dass keine Vertragspartei den Untergang zu vertreten hat. Zu vertreten hat man grundsätzlich Vorsatz und Fahrlässigkeit (§ 276 Abs. 1), wenn keine mildere oder strengere Haftung bestimmt ist. Zwar hat V nach § 276 Abs. 2 durch das „etwas zu schnelle“ Fahren fahrlässig gehandelt. Aber nach § 300 Abs. 1 hat er während des Annahmeverzugs nur Vorsatz und grobe Fahrlässigkeit zu vertreten.

Literatur zur Vertiefung:
Alpmann Schmidt (Langkamp), Skript Schuldrecht AT 1, 26. Aufl. 2024, 3. Teil, 1. u. 2. Abschn. (Überblick und Unmöglichkeit), 4. Teil (Gläubigerverzug)
Brade, Die beiderseits zu vertretende Unmöglichkeit, JA 2013, 413
Brox/Walker, Allgemeines Schuldrecht, 48. Aufl. 2024, § 22 (Unmöglichkeit der Leistung), § 26 (Gläubigerverzug)
Coester-Waltjen, Verzögerungsgefahr, Sachgefahr, Leistungsgefahr, JURA 2006, 829
Coester-Waltjen, Die Gegenleistungsgefahr, JURA 2007, 110
Fikentscher/Heinemann, Schuldrecht, 12. Aufl. 2022, § 43 (Unmöglichkeit), § 45 (Gläubigerverzug)
Looschelders, Schuldrecht Allgemeiner Teil, 22. Aufl. 2024, § 21 (Unmöglichkeit als Ausschlussgrund für die primäre Leistungspflicht), § 36 (Gläubigerverzug)
Medicus/Lorenz, Schuldrecht I, Allgemeiner Teil, 22. Aufl. 2021, § 29 (Vertretenmüssen), §§ 34 f. (Die Leistungsbefreiung, Die Rechtsfolgen der Leistungsbefreiung), § 41 (Der Gläubigerverzug)
Samhat, Die Gefahrtragung nach erfolgter Konkretisierung im modernisierten Schuldrecht, JURA 2013, 1003
Tetenberg, Der Bezugspunkt des Vertretenmüssens beim Schadensersatz statt der Leistung, JA 2009, 1
Wörlen/Metzler-Müller/Balleis, Schuldrecht AT, 15. Aufl. 2023, Rn. 155–158 (Hol-, Bring- und Schickschuld), 243–253 (Gläubigerverzug), 282–294 (Nachträgliche Unmöglichkeit)

Raum für eigene Notizen:

Grob fahrlässig handelt, wer die im Verkehr erforderliche Sorgfalt in besonders schwerem, ungewöhnlich hohem Maße außer Acht lässt. Etwas zu schnelles Fahren zählt dazu jedenfalls nicht (vgl. A II 4). Somit hat V nicht grob fahrlässig gehandelt und das Leistungshindernis nicht zu vertreten.

Folglich ist der Anspruch auf Kaufpreiszahlung nicht erloschen (§ 446 S. 3).

III. Ergebnis
V hat gegen K einen Anspruch auf Kaufpreiszahlung aus § 433 Abs. 2.

Raum für eigene Notizen:

Fall 12 Leistungsstörungen: Unmöglichkeit, Aufrechnung

„Notschlachtung"

Landwirtin Karla Kornfeld (K) aus Abenddorf kaufte am 3. März telefonisch von dem Geflügelhändler Volkmar Vederfie (V) aus Berghausen, der sie schon seit Jahren belieferte, 30 Junghühner der von V auf seinem Hof gezüchteten Rasse New Hampshire zum Preis von 10 EUR pro Stück. V sollte die Tiere versandfertig in geeignete Hühnertransportkisten packen und die an K adressierte Fracht bis spätestens 6. März ab Bahnhof Berghausen aufgeben; Zahlung war nach Erhalt der Sendung vereinbart. **262**

Am Morgen des 6. März verlud V die für K bestimmten Posten in seinen Pkw-Anhänger, zusammen mit seinen restlichen verkaufsfähigen Jungtieren, die er an andere Kunden versenden wollte. Auf dem Weg zum Bahnhof kam es zu einem schweren, von V nicht verschuldeten Unfall; sämtliche Hühner wurden getötet bzw. mussten noch am Unfallort notgeschlachtet werden. Die Versicherung des Unfallgegners bezahlte dem V je Tier 12 EUR.

Welche Ansprüche hat K gegen V?

(Bearbeitungszeit: 2 Std.)

Besondere Vorüberlegungen

(gehören nicht in die Ausarbeitung)

263 1. Ausgangsfrage ist wie immer die Suche nach der Anspruchsgrundlage: **„Wer will was von wem warum woraus?"** (→ Rn. 104).

Auf den vorliegenden Sachverhalt übertragen ergibt die Beantwortung dieser Frage: K will von V in erster Linie Lieferung (Übereignung) von 30 Junghühnern, weil sie meint, dass V dazu aufgrund des am 3. März geschlossenen Kaufvertrags verpflichtet sei. Die Rechtsfolge „Übereignung" (= Übergabe und Eigentumsverschaffung) enthält § 433 Abs. 1 S. 1, welcher als Anspruchsgrundlage der Ausarbeitung voranzustellen ist **(vgl. Ausarbeitung I).**

2. Prüfung der Voraussetzungen der Anspruchsgrundlage

264 Abschluss eines wirksamen Kaufvertrags gem. § 433, der hier (K „kaufte") unproblematisch vorliegt. Ausführungen darüber, dass ein Vertrag durch Angebot und Annahme zustande kommt etc, sind daher überflüssig. Es genügt, den Vertragsschluss mit seinen grundsätzlichen Folgen kurz darzustellen **(vgl. Ausarbeitung I 1).** Liegen die Voraussetzungen – wie in unserem Fall – vor, so ist die Rechtsfolge, dass der Anspruch besteht, sofern der Anspruchsgegner keine Einwendungen entgegenhalten kann, die den Anspruch zum Erlöschen bringen könnten („Regel-Ausnahme-Prinzip" → Rn. 211) **(vgl. Ausarbeitung I 2).**

265 3. Prüfung der Voraussetzung der möglichen Einwendung **(vgl. Ausarbeitung I 2 a–c)**
Schwierigkeiten machte es einigen Bearbeitern zu erkennen, dass trotz Vorliegens einer Gattungsschuld Unmöglichkeit vorlag, weil es sich um eine „Vorratsschuld" **(vgl. Ausarbeitung I 2 c)** handelte. Die Vorratsschuld ist nicht ausdrücklich im BGB geregelt. Sie ist eine Form der Gattungsschuld – eine „beschränkte" Gattungsschuld –, bei der eine Sache mittlerer Art und Güte (§ 243 Abs. 1) aus einem ganz bestimmten Vorrat geschuldet wird, zB wenn ein Selbsthersteller Erzeugnisse eigener Produktion zu liefern verspricht, der Produzent also Schuldner der Ware ist (RGZ 88, 288), so bei landwirtschaftlichen Produkten eines bestimmten Hofes (Grüneberg/Grüneberg § 243 Rn. 3). Die verkauften Rasse-Hühner sollen vom Hof und aus der Zucht des V stammen. Wenn dieser „Vorrat" nicht mehr vorhanden ist, ist die Leistungspflicht des Schuldners gem. § 275 Abs. 1 ausgeschlossen!

Lösung (Ausarbeitung):

I. K könnte gegen V einen Anspruch auf Übereignung von 30 Junghühnern gem. § 433 Abs. 1 S. 1 haben. 266

1. Voraussetzung für diesen Anspruch ist, dass zwischen K und V ein wirksamer Kaufvertrag geschlossen wurde, was hier am 3. März geschehen ist. Der Anspruch der K gegen V gem. § 433 Abs. 1 S. 1 ist danach entstanden.

2. Der Anspruch könnte aber erloschen sein, wenn die Übereignung der Hühner dem V durch die Folgen des Unfalls unmöglich und die Leistungspflicht des V dadurch ausgeschlossen wäre (§ 275 Abs. 1).

a) Ob Unmöglichkeit gegeben ist, richtet sich zunächst nach der Art des vereinbarten Leistungsgegenstandes, dh, danach, ob eine Stück- oder Gattungsschuld vorliegt. Im Falle einer Gattungsschuld schuldet der Verkäufer gem. § 243 Abs. 1 Sachen „mittlerer Art und Güte", er trägt also das Beschaffungsrisiko iSv § 276 Abs. 1 S. 1. Bei Junghühnern einer bestimmten Rasse handelt es sich grundsätzlich um eine Gattungsschuld iSd § 243 Abs. 1. Geliefert werden müssen also 30 solcher Hühner „mittlerer Art und Güte", nicht bestimmte einzelne Junghühner. 267

V hat danach nicht einzelne, konkret bestimmte Junghühner „New Hampshire" zu liefern, sondern eine bestimmte Menge (30) solcher Hühner mittlerer Art und Güte.

b) Möglicherweise hat sich diese Gattungsschuld aber gem. § 243 Abs. 2 zur Stückschuld konkretisiert. Dies richtet sich nach der Art des vereinbarten Leistungsorts, dh entscheidend ist, ob die Parteien eine Bring-, Schick- oder Holschuld vereinbart haben. Hier wurde eine Schickschuld vereinbart, da V die Ware an den Wohnsitz der K versenden sollte. Bei der Schickschuld konkretisiert sich die Gattungsschuld zur Stückschuld, wenn der Schuldner die Sache ordnungsgemäß abgesandt bzw. an einen Spediteur oder Frachtführer übergeben hat (Arg. aus § 447 Abs. 1). Dies war jedoch noch nicht geschehen, da V sich bei Zerstörung der Ware noch auf dem Wege zum Bahnhof befand. 268

c) Bei den Junghühnern handelt es sich also nach wie vor um eine Gattungsschuld, bei der der Schuldner grundsätzlich verpflichtet ist, sich den geschuldeten Leistungsgegenstand andernorts zu beschaffen (§ 276 Abs. 1 S. 1). Das Beschaffungsrisiko ist allerdings bei der Gattungsschuld in Gestalt der sog. Vorratsschuld beschränkt und besteht nur, solange der Vorrat reicht. V und K haben vereinbart, dass V 30 Junghühner aus der „von ihm gezüchteten Rasse New Hampshire" liefern sollte. Somit handelt es sich um eine Vorratsschuld. Da sämtliche verkaufsfähigen Junghühner aus der Zucht des V untergegangen sind, ist die Lieferung der 30 Hühner aus dem Vorrat des V nachträglich objektiv unmöglich geworden. Es liegt also ein Fall des § 275 Abs. 1 vor, mit der Folge, dass V von seiner Leistungspflicht frei wird. 269

3. Ergebnis
K hat daher gegen V keinen Anspruch auf Übereignung von 30 Junghühnern aus § 433 Abs. 1 S. 1.

4. Da der Unfall von V nicht verschuldet war, konnte der Anspruch auf Schadensersatz aus §§ 280 Abs. 1 und 3, 283 S. 1 in dieser Kürze abgehandelt werden **(vgl. Ausarbeitung II).** In solch klaren Fällen ist der „Urteilsstil" (→ Rn. 23) erlaubt.

270 5. Hätte der Sachverhalt den Hinweis auf eine Versicherungsleistung an B nicht enthalten, hätte die Ausarbeitung nach II beendet werden müssen.

Wenn ein Sachverhalt, bei dem es um eine unmöglich gewordene Leistung geht, keinen Hinweis auf eine Ersatzleistung an den Schuldner enthält, wäre es überflüssig (falsch!), wenn ein Bearbeiter sich über das sog. „stellvertretende commodum" iSd § 285 Abs. 1 ausließe. Dies wäre dann unnötige Wissensausbreitung, die häufig zusätzliche Fehlerquellen eröffnet.

Hier war jedoch die Prüfung von § 285 Abs. 1 geradezu „zwingend" (**vgl. Ausarbeitung III 1**). Für K ist die günstigste Möglichkeit die, die am meisten Geld bringt.

6. Zu **Ausarbeitung III 2**

271 § 326 Abs. 3 muss man bei gegenseitigen Verträgen im Falle des § 285 stets „im Hinterkopf" haben!

Merke: Die §§ 275 ff. und 280 ff. gelten für Verzug, Unmöglichkeit und Schlechterfüllung bei allen Schuldverhältnissen. Die §§ 320–326 enthalten zusätzliche Sonderbestimmungen für gegenseitige Verträge.

7. Zu **Ausarbeitung III 3**

272 Eine Aufrechnung bewirkt, dass der entstandene Anspruch ganz oder teilweise erlischt (§ 389) (→ Rn. 56: 3. Schritt im Schema Anspruchsprüfung). Die Aufrechnungslage konnte man hier nur erkennen, wenn man vorher die Verpflichtung der K zur Gegenleistung aufgrund des § 326 Abs. 3 S. 1 richtig erkannt hatte.

273

Prüfungsschema:
Aufrechnung (§§ 387 ff.)

- Aufrechnungslage (§ 387):
  - Gegenseitigkeit der Forderungen
  - Gleichartigkeit der Forderungen
  - Erfüllbarkeit der Haupt- und Fälligkeit der Gegenforderung
- Kein Ausschluss nach §§ 390–394 (nur prüfen, wenn Sachverhalt Anlass gibt)
- Aufrechnungserklärung (§ 388)

Rechtsfolge: § 389, die Forderungen erlöschen in Höhe ihrer betragsmäßigen Übereinstimmung

II. Ein Anspruch der K gegen V auf Schadensersatz statt der Leistung gem. §§ 280 Abs. 1 und 3, 283 S. 1 besteht nicht, da V den Unfall laut Sachverhalt nicht verschuldet hat. V hat den Untergang der Junghühner nicht nach § 276 zu vertreten.

III. Ein weiterer Anspruch der K gegen V, und zwar auf Herausgabe der dem V be- **274**
zahlten Versicherungsleistung, könnte sich indessen aus § 285 Abs. 1 ergeben.

1. Voraussetzung für diesen Anspruch ist, dass V für den geschuldeten Gegenstand einen Ersatz erlangt, und zwar infolge des Eintritts der Unmöglichkeit. V hat von der Versicherung des Unfallgegners pro Huhn 12 EUR, also 360 EUR insgesamt für die der K geschuldeten 30 Hühner erhalten.

Somit kann K gem. § 285 Abs. 1 Herausgabe dieses Betrages von V verlangen.

2. Der Anspruch der K könnte aber teilweise erlöschen (§ 389), wenn V mit seiner **275**
Kaufpreisforderung aus § 433 Abs. 2 gegenüber der Forderung der K aus § 285 aufrechnet (§ 388). Dafür müssten die Voraussetzungen von § 387 erfüllt sein.

Die beiden Forderungen müssten gegenseitig und gleichartig sein, die Hauptforde- **276**
rung erfüllbar und die Gegenforderung fällig. Gemäß § 326 Abs. 3 S. 1 bleibt K, sofern sie von der Möglichkeit des § 285 Abs. 1 Gebrauch macht, zur Gegenleistung, also zur Kaufpreiszahlung (30 x 10 EUR = 300 EUR) verpflichtet. Somit schulden K und V einander (= gegenseitig) Leistungen, die ihrem Gegenstand nach gleichartig (Geld), erfüllbar bzw. fällig sind. Damit ist eine Aufrechnungslage gem. § 387 gegeben. V kann also gem. § 388 die Aufrechnung erklären.

Folge der Aufrechnung wäre, dass in Höhe der Kaufpreisforderung von 300 EUR die Forderung der K (360 EUR) erlischt (§ 389), sodass sie nur noch einen Rest von 60 EUR von V fordern könnte.

3. Ergebnis
Bei Aufrechnung durch V hat K also gegen V einen Anspruch auf Zahlung von 60 EUR aus § 285 Abs. 1.

Literatur zur Vertiefung:

Alpmann Schmidt (Langkamp), Skript Schuldrecht AT 1, 26. Aufl. 2024, 3. Teil, 1. u. 2. Abschn. (Überblick und Unmöglichkeit)

Alpmann Schmidt (Langkamp/Lüdde), Skript Schuldrecht AT 2, 25. Aufl. 2024, 1. Teil, 3. Abschn. (Aufrechnung etc)

Brox/Walker, Allgemeines Schuldrecht, 48. Aufl. 2024, § 8 (Gattungs-, Wahlschuld, Ersetzungsbefugnis), § 22 (Unmöglichkeit der Leistung)

Coester-Waltjen, Die Aufrechnung, JURA 2003, 246

Fikentscher/Heinemann, Schuldrecht, 12. Aufl. 2022, § 39 III (Aufrechnung), § 43 (Unmöglichkeit)

Hirsch, Schuldrecht Allgemeiner Teil, 11. Aufl. 2018, § 32 (Keiner ist verantwortlich)

Linardatos/Russmann, Der Anspruch auf das stellvertretende commodum bei Rückgewährungsmöglichkeit, JURA 2013, 861

Looschelders, Schuldrecht Allgemeiner Teil, 22. Aufl. 2024, § 18 (Die Aufrechnung), § 21 (Unmöglichkeit als Ausschlussgrund für die primäre Leistungspflicht)

Lorenz, Grundwissen – Zivilrecht: Aufrechnung (§§ 387 ff. BGB), JuS 2008, 951

Medicus/Lorenz, Schuldrecht I, Allgemeiner Teil, 22. Aufl. 2021, § 17 (Gattungsschuld, Wahlschuld, Ersetzungsbefugnis), § 24 (Aufrechnung), §§ 34 f. (Die Leistungsbefreiung, Die Rechtsfolgen der Leistungsbefreiung)

Schur, Die Verknüpfung wechselseitiger Leistungen, JuS 2006, 673

Stoppel, Die beiderseits zu vertretende Unmöglichkeit nach neuem Schuldrecht, JURA 2003, 224

Wörlen/Metzler-Müller/Balleis, Schuldrecht AT, 15. Aufl. 2023, Rn. 176–177a (Aufrechnung), 282–294 (Nachträgliche Unmöglichkeit); 295–312a (Besondere Regelungen für gegenseitige Verträge), 312a–327 (Der Ausschluss der Leistungspflicht nach § 275 im System des Allgemeinen Schuldrechts)

Raum für eigene Notizen:

Fall 13 Leistungsstörungen: Unmöglichkeit, Schuldnerverzug, Haftung für Erfüllungsgehilfen, Schlechterfüllung

„Der explodierte Fikentscher"

Ausgangsfall:

Jurastudentin Verona Vierheilig (V) leiht dem Ernst Ehrlich (E) ihr neuwertiges Lehrbuch „Fikentscher/Heinemann, Schuldrecht, Allgemeiner und Besonderer Teil", neueste Auflage. Ein bestimmter Rückgabetermin ist nicht vereinbart. Nach drei Monaten fordert V den E am 1. November auf, das Buch zurückzugeben, was E, nachlässig wie er ist, vergisst. Auch der erneuten Aufforderung der V am 15. November kommt E nicht nach. 277

Am 18. November wird in Abwesenheit des E dessen Wohnung mit allem Inventar, unter dem sich auch der „Fikentscher" befindet, durch eine Gasexplosion völlig zerstört. Als E dies der V mitteilt, erfährt er von V, dass auch deren Wohnung am Tage vor der Explosion bei E, also am 17. November, durch einen Brand vernichtet wurde, ohne dass V irgendetwas retten konnte. V verlangt von E 60 EUR, um sich einen neuen „Fikentscher" kaufen zu können.

Zu Recht?

Bitte nehmen Sie zu folgenden Fragen mit kurzer Begründung Stellung: 278

1. Wie wäre es, wenn der Brand bei V nicht am 17. November, sondern am 19. November stattgefunden hätte?
2. Welchen Anspruch (gegebenenfalls beziffern) hat V gegen E, wenn E der V das Buch nach der Aufforderung am 1. November zurückgibt, und infolge eines durch Unachtsamkeit des E entstandenen riesigen Tintenflecks der Text auf etlichen Seiten unleserlich ist? 279
3. Welchen Anspruch hat V gegen E, wenn die Explosion bei E am 18. November auf ein Verschulden der an diesem Tage dort tätigen Haushaltshilfe des E zurückzuführen wäre?

(Bearbeitungszeit: 3 Std.)

Besondere Vorüberlegungen

(gehören nicht in die Ausarbeitung)

A. Ausgangsfall

1. Suche nach der Anspruchsgrundlage: **„Wer will was von wem warum woraus?“** (→ Rn. 104)

280 Diese allgemeine, grundsätzlich bei jeder Klausur zu stellende Frage ist unter Heranziehung der speziellen Fallfrage auf den vorliegenden Sachverhalt zu übertragen und zu beantworten.

Das ergibt hier: V will von E 60 EUR (= Ersatz!) für einen neuen „Fikentscher“, weil das Buch, das sie E geliehen hat, bei diesem zerstört wurde.

Als Anspruchsgrundlage für das Begehren der V kann nur eine Norm in Betracht kommen, aufgrund derer der Schuldner *Ersatz* zu leisten hat, weil er seine vertragliche Leistung (hier: Rückgabe der geliehenen Sache) nicht mehr erbringen kann. Die Leistung ist dem Schuldner unmöglich geworden. Bei einer solchen Pflichtverletzung kann der Gläubiger, sofern weitere Voraussetzungen erfüllt sind, gem. § 280 Abs. 1 Schadensersatz verlangen. ***Schadensersatz statt der Leistung*** kann er nur unter den besonderen Voraussetzungen der in § 280 Abs. 3 genannten Vorschriften §§ 281–283 (hier: § 283 S. 1) verlangen (→ Prüfungsschema Rn. 249).

Dies will ganz offensichtlich auch V. Richtige Anspruchsgrundlage und – als hypothetisches Ergebnis formuliert – dem Gutachten voranzustellen ist daher §§ 280 Abs. 1 und 3 iVm 283 S. 1 (**vgl. Ausarbeitung A I**).

2. Prüfung der Voraussetzungen der Anspruchsgrundlage

281 Unter die Voraussetzungen des § 280 Abs. 1 (auf die § 283 S. 1 ausdrücklich verweist) sind nun die Geschehnisse des Sachverhalts Schritt für Schritt zu subsumieren (**vgl. Ausarbeitung A I 1–3 a**).

3. Zu **Ausarbeitung A I 3 a und b**

282 Erst bei der Frage des Vertretenmüssens (der „Pflichtverletzung Unmöglichkeit“) hat der Verzug des Schuldners Bedeutung! Vom Aufbau her falsch – da ohne jeden logischen Zusammenhang – war es daher, die Voraussetzungen des Verzugs zB schon vor Feststellung der Unmöglichkeit und des allgemeinen Verschuldensmaßstabs des § 276 Abs. 1, der durch die Einschränkung „wenn ... nicht“ auf mögliche Haftungsbeschränkungen oder -erweiterungen hinweist, zu prüfen. Immer wieder, trotz aller „Ermahnungen“, ist in Klausuren zu lesen: „V muss eine Pflichtverletzung begangen haben. Da er den Liefertermin vergessen hat, ist ihm die Leistung unmöglich geworden“!? Pardon: So ein Unsinn! Die Leistung ist nicht durch das Vergessen des Liefertermins, sondern durch die zufällige Zerstörung des Leistungsgegenstands unmöglich geworden! Der Verzug ist Voraussetzung für die Anwendung von § 287. Erst hier sind die Voraussetzungen des Verzugs (§ 286) zu prüfen (**vgl. Ausarbeitung A I 3 b aa**).

283

Prüfungsschema:
Schuldnerverzug (§ 286)

- Fälligkeit der Leistung (§ 271)
- Mahnung nach Fälligkeit (§ 286 Abs. 1 S. 1 oder § 286 Abs. 1 S. 2), falls nicht entbehrlich nach § 286 Abs. 2
- Nichtleistung des Schuldners (§ 286 Abs. 1 S. 1)
- Vertretenmüssen (§§ 286 Abs. 4, 276 oder 278)

Lösung:

A. Ausgangsfall

I. V könnte gegen E einen Anspruch auf Zahlung von 60 EUR Schadensersatz statt der Leistung gem. §§ 280 Abs. 1 und 3, 283 S. 1 haben. **284**

1. Voraussetzung für diesen Anspruch ist zunächst, dass zwischen V und E ein Schuldverhältnis besteht. Dies ist der zwischen V und E zustande gekommene Leihvertrag iSd § 598.

2. Weiterhin ist erforderlich, dass der Schuldner E gem. § 280 Abs. 1 S. 1 eine Pflichtverletzung begangen hat, die zum Ausschluss der Leistungspflicht nach § 275 Abs. 1–3 geführt hat (§ 283 S. 1). E war gem. § 604 zur Rückgabe des Lehrbuchs an V verpflichtet.

Da das Buch bei der Explosion in der Wohnung des E völlig zerstört wurde, kann E seiner Rückgabepflicht nicht mehr nachkommen. Somit liegt eine Pflichtverletzung vor, die gem. § 275 Abs. 1 zum Ausschluss der Leistungspflicht des E führt.

3. E müsste diese Pflichtverletzung gem. § 280 Abs. 1 S. 2 zu vertreten haben. **285**

a) Grundsätzlich hat der Schuldner gem. § 276 Abs. 1 S. 1 Vorsatz und Fahrlässigkeit zu vertreten. Beides ist, als das Buch bei E aufgrund der Explosion verbrennt, aufseiten des E nicht ersichtlich. Somit müsste E die Unmöglichkeit nicht vertreten, „wenn eine strengere oder mildere Haftung nicht ... bestimmt ist" (vgl. § 276 Abs. 1 S. 1).

b) Eine andere Bestimmung zur Haftung (strengere Haftung) enthält § 287. Gemäß § 287 S. 2 haftet der Schuldner wegen der Leistung auch für Zufall, wenn er sich zum Zeitpunkt des Eintritts des Leistungshindernisses in Verzug befunden hat.

aa) Mangels einer kalendermäßigen Bestimmung für den Zeitpunkt der Leistung und anderer Ausnahmetatbestände von § 286 Abs. 2 Nr. 1–4 sind die Voraussetzungen des Verzugs nach § 286 Abs. 1 zu prüfen. Danach müsste die Leistung des E zunächst fällig sein. Grundsätzlich wird die Rückgabe geliehener Sachen beim Leihvertrag mit Ablauf der für die Leihe bestimmten Zeit fällig (§ 604 Abs. 1). Ist eine solche Zeit – wie hier – nicht bestimmt, so ist die Sache zurückzugeben, nachdem der Entleiher den sich aus dem Zweck der Leihe ergebenden Gebrauch gemacht hat (§ 604 Abs. 2 S. 1). Ob dies hier der Fall ist, ist dem Sachverhalt nicht zu entnehmen. Da E jedoch das Buch schon seit drei Monaten hat, ist davon auszugehen, dass er Gebrauch davon (das Buch zu lesen bzw. durchzuarbeiten) hätte machen können. Unabhängig davon, ob E nun bereits Gebrauch von der Sache gemacht hat oder nicht, kann V daher gem. § 604 Abs. 2 S. 2 das Buch am 1. November zurückfordern. Durch ihre entsprechende Aufforderung an diesem Tage ist die Leistung des E somit am 1. November fällig geworden. **286**

4. Zu **Ausarbeitung A I 3 b bb**

287 Da § 287 S. 2 Hs. 2 von der Haftungserweiterung bei Zufall wieder eine Ausnahme vorsieht (Vorschriften immer ganz lesen!), und da der Sachverhalt den Hinweis enthält, dass die Wohnung der V bereits einen Tag vor der Zerstörung des Buchs ausbrannte, musste geprüft werden, ob diese Ausnahme hier eingreift.

288 5. Viele Bearbeiter prüften übrigens, ob E gem. § 275 Abs. 1 von seiner Leistungsverpflichtung frei geworden ist. Diese Prüfung war bei dieser Klausur verfehlt! Die V als Anspruchstellerin interessiert nicht, ob E von der Rückgabeverpflichtung frei wurde, sondern sie interessiert, ob sie (V) für die eingetretene Unmöglichkeit Schadensersatz verlangen kann. Nicht das Schicksal der Rückgabeverpflichtung des E war zu prüfen, sondern die Frage nach der Schadensersatzpflicht des E zu beantworten. Eine solche kann sich aber niemals aus § 275 Abs. 1 ergeben, wohl aber aus § 280 Abs. 1, der voraussetzt, dass eine Pflichtverletzung (hier: Unmöglichkeit) vom Schuldner zu vertreten ist. Ob der Schuldner etwas zu vertreten hat, regelt nicht § 280, sondern § 276 (und gegebenenfalls § 278).

6. Zu **Ausarbeitung A II**

289 Da V von E Schadensersatz verlangt, waren nicht nur vertragliche, sondern auch deliktische Schadensersatzansprüche zu prüfen (→ Rn. 56 Ziffer 4). Da dieser Anspruch offensichtlich nicht begründet ist, konnte man dies ausnahmsweise in urteilsähnlichem Stil abhandeln

Zur Wiederholung: Der entstandene Schaden muss kausal auf ein Tun oder Unterlassen des Anspruchsgegners zurückzuführen sein. Ein rechtlich erhebliches Unterlassen, das positivem Tun gleichzustellen ist, liegt aber erst dann vor, wenn der Anspruchsgegner durch sein Nichtstun eine Rechtspflicht zum Tätigwerden verletzt und er tatsächlich in der Lage ist, die Rechtsgutverletzung auch abzuwenden. Eine solche Rechtspflicht zum Handeln bzw. Garantenstellung kann sich aus verschiedenen Umständen ergeben, va aus Gesetz, Vertrag, vorangegangenem Tun oder engen Lebensbeziehungen.

II. Zusatzfragen

1. Frage

290 Hier musste erkannt werden, dass der Brand bei V am 19. November nichts mehr daran ändern konnte, dass der Schadensersatzanspruch der V gem. §§ 280 Abs. 1 und 3, 283 S. 1 aufgrund der Zufallshaftung gem. § 287 Abs. 2 Hs. 1 bereits am 18. November entstanden war (**vgl. Ausarbeitung B Frage 1 Ziffer 1–3**).

In der erneuten Aufforderung durch V am 15. November ist deshalb die von § 286 Abs. 1 S. 1 verlangte Mahnung zu sehen. Da E auch nach der Mahnung durch V nicht leistet, ist er gem. § 286 Abs. 1 S. 1 am 15. November in Verzug gekommen. Dieser Verzug ist auch von E verschuldet (§§ 286 Abs. 4, 276 Abs. 1 S. 1 und Abs. 2): Die Leistung des E unterblieb aufgrund von Vergesslichkeit, dh, E hat fahrlässig gehandelt und den Verzug zu vertreten. **291**

bb) Da somit bei Eintritt der Unmöglichkeit am 18. November Schuldnerverzug des E vorlag, greift die besondere Haftungsvorschrift des § 287 S. 2 ein. Gemäß § 287 S. 2 Hs. 1 haftet E auch für zufälligen, dh sowohl von ihm als auch von V nicht verschuldeten Untergang der Sache, es sei denn, der Schaden wäre auch bei rechtzeitiger Leistung, also vor Eintritt der Unmöglichkeit, eingetreten (§ 287 S. 2 Hs. 2). Hätte E am 15. oder 16. November geleistet, wäre das Buch schon am 17. November bei V und nicht erst am 18. November bei E zerstört worden. Folge davon ist, dass E, obwohl er sich zum Zeitpunkt des Eintritts der Unmöglichkeit in Verzug befand, nicht haftet. **292**

4. V hat keinen Anspruch gegen E auf Schadensersatz iHv 60 EUR aus §§ 280 Abs. 1 und 3, 283 S. 1.

II. V könnte aber gegen E einen Anspruch auf Schadensersatz gem. § 823 Abs. 1 haben. Dafür müsste E schuldhaft und widerrechtlich ein Rechtsgut der V verletzt haben und der V dadurch ein Schaden entstanden sein.

1. Ein Rechtsgut der V, nämlich ihr Eigentum an dem Lehrbuch, wurde verletzt.

2. Da E die Gasexplosion nicht selbst ausgelöst hatte, konnte er die Zerstörung des Lehrbuchs nur durch pflichtwidriges Unterlassen verursacht haben. E hatte zwar die vertragliche Nebenpflicht, das Buch so aufzubewahren, dass es nicht zerstört werden kann (Garantenstellung). Diese Pflicht hätte er aber nur verletzt, wenn er bei der Aufbewahrung des Buchs in seiner Wohnung gegen Brandschutzbestimmungen verstoßen hätte. Dies ist aus dem Sachverhalt nicht ersichtlich. Ein pflichtwidriges Verhalten (Tun oder Unterlassen) des E liegt folglich nicht vor.

3. V hat gegen E auch keinen Schadensersatzanspruch aus § 823 Abs. 1.

B. Zusatzfragen

Frage 1

1. In diesem Fall kann § 287 S. 2 Hs. 2 nicht zugunsten des E eingreifen, da der Brand bei V (am 19. November) erst einen Tag nach Eintritt der Unmöglichkeit stattfand. Anders ausgedrückt: Der Schaden (Vernichtung des geliehenen Buches), der durch die Explosion bei E am 18. November eintrat, wäre nicht eingetreten, wenn E rechtzeitig (= vor dem 18. November) geleistet hätte. Der Schadensersatzanspruch der V gegen E war bereits am 18. November entstanden. Der einen Tag später folgende Brand in der Wohnung der V kann diesen Anspruch nicht mehr vernichten. **293**

E haftet daher der V gem. § 287 S. 2 Hs. 1, dh, er hat die Unmöglichkeit zu vertreten und ist gem. §§ 280 Abs. 1 und 3, 283 S. 1 zum Schadensersatz verpflichtet. Einer Fristsetzung bedarf es nicht.

Zu **Ausarbeitung B Frage 1 Ziffer 3**
Die §§ 281 ff. sind nicht auf Restitution, sondern **Kompensation** ausgerichtet. In dem Moment, in dem der Gläubiger Schadensersatz verlangt, ist der Anspruch auf die Leistung ausgeschlossen (§ 281 Abs. 4) bzw. schon wegen Unmöglichkeit (§ 275): „statt der Leistung"! Art und Umfang des Schadensersatzes richten sich also auch bei den §§ 281–283 grundsätzlich nach den §§ 249 ff., aber es gelten die Besonderheiten, die sich aus der Unmöglichkeit bzw. § 281 Abs. 4 ergeben.

Der Gläubiger ist so zu stellen, wie er stehen würde, wenn der Schuldner ordnungsgemäß erfüllt hätte (positives Interesse). Der Anspruch geht in der Regel auf Geld und nicht auf Naturalrestitution (Grüneberg/Grüneberg § 281 Rn. 17). V möchte Geld und zwar die 60 EUR, die er im Wege der Differenzmethode auch verlangen kann (§ 251 Abs. 1).

2. Frage

294 In dieser Abwandlung ist die Ausgangsposition eine völlig andere. Im Gegensatz zum Ausgangsfall und der ersten Abwandlung ist weder das Buch zerstört worden, noch E in Verzug gekommen. E hat seine Pflicht aus der Leihe zur Rückgabe pünktlich erfüllt, allerdings schlecht, da er das Buch beschädigt hat (Tinte!).

a) Zu suchen war nach einer Anspruchsgrundlage für V, die ihr „Schadensersatz wegen Schlechterfüllung" des Vertrags gewährt: § 280 Abs. 1 und 3, § 281 Abs. 1 S. 1.

295 **Prüfungsschema: Schadensersatz statt der Leistung wegen Schlechterfüllung (§ 280 Abs. 1 und 3 iVm § 281 Abs. 1 S. 1 Var. 2)**

- Wirksames Schuldverhältnis (§ 280 Abs. 1 S. 1)
- Pflichtverletzung durch Schlechtleistung („nicht wie geschuldet" – § 281 Abs. 1 S. 1 Var. 2)
- Angemessene und erfolglose Fristsetzung (§ 281 Abs. 1 S. 1), falls nicht entbehrlich (§ 281 Abs. 2) oder Abmahnung (§ 280 Abs. 3)
- Vertretenmüssen (§ 280 Abs. 1 S. 2 iVm § 276 oder § 278)
- Kausaler Schaden beim Gläubiger (§ 280 Abs. 1 S. 1)

Rechtsfolge: Schadensersatz statt der Leistung, Umfang: §§ 249 ff.

Es gibt bei § 281 Abs. 1 zwei Arten, den Schaden zu berechnen: Beim **„kleinen Schadensersatz"** kann der Gläubiger die mangelhafte Sache behalten und verlangen, so gestellt zu werden, als ob gehörig erfüllt worden wäre (§ 281 Abs. 1 S. 1).

Beim **„großen Schadensersatz"** – der nur bei erheblicher Pflichtverletzung geht, s. § 281 Abs. 1 S. 3 – gibt der Gläubiger die beschädigte Sache zurück (§§ 346 ff.) und verlangt Schadensersatz statt der Leistung für die Nichterfüllung des ganzen Vertrags.

296 b) Nun waren nach dem üblichen gutachtlichen Aufbau wieder die Voraussetzungen des Anspruchs aus §§ 280 Abs. 1 und 3, 281 Abs. 1 S. 1 zu prüfen **(vgl. Ausarbeitung B Frage 2 Ziffer 1 a-e)**.

Die Fallgruppe § 281 Abs. 1 S. 1 Var. 2 („Leistung nicht wie geschuldet") erfasst Schlechterfüllung einer Hauptleistungspflicht und die Verletzung einer Nebenleistungspflicht. Für den Fall, dass – wie hier – eine *leistungsbezogene* Nebenpflicht (sorgfältige Behandlung der Leihsache) verletzt wurde, sieht § 281 Abs. 1 S. 1 eine erfolglose Nachfristsetzung vor, die hier allerdings nicht erforderlich ist, denn es greift zugunsten der V § 281 Abs. 2 ein **(vgl. Ausarbeitung B Frage 2 Ziffer 1 c)**.

297 c) Anschließend war die Rechtsfolge (= Schadensersatz) festzuhalten. Für den Umfang des Schadensersatzes gelten auch hier die §§ 249 ff., auf die hier einzugehen war, da im Sachverhalt verlangt war, den Schadensersatz gegebenenfalls konkret zu beziffern! Die Differenzmethode verlangt einen rechnerischen Vergleich der Vermögenslagen mit und ohne das schädigende Ereignis **(vgl. Ausarbeitung B Frage 2 Ziffer 1 f)**.

2. Da V 60 EUR Schadensersatz statt der ganzen Leistung verlangt, ist gem. § 283 S. 2 die Vorschrift des § 281 Abs. 1 S. 3 entsprechend anzuwenden, dh, die Pflichtverletzung des E müsste erheblich sein. Da das Buch beim Brand nicht nur leicht beschädigt, sondern unwiederbringlich zerstört wurde, ist die Voraussetzung erfüllt. 298

3. Der Umfang des Schadensersatzes ergibt sich aus §§ 249 ff., wobei Naturalrestitution gem. § 249 Abs. 1 nicht gilt. Der Anspruch richtet sich auf eine Leistung in Geld. E ist verpflichtet, den V so zu stellen, als ob die Leistung wie geschuldet erbracht worden wäre. Der Anspruch ist auf Ersatz des Erfüllungsinteresses gerichtet (positives Interesse). Ersatzfähig ist der Marktwert der ausgebliebenen Leistung gem. § 251 Abs. 1 Var. 1. V kann für das zerstörte neuwertige Buch den Neupreis von 60 EUR von E verlangen.

Frage 2

1. V könnte gegen E einen Anspruch auf Schadensersatz statt der Leistung wegen Pflichtverletzung (Schlechterfüllung) beim Leihvertrag gem. § 280 Abs. 1 und 3 iVm § 281 Abs. 1 S. 1 Var 2 haben. 299

a) Zwischen V und E müsste ein wirksames Schuldverhältnis vorliegen. Da zwischen ihnen ein Leihvertrag (§ 598) wirksam zustande gekommen ist, ist dies erfüllt.

b) Dem E müsste eine objektive Pflichtverletzung vorzuwerfen sein. § 241 Abs. 2 verlangt Rücksichtnahme auf die Rechtsgüter des anderen. E hatte außer den Verpflichtungen aus §§ 603 f. auch die Pflicht, das Buch sorgsam zu behandeln und unbeschädigt zurückzugeben. E hat das Buch pünktlich, aber durch den Tintenfleck beschädigt (teilweise unleserlich) zurückgegeben. Damit hat er eine leistungsbezogene vertragliche Nebenpflicht verletzt. 300

c) Grundsätzlich müsste V dem E eine Frist zur Leistung oder Nacherfüllung gem. § 281 Abs. 1 S. 1 setzen. Gemäß § 281 Abs. 2 ist jedoch die sofortige Geltendmachung des Schadensersatzanspruchs ohne Fristsetzung gerechtfertigt, wenn besondere Umstände für eine sofortige Geltendmachung des Schadensersatzanspruches sprechen. Dies ist hier der Fall, denn die unleserlichen Seiten können nicht mehr ersetzt werden und eine Fristsetzung ist insofern hinfällig. 301

d) Die Pflichtverletzung des E geschah schuldhaft iSd § 276 Abs. 1, da E unachtsam – die im Verkehr erforderliche Sorgfalt außer Acht lassend – also fahrlässig iSv § 276 Abs. 2 handelte, sodass er die Pflichtverletzung zu vertreten hat (§ 280 Abs. 1 S. 2).

e) Dadurch, dass wegen des Tintenflecks etliche Buchseiten unleserlich wurden, ist V auch ein kausaler Schaden entstanden. Somit ist ein Schadensersatzanspruch der V gegen E aus § 280 Abs. 1 und 3 iVm § 281 Abs. 1 S. 1 dem Grunde nach gegeben.

f) Der Umfang des Schadensersatzes richtet sich nach §§ 249 ff. V ist so zu stellen, wie er bei ordnungsgemäßer Rückgabe ohne Pflichtverletzung des E gestanden hätte (positives Interesse). Bei der Entschädigung ist zu berücksichtigen, dass V das beschädigte Buch noch hat. Deshalb ist E nur verpflichtet, die Wertdifferenz zwischen dem beschädigten Buch und einem neuen Buch auszugleichen. 302

303 d) Da der **„kleine Schadensersatz"** nach §§ 280 Abs. 1 und 3, 281 Abs. 1 **S. 1** (Schadensersatz statt der Leistung) nur zum Ersatz des Minderwerts nach § 251 Abs. 1 führte, war der **„große Schadensersatz"** nach §§ 280 Abs. 1 und 3, 281 Abs. 1 S. 1 und 3 (Schadensersatz statt der *ganzen* Leistung) zu prüfen, der den Interessen der V mehr entgegenkommt. Dabei konnte bezüglich der ersten drei Voraussetzungen auf die vorstehenden Ausführungen verwiesen werden.

Zu begründen war dann nur noch die Erheblichkeit der Pflichtverletzung und auf die Regelung von § 281 Abs. 5 hinzuweisen **(vgl. Ausarbeitung B Frage 2 Ziffer 2 a–d).**

304 e) Zu **Ausarbeitung B Frage 2 Ziffer 2 c**
Bezüglich der Ausführungen zum Umfang des Schadensersatzes (§§ 249 ff.) konnte die Argumentation von B Frage 1 Ziffer 3 (→ Rn. 298) verwendet werden.

305 f) Zu **Ausarbeitung B Frage 2 Ziffer 3 a und b**
Liegt in der Sorgfaltspflichtverletzung auch eine Verletzung eines der geschützten Rechtsgüter des § 823 Abs. 1, ist neben dem Anspruch aus § 280 Abs. 1 (iVm ...) auch ein Anspruch aus unerlaubter Handlung möglich. § 823 Abs. 1 (Prüfungsschema → Rn. 467) war daher ebenfalls zu prüfen.

Für den Umfang des Schadensersatzes gelten die §§ 249 ff. Im Fall der Beschädigung einer Sache gibt es bei § 249 alternativ die Reparatur oder die Anschaffung einer gleichwertigen Ersatzsache. Die Reparatur ist hier nicht möglich bzw. zumutbar. Je nachdem, ob eine Neubeschaffung möglich ist, kommen entweder § 249 Abs. 1 und 2 oder § 251 Abs. 1 in Betracht. Hier ist von der möglichen Neubeschaffung des Buches auszugehen. Will der Geschädigte statt der Ersatzbeschaffung Geld, wird vom Wiederbeschaffungswert der Restwert abgezogen bzw. muss er die beschädigte Sache dem Schädiger zur Verfügung stellen.

g) Ergebnis
Beim Schadensersatz statt der Leistung behält V das Buch und bekommt nach § 251 Abs. 1 Entschädigung in Geld, dh Ersatz des durch den Tintenfleck bedingten Minderwerts des Buches.

V hat gegen E einen Schadensersatzanspruch aus §§ 280 Abs. 1 und 3, 281 Abs. 1 S. 1 in Höhe des Minderwerts.

2. V könnte darüber hinaus gegen E einen Anspruch auf Schadensersatz statt der *ganzen* Leistung wegen Pflichtverletzung beim Leihvertrag gem. §§ 280 Abs. 1 und 3, 281 Abs. 1 S. 1 und 3 haben.

a) Für die Anspruchsvoraussetzungen „Schuldverhältnis", „Pflichtverletzung" und „Vertretenmüssen" gilt dasselbe, wie oben unter 1 a–d ausgeführt.

b) Gemäß § 281 Abs. 1 S. 3 muss die Pflichtverletzung durch E erheblich sein. Was 306
erheblich ist, bestimmt sich nach den Umständen des Einzelfalls sowie nach Inhalt und Zweck des jeweiligen Schuldverhältnisses. Da durch den Tintenfleck etliche Seiten des Buchs unleserlich wurden, ist die Pflichtverletzung erheblich. Der Schadensersatzanspruch ist begründet.

c) Der Umfang des Schadensersatzes richtet sich wiederum nach §§ 249 ff. Diesmal muss V das Buch zurückgeben (§§ 346 ff.), wenn er den vollen Neupreis (= Wert des unbeschädigten Buches) möchte gem. § 251 Abs. 1.

d) Ergebnis
V kann somit gem. §§ 280 Abs. 1 und 3, 281 Abs. 1 S. 1 und 3 Schadensersatz statt der *ganzen* Leistung in Höhe von 60 EUR verlangen, während E gem. § 281 Abs. 5 zur Rückforderung des beschädigten Buchs berechtigt ist.

3. In Betracht kommt schließlich auch ein Anspruch der V gegen E auf Schadenser- 307
satz gem. § 823 Abs. 1.

a) Indem E das der V gehörende Buch mit Tinte bekleckert hat, hat er das Eigentum (Rechtsgut) der V verletzt und den objektiven Tatbestand verwirklicht. Mangels Rechtfertigungsgrund handelte E auch widerrechtlich. Indem E „unachtsam" war, hat er fahrlässig (§ 276 Abs. 2) und somit schuldhaft gehandelt. Die Voraussetzungen von § 823 Abs. 1 sind damit erfüllt.

b) Für den Umfang des Schadens gelten §§ 249 ff. Naturalrestitution nach § 249 Abs. 1 meint Herstellung des wirtschaftlich gleichwertigen Zustands, der ohne das schädigende Ereignis bestehen würde. Dazu gehört auch die ersatzweise Beschaffung einer gleichartigen und gleichwertigen Sache. V hat die Wahl zwischen einer Ersatzbeschaffung (gleichartiges und gleichwertiges Lehrbuch) durch E (wenn er das Buch zurückgibt) oder dem dafür erforderlichen Geldbetrag (§ 249 Abs. 2 S. 1). Ist die Ersatzbeschaffung nicht möglich, bekäme V das Geld über § 251 Abs. 1.

c) Ergebnis
V hat gegen E einen Anspruch auf Schadensersatz aus § 823 Abs. 1 iHv von 60 EUR.

3. Frage

308 a) Hier war im Unterschied zum Ausgangsfall zu prüfen, ob das Verschulden der Haushaltshilfe dem E zugerechnet werden kann mit der Folge, dass ihm die Einschränkung der Haftung bei Zufall gem. § 287 S. 2 Hs. 2 nicht mehr zugutekommen würde. (Ob die Haushaltshilfe selbst haftet, war nicht gefragt!) Eine Haftung für das Verschulden Dritter ist im Rahmen eines Schuldverhältnisses grundsätzlich über § 278 möglich.

Dabei musste man erkennen bzw. wissen, dass der Geschäftsherr auch für fremdes Verschulden haftet, wenn der Erfüllungsgehilfe eine Nebenpflicht aus § 241 Abs. 2 verletzt **(vgl. Ausarbeitung B Frage 3 Ziffer 1 a und b aa–cc).**

309 b) Zu **Ausarbeitung B Frage 3 Ziffer 1 c und d**
Unter **3.** war das Ergebnis der bisherigen Prüfungen festzuhalten; unter **4.** genügte ein Hinweis auf Rn. 298, da V auch hier Schadensersatz statt der ganzen Leistung (**„Großer Schadensersatz"**) verlangt. Bei den Voraussetzungen von §§ 280 Abs. 1 und 3, 281 Abs. 1 S. 1 und 3 konnte daher auf die vorgenannten Ausführungen verwiesen werden, wobei die Erheblichkeit der Pflichtverletzungen zu betonen war.

310 c) Außerdem kommt als selbstständige Anspruchsgrundlage noch § 831 Abs. 1 S. 1 für einen Schadensersatzanspruch der V in Betracht **(vgl. Ausarbeitung B Frage 3 Ziffer 2 a–e).**

Dazu muss man wissen, dass § 831 den Geschäftsherrn nicht für fremdes, sondern für eigenes Verschulden haften lässt. Deshalb muss die Handlung des Verrichtungsgehilfen, der im Gegensatz zum Erfüllungsgehilfen weisungsgebunden tätig wird, auch nicht schuldhaft, sondern nur widerrechtlich sein. Für sein eigenes „Auswahl- und Überwachungsverschulden" kann sich der Geschäftsherr meist entlasten. § 831 ist daher eine „schwache" Anspruchsgrundlage.

Prüfungsschema:
Haftung für den Verrichtungsgehilfen (§ 831 Abs. 1)

- Verrichtungsgehilfe - weisungsgebundene Tätigkeit
- tatbestandsmäßige und rechtswidrig unerlaubte Handlung (§§ 823 ff.) des Verrichtungsgehilfen
- Schadenszufügung in Ausübung („Ausführung") der Verrichtung
- Schaden
- Verschulden des Geschäftsherrn
  - Verschuldens- und Ursächlichkeitsvermutung
  - Widerlegung der Vermutung = Exkulpationsbeweis des Geschäftsherrn (§ 831 Abs. 1 S. 2)
    - bei sorgfältiger Auswahl und Überwachung des Verrichtungsgehilfen
    - bei fehlender Kausalität zwischen Auswahl-/Überwachungsverschulden und Schaden

Rechtsfolge:
- Schadensersatz
- Umfang §§ 249 ff., gegebenenfalls §§ 842 ff.

Frage 3

1. Hier kommt wiederum ein Anspruch der V gegen E auf Schadensersatz statt der ganzen Leistung gem. §§ 280 Abs. 1 und 3, 283 S. 1 und 3 in Betracht. **311**

a) Bezüglich der Anspruchsvoraussetzungen „wirksames Schuldverhältnis" sowie „Pflichtverletzung" gilt dasselbe, wie beim Ausgangsfall (→ Rn. 284) sowie bei der Zusatzfrage 1 (→ Rn. 298).

b) Der Umkehrschluss aus § 280 Abs. 1 S. 2 ergibt, dass der Schuldner die Pflichtverletzung zu vertreten haben muss. Da den E an der Explosion kein eigenes Verschulden trifft, hat er die Pflichtverletzung nicht selbst gem. § 276 zu vertreten. E könnte jedoch gem. § 278 für das Verschulden der Haushaltshilfe haften, wenn diese Erfüllungsgehilfin des E war.

aa) Dies setzt voraus, dass die Haushaltshilfe in Erfüllung einer Verbindlichkeit des E aus dem Leihvertrag mit V tätig geworden ist und dabei schuldhaft die Unmöglichkeit der Rückgabe des Buchs verursacht hat. **312**

bb) Zu den Verbindlichkeiten des E gehören nicht nur die Verpflichtungen aus §§ 603 und 604, sondern auch die allgemeine Pflicht gem. § 241 Abs. 2, auf die Rechte, Rechtsgüter und Interessen des Entleihers, hier der V, Rücksicht zu nehmen. Bedient sich der Schuldner einer Hilfsperson, so erstreckt sich diese allgemeine Pflicht zur Rücksichtnahme auch auf Handlungen der Hilfsperson. Die Haushaltshilfe war somit Erfüllungsgehilfin des E bezüglich seiner Verpflichtung aus § 241 Abs. 2. **313**

cc) Da die Explosion von der Haushaltshilfe verschuldet wurde (§ 276), muss E sich dieses fremde Verschulden über § 278 zurechnen lassen. Folglich hat er die Pflichtverletzung zu vertreten. **314**

c) Der Anspruch der V aus §§ 280 Abs. 1 und 3, 283 S. 1 und 3 ist somit begründet.

d) Zum Schadensumfang gilt dasselbe, wie oben unter → Rn. 298 dargestellt.

2. Möglich ist auch, dass V gegen E einen Anspruch auf Schadensersatz aus § 831 Abs. 1 S. 1 hat. **315**

a) Voraussetzung dafür ist zunächst, dass die Haushaltshilfe als Verrichtungsgehilfin des E tätig wurde. Verrichtungsgehilfe ist, wer für einen anderen eine weisungsgebundene Tätigkeit in einem Abhängigkeitsverhältnis ausübt. Diese Eigenschaft der Haushaltshilfe wird man im Verhältnis zu E bejahen müssen, da anzunehmen ist, dass diese im Rahmen ihrer Aufräum- und Putzarbeiten im Haushalt des E von dessen Weisungen abhängig ist.

b) Weiterhin muss die Haushaltshilfe „in Ausübung einer Verrichtung" der V widerrechtlich einen Schaden zugefügt haben, dh, erforderlich ist eine tatbestandsmäßige und widerrechtliche unerlaubte Handlung des Verrichtungsgehilfen iSv § 823 Abs. 1, die dieser dem Dritten zufügt.

316 d) Zu **Ausarbeitung B Frage 3 Ziffer 2 d**
Da man weiß, dass § 831 eine „schwache" Anspruchsgrundlage ist, zeigt man kurz auf, warum das so ist.

Literatur zur Vertiefung:

Alpmann Schmidt (Langkamp), Skript Schuldrecht AT 1, 26. Aufl. 2024, 2. Teil, 1.–3. Abschn., 3. Teil, 2.–6. Abschn.

Alpmann Schmidt (Haack), Skript Schuldrecht BT 4, 23. Aufl. 2023, 1. Teil, 2. Abschn. E (§ 831 Haftung für den Verrichtungsgehilfen)

Brox/Walker, Allgemeines Schuldrecht, 48. Aufl. 2024, § 20 Rn. 23–39 (Haftung für fremdes Verschulden), §§ 22–24 (Unmöglichkeit und Verzögerung der Leistung)

Dickersbach/Fleischmann/Stelter, Datenklau im Handyshop, JuS 2022, 833 (Anfängerklausur; ua Nebenleistungspflichten, Vertrag mit Schutzwirkung zugunsten Dritter, Haftung für Verrichtungsgehilfen)

Looschelders, Schuldrecht Allgemeiner Teil, 22. Aufl. 2024, § 29 (Berechnung des Schadensersatzes statt der Leistung bei gegenseitigen Verträgen), § 35 (Unmöglichkeit)

Lorenz, Unmöglichkeit – Voraussetzungen und unmittelbare Rechtsfolgen, JuS 2022, 394

Lorenz, Unmöglichkeit – Auswirkungen auf die Gegenleistung, JuS 2022, 802

Lorenz, Unmöglichkeit – Schadensersatz statt der Leistung, JuS 2023, 10

Lorenz, Grundwissen – Zivilrecht, Was ist eine Pflichtverletzung (§ 280 I BGB)? JuS 2007, 213

Lorenz, Grundwissen – Zivilrecht, Vertretenmüssen (§ 276 BGB), JuS 2007, 611

Lorenz, Grundwissen – Zivilrecht, Haftung für den Erfüllungsgehilfen (§ 278 BGB), JuS 2007, 983

Lorenz, Grundwissen – Zivilrecht, Schadensarten bei der Pflichtverletzung (§ 280 II, III BGB), JuS 2008, 203

Medicus/Lorenz, Schuldrecht I, Allgemeiner Teil, 22. Aufl. 2021, §§ 29–31 (Vertretenmüssen, Verschulden des Schuldners, Verantwortlichkeit für fremdes Verschulden), § 39 (Verletzung von Schutz- und Obhutspflichten), § 41 (Der Gläubigerverzug)

Petersen, Der Dritte in der Rechtsgeschäftslehre, JURA 2004, 306

Sutschet, Austausch- und Differenztheorie nach der Schuldrechtsreform, JURA 2006, 586

Tetenberg, Der Bezugspunkt des Vertretenmüssens beim Schadensersatz statt der Leistung, JA 2009, 1

Wörlen/Metzler-Müller/Balleis, Schuldrecht AT, 15. Aufl. 2023, Rn. 182–366 (Leistungsstörungen), Rn. 396–463 (Beteiligung Dritter am Schuldverhältnis)

c) Ein Verschulden des Verrichtungsgehilfen ist dabei nicht erforderlich, da E als Geschäftsherr gem. § 831 für eigenes Verschulden bei der Auswahl oder der Überwachung des Gehilfen haftet. Die Haushaltshilfe hat die zur Eigentumsverletzung führende Explosion bei ihrer Tätigkeit im Haushalt des E verursacht – ob schuldhaft kann dahinstehen. Daher liegt eine unerlaubte Handlung durch sie vor. **317**

Die Voraussetzung einer Haftung des E aus § 831 Abs. 1 S. 1 auf Zahlung von 60 EUR Schadensersatz ist also grundsätzlich gegeben.

d) In diesem Fall ist der Anspruch der V begründet, sofern nicht dem E der sog. „Exkulpationsbeweis“ gem. § 831 Abs. 1 S. 2 gelingt; dh, E müsste nachweisen, dass ihn kein „Auswahl- oder Überwachungsverschulden“ trifft. **318**

e) Der Umfang des Schadensersatzes richtet sich nach §§ 249 ff. V kann statt der Ersatzbeschaffung des Buchs auch Schadensersatz in Geld, also die 60 EUR über § 249 Abs. 2 S. 1 Var. 2 verlangen (→ Rn. 307), wenn dem E der Exkulpationsnachweis nicht gelingt.

Fall 13

Raum für eigene Notizen:

Fall 14 Trennungs- und Abstraktionsprinzip (Ungerechtfertigte Bereicherung, Sachenrecht)

„Heute krank, morgen gesund?"

V und K schließen am 14.5. einen Kaufvertrag über ein wertvolles Buch zum Preis von 200 EUR. Die Übereignung des Buchs und des Kaufpreises in bar finden am 2.7. desselben Jahres statt. **319**
Bis einschließlich 1.7. war V geisteskrank[81], ab 2.7. ist er wieder gesund. V verlangt am 3.7. das Buch von K heraus.

1. Kann V das Buch von K herausverlangen? Wenn ja, welche Gegenansprüche hat K?
2. Wie ist die Rechtslage, wenn V
   a) am 14.5. voll geschäftsfähig war und ab 2.7. geisteskrank?
   b) immer, also an beiden Tagen, geisteskrank war?

(Bearbeitungszeit: 2 Std.)

81 Auch wenn der Begriff der Geisteskrankheit allgemeinsprachlich nicht mehr oft verwendet wird – heute spricht man von schwerer psychischer Störung – ist er im juristischen Sprachgebrauch, vor allem in der forensischen Psychiatrie nach wie vor gängig.

Vorbemerkung

320 Dieser ein wenig konstruierte Sachverhalt verdeutlicht anschaulich eines der wichtigsten Prinzipien des Bürgerlichen Gesetzbuchs, das sog. **Trennungs- und Abstraktionsprinzip**. Darunter versteht man die völlige Trennung von Verpflichtungs- und Verfügungsgeschäft, dh beide Rechtsgeschäfte sind rechtlich selbstständig und in ihrer Wirksamkeit abstrakt voneinander zu bewerten. Für eine Klausur, in der es um Verpflichtungen (zB aus Kaufvertrag) und um Erfüllung dieser Verpflichtungen (zB in Form der Übereignung einer Sache) geht, bedeutet das: Die Voraussetzungen für die Wirksamkeit des Kaufvertrags müssen vollkommen selbstständig erörtert werden und haben nichts damit zu tun, ob die Kaufsache bereits übereignet wurde oder nicht. Umgekehrt ist die Eigentumslage gänzlich unabhängig davon zu beurteilen, ob der zugrundeliegende Kaufvertrag wirksam ist oder nicht.

Besondere Vorüberlegungen

(gehören nicht in die Ausarbeitung)

321 Angesichts der vielen Zeitangaben im Sachverhalt bietet es sich an, die einzelnen Vorgänge anhand einer Skizze[82] (→ Rn. 30) chronologisch zu ordnen:

14.5.	2.1.
Frage 1	
– Kaufvertrag (§ 433) V ⇔ K	– Übereignung Buch (§ 929 S. 1) V → K – Übereignung Geld (§ 929 S. 1) K → V
– V ist geisteskrank (§ 104 Nr. 2)	– V ist gesund
Frage 2 a	
– V ist gesund	– V ist geisteskrank (§ 104 Nr. 2)
Frage 2 b	
– V ist geisteskrank	– V ist geisteskrank

Zu Frage 1

1. Die Ausgangsfrage **„Wer will was von wem warum woraus?“** (→ Rn. 104) ist teilweise schon durch die erste Fallfrage abgedeckt, denn V will von K die Herausgabe des Buchs. Nicht ganz einfach war es festzustellen, woraus V diesen Anspruch herleiten könnte. Die Rechtsfolge „Herausgabe“ ist vor allem in den auch Erstsemestern nach kurzer Zeit bekannten Anspruchsgrundlagen § 985 und § 812 geregelt (auf die anfangs weniger bekannten Anspruchsgrundlagen § 861 und § 1007 wird hier nicht eingegangen).

Sinnvollerweise beginnt man mit der Prüfung von § 985, da das Eigentum als absolutes, gegen jedermann wirkendes Recht grundsätzlich den „stärkeren“ Anspruch gibt als ein schuldrechtlicher (obligatorischer) Anspruch, wie ihn § 812 enthält (→ Rn. 54 Nr. 5). § 985 wird also als Anspruchsgrundlage im Gutachten vorangestellt **(vgl. Ausarbeitung A I).**

Nun sind die Voraussetzungen von § 985 zu prüfen. Voraussetzung ist zunächst die Eigentümerstellung des Anspruchstellers. Liegt sie nicht vor, ist der Anspruch nicht begründet. Dabei ist für die Eigentumsübertragung das Bestehen oder Nichtbestehen eines Kaufvertrags unerheblich **(vgl. Ausarbeitung A I 1 und 2).** Das Trennungs- und Abstraktionsprinzip hätte der Klausurschreiber im Text (hier in Klammern) nicht unbedingt erwähnen müssen, denn mit den Ausführungen zuvor wurde schon gezeigt, dass man es beachtet und verstanden hat: Die Eigentumsübertragung richtet sich ausschließlich nach §§ 929 ff.

Die für die Eigentumsübertragung notwendige Einigung (§ 873) zwischen Veräußerer und Erwerber ist ein abstrakt dinglicher Vertrag, auf den die §§ 104–185 anwendbar sind. Da V im Ausgangsfall am 2.7. wieder gesund, also voll geschäftsfähig, ist, ist seine Willenserklärung und damit auch die Einigung wirksam (**vgl. Ausarbeitung A I 2**).

82 Gemeint ist eine vereinfachte Sachverhaltsdarstellung kombiniert mit grafischen Elementen, die hilft, die Zusammenhänge besser zu erfassen („Schmierzettel“!). Beachte: „Lösungsskizze“ meint meist einen ersten, vorläufigen Entwurf der Lösung, die stark verkürzt niedergeschrieben wird. Zur Vorbeugung von Missverständnissen: Verlangt die Fragestellung der Klausur, dass Sie etwas „skizzieren“ sollen, ist etwas anderes (also keine Zeichnung!) gemeint: Sie sollen vielmehr Ihre Antwort in groben Zügen formulieren, sich also auf das Wesentliche beschränken.

Lösung (Ausarbeitung):

Zu Frage 1

A. Ansprüche des V gegen K

I. V könnte gegen K einen Anspruch auf Herausgabe des Buchs gem. **§ 985** haben. 322

1. Das Buch ist ein körperlicher Gegenstand, also eine Sache i.S.v. § 90.

2. V als Anspruchsteller müsste Eigentümer des Buchs sein. Ursprünglich war V Eigentümer des Buchs.

Er könnte das Eigentum jedoch am 2.7. durch Übereignung gem. § 929 S. 1 auf K übertragen haben. Voraussetzung dafür ist die Einigung zwischen Veräußerer und Erwerber über den Eigentumsübergang und die Übergabe des Buchs.

V war am 2.7. „gesund", also nicht mehr geisteskrank, sodass seine Einigungserklärung im Sinne des § 929 S. 1 voll wirksam war. V konnte sein Eigentum wirksam auf K übertragen.

Unerheblich für den Eigentumsübergang ist, ob auch das zugrunde liegende Verpflichtungsgeschäft, der Kaufvertrag, wirksam war, da dieses neben dem dinglichen Verfügungsgeschäft rechtlich völlig selbstständig zu beurteilen ist (Trennungs- und Abstraktionsprinzip). K ist somit gem. § 929 S. 1 nach Einigung und Übergabe Eigentümer des Buchs geworden.

3. Ergebnis
V ist nicht mehr Eigentümer des Buchs, weshalb ein Anspruch des V gegen K aus § 985 auf Herausgabe nicht besteht.

323 2. Nun ist die nächste in Betracht kommende Anspruchsgrundlage, § 812 Abs. 1 S. 1 Var. 1, zu prüfen **(vgl. Ausarbeitung A II).** Dabei ist das Vorliegen ihrer Voraussetzungen wieder Schritt für Schritt zu untersuchen (Subsumtion!).

3. Zu **Ausarbeitung A II 1 a**
Nicht falsch, aber juristisch ungenau wäre es, zu schreiben, K habe „das Buch **erlangt**". Als Juristin oder Jurist soll man Auskunft darüber geben, welche Rechte mit dem tatsächlichen „Haben" der Sache verbunden sind. K hat „Besitz und Eigentum" an dem Buch erlangt. Das ist die juristisch korrekte Formulierung!

4. Zu **Ausarbeitung A II 1 b**
324 Zu beachten ist hier, dass die **unmittelbare Vermögensminderung** aufseiten des V durch Übergabe des Buchs nicht einfach dadurch entfällt, dass V Geld dafür bekommt. Für sich betrachtet bedeutet die Hergabe eines Buchs durch den Eigentümer immer eine Vermögensminderung.

5. Zu **Ausarbeitung A II 1 c**
325 Zur Prüfung dieser Voraussetzung kommt man erst, wenn die beiden vorhergehenden Voraussetzungen bejaht worden sind. Liegt eine der Voraussetzungen des § 812 Abs. 1 S. 1 Var. 1 – in richtiger Reihenfolge geprüft – nicht vor, ist die Prüfung abzubrechen. Erst bei der dritten Voraussetzung dieses Anspruchs – **„ohne rechtlichen Grund"** – wird das Zustandekommen des Kaufvertrags entscheidungserheblich. Das Verpflichtungsgeschäft ist der rechtliche Grund (causa) für das Verfügungsgeschäft. § 105a war nicht neben §§ 104, 105 zu prüfen, da der Kauf eines wertvollen Buchs kein „Geschäft des täglichen Lebens" ist.

6. Sind alle Voraussetzungen erfüllt, ist der Anspruch begründet **(vgl. Ausarbeitung A II 2).** Der Umfang des Bereicherungsanspruchs richtet sich nach §§ 812, 818. Zu beachten ist allgemein, dass bei einer Unmöglichkeit der Herausgabe grundsätzlich Wertersatz (§ 818 Abs. 2) zu leisten ist, es sei denn, der Schuldner ist entreichert (§ 818 Abs. 3) (→ Rn. 413a: Prüfungsschema „Leistungskondiktion…").

7. Zu **Ausarbeitung B I und II**
326 Die Überlegungen zu den Gegenansprüchen K gegen V sind die gleichen wie bei den Ansprüchen V gegen K mit dem Unterschied, dass es nicht um die Herausgabe des Buchs, sondern um die Herausgabe des Geldes geht. Die Lösung wird daher nur noch skizziert[83].

§ 985 ist allerdings für die Herausgabe des Geldes insofern ungeeignet, als er nur auf das konkrete von K an V übergebene Geld (Scheine, Münzen) abzielt. § 812 ist hier günstiger, da es dafür nicht auf die konkrete Sache ankommt.

Zu Frage 2 a

327 1. **Aus Gründen der Vereinfachung erfolgt die gutachtliche Prüfung auch hier nur noch in Form einer stichwortartigen Lösungsskizze.**

Die Prüfung von Ansprüchen aus dem Kaufvertrag wäre hier fehl am Platz, da sich insoweit nichts geändert hat, als beide Vertragsparteien ihre Verpflichtungen bereits scheinbar erfüllt haben. Zu beginnen ist wieder mit der Prüfung von § 985, welcher der Lösung als Anspruchsgrundlage voranzustellen ist.

Der Anspruch aus § 985 setzt voraus, dass der Anspruchsteller Eigentümer und der Anspruchsgegner unrechtmäßiger Besitzer ist. Da K den Besitz durch Übergabe aufgrund des wirksamen Kaufvertrags – V war diesmal am 14.5. gesund (→ Rn. 321) – erlangt hat, hat er ein Recht zum Besitz gem. § 986. Dieses steht der Geltendmachung des Herausgabeanspruchs entgegen (**vgl. Ausarbeitung A I 1–3**).

Es handelt sich hierbei um ein relatives (schuldrechtliches) Besitzrecht, das der Käufer an der ihm übergebenen, aber noch nicht übereigneten Kaufsache hat (ohne Rücksicht auf das Bestehen eines Anwartschaftsrechts, MüKoBGB/Baldus § 986 Rn. 39). Eigentumserwerbsansprüche begründen ein Recht zum Besitz, wenn der Besitz im Hinblick auf einen solchen Anspruch bereits übertragen worden ist (MüKoBGB/Baldus § 986 Rn. 39). Der Kaufvertrag ist ein Verschaffungsvertrag; der Käufer hat daraus einen Anspruch auf die Eigentumsübertragung. Somit können auch Kaufverträge ein Besitzrecht begründen, solange die Übereignung trotz Übergabe noch aussteht (BeckOK BGB/Fritzsche § 986 Rn. 9 mwN).

---

83 Skizziert! Sie erinnern sich … (Fn. 82).

II. Ein Anspruch des V gegen K auf Herausgabe des Buchs könnte sich aber aus **§ 812 Abs. 1 S. 1 Var. 1** ergeben. 328

1. Dafür müssen folgende Voraussetzungen erfüllt sein:

a) K müsste „etwas erlangt" haben. Darunter ist „jeder Vermögensvorteil" zu verstehen. K hat durch Einigung und Übergabe gem. § 929 S. 1 Besitz und Eigentum an dem Buch erlangt.

b) Dies müsste durch „Leistung" des V geschehen sein. Leistung ist „jede bewusste und zweckgerichtete Mehrung fremden Vermögens". V hatte dem K am 2.7. das Buch zum Zwecke der Erfüllung des (vermeintlichen) Kaufvertrags übereignet, sodass er bewusst und zweckgerichtet das Vermögen des K gemehrt hat.

c) Schließlich müsste K das Buch „ohne rechtlichen Grund" erlangt haben. Als rechtlicher Grund (= schuldrechtliches Kausalgeschäft) kommt der am 14.5. geschlossene Kaufvertrag in Betracht. An diesem Tag war V geisteskrank und deshalb geschäftsunfähig (§ 104 Nr. 2). Somit sind seine zu diesem Zeitpunkt abgegebenen Willenserklärungen gem. § 105 Abs. 1 nichtig. Ein wirksamer Kaufvertrag zwischen V und K kam nicht zustande, sodass K das Buch ohne rechtlichen Grund erlangte.

2. Ergebnis 329
Damit sind alle Voraussetzungen von § 812 Abs. 1 S. 1 Var. 1 erfüllt. V kann das Buch von K gem. § 812 Abs. 1 S. 1 Var. 1 heraus verlangen.

B. Ansprüche des K gegen V ...
(Lösungsskizze)

I. ... gem. **§ 985** auf Herausgabe des Geldes? 330
§ 985 greift zugunsten des K nicht durch: V ist auf die gleiche Weise Eigentümer des Geldes geworden, wie K Eigentümer des Buchs wurde (= § 929 S. 1).

II. ... gem. **§ 812 Abs. 1 S. 1 Var. 1?** 331
Der Anspruch ist begründet. Die Ausführungen unter A II bezüglich des Buchs gelten entsprechend für den Kaufpreis.

Zu Frage 2 a
(Lösungsskizze)

A. Ansprüche des V gegen K ...

I. ... gem. **§ 985** auf Herausgabe des Buchs? 332

Voraussetzungen:
1. V Eigentümer? Ja, wenn Übereignung gem. § 929 S. 1 am 2.7. unwirksam. Übereignung besteht aus Einigung und Übergabe. Einigung ist dinglicher Vertrag, der durch zwei sich deckende Willenserklärungen zustande kommt. Einigungserklärung des V gem. §§ 105 Abs. 1, 104 Nr. 2 nichtig, da V am 2.7. geisteskrank. Eigentumsübertragung an K also unwirksam. Somit ist V weiterhin Eigentümer.

2. Zu **Ausarbeitung B**

333 Da nach der „Rechtslage“ gefragt war, mussten (auch ohne ausdrücklichen Hinweis) die Gegenansprüche des K geprüft werden.

3. Zu **Ausarbeitung B I**

§ 107 anzuwenden wäre hier falsch: Diese Vorschrift gilt nur für Willenserklärungen von Minderjährigen iSd § 106 (= beschränkt Geschäftsfähige), nicht aber für Geschäftsunfähige iSd § 105!

Zur Vollständigkeit: K ist „grundsätzlich“ Eigentümer des Geldes geblieben, wenn man davon ausgeht, dass V die 200 EUR separat zur Seite gelegt hat. Realistischer erscheint es, dass V das Bargeld bereits mit anderem Geld, das er besitzt, untrennbar vermengt hat. In diesem Fall würden V und K gem. § 948 Abs. 1 iVm § 947 Miteigentümer …

Zu Frage 2 b

334 Einzelheiten ergeben sich aus den bisherigen Hinweisen. Im Übrigen kann nicht oft genug daran erinnert werden, bei der Prüfung des dinglichen Verfügungsgeschäfts das zugrunde liegende Verpflichtungsgeschäft zunächst völlig außer Betracht zu lassen. Haben Sie sich das **Abstraktionsprinzip** einmal gründlich vor Augen geführt, so wird Ihnen ein solch „grober Fehler“, wie er sogar noch höheren Semestern der Rechtswissenschaften unterläuft, nicht passieren. Manchmal ist tatsächlich zu lesen: „A hat durch den Kaufvertrag mit B gem. § 433 Eigentum an der Kaufsache erworben.“(!) Dass dies nur über § 929 möglich ist, wissen Sie. Gemäß § 929 S. 1 erwirbt man Eigentum (und Besitz) durch Einigung und Übergabe, also durch das dingliche Verfügungsgeschäft, sofern dieses wirksam ist. Dies geschieht meist vor dem Hintergrund, also aufgrund eines schuldrechtlichen Verpflichtungsgeschäfts, was aber für den Eigentumserwerb irrelevant ist.

Die Besonderheit bei Frage 2 b war, dass K aufgrund des unwirksamen Kaufvertrages auch kein Recht zum Besitz nach § 986 erwerben konnte.

2. K ist Besitzer (§ 854 Abs. 1) wegen seiner tatsächlichen Verfügungsmacht über das Buch.

3. K dürfte kein Recht zum Besitz gem. § 986 Abs. 1 S. 1 haben. K könnte jedoch ein solches zustehen aufgrund der Übergabe in Erfüllung des Kaufvertrags vom 14.5., wenn dieser Kaufvertrag wirksam wäre. Da V am 14.5. gesund, also voll geschäftsfähig war, ist der Kaufvertrag wirksam. Der wirksame Kaufvertrag gibt dem K einen Eigentumsverschaffungsanspruch, der ein Besitzrecht begründet, wenn die Übergabe schon stattgefunden hat. Somit hat K ein Besitzrecht nach § 986 Abs. 1 S. 1.

4. Ergebnis
Anspruch des V aus § 985 ist daher nicht begründet.

II. … gem. **§ 812 Abs. 1 S. 1 Var. 1?** 335

Voraussetzungen:
1. „etwas erlangt" – ja! K erhielt zwar nicht Eigentum (s.o., → Rn. 332), aber Besitz! (§ 854)
2. „durch Leistung des V" – liegt ebenfalls vor (→ Rn. 328: Ausarbeitung Frage 1, A II 1 b entsprechend, denn die Vermögensmehrung beschränkt sich auf den Besitz).
3. „ohne rechtlichen Grund"? – Rechtlicher Grund = Kaufvertrag iSv § 433. Wurde am 14.5. geschlossen. An diesem Tag war V nicht geisteskrank, sondern voll geschäftsfähig. Also Kaufvertrag wirksam. Rechtlicher Grund vorhanden.

4. Ergebnis
V hat gegen K keinen Anspruch aus § 812 Abs. 1 S. 1 Var. 1.

B. Ansprüche des K gegen V

Bei konsequenter Anwendung des Trennungs- und Abstraktionsprinzips kommt man zu dem gleichen – entsprechenden – Ergebnis: 336

I. K kann die 200 EUR gem. **§ 985** nicht zurückverlangen, obwohl er grundsätzlich Eigentümer geblieben ist. Die Einigung gem. § 929 S. 1 erfordert zwei sich deckende Willenserklärungen. Die Willenserklärung des V war gem. §§ 105 Abs. 1, 104 Nr. 2 nichtig. Aufgrund der Übergabe des Geldes in Erfüllung des wirksamen Kaufvertrags vom 14.5. hat V aber ein Recht zum Besitz (§ 986 Abs. 1 S. 1) gegenüber K.

II. Der Anspruch aus **§ 812 Abs. 1 S. 1 Var. 1** entfällt, weil mit dem wirksamen Kaufvertrag ein rechtlicher Grund vorhanden ist (→ Rn. 335, Ausarbeitung Frage 2 a, A II).

Zu Frage 2 b
(Ergebniszusammenfassung im Urteilsstil)

A. Ansprüche des V gegen K

I. Der Herausgabeanspruch des V aus **§ 985** ist begründet: V ist weiterhin Eigentümer des Buchs, da seine Einigungserklärung vom 2.7. im Sinne von § 929 S. 1 gem. §§ 105 Abs. 1, 104 Nr. 2 nichtig war. Da auch die Willenserklärung zum Abschluss des Kaufvertrags gem. §§ 105 Abs. 1, 104 Nr. 2 und somit der Kaufvertrag vom 14.5. nichtig war, hat K kein Recht zum Besitz gem. § 986 Abs. 1 S. 1. 337

Literatur zur Vertiefung:
Alpmann Schmidt (Lüdde), Skript BGB AT 1, 25. Aufl. 2023, 2. Teil, 1. Abschn. (Grundsätzliches)
Baur/Stürner, Sachenrecht, 18. Aufl. 2009, § 5 IV (Das dingliche Rechtsgeschäft und sein Rechtsgrund)
Bayerle, Trennungs- und Abstraktionsprinzip in der Fallbearbeitung, JuS 2009, 1079
Boecken, BGB Allgemeiner Teil, 3. Aufl. 2019, § 7 II (Unterscheidung zwischen Verpflichtungs- und Verfügungsgeschäft – Trennungs- und Abstraktionsprinzip)
Brox/Walker, Allgemeiner Teil des BGB, 48. Aufl. 2024, § 5 (Verpflichtungs- und Verfügungsgeschäfte, kausale und abstrakte Geschäfte)
Casper, Geschäfte des täglichen Lebens – kritische Anmerkung zum neuen § 105a BGB, NJW 2002, 3425
Drygala/Grob, Anfängerklausur – Zivilrecht: Trennungs- und Abstraktionsprinzip – „Zum Verwechseln ähnlich…", Jus 2022, 1030
Hirsch, BGB Allgemeiner Teil, 10. Aufl. 2019, § 13 (Trennungs- und Abstraktionsprinzip)
Hofmann, Die Übertragung von Rechten – Ein Überblick, JA 2008, 253
Lieder/Berneith, Echte und unechte Ausnahmen vom Abstraktionsprinzip, JuS 2016, 673
Loose, Sachenrecht kompakt – ein Überblick für Studienanfänger zum dritten Buch des BGB, JA 2016, 808
Lorenz, Grundwissen – Zivilrecht: Abstrakte und kausale Rechtsgeschäfte, JuS 2009, 489
Medicus/Petersen, Allgemeiner Teil des BGB, 12. Aufl. 2024, § 20 (Das Trennungs- und das Abstraktionsprinzip)
Mohamed, Der rechtsgeschäftliche Erwerb an beweglichen Sachen gemäß §§ 929 ff. BGB im Überblick, JA 2017, 419
Neuner, Allgemeiner Teil des Bürgerlichen Rechts, 13. Aufl. 2023, § 29 III 1 und IV 3 (Trennungsprinzip und Abstraktionsprinzip)
Petersen, Das Abstraktionsprinzip, JURA 2004, 98
Stadler, Allgemeiner Teil des BGB, 21. Aufl. 2022, § 16 III (Verpflichtungs- und Verfügungsgeschäfte) und IV (Trennungs- und Abstraktionsprinzip)
Wörlen/Metzler-Müller/Balleis, BGB AT, 16. Aufl. 2023, Rn. 268–284 (Trennungs- und Abstraktionsprinzip)

Raum für eigene Notizen:

II. Der Herausgabeanspruch des V aus **§ 812 Abs. 1 S. 1 Var. 1** ist ebenfalls begründet: K erlangte Besitz an dem Buch ohne rechtlichen Grund, da der Kaufvertragsschluss mangels gültiger Willenserklärung des V (§§ 105 Abs. 1, 104 Nr. 2) unwirksam war. 338

B. Ansprüche des K gegen V

I. Die Voraussetzungen von **§ 985** liegen vor: K ist weiterhin Eigentümer des Geldes, weil die Einigungserklärung des V nichtig war; V ist Besitzer und hat aufgrund des unwirksamen Kaufvertrags kein Recht zum Besitz nach § 986. 339

II. Auch die Voraussetzungen von **§ 812 Abs. 1 S. 1 Var. 1** sind erfüllt: Der Kaufvertrag ist unwirksam, V erhielt den Kaufpreis ohne rechtlichen Grund. 340

Raum für eigene Notizen:

Fall 15 (Mehrfache) Abtretung von Forderungen, ungerechtfertigte Bereicherung

„Solvenzprobleme für Ricardo Ratlos"

Die Affolter Metallwarenfabrik GmbH (A) erhielt von ihrer Hausbank, Bankhaus Bräuwastl KG (B), laufend Darlehen. Zu deren Sicherung übertrug A der Bank am 1.9. „ihre künftigen Forderungen aus Warenverkäufen gegen ihre Abnehmer bis zur Höchstgrenze von 100.000 EUR". **341**

Am 5.9. verkaufte und lieferte die A an das Versandhaus Walburga Deppisch (D) Kupferkessel zum Preis von 10.000 EUR. Diese hatte A aus Kupferblechen hergestellt, die sie wie bisher von der Fa. Copper & Co (C) bezogen und auch pünktlich bezahlt hatte. Mit D vereinbarte A, dass D den Kaufpreis erst in drei Wochen (26.9.) bezahlen müsse. Am 15.9. bezog die A von C eine neue Lieferung Kupferbleche im Wert von 10.000 EUR. Da A gerade nicht über liquide Geldmittel verfügt, begleicht sie die Forderung von C, indem sie ihr durch Vertrag vom 15.9. die Forderung gegen D abtritt. Am 26.9. verlangt C von D 10.000 EUR, die dieser auch bezahlt. Am 27.9. verlangt B von D ebenfalls 10.000 EUR. Nunmehr verweigert D die Bezahlung.

Der Hausjurist der B, Ricardo Ratlos (R), ahnt, dass D sich zu Recht weigert, und meint, dass B das Geld von C herausverlangen kann, weiß aber nicht, wie er das begründen kann. Ihm fehlt die Anspruchsgrundlage!

Helfen Sie ihm, indem Sie ein kurzes Gutachten erstellen, das darüber Auskunft gibt, ob B die 10.000 EUR von C herausverlangen kann!

(Bearbeitungszeit: 2 Std.)

A. Zur Wiederholung: Allgemeine Vorüberlegungen

(gehören nicht in die Ausarbeitung!)

342 Mit diesem Fall sollen noch einmal die „Allgemeinen Vorüberlegungen" (→ Rn. 24 ff., → Rn. 49) mit Ihnen gemeinsam nachvollzogen werden. Aus Platzgründen geschieht dies **ausnahmsweise fortlaufend auf der linken und rechten Seite** des Buchs, bevor die „Methodischen Hinweise" dann wieder nur links der gutachtlichen Ausarbeitung auf den rechten Seiten gegenübergestellt werden.

I. Erfassen des Sachverhalts

343 Nachdem Sie den Sachverhalt (mindestens zweimal!) konzentriert durchgelesen haben, haben Sie sicherlich festgestellt, dass hier zwischen mehreren Beteiligten Rechtsbeziehungen geknüpft wurden, auf die allerdings im Gutachten nicht mehr so ausführlich eingegangen werden muss, wie es zunächst den Anschein hat! Dies wird einem klar, wenn man sich die Rechtsbeziehungen der Beteiligten anhand einer grafischen Skizze (→ Rn. 30) verdeutlicht, die folgendermaßen aussehen könnte (versuchen Sie zuerst selbst, den Fall mit Hilfe einer Skizze zu erfassen!):

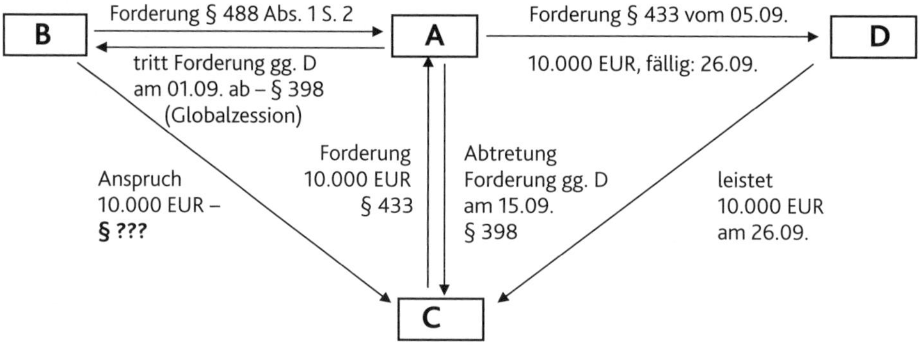

344 Wenn Sie den Sachverhalt anhand der Skizze durchdacht und erfasst haben, dann sind Ihnen hoffentlich die §§ 407, 408 eingefallen, die den (redlichen, „gutgläubigen") Schuldner vor der Doppelbezahlung einer gegen ihn bestehenden abgetretenen Forderung schützen sollen. Außerdem sind wir beim zweiten Schritt der „Allgemeinen Vorüberlegungen" angelangt:

II. Qualifizierung der Fallfrage

345 Zuerst → Rn. 32 ff. wiederholen.

Der letzte Satz des Sachverhalts enthält die Fallfrage in leicht verschlüsselter Form, nämlich nicht in direkter, sondern in indirekter Rede. Sie müssen die Fallfrage insofern noch etwas konkretisieren, indem Sie eine direkte Frage formulieren (tun Sie das, bevor Sie weiterlesen!).

Die konkrete Fallfrage lautet: „Kann B von C Herausgabe der 10.000 EUR verlangen?". Dies führt uns zum dritten Schritt der „Allgemeinen Vorüberlegungen":

III. Suche nach der Anspruchsgrundlage

346 Nachlesen → Rn. 41 ff.

Wir wenden nun wieder unser „Suchschema“ (→ Rn. 104) an:

„Wer will von wem was warum woraus?“

Antwort (auf den vorliegenden Sachverhalt übertragen):

Wer	will von	wem	was	warum	woraus?
B	will von	C	Herausgabe von 10.000 EUR, die C am 26.09. aufgrund der Abtretung vom 15.09. erhalten hat,	weil er glaubt, dass C zum Empfang aufgrund der Abtretung des A an B am 01.09. nicht berechtigt war.	§ 816 Abs. 2

Um das „Woraus“ beantworten zu können, brauchen wir eine Anspruchsgrundlage und gehen damit über zu den

B. Besonderen Vorüberlegungen

(gehören nicht in die Ausarbeitung!)

1. Wir wissen, dass B „Herausgabe“ der 10.000 EUR will, die 347
D an die „Nichtberechtigte“ C geleistet hat. Wenn wir die Anspruchsgrundlage, die wir suchen, nicht gleich parat haben, sehen wir im „Index“ des Gesetzestextes nach, wo uns unsere mit Rechtskenntnissen gepaarte Phantasie schließlich unter dem Stichwort „Nichtberechtigter“ fündig werden lässt. ... → § 816 Abs. 2

§ 816 Abs. 2 ist also die **Anspruchsgrundlage**, die das Begehren der B stützen kann, sodass wir sie – als mögliches (hypothetisches) Ergebnis formuliert – dem Gutachten voranstellen (**vgl. Ausarbeitung I**).

348 2. Den nächsten Schritt bildet die Prüfung der Voraussetzungen des Anspruchs, die wir aus dem Wortlaut von § 816 Abs. 2 herauslesen und systematisch ordnen:

Prüfungsschema:
Leistung an einen Nichtberechtigten (= Fall der Eingriffskondiktion)
gem. § 816 Abs. 2

- Leistung
- an einen Nichtberechtigten (= Anspruchsgegner), dh der nicht berechtigt zum Empfang der Leistung ist
- Wirksamkeit dieser Leistung gegenüber dem Berechtigten (gem. § 407 f. oder aufgrund Genehmigung des Berechtigten)

Rechtsfolge: Herausgabe des Geleisteten durch den Nichtberechtigten

Unter diese drei Voraussetzungen [(1) – (3)] subsumieren wir den Sachverhalt:

349 (1) Hier ist es notwendig, ganz kurz darzustellen, ob und worin eine Leistung an C im Sinne des Bereicherungsrechts gelegen hat.

Dazu muss man, wenn das Besondere Schuldrecht (zB im zweiten Semester) noch nicht eingehend behandelt wurde, nur grob den Leistungsbegriff des Bereicherungsrechts kennen:

„Leistung ist jede ‚bewusste' und ‚zweckgerichtete' Vermehrung fremden Vermögens." Zweckgerichtet ist sie, wenn sie zur Erfüllung einer Verbindlichkeit bzw. zur Tilgung einer Schuld vorgenommen wird (vgl. Brox/Walker SchuldR BT § 40 Rn. 6). In einer Anfängerklausur genügt hierzu ein kurzer erklärender Satz (**vgl. Ausarbeitung I 1**).

350 (2) **Nichtberechtigung** zum Empfang der Leistung bedeutet, so banal das klingen mag, dass der Empfänger der Leistung sich nicht auf eine Berechtigung berufen kann! Also muss im Gutachten mitgeteilt werden, worauf der Empfänger seine vermeintliche Berechtigung stützt und ob seine Auffassung dazu richtig ist oder nicht: C wusste nicht, dass die ihr gegenüber erfolgte Abtretung wegen der vorher an B erfolgten Globalzession unwirksam war! Daher teilen wir es im Gutachten mit! Woraus sich die Berechtigung ergeben könnte, stellen wir zunächst fest (**vgl. Ausarbeitung I 2 a**), um dann darzulegen, dass A am 15.09. die Abtretung der Forderung an C nicht mehr vornehmen durfte, da sie dieselbe Forderung bereits am 01.09. wirksam an B abgetreten hatte. Nur B war zum Empfang des Gelds berechtigt (**vgl. Ausarbeitung I 2 b**).

351 (3) Schließlich müssen wir noch die dritte Voraussetzung von § 816 Abs. 2 prüfen (**vgl. Ausarbeitung I 3**): Die **Wirksamkeit der Leistung** an die Nichtberechtigte (C) gegenüber der Berechtigten (B)!

Wirksam ist die Leistung gegenüber der Berechtigten (B), wenn diese die Leistung des Schuldners der Forderung (D) an die Nichtberechtigte (C) gegen sich gelten lassen muss. Daher musste man hier die Schuldnerschutzvorschriften im Abtretungsrecht (§§ 407, 408) kennen und wissen, was es heißt, § 407 Abs. 1 im Fall der mehrfachen Abtretung gem. § 408 Abs. 1 „dem früheren Erwerber" gegenüber „entsprechend" anzuwenden.

Da das „Who ist Who?" (= Wer ist wer?) bei so vielen Beteiligten nicht immer sofort klar ist, nimmt man sich am besten die erstellte Skizze (→ Rn. 343) nochmals vor und notiert sich, wer im konkreten Fall „Schuldner", „bisheriger Gläubiger" und „neuer Gläubiger" (§ 407 Abs. 1) der abgetretenen Forderung ist. Also: „Schuldner" = D! „Bisheriger Gläubiger" = A! „Neuer Gläubiger" = B! Daraufhin analysieren wir § 408 Abs. 1: „Bisheriger Gläubiger": A! – „Dritter": C! „Schuldner": D! – „Früherer Erwerber": B!

352 § 407 Abs. 1 gemäß § 408 Abs. 1 „entsprechend" anzuwenden bedeutet: „Früherer Erwerber" gem. § 408 Abs. 1 entspricht „neuem Gläubiger" gem. § 407 Abs. 1 (im Fall: B!), „Dritter" iSv § 408 Abs. 1 entspricht „bisherigem Gläubiger" iSv § 407 Abs. 1. Setzen wir nun das Wort „Dritter" (im Fall: C!) ein, so muss „der frühere Erwerber der Forderung" (B) eine Leistung, die der „Schuldner" (D) nach der erneuten Abtretung an den „Dritten" (C) bewirkt ..., gegen sich gelten lassen! Diese Rechtsfolge tritt jedoch nur ein, wenn der Schuldner (D) bei der Leistung nichts von der vorherigen Abtretung (A–B) wusste. Dies trifft zu, da D zum Zeitpunkt der Zahlung an C die frühere Abtretung an B nicht bekannt war.

Wenn Sie das klar erkannt und durchdacht haben, – was Ihnen gelingen sollte – können Sie diese Überlegung im Gutachten (**vgl. Ausarbeitung I 3**) kurz darlegen.

Dann stellen Sie in einem Schlusssatz das Gesamtergebnis fest (**vgl. Ausarbeitung II**).

Lösung (Ausarbeitung):

I. B könnte die Herausgabe der 10.000 EUR von C gemäß § 816 Abs. 2 verlangen. **353**

1. Dann muss zunächst an C eine Leistung bewirkt worden sein. Leistung ist jede bewusste und zweckgerichtete Vermehrung fremden Vermögens.

D hielt die C zum Einzug der Forderung von 10.000 EUR berechtigt und hat deshalb am 26.9. 10.000 EUR an C gezahlt, um seine Kaufpreisschuld gegenüber A zu tilgen. Somit hat er bewusst und zweckgerichtet das Vermögen der C vermehrt. D hat also an C eine Leistung bewirkt.

2. C dürfte zum Empfang der Leistung nicht berechtigt gewesen sein. **354**

a) Eine Berechtigung der C zum Empfang dieser Leistung könnte sich aus dem am 15.9. mit A geschlossenen Abtretungsvertrag ergeben. Damit diese Abtretung durch Vereinbarung gem. § 398 S. 1 wirksam war mit der Folge, dass C gemäß § 398 S. 2 als neue Gläubigerin der Forderung an die Stelle der A trat, müsste A zu diesem Zeitpunkt auch Inhaberin der Forderung gewesen sein.

b) A hatte jedoch bereits am 1.9. im Wege einer Globalzession alle künftigen Forderungen aus Warenverkäufen an die B abgetreten. Da es für die Abtretung zukünftiger Forderungen ausreicht, wenn diese zum Zeitpunkt ihrer Entstehung hinsichtlich Höhe, Inhalt und Schuldner bestimmbar sind, war diese Abtretung zulässig. Wirksam wird sie erst mit der Entstehung der jeweiligen Forderungen.

Die Abtretung aller zukünftigen Forderungen zur Kreditsicherung durch eine Globalzession scheitert nicht an einer möglicherweise sittenwidrigen Übersicherung (§ 138). Eine Übersicherung läge vor, wenn die abgetretenen Forderungen im Vergleich zum Wert der gesicherten Forderungen unverhältnismäßig hoch wären. Das war hier nicht der Fall.

B trat daher am 5.9. (Abschluss des Kaufvertrags) gem. § 398 S. 2 als neue Gläubigerin der Forderung A–D an die Stelle der A, sodass A am 15.9. nicht mehr Inhaberin dieser Forderung und die Abtretung der A an C unwirksam war. C war somit Nichtberechtigte bezüglich des Empfangs der 10.000 EUR. **355**

3. Gemäß § 816 Abs. 2 muss die Leistung schließlich dem Berechtigten gegenüber – hier der B – wirksam sein. **356**

Die Wirksamkeit der Leistung D an C ergibt sich aus § 408 Abs. 1 iVm § 407 Abs. 1. Danach muss der frühere Erwerber (B) einer Forderung bei mehrfacher Abtretung die Leistung des Schuldners (D) an den Dritten (C) gegen sich gelten lassen, wenn – wie hier – der Schuldner (D) bei Leistung an den Dritten (C) nichts von der früheren Abtretung wusste.

II. Ergebnis
B kann von C gem. § 816 Abs. 2 Herausgabe der 10.000 EUR verlangen.

Exkurs:

Die Abtretung selbst stand im Fall nicht im Fokus. Wer sich ihrer Voraussetzungen nicht mehr sicher ist, sollte diese wiederholen zB mit Wörlen/Metzler-Müller/Balleis SchuldR AT Rn. 431–442 oder mit der Literatur zur Vertiefung. Zum schnellen Auffrischen der Kenntnisse kann das folgende Prüfungsschema (war aber für den Fall nicht notwendig!) dienen.

Prüfungsschema:
Übertragung (Abtretung) von Forderungen §§ 398 ff.

- Abtretender (Zedent) ist Inhaber (Gläubiger) von Forderung(en) (auch: künftige) (§ 398 S. 1)
- Vertrag (Einigung) des Zedenten mit einem Dritten (Zessionar), dass Forderung auf diesen übertragen wird (§ 398 S.1)

Rechtsfolge: Neuer Gläubiger (Zessionar) tritt an Stelle des alten Gläubigers (Zedent) = unmittelbare Rechtsänderung: Zessionar erwirbt alle Rechte und Pflichten des Zedenten gegenüber dem Schuldner, die mit der Forderung verbunden sind (§ 398 S. 2)

Besonderheit: „Schuldnerschutz“, sofern Unkenntnis des Schuldners
- § 404: Einwendungen des Schuldners gelten auch gegen Zessionar
- § 406: Aufrechnungsbefugnis des Schuldners gegen Zessionar
- § 407: Leistungsbefreiung zugunsten des Schuldners gegenüber Zessionar, beachte auch § 408!
- Ausschluss der Abtretung: §§ 399, 400

Literatur zur Vertiefung:

Alpmann Schmidt (Langkamp/Lüdde), Skript Schuldrecht AT 2, 25. Aufl. 2024, 4. Teil, 4. Abschn. (Abtretung etc)

Alpmann Schmidt (Langkamp), Skript Schuldrecht BT 3, 22. Aufl. 2024, 3. Teil, 3. Abschn. (Nichtleistungskondiktionen)

Brox/Walker, Allgemeines Schuldrecht, 48. Aufl. 2024, § 34 (Gläubigerwechsel)

Castendiek, Anfängerklausur – Zivilrecht: Delikts- und Bereicherungsrecht – Streit um das Eröffnungsspiel, JuS 2025, 39

Fikentscher/Heinemann, SchuldR, 12. Aufl. 2022, 6. Abschnitt (Übertragung der Forderung und Schuldübernahme), § 103 Rn. 1472–1475 (Ausgleich für gutgläubigen Erwerb durch Verfügungen Nichtberechtigter, § 816 I, II)

Haertlein, Die Rechtsstellung des Schuldners einer abgetretenen Forderung, JuS 2007, 1073

Kretschmann/Lange, Klausurrelevante Probleme der Abtretung, JA 2020, 569

Looschelders, Schuldrecht Allgemeiner Teil, 22. Aufl. 2024, § 52 (Der Austausch des Gläubigers)

Lorenz, Grundwissen – Zivilrecht: Abtretung, JuS 2009, 891

Lorenz, Grundwissen – Zivilrecht: Inhalt und Umfang des Bereicherungsanspruchs, JuS 2018, 937

Medicus/Lorenz, Schuldrecht I, Allgemeiner Teil, 22. Aufl. 2021, §§ 58–62 (Die Auswechslung eines Beteiligten)

Medicus/Lorenz, Schuldrecht II, Besonderer Teil, 18. Aufl. 2018, § 64 (Die spezielle Eingriffskondiktion nach § 816)

Meyer/von Varel, Die Sicherungszession, JuS 2004, 192

Musielak, Zum Inhalt und Umfang des Bereicherungsanspruches, JA 2017, 1

Musielak, Einführung in das Bereicherungsrecht, JA 2020, 161

Petersen, Die Abtretung, JURA 2014, 278

Schreiber, Die Forderungsabtretung, JURA 2007, 266

Thöne, Die Grundprinzipien des Bereicherungsrechts, JuS 2019, 193

Wörlen/Metzler-Müller/Balleis, Schuldrecht AT, 15. Aufl. 2023, Rn. 431–442 (Übertragung (Abtretung) von Forderungen)

Wörlen/Metzler-Müller/Kokemoor, Schuldrecht BT, 14. Aufl. 2022, Rn. 370–394 (Ungerechtfertigte Bereicherung)

Fall 16 Mängelhaftung beim Kauf, Rücktritt, Geltung von AGB, Verjährung[84]

„Augen auf beim Möbelkauf"

Hobbytischlerin V baut in ihrer Freizeit antike Möbel nach. Erstmals bietet sie nun einen Schreibtisch über Kleinanzeigen[85] zum Verkauf an. Um bei weiteren Verkäufen, auf die V fest hofft, in Zukunft nicht immer wieder dasselbe erzählen zu müssen, entwirft sie ein Kaufvertragsformular mit vorformulierten Vertragsbedingungen. Dort heißt es unter Ziffer 3: „Bei Mangelhaftigkeit der Kaufsache steht dem Käufer nur ein Recht auf Nacherfüllung in Form der Nachbesserung zu", und Ziffer 4 lautet: „Mängelansprüche des Käufers verjähren mit Ablauf von einem Monat nach Lieferung der Kaufsache". **357**

Angetan von der Kleinanzeige mit dem Schreibtisch sucht der wohlhabende Kunststudent K die V im Mai in ihrer Wohnung auf, um die neu hergestellte Imitation eines antiken Schreibtischs mit 6 Schubladen zu erwerben. K liest sich den Vertrag mit seinen Bedingungen durch, unterschreibt das Formular und bezahlt den Kaufpreis von 1.000 EUR im Voraus. Als Liefertermin wird der 31. Mai vereinbart.

Als der Schreibtisch pünktlich geliefert wird, muss K feststellen, dass sämtliche Schubladen klemmen. Aufgrund seines Nacherfüllungsrechts lässt er den Schreibtisch sofort wieder von V mitnehmen, damit der Mangel beseitigt wird. Als der „reparierte" Schreibtisch wiedergebracht wird, klemmen immer noch fünf von den sechs Schubladen so stark, dass sie sich so gut wie nicht öffnen lassen.

Als K dies moniert und von V erneut Mängelbeseitigung verlangt, wird ihm von dieser mitgeteilt, dass sie alles versucht habe, was möglich ist, sie nicht mehr machen könne und K sich mit der Situation abfinden müsse. K ist ratlos und fragt eine befreundete Studentin des Wirtschaftsrechts, was er denn jetzt tun könne. Diese rät ihm, vom Vertrag zurückzutreten und den Kaufpreis zurückzuverlangen. Ein Gängigmachen der Schubladen würde rund 170 EUR kosten.

Daraufhin erklärt K gegenüber V im Juli den Rücktritt vom Vertrag und verlangt deswegen den Kaufpreis gegen Rückgabe des Schreibtischs zurück. V weigert sich unter Berufung auf Ziffern 3 und 4 ihrer Vertragsbedingungen.

Ist der Anspruch des K begründet?

(Bearbeitungszeit: 2 1/2 Std.)

---

84 **Hinweis:** Dieser anspruchsvolle Fall enthält einige Probleme und verlangt bereits vertiefte Kenntnisse ua im AGB- und Gewährleistungsrecht, was nicht gleich zu Beginn des Studiums unterrichtet wird.

85 Vormals (bis Mai 2023): ebay Kleinanzeigen.

Besondere Vorüberlegungen:

(gehören nicht in die Ausarbeitung)

358 1. Auch in diesem Fall war nach Erfassen des Sachverhalts in den „Allgemeinen Vorüberlegungen" zuerst die Fallfrage zu konkretisieren: K erklärt den Rücktritt und verlangt von V Rückzahlung des Kaufpreises (gegen Rückgabe des Schreibtischs). „Ist der Anspruch des K begründet?" heißt daher konkret: „Hat K einen Anspruch auf Kaufpreisrückzahlung aus § 346 Abs. 1 iVm §§ 437 Nr. 2, 440, 323 Abs. 1 BGB?"

Wie Sie bestimmt wissen, gibt es keinen speziellen „Kaufpreisrückzahlungsanspruch". Der Sachverhalt stellt auf den Rücktritt ab. Deshalb sollte Ihnen die Vorschrift aus dem allgemeinen Schuldrecht in den Sinn kommen, die bestimmt, dass im Fall des (berechtigten) Rücktritts gem. § 346 Abs. 1 die empfangenen Leistungen zurück zu gewähren sind. Wenn Ihnen § 346 auch bei wiederholter Lektüre des Sachverhalts nicht eingefallen ist, sollten Sie zumindest darauf kommen, ihn über das Sachverzeichnis („Index") oder die Inhaltsübersicht des BGB („Buch 2, Abschnitt 3, Titel 5, Untertitel 1") zu finden!

359 Aus dem Wortlaut von § 346 Abs. 1 lässt sich herauslesen, dass eine Vertragspartei von der anderen etwas verlangen kann (vgl. § 194 Abs. 1). § 346 Abs. 1 ist also eine Anspruchsgrundlage! Sie gibt zB dem Käufer, der vom Vertrag zurückgetreten ist und den Kaufpreis bereits bezahlt hat, die Möglichkeit, diesen als empfangene Leistung heraus zu verlangen. § 346 Abs. 1 ist die Anspruchsgrundlage, die unserem Gutachten voranzustellen ist **(vgl. Ausarbeitung I).** Das Zitat der kompletten §§-Kette muss nicht sein, zeigt aber, dass Sie sich im Mängelrecht beim Kaufvertrag auskennen.

360 2. Zu **Ausarbeitung I 1**
Hier musste man wissen, dass der Anspruch aus § 346 Abs. 1 nur begründet ist, wenn der Gläubiger ein (vertragliches oder gesetzliches) Rücktrittsrecht – Gestaltungsrecht! – hat, das er wirksam ausgeübt hat („im Falle des Rücktritts"). Auf die Ausübung des Rücktritts durch Erklärung (§ 349) geht man erst ein **(vgl. Ausarbeitung I 2)**, wenn geprüft wurde, ob ein Rücktrittsrecht überhaupt besteht.

361 3. Zu **Ausarbeitung I allgemein**
Prüfungsschemata muss man nicht „auswendig" lernen, doch einmal verstanden und durchdacht haben, um sie beim Lösen eines Falls anhand des Gesetzestextes selbst (mehr oder weniger neu) entwickeln und anwenden zu können. Notieren Sie sich zur Sicherheit die in Frage kommende Prüfungsreihenfolge während der Vorüberlegungen auf Ihrem Konzeptzettel.

Prüfungsschema:
Rücktrittsrecht des Käufers bei mangelhafter Kaufsache
gem. § 437 Nr. 2 Var. 1 iVm §§ 440, 323, 326 Abs. 5

- Wirksamer Kaufvertrag iSd § 433
- Kaufsache hat bei Gefahrübergang (§§ 446 o. 447[86]) einen Sachmangel (§§ 434 f.) oder einen Rechtsmangel bei Eigentumsübertragung (§ 435) (= Pflichtverletzung)
- Angemessene Fristsetzung zur Nacherfüllung und erfolgloser Fristablauf (§ 323 Abs. 1), es sei denn Fristsetzung ist entbehrlich nach § 440 oder § 323 Abs. 2 oder § 326 Abs. 5 oder § 475d Abs. 1
- Kein Ausschluss des Rücktrittsrechts gem. § 323 Abs. 5 S. 2 oder gem. § 323 Abs. 6
- Kein Gewährleistungsausschluss durch Vertrag (vgl. § 444) oder Gesetz (§§ 442, 445 oder § 377 HGB)
- Erklärung des Rücktritts gem. § 349
- Keine Unwirksamkeit des Rücktritts gem. §§ 438 Abs. 4, 218

Rechtsfolgen: §§ 346, 347

In der **Ausarbeitung** ist der Sachverhalt, wie unter **I 1 a–f** geschehen, Schritt für Schritt (Prüfungspunkt für Prüfungspunkt) unter die Voraussetzungen der jeweiligen Vorschriften zu subsumieren.

362 Wenn Sie hier an einen Werklieferungsvertrag (§ 650) gedacht haben, ist das prima (Spezialvorschrift neben § 433 kommentieren!). Allerdings sollten Sie auch erkannt haben, dass § 650 von „noch herzustellenden" Sachen spricht. Der Schreibtisch war zum Zeitpunkt des Kaufs bereits hergestellt, so dass § 650 im Ergebnis nicht passt. Eine Anwendung von § 650 hätte sich aber nicht ausgewirkt, weil nach § 650 Abs. 1 S. 1 auf einen Werklieferungsvertrag auch die Vorschriften über den Kauf Anwendung finden.

86 Beim Verbrauchsgüterkauf (§ 474) § 475 Abs. 2 und 3 beachten! Zu beachten ist auch § 477!

Lösung (Ausarbeitung):

I. K könnte gegen V einen Anspruch auf Rückzahlung des Kaufpreises Zug um Zug gegen Rückgabe des Schreibtisches aus § 346 Abs. 1 Var. 1 iVm § 437 Nr. 2 Var. 1 iVm §§ 440 S. 1, 323 Abs. 1 haben. **363**

1. Voraussetzung für den Rückzahlungsanspruch nach § 346 Abs. 1 ist zunächst, dass Gläubiger K ein vertragliches oder gesetzliches Rücktrittsrecht hat. Hier kommt das gesetzliche Rücktrittsrecht des K gem. § 437 Nr. 2 Var. 1 in Betracht. **364**

a) Dafür müssten V und K einen wirksamen Kaufvertrag iSv § 433 geschlossen haben. Indem K den von V vorgelegten Vertrag unterschrieben hat, ist dieser wirksam durch Angebot und Annahme (§§ 145 ff.) zustande gekommen.

b) Bei der gelieferten Kaufsache muss außerdem ein Sachmangel vorliegen (§ 437 Hs. 1). Zu prüfen ist daher, ob der von V gelieferte Schreibtisch mangelhaft ist. **365**

Bei den klemmenden Schubladen könnte es sich um einen Sachmangel iSv § 434 handeln. Nach § 434 Hs. 2 ist eine Sache frei von Sachmängeln, wenn sie bei Gefahrübergang den subjektiven Anforderungen, den objektiven Anforderungen und den Montageanforderungen dieser Vorschrift entspricht.

Ein Sachmangel kann sich zB ergeben aus dem Fehlen der vereinbarten Beschaffenheit (§ 434 Abs. 2 S. 1 Nr. 1). V und K haben keine gesonderte Vereinbarung über die Beschaffenheit des Schreibtischs getroffen. Ein Sachmangel kann auch begründet sein in der fehlenden Eignung für die nach dem Vertrag vorausgesetzte Verwendung (§ 434 Abs. 2 S. 1 Nr. 2). Eine besondere (= andere als die gewöhnliche) Verwendung der Kaufsache wurde von den Parteien nicht vorausgesetzt. Deshalb kann der Sachmangel sich nur noch daraus ergeben, dass die Sache nicht den objektiven Anforderungen iSv § 434 Abs. 3 S. 1 entspricht, also sich nicht für die gewöhnliche Verwendung eignet (Nr. 1) oder eine andere Beschaffenheit als üblich aufweist, die der Käufer nach Art der Sache nicht erwarten konnte (Nr. 2).

Der „reparierte" Schreibtisch hat (immer noch) fünf klemmende Schubladen. Somit ist er für die gewöhnliche Verwendung (ua problemloses Öffnen und Schließen der Schubladen) nicht geeignet. Auch weist der Schreibtisch nicht die Beschaffenheit auf, die K üblicherweise von einem neu hergestellten Imitat eines antiken Schreibtischs erwarten konnte. Zur üblichen Beschaffenheit gehört nach § 434 Abs. 3 S. 2 auch die Funktionalität der Sache, also auch, dass sich Schubladen von Neuware leicht öffnen und schließen lassen. Folglich liegt ein Sachmangel gem. § 434 Abs. 3 S. 1 Nr. 1 und 2 vor.

c) Der Schreibtisch wurde bereits mit klemmenden Schubladen übergeben. Daher war er im maßgeblichen Zeitpunkt, dem Gefahrübergang, mangelhaft (§ 446). **366**

4. Zu **Ausarbeitung I 1 d–e**

367 **Zu d)** Erfolglose Nachfristsetzung, falls nicht entbehrlich: Entbehrlichkeit hier möglicherweise gegeben aufgrund der besonderen Regelungen im Kaufrecht, § 440 S. 1 Var. 2 iVm § 440 S. 2 (Vermutung des Fehlschlagens der Nachbesserung), ggf. auch § 440 S. 1 Var. 3 (Unzumutbarkeit für den Käufer) oder der allgemeinen Vorschrift des § 323 Abs. 2 Nr. 1 (ernsthafte und endgültige Verweigerung des Verkäufers). Es genügt, wenn die Fristsetzung nach einem der Ausnahmetatbestände entbehrlich ist. § 440 modifiziert § 323, indem er weitere Sonderfälle für die Entbehrlichkeit der Fristsetzung vorsieht.

368 **Zu e)** Kein Ausschluss des Rücktrittsrechts wegen Unerheblichkeit der Pflichtverletzung (§ 323 Abs. 5 S. 2):
Die Erheblichkeitsprüfung erfordert eine umfassende Interessenabwägung, wobei insbesondere die Intensität des Mangels und der für die Beseitigung erforderliche Aufwand zu berücksichtigen sind. Der BGH bejaht die Erheblichkeit eines Mangels idR, wenn die Kosten der Beseitigung mind. 5% des Kaufpreises (vereinbarte Gegenleistung) ausmachen. (BGH NJW 2014, 3229; Grüneberg/Grüneberg § 323 Rn. 32 mwN). Wenn Sie sich noch an das Echo-Prinzip erinnert haben, war Ihnen klar, dass die Angabe zu den Kosten für das Entklemmen der Schubladen eine Rolle spielen muss.

[Zu denken ist in diesem Zusammenhang stets auch an einen Ausschluss des Rücktritts nach § 323 Abs. 6, was aber im Gutachten nicht zu erwähnen ist, wenn im Sachverhalt nichts auf einen solchen Ausschluss hindeutet.]

5. Zu **Ausarbeitung I 1 f aa–ff**

369 **Zu f) I 1 aa)** Kein vertraglicher oder gesetzlicher Gewährleistungsausschluss:
Vertragliche Ausschlüsse (individuell oder in AGB) sind bei einem Verbrauchsgüterkauf auf Schadensersatzansprüche beschränkt (§ 476 Abs. 3). Zugunsten des Verbrauchers (§ 13) ordnet § 476 Abs. 1 nämlich die grundsätzliche Unabdingbarkeit der §§ 433–435, 437, 439–441 und 443 auf eine vor Mitteilung eines Mangels getroffene Vereinbarung an. Das sollte kurz angesprochen werden, auch wenn kein Verbrauchsgüterkaufvertrag vorliegt.

Da die V AGB (die Worte „vorformulierte Vertragsbedingungen" aus dem Sachverhalt deuten eindeutig auf eine Relevanz des AGB-Rechts für die Falllösung hin) verwendet, muss man die **Wirksamkeit von Allgemeinen Geschäftsbedingungen (AGB) gem. §§ 305–310** prüfen können. Zur Wiederholung eignet sich das ausführliche Prüfungsschema in Wörlen/Metzler-Müller/Balleis SchuldR AT Rn. 57.
Hierzu könnten Sie sich auf Ihrem Konzeptzettel folgende Voraussetzungen stichpunktartig notieren:

d) Gemäß § 437 Nr. 2 Var. 1 iVm § 323 Abs. 1 kann der Gläubiger erst zurücktreten, wenn er dem Schuldner eine angemessene Frist zur Nacherfüllung gesetzt hat und diese erfolglos abgelaufen ist. 370

Eine konkrete Frist hat K der V nicht gesetzt. Das spielt dann keine Rolle, wenn die Fristsetzung entbehrlich war. Entbehrlichkeitsgründe finden sich sowohl in der kaufrechtlichen Vorschrift des § 440, als auch in den allgemeinen Rücktrittsregeln in § 323 Abs. 2.

Nach § 440 S. 1 bedarf es der Fristsetzung ua nicht, wenn die dem Käufer zustehende Art der Nacherfüllung fehlgeschlagen ist (Var. 2). Gemäß § 440 S. 2 gilt eine Nachbesserung (Beseitigung des Mangels) nach dem erfolglosen zweiten Versuch als fehlgeschlagen, wenn sich nicht insbesondere aus der Art der Sache oder des Mangels oder den sonstigen Umständen etwas anderes ergibt.

„Die dem Käufer zustehende Art der Nacherfüllung" ist grundsätzlich die, die der Käufer nach § 439 I auswählt. K hat V aufgefordert „den Schreibtisch sofort wieder mitzunehmen, damit der Mangel beseitigt wird" und sich demnach für die Nachbesserung (§ 439 I Var. 1) entschieden. V hat nach dem ersten erfolglosen Versuch erklärt, dass sie alles Mögliche versucht habe, nicht mehr machen könne und K sich mit der Situation abzufinden habe. Damit hat V zu verstehen gegeben, nicht in der Lage und nicht willens zu sein, den Mangel zu beseitigen. Damit liegen Umstände vor, die für ein Fehlschlagen bereits nach dem ersten Nachbesserungsversuch sprechen. Jedenfalls kann die Aussage der V, dass K sich mit der Situation abfinden müsse, als konkludente endgültige und ernsthafte (unberechtigte!) Weigerung verstanden werden, weitere Nachbesserungsversuche vorzunehmen, so dass die Fristsetzung mindestens nach § 323 Abs. 2 Nr. 1 entbehrlich ist.

Somit ist die Fristsetzung entbehrlich und K ist gem. § 437 Nr. 2 Var. 1 grundsätzlich zum Rücktritt berechtigt.

e) Außerdem müsste die Pflichtverletzung gem. § 323 Abs. 5 S. 2 erheblich sein. Zur Beurteilung der Erheblichkeit ist eine umfassende Abwägung der Interessen nötig. Ein starkes Indiz ist das Verhältnis zwischen den Kosten der Mangelbeseitigung und dem Kaufpreis. Die Rechtsprechung bejaht Erheblichkeit regelmäßig, wenn der Aufwand mindestens 5% des Kaufpreises beträgt. Dies ist hier gegeben. Das Entklemmen der Schubladen kostet ca. 170 EUR und damit mehr als 5% des Kaufpreises (1000 EUR). Die Pflichtverletzung der V ist erheblich. Somit ist der Rücktritt des K nicht ausgeschlossen (§ 323 Abs. 5 S. 2). 371

f) Fraglich ist, ob die Mängelhaftung der V nicht möglicherweise vertraglich oder gesetzlich ausgeschlossen ist. V beruft sich auf die Ziffern 3 und 4 ihrer Vertragsbedingungen. Hier könnte also ein vertraglicher Haftungsausschluss aufgrund von AGB eingreifen. 372

aa) Die Klauseln könnten gem. § 476 Abs. 1 S. 1 unwirksam sein. Voraussetzung dafür ist ein Verbrauchsgüterkauf, dh ein Kaufvertrag über eine bewegliche Sache zwischen einem Verbraucher und einem Unternehmer (§ 474 Abs. 1). Da V den Schreibtisch als Privatperson hobbymäßig (= Verbraucher iSd § 13) verkauft hat und somit nicht Unternehmerin iSv § 14 ist, handelt es sich nicht um einen Verbrauchsgüterkauf nach § 474 Abs. 1, sodass § 476 Abs. 1 S. 1 die V nicht daran hindert, sich auf die durch die Ziffern 3 und 4 ihrer AGB getroffenen Vereinbarungen zu berufen.

373 Zu bb) **Anwendbarkeit der §§ 305–310:** Es muss sich um **AGB iSv § 305 Abs. 1** handeln (begrifflicher Anwendungsbereich).

Zu cc) Kein Ausschluss der Anwendbarkeit nach § 310 (sachlicher und persönlicher Anwendungsbereich).

Zu dd) AGB müssen **Vertragsbestandteil** geworden sein (§§ 305 Abs. 2 und Abs. 3, 305a–c).

Zu ee) Inhaltskontrolle nach § 307 Abs. 3 möglich?
Voraussetzung: Abänderung oder Ergänzung dispositiven Rechts durch AGB (dh keine Inhaltskontrolle von gesetzlichen Regelungen).

374 **Zu ff) Prüfungsschema zur Wirksamkeit der AGB-Klauseln** – Durchführung der Inhaltskontrolle (§§ 307–309)

Prüfungsreihenfolge: § 309 (Klauselverbote ohne Wertungsmöglichkeit)
§ 308 (Klauselverbote mit Wertungsmöglichkeit)
§ 307 Abs. 1 und 2 (Generalklausel „Treu und Glauben“)

bb) Die Klauseln könnten aber unwirksam sein, wenn sie einer Wirksamkeitskontrolle nach den §§ 305–310 nicht standhalten. Diese Vorschriften müssten anwendbar sein. 375

Voraussetzung dafür ist zunächst, dass es sich bei den Klauseln um echte AGB iSv § 305 Abs. 1 handelt. Danach (Abs. 1 S. 1) sind AGB vorformulierte Vertragsbedingungen, die für eine Vielzahl von Verträgen gelten, einseitig vom Verwender der anderen Vertragspartei gestellt werden und sich nicht (Abs. 1 S. 3) als das Ergebnis beiderseitiger Vertragsverhandlungen darstellen. V hofft auf weitere Verkäufe und formuliert ihre Vertragsbedingungen gerade auch für künftige Kaufverträge. Damit sind die AGB für eine Vielzahl von Verträgen gedacht. Indem K die vorformulierten AGB mit den Klauseln Ziffern 3 und 4 von V bei Vertragsschluss zur Unterschrift vorgelegt bekommt, wurden diese einseitig von V gestellt. Die Voraussetzungen von § 305 Abs. 1 sind erfüllt.

cc) Die Anwendbarkeit der §§ 305 ff. darf nicht durch § 310 ausgeschlossen sein. Die Ausschlussgründe der § 310 Abs. 4 und Abs. 2 passen nicht auf den Kaufvertrag über einen Schreibtisch. Damit bleibt der sachliche Anwendungsbereich der §§ 305 ff. eröffnet. Der persönliche Anwendungsbereich der §§ 305 ff. ist auch nicht nach § 310 Abs. 1 ausgeschlossen, denn auch K ist nicht Unternehmer (§ 14), sondern Verbraucher iSv § 13. 376

dd) Um wirksam zu sein, müssten die Klauseln Vertragsbestandteil gem. §§ 305 Abs. 2 und Abs. 3, 305a–c geworden sein. 377

Gemäß § 305 Abs. 2 Nr. 1 ist für die Einbeziehung in den Vertrag ein ausdrücklicher oder konkludenter Hinweis des Verwenders (hier der V) auf die Geltung der AGB erforderlich. Außerdem muss gem. § 305 Abs. 2 Nr. 2 die andere Vertragspartei (hier der K) die Möglichkeit haben, in zumutbarer Weise vom Inhalt der AGB Kenntnis zu nehmen. Die andere Vertragspartei muss ferner mit der Geltung der AGB einverstanden sein (= Einigung: § 305 Abs. 2 letzter Hs.).

Indem K den vorformulierten Vertrag mit den AGB gelesen und unterschrieben hat, hat er sich mit V geeinigt und die Voraussetzungen des § 305 Abs. 2 sind erfüllt.

Die Klauseln Ziffern 3 und 4 stellen auch keine überraschenden Klauseln iSv § 305c Abs. 1 dar und enthalten keine unklaren Formulierungen (§ 305c Abs. 2); eine Individualvereinbarung (§ 305b) wurde zwischen V und K auch nicht getroffen.

Somit sind die AGB-Klauseln wirksamer Vertragsbestandteil geworden.

ee) Nachdem die Klauseln Bestandteile des Vertrags zwischen V und K geworden sind, ist zu prüfen, ob sie der Inhaltskontrolle nach §§ 309, 308, 307 standhalten. 378

Die Inhaltskontrolle müsste zunächst nach § 307 Abs. 3 eröffnet sein.

K soll nach Klausel Ziffer 3 nur das Mängelgewährleistungsrecht auf Nacherfüllung (§ 437 Nr. 1 iVm § 439) zustehen. Die Klausel möchte also Rechtsvorschriften über die Mängelhaftung (§ 437 Nr. 2 und 3) abändern bzw. ausschließen. Bei diesen Vorschriften handelt es sich um dispositives Recht, sodass die Inhaltskontrolle der Klausel gem. § 307 Abs. 3 möglich ist.

ff) Klauseln, die die Mängelhaftung für neu hergestellte Sachen betreffen, sind direkt in § 309 Nr. 8b angesprochen. Da der Schreibtisch eine neu hergestellte Sache ist, darf die Klausel nicht gegen § 309 Nr. 8b verstoßen.

379 In diesem Zusammenhang musste man **§ 306** kennen und die Rechtsfolge der Unwirksamkeit einer Klausel aufzeigen. Es gibt keine Reduktion der AGB-Klauseln auf den gesetzlichen zulässigen Inhalt („**Verbot der geltungserhaltenden Reduktion**"): Ist eine einzelne Klausel teilweise unzulässig, ist sie als Ganzes unwirksam, sie wird nicht auf einen rechtlich zulässigen Kern reduziert. Es gilt dann einfach das BGB und die Klausel entfällt, sodass die gesetzliche Regelung gilt, von der die Klausel letztlich abweichen wollte. Die restlichen AGB-Klauseln aber bleiben wirksam, werden von der Unwirksamkeit der einzelnen Klausel also nicht tangiert. Durchaus vertretbar ist es auch, der Rechtsfolge des § 306 einen eigenen Prüfungs- bzw. Gliederungspunkt zu widmen:

Rechtsfolge bei Nichteinbeziehung oder Unwirksamkeit:
1. Klausel ist (teilweise) unwirksam und entfällt
2. Vertrag bleibt im Übrigen wirksam (§ 306 Abs. 1)
3. Lücke (wegen 1.) wird gefüllt durch die gesetzlichen Regelungen / BGB (§ 306 Abs. 2)
4. falls Anwendung der gesetzlichen Regelung unzumutbare Härte für eine Vertragspartei darstellt, ist Vertrag insgesamt unwirksam (§ 306 Abs. 3)

6. Zu **Ausarbeitung I 2**

380 Durch die Feststellung, dass K zum Rücktritt berechtigt ist, haben wir die erste Voraussetzung für den Anspruch aus § 346 Abs. 1 – das Vorliegen eines Rücktrittsrechts – bejaht. Da der Anspruch nur geltend gemacht werden kann, wenn der Rücktritt auch ausgeübt wurde („im Falle des Rücktritts"), war zu prüfen, ob er gem. § 349 erklärt wurde.

7. Zu **Ausarbeitung I 2 a**

381 V verweigert den zweiten Nachbesserungsversuch auch unter Berufung auf Ziffer 4 seiner AGB. Da der Rücktritt kein Anspruch (→ § 194 Abs. 1), sondern ein Gestaltungsrecht (!) ist, kann er nicht verjähren (wichtig!). Er kann aber, wie § 438 Abs. 4 S. 1 feststellt, gem. § 218 unwirksam sein (→ Prüfungsschema Rn. 361). Dies führt zu der Frage nach der Verjährung von Mängelansprüchen und den Auswirkungen auf den Rücktritt.

8. Zu **Ausarbeitung I 2 b**

382 Da die gesetzliche Verjährung durch eine AGB-Klausel geändert wurde, war auch diese Klausel anhand der §§ 305–310 zu überprüfen. Abgesehen davon, dass sich der Inhalt der Klausel Ziffer 4 auf die Verjährung von Mängelansprüchen bezieht, gilt hier das Gleiche wie für die Klausel Ziffer 3. Insofern konnte bei **Ausarbeitung I 2 b aa** nach oben verwiesen werden.

Für die inhaltliche Überprüfung der Klausel war zunächst wieder die spezielle Vorschrift des § 309 heranzuziehen, die dem K nun mit ihrer Nr. 8b ff weiterhilft **(Ausarbeitung I 2 b bb)**.

9. Zu **Ausarbeitung I 3**

Bei der Frage, ob der Anspruch durchsetzbar (→ Rn. 56) ist, musste kurz auf die mögliche Einrede aus §§ 348, 320 Abs. 1 eingegangen werden.

383 10. Zu **Ausarbeitung II**

Da das Rücktrittsrecht und seine Ausübung Wirksamkeitsvoraussetzungen für den Anspruch des K aus § 346 Abs. 1 sind, war als „Ergebnis" festzustellen, dass der Anspruch besteht.

Gemäß § 309 Nr. 8b bb ist in AGB eine Bestimmung unwirksam, die Ansprüche gegen den Verwender auf Nacherfüllung beschränkt, sofern dem anderen Vertragsteil nicht ausdrücklich das Recht vorbehalten wird, bei Fehlschlagen der Nacherfüllung zu mindern oder vom Vertrag zurückzutreten. Einen solchen Vorbehalt hat V nicht eingeräumt.

Somit ist die AGB-Klausel Ziffer 3 des von V und K geschlossenen Vertrags gem. § 309 Nr. 8b bb unwirksam. Eine Umdeutung oder Auslegung der Klausel kommt wegen des Verbots der geltungserhaltenden Reduktion nicht in Betracht. Im Übrigen bleibt der Vertrag gem. § 306 Abs. 1 wirksam. Gemäß § 306 Abs. 2 richtet sich der Inhalt des Vertrags daher nach den gesetzlichen Vorschriften, ua also auch nach denen über den Rücktritt.

Folglich ist K grundsätzlich zum Rücktritt nach §§ 437 Nr. 2 Var. 1, 440, 323 Abs. 1 berechtigt.

2. Voraussetzung für den Rückgewähranspruch nach § 346 Abs. 1 ist neben dem Vor- **384**
liegen eines Rücktrittsrechts die Ausübung des Rücktritts („im Falle des Rücktritts"). Gemäß § 349 erfolgt der Rücktritt durch Erklärung gegenüber der anderen Vertragspartei. Diese Erklärung hat K im Juli abgegeben.

a) Nach § 438 Abs. 4 S. 1 iVm § 218 Abs. 1 S. 1 ist ein Rücktritt indessen unwirksam, **385**
wenn (der Anspruch auf Leistung oder) der Nacherfüllungsanspruch verjährt ist und der Schuldner, wie hier V, sich darauf beruft. Gemäß § 438 Abs. 1 Nr. 3 verjährt der in § 437 Nr. 1 bezeichnete Nacherfüllungsanspruch (§ 439) in zwei Jahren.

b) Dem könnte jedoch die Klausel Ziffer 4 der AGB der V, auf die sich diese auch **386**
beruft, entgegenstehen, wonach Mängelansprüche des Käufers in einem Monat verjähren sollen. Diese Klausel ist daher ebenfalls anhand der §§ 305–310 zu überprüfen.

aa) Insofern kann zunächst auf die Ausführungen zu Klausel Ziffer 3 verwiesen wer- **387**
den (vgl. I 1 f ee und ff).

bb) Gemäß § 309 Nr. 8 b ff ist in AGB eine Bestimmung unwirksam, durch die eine weniger als ein Jahr betragende Verjährungsfrist ab dem gesetzlichen Verjährungsbeginn (= Ablieferung der Sache, § 438 Abs. 2) erreicht wird. Somit ist auch die Klausel Ziffer 4 der AGB des V unwirksam, mit der Folge, dass gem. § 306 Abs. 2 die gesetzliche Verjährungsfrist des § 438 Abs. 1 Nr. 3 gilt. Da im Zeitpunkt der Rücktrittserklärung des K (Juli) seit der Ablieferung des Schreibtischs am 31. Mai noch keine zwei Jahre verstrichen sind, ist der Nacherfüllungsanspruch des K noch nicht verjährt und der Rücktritt nicht nach § 218 Abs. 1 S. 1 unwirksam.

Demnach sind alle Voraussetzungen für den Rückzahlungsanspruch des K gegenüber **388**
V gem. § 346 Abs. 1 iVm §§ 437 Nr. 2 Var. 1und §§ 440 S. 1, 323 Abs. 1 erfüllt. Der Anspruch ist somit entstanden.

3. Der Rückzahlungsanspruch des K müsste auch durchsetzbar sein.

Nach §§ 348, 320 Abs. 1 sind die sich aus dem Rücktritt ergebenden Pflichten Zug um Zug zu erfüllen. Darauf ist auch das Verlangen des K (Rückzahlung gegen Rückgabe des Schreibtisches) gerichtet. Folglich besteht keine Einrede der V nach § 320 Abs. 1, sodass der Anspruch auch durchsetzbar ist.

II. Ergebnis
Der Anspruch des K gegen V auf Rückzahlung des Kaufpreises aus §§ 346 Abs. 1, 437 Nr. 2 Var. 1, 440 S. 1, 323 Abs. 1 Zug um Zug gegen Rückgabe des Schreibtisches ist begründet.

Fall 16

Literatur zur Vertiefung:

Alpmann Schmidt (Lüdde), Skript BGB AT 2, 23. Aufl. 2023, 2. Teil (Allgemeine Geschäftsbedingungen)

Alpmann Schmidt (Langkamp), Skript Schuldrecht BT 1, 24. Aufl. 2025, 1. Teil, 2. u. 6. Abschn. (Mängelgewährleistung und Verbrauchsgüterkauf)

Annuss, Die Folgen des Rücktritts (§§ 346 ff. BGB), JA 2006, 184

Biermann, Das neue Kaufrecht: Die wichtigsten Änderungen, DAR 2022, 134

Boecken, BGB Allgemeiner Teil, 3. Aufl. 2019, § 9 III (Kontrolle von AGB in Verträgen)

Brox/Walker, Allgemeines Schuldrecht, 48. Aufl. 2024, § 4 II (Gestaltung des Vertrags durch Allgemeine Geschäftsbedingungen)

Brox/Walker, Besonderes Schuldrecht, 48. Aufl. 2024, § 4 (Verletzung der Pflichten des Verkäufers aus § 433 I 2)

Deutschmann, Der neue Sachmangelbegriff des § 434 BGB n. F., NJ 2022, 14

Fikentscher/Heinemann, SchuldR, 12. Aufl. 2022, § 71 (Sachmängelgewährleistung)

Gelbrich/Timmermann, Der Mangelbegriff im Kaufrecht nach Umsetzung der WKRL und DIRL, NJOZ 2021, 1249

Kupfer/Weiß, Die Warenkaufrichtlinie – Schlussstein in der Harmonisierung des kaufrechtlichen Gewährleistungsrechts? VuR 2020, 95

Looschelders, Schuldrecht Besonderer Teil, 19. Aufl. 2024, § 4 (Rechte des Käufers), § 5 (Ausschluss und Begrenzung der Mängelrechte) § 6 (Verjährung)

Löhnig/Gietl, Grundfälle zum Recht der Allgemeinen Geschäftsbedingungen, JuS 2012, 393 und 494

Lorenz, Grundwissen – Zivilrecht: Verbrauchsgüterkauf, JuS 2016, 398

Lorenz, Grundwissen – Zivilrecht: Allgemeine Geschäftsbedingungen, JuS 2013, 199

Medicus/Lorenz, Schuldrecht II, Besonderer Teil, 18. Aufl. 2018, § 5 (Gewährleistungsrecht: Überblick und Systematik), § 11 (Verbrauchsgüterkauf)

Peter, Haftungsklauseln in Allgemeinen Geschäftsbedingungen, JURA 2015, 121

Petersen, Verbraucher und Unternehmer, JURA 2007, 905

Ruks, Die Entwicklung des (Verbraucher-) Widerrufsrechts im Jahr 2022, jM 2023, 236

Steinrötter, Drei Jahre neues Schuldvertragsrecht – klassisch statt digital, NJW 2025, 249

Stiegler, Der Online-Verbrauchsgüterkauf, JA 2021, 624

Timm, Das Verhältnis der Mängelrechte aus § 437 BGB zueinander, JA 2022, 800

Wendland, Das Recht der Allgemeinen Geschäftsbedingungen in der Fallbearbeitung – Teil 1, JURA 2018, 866 und Teil 2, JURA 2019, 41

Wilke, Besonderheiten der Beschaffenheitsvereinbarung im Kaufgewährleistungsrecht, NJW 2023, 633

Wilke: Das neue Kaufrecht nach Umsetzung der Warenkauf-Richtlinie, VuR 2021, 283

Wörlen/Metzler-Müller/Balleis, Schuldrecht AT, 15. Aufl. 2023, Rn. 39–63 (Allgemeine Geschäftsbedingungen)

Wörlen/Metzler-Müller/Kokemoor, Schuldrecht BT, 14. Aufl. 2022, Rn. 10–142 (Kaufvertrag)

Wünsche, Gemeinsamkeiten bei Kaufvertrag, Verbrauchsgüterkauf und Vertrag über digitale Produkte, JA 2024, 712

Wünsche, Änderungen im Sachmängelrecht und beim Verbrauchsgüterkauf, NWB 2021, 3331

Raum für eigene Notizen:

Fall 17 Mängelhaftung beim Kauf, Verbrauchsgüterkauf, Nacherfüllung beim Stückkauf, Geschäftsfähigkeit, arglistige Täuschung[87]

„Der Motorroller"

Der 17-jährige K entdeckt auf dem virtuellen Marktplatz „gebrauchtmobil24.de" folgende Anzeige des Gebrauchtwagenhändlers V: *„Verkaufe gebrauchten Motorroller 110 ccm vom Typ X – unfallfrei – Kilometerstand nur 1.000 km – Sonderpreis 1.500 EUR"*. 389

K sucht den V unter der angegebenen Adresse auf, lässt sich von V noch einmal persönlich die Unfallfreiheit bestätigen und unterzeichnet dann im Hinterhof des V, wo auch noch andere gebrauchte Pkws und Motorräder des V zum Verkauf bereitstehen, den von V vorbereiteten und dem K vorgelegten Vertrag, in dem ua steht: *„Der Motorroller wird ohne Gewähr verkauft"*. K bezahlt vor Ort den Kaufpreis von seinen Ersparnissen und nimmt den Roller gleich mit. Wenig später stellt er fest, dass der Roller einen Vorschaden am Rahmen aufweist. Der Roller hatte nämlich tatsächlich doch einen Unfall erlitten. Die Schäden wurden von einem anderen Vorbesitzer repariert. V hatte jedoch unachtsamerweise den Roller weder auf Vorschäden hin untersucht, noch beim Ankauf diesbezügliche Nachfragen gestellt, obwohl der reparierte Unfallschaden für einen Fachmann wie ihn eigentlich leicht zu erkennen war. Ihm war allerdings klar, dass er das Fahrzeug leichter verkaufen würde, wenn er es als „unfallfrei" bezeichnet.

Ein Motorroller des Typs X hat ohne Vorschaden einen Wert von 3.000 EUR und mit Vorschaden einen Wert von nur 2.000 EUR. Die übrigen derzeit auf dem Markt angebotenen Motorroller des Typs X haben alle mindestens eine Laufleistung von 3.000 km.

K fragt, welche Ansprüche er gegen V hat? Was raten Sie ihm?

(Bearbeitungszeit: 4 Std.)

87 **Hinweis:** Die einzelnen Problembereiche dieses Falles gehören durchaus zum Wissen, das in den ersten drei Semestern vermittelt wird. Die Verbindung dieser Bereiche in einem Sachverhalt erfordert eine Bearbeitungszeit, die über das übliche Maß von Anfängerklausuren hinausgeht.

Besondere Vorüberlegungen:

(gehören nicht in die Ausarbeitung)

390 1. Hier weist der Motorroller einen Sachmangel auf – es handelt sich um einen sog. „Unfallwagen" bzw. „Unfallroller". Die Rechte des Käufers bei Mängeln ergeben sich aus § 437. Nun wird hier allgemein nach Ansprüchen gefragt. Deswegen sollten Sie anhand der Reihenfolge, die § 437 vorgibt, alle in Betracht kommenden Ansprüche prüfen! Damit Sie und später auch der Korrektor oder die Korrektorin nicht den Überblick verlieren, war eine übersichtliche Gliederung der einzelnen Ansprüche besonders wichtig!

2. Zu **Ausarbeitung I 1 a**
Hier hatten Sie die Möglichkeit, Ihr bereits erlangtes Wissen darüber zu zeigen, dass ein Inserat bzw. eine Anzeige auf einer Plattform wie „gebrauchtmobil24.de" grundsätzlich kein rechtsverbindliches Angebot, sondern mangels Rechtsbindungswillens nur eine „invitatio ad offerendum" darstellt, also eine Aufforderung an eine unbestimmte Vielzahl von Personen, ein Angebot abzugeben (siehe Fall 2 → Rn. 117 f. und → Rn. 141).

Zur Wiederholung: der fehlende Wille, sich zu binden, lässt sich damit begründen, dass der Verkäufer die Kaufsache nur einmal hat und sich schadensersatzpflichtig machen würde, wenn mehr als zwei Käufer das „Angebot" annehmen würden, weil er nur einmal erfüllen kann. Auch will der Verkäufer sich uU vorbehalten, mit wem er den Kaufvertrag abschließt (siehe BeckOK BGB/Eckert § 145 Rn. 41). Die Anzeige im Internet fällt unter die Rubrik der Massenkommunikationsmittel, wie zB Katalog, Prospekt, Zeitungsannonce, Plakat, Speisekarte. Ein Argument für das Fehlen des Rechtsbindungswillens im Gutachten ist nicht zwingend erforderlich, wäre aber möglich.

3. Zu **Ausarbeitung I 1 b**
391 Aufgrund der Angabe des Alters des K im Sachverhalt muss jedem Leser und jeder Leserin sofort auffallen, dass hier nicht der Normalfall, sondern eine Abweichung davon vorliegt. Sonst wäre die Altersangabe nämlich überflüssig gewesen. Deswegen mussten Sie die Geschäftsfähigkeit beim Vertragsschluss unbedingt beachten.

Sie sollten – neben der üblichen Frage, ob die Willenserklärung eines Minderjährigen wirksam ist – immer auch daran denken, dass Willenserklärungen gegenüber beschränkt Geschäftsfähigen nicht ohne weiteres wirksam abgegeben werden können! Lesen Sie die besondere Zugangsregel des § 131 Abs. 2! Hier zeigen Sie dem Korrektor oder der Korrektorin, dass Sie das Recht der Geschäftsfähigkeit beherrschen und durchdrungen haben!

Es handelt es sich übrigens um Zugang unter Anwesenden (beide befinden sich im Hinterhof des V), so dass es genügt, dass K den V verstanden hat.

4. Zu **Ausarbeitung I 1 c**
Zur Prüfung der Wirksamkeit der Willenserklärung beschränkt Geschäftsfähiger (§§ 106 ff.) vergleichen Sie auch Fall 7 und wiederholen zunächst das Prüfungsschema dazu (→ Rn. 184).

Lösung (Ausarbeitung):

I. K könnte gegen V einen Anspruch auf Nacherfüllung aus §§ 437 Nr. 1, 439 Abs. 1 haben. 392

1. Dazu müsste zwischen K und V ein wirksamer Kaufvertrag (§ 433) geschlossen worden sein. Ein Kaufvertrag setzt wie jeder Vertrag zwei sich inhaltlich entsprechende Willenserklärungen (Angebot und Annahme, §§ 145 ff.) voraus.

a) V könnte bereits mit der Anzeige auf der Plattform „gebrauchtmobil24.de" ein Angebot abgegeben haben. Dann müsste die Anzeige die Voraussetzungen einer Willenserklärung erfüllen. Der objektive Tatbestand setzt eine Erklärung voraus, die auf die Herbeiführung einer bestimmten Rechtsfolge gerichtet ist, sodass für einen objektiven Dritten als Erklärungsempfänger der Schluss auf einen Rechtsbindungswillen möglich ist. Fraglich ist, ob V bei Abgabe der Anzeige bereits den erforderlichen Rechtsbindungswillen hatte. Bei der Anzeige könnte es sich nur um eine „invitatio ad offerendum" handeln. Das ist eine Aufforderung zur Abgabe eines Angebotes. V wollte mit der Anzeige nur kundtun, dass er beabsichtigt, seinen Motorroller (110 ccm) Typ X zu verkaufen. Keinesfalls wollte V damit ein verbindliches Angebot abgeben, welches jeder annehmen kann. Somit handelt es sich bei der Anzeige im Internet nur um eine unverbindliche Mitteilung der Bereitschaft zum Vertragsschluss. Folglich hat V noch kein Angebot abgegeben.

b) Ein Angebot iSv §§ 145 ff. mit Rechtsbindungswille gab V erst in seinem Hinterhof mit der Vorlage des Kaufvertrags zur Unterschrift an den K ab.

Dieses müsste durch Zugang wirksam geworden sein. Gegenüber beschränkt geschäftsfähigen Personen abgegebene Willenserklärungen werden grundsätzlich erst mit Zugang bei deren gesetzlichem Vertreter wirksam (§ 131 Abs. 2 S. 1, Abs. 1), sofern die Erklärung des beschränkt Geschäftsfähigen nicht nur einen rechtlichen Vorteil bringt (§ 131 Abs. 2 S. 2).

Der 17-jährige K ist in der Geschäftsfähigkeit beschränkt (§§ 106, 2). Ein Vertragsangebot verpflichtet den Minderjährigen nicht, sondern gibt ihm nur die Möglichkeit, den ihm angetragenen Vertragsschluss anzunehmen oder abzulehnen. Das Angebot des V wurde also gem. § 131 Abs. 2 S. 2 in dem Zeitpunkt wirksam, in dem K es tatsächlich vernommen hat.

c) K könnte das Angebot mit seiner Unterschrift angenommen haben. Fraglich ist, ob er als beschränkt Geschäftsfähiger wirksam eine Willenserklärung abgeben konnte. Die Wirksamkeit seiner Annahmeerklärung richtet sich nach den §§ 107 ff. 393

Gemäß § 107 bedarf der Minderjährige zu einer Willenserklärung, durch die er nicht lediglich einen rechtlichen Vorteil erlangt, der Einwilligung, dh vorherigen Zustimmung (§ 183 S. 1, § 182 Abs. 1) seines gesetzlichen Vertreters. Durch den Abschluss eines Kaufvertrags verpflichtet sich K zur Zahlung des Kaufpreises (§ 433 Abs. 2). Somit ist die Annahmeerklärung nicht lediglich rechtlich vorteilhaft und bedurfte der Einwilligung der gesetzlichen Vertreter des K. Die Eltern des K als seine gesetzlichen Vertreter (§§ 1629 Abs. 1 S. 1, 2, 1626 Abs. 1) hatten nicht eingewilligt.

Eine ausdrückliche Einwilligung der Eltern könnte aber entbehrlich sein, wenn der Minderjährige die vertragsmäßige Leistung mit Mitteln bewirkt, die ihm von seinen gesetzlichen Vertretern zu diesem Zweck oder zur freien Verfügung überlassen wurden (§ 110). In der Überlassung liegt nämlich eine konkludente Einwilligung.

Auch wenn die sich aus § 110 ergebende Frage „Was sind Mittel zur freien Verfügung?" eine gewisse Erörterung verlangt und Umfang und Grenzen der Einwilligung durch Auslegung zu ermitteln sind, darf hier mangels konkreter Angaben zu dem Innenverhältnis (Werte, Erziehungsziele) zwischen dem minderjährigen K und seinen Eltern der Sachverhalt nicht überdehnt werden. Wichtig ist der Hinweis, dass das „Überlassen von Mitteln zur freien Verfügung" nicht zu einer umfassenden Freiheit führt, jedes beliebige Rechtsgeschäft vornehmen zu können (hM; s. MüKoBGB/Spickhoff § 110 Rn. 29). Es kommt auf den (mutmaßlichen) Willen der gesetzlichen Vertreter an, zu dem aber hier nichts weiter bekannt ist, sodass von einem Einverständnis der Eltern mit dem Kauf des Motorrollers auszugehen ist.

Nochmals: Denken Sie daran, dass grundsätzlich alle Angaben im Sachverhalt ihren Grund haben und folglich im Gutachten wiederauftauchen müssen! = „Echo-Prinzip"! Gleichzeitig dürfen Sie dem Sachverhalt aber nichts hinzudichten!

394 5. Zu **Ausarbeitung I 2**

Im Zuge der Neuerungen zum 1.1.2022 im Bereich des Schuldrechts hat sich auch der kaufrechtliche Sachmangelbegriff grundlegend geändert (s. LzV). Bei Kauf einer analogen Sache, wie hier dem Motorroller, kommt es aber einzig auf den Sachmangelbegriff aus § 434 an. Andere Sachmängelbegriffe (zB aus §§ 475b, 475c, 327d, 327e, 327f) sind nicht einschlägig.

Anders als der alte Sachmangelbegriff legt § 434 Abs. 1 nF keinen Vorrang einer etwaigen Beschaffenheitsvereinbarung mehr fest. Die subjektiven und objektiven Anforderungen sowie die Montageanforderungen, welchen die Kaufsache bei Gefahrübergang nunmehr kumulativ entsprechen muss, stehen in einem Gleichrangverhältnis. Der subjektive Mangelbegriff ist aber dennoch geblieben; inhaltliche Änderungen also hat die neue Vorschrift nicht gebracht (Grüneberg/Weidenkaff § 434 Rn. 6).

Vorliegend drängt sich ein Sachmangel wegen Fehlens einer vereinbarten Beschaffenheit auf (§ 434 Abs. 2 Nr. 2). Die Anforderungen der Rspr. an eine (konkludente) Beschaffenheitsvereinbarung waren vor der Reform 2022 sehr hoch (BeckOK BGB/Faust § 434 Rn. 33): Für die Annahme einer Beschaffenheitsvereinbarung sei erforderlich, dass der Verkäufer in vertragsgemäß bindender Weise die Gewähr für das Vorhandensein einer Eigenschaft einer Kaufsache übernommen und damit seine Bereitschaft zu erkennen gegeben habe, für alle Folgen des Fehlens dieser Eigenschaft einstehen zu wollen (BGH NJW 2019, 1937 Rn. 22 mwN; kritisch MüKoBGB/Maultzsch § 434 Rn. 30). Dass der BGH seine Rspr. nach nunmehr neuer Rechtslage fortführen wird, ist zu erwarten, denn die Interessenlage hat sich nicht geändert. Der Verkäufer ist – va beim Verbrauchsgüterkauf wegen § 476 Abs. 1 S. 1 – bei einer Beschaffenheitsvereinbarung nach wie vor einem strengeren Haftungsrisiko ausgesetzt.

Konkludent und stillschweigend kann die Beschaffenheitsvereinbarung zustande kommen, wenn der Verkäufer die Eigenschaft der Kaufsache im Vertragsschlussprozess beschreibt oder der Verkäufer den Anforderungen des Käufers zustimmt; erforderlich ist eine zustimmende Reaktion des Verkäufers (Grüneberg/Weidenkaff § 434 Rn. 14; umfassend MüKoBGB/Maultzsch § 434 Rn. 31).

Abzugrenzen sind Beschaffenheitsvereinbarungen darüber hinaus noch von bloßen Wissenserklärungen des Verkäufers (Grüneberg/Weidenkaff § 434 Rn. 12), welche gerade beim Gebrauchtwagenkauf häufig vorkommen, insbesondere, wenn der Verkäufer sich auf Angaben Dritter bezieht (zB „unfallfrei laut Vorbesitzer") und/oder selbst auch keine Expertise aufweist, so zB der private Verkäufer (BeckOK BGB/Maultzsch § 434 Rn. 31); hier fehlt es dem Verkäufer regelmäßig am Willen, für die Angabe einzustehen.

Ob vorliegend die bloße Angabe der Eigenschaft „unfallfrei" in der Anzeige den Anforderungen der Rspr. gerecht würde, kann dahinstehen. V war ein Gebrauchtwagenhändler und hat auf Nachfrage des K die Unfallfreiheit ausdrücklich noch einmal bestätigt ohne auf Dritte Bezug zu nehmen. K konnte deshalb davon ausgehen, dass V die Gewähr für die Unfallfreiheit übernehmen wollte.

6. Zu **Ausarbeitung I 3**

395 Als Verbraucher (§ 14) hätte sich K hier auch auf die Beweislastumkehr und gesetzliche Vermutung des Vorliegens eines Sachmangels bei Übergabe der Sache gemäß § 477 berufen können, da ein Verbrauchsgüterkauf (§ 474) vorliegt. Darauf kam es aber an dieser Stelle nicht an, weil der Sachmangel zwischen den Parteien nicht streitig war. Der Verbrauchsgüterkauf konnte daher hier noch unerwähnt bleiben.

Ob die Ersparnisse dem K zur freien Verfügung überlassen sind, ist Auslegungsfrage. Grundsätzlich sind Ersparnisse als zur freien Verfügung überlassen anzusehen und umfassen solche Verwendungen, die sich noch im Rahmen des Vernünftigen halten. Mangels anderweitiger Angaben sind die Ersparnisse zum Kauf eines Motorrollers (110 ccm) überlassen.

Weiterhin müsste die vertragsmäßige Leistung bewirkt sein. K hat den Kaufpreis vollständig bezahlt und somit die vertragsmäßige Leistung bewirkt. Die Annahmeerklärung ist folglich nach § 110 auch ohne ausdrückliche Zustimmung wirksam.

Damit ist zwischen K und V ein wirksamer Kaufvertrag zustande gekommen.

2. Weiterhin muss der Roller zum Zeitpunkt des Gefahrübergangs einen Sachmangel **396**
iSd § 434 aufweisen. Nach § 434 Abs. 1 Hs. 2 ist eine Sache frei von Sachmängeln, wenn sie bei Gefahrübergang den subjektiven Anforderungen, den objektiven Anforderungen und den Montageanforderungen dieser Vorschrift entspricht. Mit anderen Worten liegt ein Sachmangel dann vor, wenn die tatsächliche Ist-Beschaffenheit negativ von der vertraglich geschuldeten Soll-Beschaffenheit abweicht.

Der Sachmangel könnte sich hier aus § 434 Abs. 2 S. 1 Nr. 1 ergeben. Dafür müsste dem Motorroller eine vereinbarte Beschaffenheit fehlen.

Die Vertragsparteien müssten eine bestimmte Beschaffenheit vereinbart haben. Ausdrücklich wurde keine Vereinbarung getroffen, aber möglicherweise konkludent. Eine konkludente Beschaffenheitsvereinbarung kann sich daraus ergeben, dass der Verkäufer bei Vertragsschluss bestimmte Eigenschaften der verkauften Sache beschreibt oder der Käufer deutlich macht, auf welche Eigenschaft es ihm ankommt und der Verkäufer dieser zustimmt.

Hier hat V die Unfallfreiheit des Motorrollers in seiner Anzeige besonders hervorgehoben. K hat sich im Vertrauen auf die Richtigkeit dieser Beschreibung durch einen Gebrauchtwagenhändler, dessen Expertise er annehmen durfte, und insbesondere auf die persönliche Zusicherung des V auf seine gezielte Nachfrage hin zum Kauf entschlossen. Damit liegt eine konkludente Beschaffenheitsvereinbarung über die Unfallfreiheit des Motorrollers vor. Der Roller weist einen Vorschaden aus einem Unfall auf und hat damit nicht die vereinbarte Beschaffenheit. Folglich weicht seine tatsächliche Beschaffenheit negativ von der vereinbarten ab. Es liegt also ein Sachmangel gem. § 434 Abs. 2 S. 1 Nr. 1 vor.

3. Der Sachmangel müsste auch im maßgeblichen Zeitpunkt, also bei Gefahrübergang (§ 434 Abs. 1) vorgelegen haben.

Gemäß § 446 S. 1 geht die Gefahr grundsätzlich bei Übergabe der Sache auf den Käufer über. Als V dem K den Roller übergab, hatte der Roller bereits den Vorschaden und war nicht unfallfrei. Der Sachmangel lag also bei Gefahrübergang vor.

7. Zu **Ausarbeitung I 4 b**

397 Auf den ersten Blick ist beim Stückkauf die Nacherfüllung in Form der Lieferung einer mangelfreien (anderen gleichen) Sache (§ 439 Abs. 1 Var. 2) ausgeschlossen, weil der Käufer diese andere Sache nicht gekauft hat. Der Regelfall beim Stückkauf ist die Nachbesserung. In der Tat wird diskutiert, ob beim Stückkauf Nacherfüllung in Form der Nach(= Ersatz)lieferung möglich sein soll, jedenfalls dann, wenn für den Verkäufer generell die Möglichkeit besteht, eine gleichartige und gleichwertige Sache zu liefern. **Zum Streitstand:** MüKoBGB/Maultzsch § 439 Rn. 20 f., Jauernig/Berger § 439 Rn. 24, Grüneberg/Weidenkaff § 439 Rn. 15.

Fortgeschrittene Studierende sollten für die Klausur Folgendes wissen:
Eine Meinung (zB Huber NJW 2002, 1004) beschränkt für den Stückkauf die (Nach-) Leistungspflicht bereits begrifflich auf die gerade verkaufte Sache, weil jede andere als die verkaufte Sache von vornherein untauglich sei, den vertraglich geschuldeten Zustand herbeizuführen.

Allerdings sollten Sie hier kein „Fass aufmachen" und den Meinungsstreit vertiefen. Es gibt gefestigte Rechtsprechung, die Sie kennen sollten! Auf den ersten Blick kann es zwar denklogisch beim Stückkauf keine Ersatzlieferung geben. Die Rechtsprechung sucht allerdings eine interessengerechte Lösung, indem sie auf den Willen der Parteien abstellt und auf die Frage, ob es gleichartige, gleichwertige Sachen gibt, die nach dem übereinstimmenden Parteiwillen doch zu einer Ersetzbarkeit führen könnten:

Die Rechtsprechung (vgl. nur BGHZ 168, 64 = NJW 2006, 2839; dazu Gsell JuS 2007, 97) und die herrschende Meinung im Schrifttum (zB MüKoBGB/Maultzsch § 439 Rn. 20 f., Grüneberg/Weidenkaff § 439 Rn. 15; Canaris JZ 2003, 831) argumentieren, dass mit der Neufassung[88] der §§ 433 ff., insbesondere des § 439 Abs. 1, keine Unterscheidung zwischen Stück- und Gattungskauf erfolgt. Deswegen soll, wenn es sich um eine funktionell und wirtschaftlich vergleichbare Sache handelt, eine Beschränkung auf die Mangelbeseitigung nicht den Interessen der Vertragsparteien gerecht werden, und damit die Nachlieferung nicht generell ausgeschlossen sein. Die Nacherfüllung durch Lieferung einer anderen, mangelfreien Sache ist auch beim Stückkauf also nicht von vornherein wegen Unmöglichkeit ausgeschlossen, auch nicht bei Gebraucht-Kfz mit Unfall (BGHZ 168, 64 = NJW 2006, 2839). Die Kaufsache muss durch eine gleichartige und gleichwertige ersetzt werden können, dh dem Willen der Vertragsparteien bei Vertragsschluss entsprechen (vertragliche Soll-Beschaffenheit: dazu gehören bei Gebraucht-Kfz Zustand, Alter, Laufleistung und Ausstattung), was idR nicht der Fall sein wird (BGH NJW 2008, 53, 911, 1517).

Für die herrschende Meinung spricht vor allem, dass eine der Interessenlage der Vertragsparteien gerechtere Lösung möglich ist und der Gesetzeswortlaut dem nicht entgegensteht. So bleibt dem Verkäufer die Möglichkeit erhalten, durch Lieferung einer Ersatzsache das Recht des Käufers zum Rücktritt gem. §§ 437 Nr. 2, 323 Abs. 1 und dessen Anspruch auf Schadensersatz statt der Leistung gem. §§ 437 Nr. 3, 281 oder 311a Abs. 2 abzuwehren; der Käufer ist im Gegenzug nicht nur auf Mängelbeseitigung beschränkt. Außerdem kann der Verkäufer bei wirtschaftlich unverhältnismäßigen Kosten einer Ersatzbeschaffung die Einrede aus § 439 Abs. 3 geltend machen.

88 Im Rahmen der Schuldrechtsreform zum 1.1.2002.

4. Zu prüfen ist, ob der Anspruch auf Nacherfüllung infolge Unmöglichkeit gem. § 275 Abs. 1 ausgeschlossen ist, dann käme es auch auf einen möglicherweise wirksam vereinbarten Gewährleistungsausschluss nicht mehr an. **398**

Damit der Anspruch auf Nacherfüllung ausgeschlossen ist, müssten beide Varianten der Nacherfüllung – zwischen denen der Käufer die Wahl hat (§ 439 Abs. 1) – unmöglich iSd § 275 Abs. 1 sein. Eine Leistung ist unmöglich, wenn der geschuldete Leistungserfolg dauerhaft nicht mehr herbeigeführt werden kann.

a) Eine Mangelbeseitigung (Nachbesserung) nach § 439 Abs. 1 Var. 1 wäre nur dann möglich, wenn jemand die Unfallfreiheit des Rollers wiederherstellen könnte. Niemand kann den Unfall rückgängig machen; daher ist die Leistung für jedermann unmöglich. Folglich ist Nachbesserung nach § 439 Abs. 1 Var. 1 gem. § 275 Abs. 1 ausgeschlossen.

b) Fraglich ist, ob auch der Anspruch auf Lieferung einer mangelfreien Sache (Ersatz- **399**
lieferung, § 439 Abs. 1 Var. 2) gem. § 275 Abs. 1 ausgeschlossen ist. Liegt wie hier ein Stückkauf vor, ist umstritten, wie sich dies auf die Möglichkeit der Ersatzlieferung auswirkt.

Eine Ansicht schließt bei jedem Stückkauf eine Ersatzlieferung wegen § 275 Abs. 1 aus. Eine andere Ansicht nimmt dies nur an, wenn die Kaufsache nach dem Parteiwillen nicht ersatzfähig ist, was regelmäßig bei nicht vertretbaren Sachen der Fall ist. Vertretbare Sachen sind gem. § 91 solche, die im Verkehr nach Zahl, Maß oder Gewicht bestimmt werden. Um eine vertretbare Sache handelt es sich in der Regel nicht, wenn bei der Auswahl der konkreten Kaufsache der persönliche Eindruck des Käufers von einem bestimmten Kaufgegenstand eine Rolle spielt und dieser Kaufgegenstand nach dem Willen der Vertragsparteien nicht einfach durch eine „gleichwertige" andere Sache ersetzt werden kann, was insbesondere bei Gebrauchtwagen nach Besichtigung der Fall ist.

Ob der Motorroller nach Willen der Parteien bei Vertragsschluss überhaupt durch einen „gleichartigen und gleichwertigen" anderen Roller ersetzt werden könnte, kann hier sogar offenbleiben, da derzeit kein Motorroller des Typs X mit vergleichbarer Laufleistung verfügbar ist; die angebotenen Motorroller des Typs X haben alle mindestens eine Laufleistung von 3.000 km. Eine Ersatzlieferung ist daher nach beiden Ansichten gem. § 275 Abs. 1 ausgeschlossen.

Damit sind beide Varianten der Nacherfüllung gem. § 275 Abs. 1 unmöglich. Der Anspruch auf Nacherfüllung aus § 439 Abs. 1 ist damit insgesamt ausgeschlossen.

5. Ergebnis
K kann von V keine Nacherfüllung gem. §§ 437 Nr. 1, 439 Abs. 1 verlangen.

8. Zu **Ausarbeitung II**

400 Sie sollten „Ansprüche“ prüfen! Falsch wäre es deswegen, wenn Sie hier das gesetzliche Recht zum Rücktritt aus § 437 Nr. 2 Var. 1 als „Anspruchsgrundlage“ zitiert hätten.

Nochmal: Ansprüche (§ 194) gewähren jemanden das Recht, von einem anderen ein Tun oder Unterlassen zu verlangen. Im Falle des Rücktritts sind nach § 346 Abs. 1 die empfangenen Leistungen zurückzugewähren und die gezogenen Nutzungen herauszugeben (→ Rn 358 f.). Richtige Anspruchsgrundlage ist daher **§ 346 Abs. 1 Var. 1,** gerne schon **iVm §§ 437 Nr. 2 Var. 1, 323, 326 Abs. 5**, wenn Sie gleich erkannt haben, dass hier nur das gesetzliche Rücktrittsrecht in Betracht kommen wird.

Die **Voraussetzungen des Rückgewähranspruchs** sind:
- ein vertragliches oder gesetzliches Rücktrittsrecht und
- eine Rücktrittserklärung (§ 349).

Rechtsfolge: Rückabwicklung

Grundsätzlich sind im Falle des Rücktritts die empfangenen Leistungen zurückzugewähren und die gezogenen Nutzungen herauszugeben (§ 346 Abs. 1). Im Einzelfall kann eine Pflicht zum Wertersatz (§ 346 Abs. 2) bestehen. Die Pflicht zum Wertersatz kann wiederum entfallen (§ 346 Abs. 3) sein.

Die empfangenen Leistungen sind gemäß §§ 348 S. 1, 320 Zug um Zug zurückzugewähren.

9. Zu **Ausarbeitung II 1**

401 Zu den einzelnen Voraussetzungen des gesetzlichen Rücktrittsrechts nach § 437 Nr. 2 Var. 1 vergleichen Sie → Fall 16 und das Prüfungsschema dazu → Rn. 361.

10. Zu **Ausarbeitung II 1 b und c**

Wie immer muss die Prüfung mit der Regel (Setzung einer angemessenen Frist zur Nacherfüllung) vor der Ausnahme (Entbehrlichkeit der Fristsetzung) begonnen werden. Ausreichend war dann, nur § 326 Abs. 5 und nicht auch noch § 323 Abs. 2 zu prüfen. Bezüglich der Unmöglichkeit der Nacherfüllung genügt hier der Hinweis auf die ausführliche Prüfung oben → Rn. 398.

Die Erheblichkeit der Pflichtverletzung verlangt stets eine Interessenabwägung. Aber bei dem Fehlen einer vereinbarten Beschaffenheit wird die Erheblichkeit idR indiziert (Grüneberg/Grüneberg § 323 Rn. 32 mit Hinweis auf BGH NJW 2020, 1287).

Für eine Anwendung des § 323 Abs. 6 (Ausschluss des Rücktrittsrechts) bestanden keine Anhaltspunkte, so dass eine Erwähnung im Gutachten nicht nötig war. Wichtig war dagegen zu prüfen, ob ein möglicher Ausschluss durch die Klausel des V gegeben war …

11. Zu **Ausarbeitung II 1 d**

Bei der Frage, ob das Rücktrittsrecht wegen des Fehlens der vereinbarten Beschaffenheit („Unfallfreiheit“) wirksam durch die Klausel des V ausgeschlossen werden konnte, musste erkannt werden, dass sich der umfassende vertragliche Haftungsausschluss und die Beschaffenheitsvereinbarung widersprechen – vorausgesetzt man kannte die Problematik und die gefestigte Rechtsprechung dazu (zul. BGH Urt. v. 10.4.2024, DAR 2024, 390 mwN): „Haben die Parteien eines Kaufvertrags (ausdrücklich oder stillschweigend) eine Beschaffenheit der Kaufsache […] vereinbart, ist ein daneben vereinbarter allgemeiner Haftungsausschluss für Sachmängel dahin auszulegen, dass er nicht für das Fehlen der vereinbarten Beschaffenheit, sondern nur für [sonstige] Mängel […] gelten soll.“ Die Ausschlussklausel kann also schon deshalb nicht die Haftung des Verkäufers für das Fehlen der vereinbarten Beschaffenheit erfassen und muss ergänzend so ausgelegt werden (§§ 133, 157), dass der Haftungsausschluss nur für sonstige Mängel gilt.

Wer das nicht wusste, kam aber im Zweifel ebenfalls zum richtigen Ergebnis. Dafür notwendig war, dass man das Vorliegen eines Verbrauchsgüterkaufs (§ 474) und seine verbraucherschützenden Sonderregelungen (§ 476) gesehen hat, die die klassische AGB-Kontrolle (§§ 307 ff.) verdrängen. Anhand des klaren Wortlauts konnten alle Bearbeiter(innen) dann zu dem richtigen Ergebnis gelangen.

Auf § 444 musste nicht mehr eingegangen werden. Er hätte dann zusätzlich herangezogen werden können, wenn man vorliegend nicht nur eine Beschaffenheitsvereinbarung, sondern eine Beschaffenheitsgarantie (§ 443 Abs. 1) des V angenommen hätte, an deren Vorliegen aber hohe (und nicht unstreitige) Anforderungen gestellt werden (Grüneberg/Weidenkaff § 443 Rn. 6; MüKoBGB/Maultzsch § 443 Rn. 7).

II. K könnte gegen V einen Anspruch auf Rückzahlung des Kaufpreises in Höhe von 1.500 EUR aus § 346 Abs. 1 Var. 1 iVm §§ 437 Nr. 2 Var. 1, 323 Abs. 1, 326 Abs. 5 haben. 402

1. Zunächst müsste K ein Rücktrittsrecht zustehen. In Betracht kommt mangels Vereinbarung zwischen V und K nur ein gesetzliches Rücktrittsrecht gem. §§ 437 Nr. 2 Var. 1 iVm §§ 323 Abs. 1, 326 Abs. 5. Dies setzt zunächst einen Kaufvertrag und einen Mangel bei Gefahrübergang voraus.

a) Wie schon festgestellt, besteht zwischen V und K ein Kaufvertrag. Ebenso weist der Motorroller einen Sachmangel gem. § 434 Abs. 2 S. 1 Nr. 1 auf, welcher bereits zur Zeit des Gefahrübergangs (§ 446 S. 1) vorlag (siehe Ausführungen unter I 2 und 3).

b) Weiterhin müsste K dem V grundsätzlich eine angemessene Frist zur Nacherfüllung gem. § 323 Abs. 1 gesetzt haben, die erfolglos abgelaufen ist.

Eine Fristsetzung durch K ist nicht erfolgt. Diese war allerdings auch nach § 326 Abs. 5 wegen der bereits festgestellten Unmöglichkeit der Nacherfüllung (siehe I 4) entbehrlich. Es bedurfte keiner Fristsetzung zur Nacherfüllung.

c) Die Pflichtverletzung in Form des Sachmangels müsste gem. § 323 Abs. 5 S. 2 auch erheblich gewesen sein.

Die Erheblichkeitsprüfung erfordert grundsätzlich eine umfassende Interessenabwägung. Bei einem Verstoß gegen eine Beschaffenheitsvereinbarung wird die Erheblichkeit allerdings idR indiziert. Das Fehlen der zugesicherten Unfallfreiheit stellt also einen erheblichen Mangel dar.

Damit steht dem K ein Rücktrittsrecht aus §§ 437 Nr. 2 Var. 1 iVm §§ 323 Abs. 1, 326 Abs. 5 zu.

d) Das Rücktrittsrecht könnte allerdings vertraglich durch die Klausel *„Der Motorroller wird ohne Gewähr verkauft"* vertraglich ausgeschlossen sein. Diese Klausel, die sämtliche Gewährleistungsrechte ausschließen soll, könnte aber der Beschaffenheitsvereinbarung widersprechen. Einerseits hat V konkludent dem K zu verstehen gegeben, für die Unfallfreiheit einzustehen, andererseits will er sich mit der Klausel von jeglicher Einstandspflicht befreien. Nach ständiger Rechtsprechung des BGH ist in solchen Fällen die Klausel dahingehend auszulegen (§§ 133, 157), dass sie nur für sonstige Mängel, nicht aber für Gewährleistungsrechte wegen Fehlens der vereinbarten Beschaffenheit gilt. Somit schließt die Klausel das Rücktrittsrecht nicht aus. 403

Überdies könnte auch § 476 Abs. 1 gegen die Klausel sprechen. Demnach kann sich der Unternehmer nicht auf eine vor Mitteilung eines Mangels an den Unternehmer getroffene Vereinbarung, die zum Nachteil des Verbrauchers von den §§ 433 bis 435, 437, 439 bis 443 abweicht, berufen. Erlaubt ist nach § 476 Abs. 3 nur ein Ausschluss von Schadensersatzansprüchen, um die es vorliegend nicht geht. Es müsste sich bei dem Kauf des Motorrollers also um einen Verbrauchsgüterkauf handeln. V müsste Unternehmer iSd § 14 sein. V verkauft regelmäßig (gebrauchte) Pkws und Motorräder. Damit handelt V in Ausübung einer gewerblichen selbstständigen Tätigkeit und ist somit Unternehmer. K handelt zu privaten Zwecken und ist folglich Verbraucher gem. § 13. Ebenso handelt es sich um den Kauf einer beweglichen Sache. Somit liegt ein Verbrauchsgüterkauf nach § 474 Abs. 1 vor. V kann sich also auch wegen § 476 Abs. 1 nicht auf den Gewährleistungsausschluss berufen.

404 12. Zu **Ausarbeitung II 1 e**
Wer eine Untersuchungspflicht und damit grob fahrlässige Unkenntnis des Käufers bejahen wollte, musste sich dann bereits hier wegen § 442 Abs. 1 S. 2 mit dem Problem der Arglist des Verkäufers auseinandersetzen **(vgl. Ausarbeitung VI 3)**.

Eine solche Untersuchungspflicht des Käufers bei als unfallfrei verkauften Fahrzeugen trifft allerdings nur gewerbliche Autohändler auf der Käuferseite und geht in der Regel nicht über eine sog. Sichtprüfung hinaus (vgl. dazu OLG Saarbrücken NJW-RR 2017, 434). Unser Käufer war hier aber kein Händler, sondern Verbraucher, so dass er erst recht keine Untersuchungspflicht hatte.

13. Zu **Ausarbeitung III**
405 Auch hier wäre es falsch, wenn Sie das gesetzliche Recht zur Minderung aus §§ 437 Nr. 2 Var. 2, 441 Abs. 1 als „Anspruchsgrundlage" zitiert hätten. Der Anspruch auf Rückzahlung des zu viel gezahlten Kaufpreises nach erfolgter Minderung ergibt sich vielmehr aus **§ 441 Abs. 4 S. 1 iVm § 346 Abs. 1**.

Die **Voraussetzungen** sind:
- ein Recht zur Minderung (zB im Kaufrecht §§ 437 Nr. 2 Var. 2, 441 Abs. 1) und
- die Erklärung der Minderung (§ 441 Abs. 1 S 1).

Rechtsfolge: Rückforderung des Mehrbetrags über §§ 346 Abs. 1 und 347 Abs. 1

14. Zu **Ausarbeitung III 2**
Gemäß § 441 Abs. 3 ist der Kaufpreis in dem Verhältnis herabzusetzen, in welchem zur Zeit des Vertragsschlusses der Wert der Sache in mangelfreiem Zustand zu dem wirklichen Wert gestanden haben würde. Für unseren Fall gilt also Folgendes:

Geminderter Kaufpreis:	X	Wert mit Mangel:	2.000 EUR
Vereinbarter Kaufpreis:	1.500 EUR	Wert ohne Mangel:	3.000 EUR
Geminderter Kaufpreis (X) = 1.500 EUR x (2.000 EUR : 3.000 EUR) = 1000 EUR			

Hinweis: Ist der Wert einer Sache einmal nicht bekannt, wird davon ausgegangen, dass der Kaufpreis dem Wert im mangelfreien Zustand entspricht.

Prüfungsschema „Minderungsrecht des Käufers bei mangelhafter Kaufsache" zum Nachlesen bei Wörlen/Metzler-Müller/Kokemoor SchuldR BT Rn. 47.

e) Der Rücktritt könnte gem. § 442 Abs. 1 gesetzlich ausgeschlossen sein. Dann müsste K Kenntnis (§ 442 Abs. 1 S. 1) oder grob fahrlässige Unkenntnis (§ 442 Abs. 1 S. 2) von dem Mangel gehabt haben. Kenntnis von dem Unfall hatte K nicht. Fraglich ist, ob er grob fahrlässige Unkenntnis hatte. Das wäre der Fall, wenn er die im Verkehr erforderliche Sorgfalt (§ 276 Abs. 2) in hohem Maß außer Acht gelassen hat. In der Regel besteht für den Käufer keine Pflicht zur Untersuchung der Kaufsache. Somit hatte K auch keine auf grober Fahrlässigkeit beruhende Unkenntnis. Der Rücktritt ist nicht nach § 442 Abs. 1 ausgeschlossen.

2. Um wirksam zurückzutreten, müsste K gegenüber V den Rücktritt erklären (§ 349). Das ist bisher noch nicht geschehen.

3. Der Umfang der Herausgabe richtet sich nach §§ 346, 347. V hat dem K demnach den empfangenen Kaufpreis zurückzuzahlen (§ 346 Abs. 1 Var. 1).

4. Gemäß §§ 348 S. 1, 320 ist V zur Rückzahlung des Kaufpreises nur Zug um Zug gegen Rückübereignung des Motorrollers verpflichtet.

5. Ergebnis
K kann von V gem. § 346 Abs. 1 Var. 1 Rückzahlung des Kaufpreises in Höhe von 1.500 EUR Zug um Zug gegen Rückübereignung des Motorrollers verlangen, wenn er vorher den Rücktritt gegenüber V erklärt.

III. Will K den Motorroller behalten, könnte er gegen V einen Anspruch auf Erstattung des zu viel bezahlten Kaufpreises (Mehrbetrag) aus § 437 Nr. 2 Alt. 1 iVm §§ 441 Abs. 1 und Abs. 4 S. 1, 346 Abs. 1 haben.

1. Für eine Minderung müssen die Voraussetzungen des Rücktrittsrechts (§ 441 Abs. 1 S. 1: „Statt zurückzutreten") mit Ausnahme der Erheblichkeit des Mangels (§ 441 Abs. 1 S. 2, § 323 Abs. 5 S. 2) vorliegen. Diese sind, wie oben geprüft (II 1), gegeben. **406**

2. K müsste gem. § 441 Abs. 1 S. 1 außerdem die Minderung gegenüber V erklären, was bisher noch nicht geschah.

3. Fraglich ist, in welcher Höhe K den Kaufpreis mindern kann. Der Umfang der Minderung bestimmt sich nach § 441 Abs. 3 S. 1, wonach der Kaufpreis in dem Verhältnis herabzusetzen ist, in welchem zur Zeit des Vertragsschlusses der Wert der Sache in mangelfreiem Zustand zu dem wirklichen Wert gestanden haben würde. In mangelhaftem Zustand hat der Roller einen Wert von 2.000 EUR, in mangelfreiem Zustand von 3.000 EUR. Der vereinbarte Kaufpreis ist daher in dem Verhältnis 3.000 zu 2.000 (3 zu 2) zu mindern. Wenn der Kaufpreis 1.500 EUR ist, beträgt der geminderte Kaufpreis 1000 EUR. Somit hat K 500 EUR zu viel bezahlt. Das ist der Mehrbetrag, den K zurückfordern kann.

4. Ergebnis
K hat gegen V einen Anspruch auf Rückzahlung von 500 EUR aus §§ 441 Abs. 4 S. 1, 346 Abs. 1, sofern er gegenüber V die Minderung erklärt.

15. Zu **Ausarbeitung IV**
Soweit Tatbestandsmerkmale schon geprüft wurden, kann unter Nennung des Tatbestandsmerkmals das Ergebnis dazu kurz mitgeteilt und bezüglich der Prüfung nach oben verwiesen werden.

407 16. Zu **Ausarbeitung IV 3**
Wie bereits angesprochen, unterliegen auch gewerbliche Autohändler grundsätzlich keiner umfassenden Untersuchungspflicht (siehe oben → Rn. 404), die über eine Sichtprüfung hinausgeht. Allerdings kommt es auf die Umstände an; so kann sich zB aus besonderen Anhaltspunkten für das Vorliegen eines Mangels ausnahmsweise eine Untersuchungspflicht ergeben (MüKoBGB/Maultzsch § 437 Rn. 55). Eine „fachmännische Sichtprüfung" ist aber immer anzustellen und vorliegend hat V die für einen Fachmann leicht erkennbare Reparatur des unfallbedingten Vorschadens nicht gesehen. Daher muss er sich den Fahrlässigkeitsvorwurf gefallen lassen.

17. Zu **Ausarbeitung IV 5**
408 Bezüglich der Klausel *„ohne Gewähr"*, die eine umfassende Freizeichnung des Verkäufers darstellt, genügte es hier, kurz etwas zum Widerspruch zur Beschaffenheitsvereinbarung zu sagen und nach oben zu verweisen (vgl. oben → 11. Zu Ausarbeitung II 1 d).

Auch hätte man die Unwirksamkeit der Freizeichnungsklausel wie die **hM** mit dem „Verbot der geltungserhaltenden Reduktion" (= auch wenn der Inhalt einer Klausel nur teilweise unwirksam ist, ist die Klausel grundsätzlich im Ganzen unwirksam und kann nicht durch Auslegung iSe Reduzierung auf das rechtlich Unbedenkliche gerettet werden; → Rn. 379) bei „pauschalem Ausschluss der Gewährleistung" begründen können (zur Problemstellung und zur aA MüKoBGB/Lorenz § 476 Rn. 64–66).

Die andere Ansicht (s. bei MüKoBGB/Lorenz § 476 Rn. 64–66) lehnt diese pauschale Begründung wegen des Wortlauts des § 476 Abs. 3 ab: Schadensersatzansprüche (zB auch aus § 437 Nr. 3) können grundsätzlich ausgeschlossen und beschränkt werden. Ein genereller Ausschluss der Haftung für Sachmängel in Bezug auf Schadensersatz kann daher grundsätzlich aufrechterhalten werden. Wenn der Ausschluss oder die Beschränkung **allerdings im Wege von AGB** erfolgt, ist dies anders zu beurteilen (MüKoBGB/Lorenz § 476 Rn. 66), weil dann die §§ 307–309 zu beachten sind (Vorbehalt der Inhaltskontrolle nach AGB-Recht). Bestimmte Ansprüche dürfen nicht durch AGB ausgeschlossen werden (zB Klauselverbote wie § 309 Nr. 7). Ein Verstoß gegen ein solches Verbot macht eine großzügige **AGB-Freizeichnungsklausel** („pauschaler" Haftungsausschluss) im Ganzen unwirksam, denn wegen des AGB-rechtlichen Grundsatzes ist eine geltungserhaltende Reduktion der Klausel verboten (vgl. Grüneberg/Grüneberg § 309 Rn. 54 mwN auf BGH-Rspr.).

IV. K könnte auch, wenn er den Motorroller behält, gegen V einen Anspruch auf Schadensersatz statt der Leistung aus §§ 437 Nr. 3 Var. 1, 311a Abs. 2 S. 1 Var. 1 haben. 409

1. Kaufvertrag und Sachmangel zur Zeit des Gefahrübergangs liegen vor (I 1–3).

2. Weiterhin müsste die Nacherfüllung bereits vor Vertragsschluss unmöglich gewesen sein. Ein „unfallfreier" Motorroller des Typs X existiert nicht. Somit stand bereits vor Vertragsschluss fest, dass eine Nacherfüllung unmöglich ist (ausführlich festgestellt bei I 4).

3. V müsste gem. § 311a Abs. 2 S. 2 Kenntnis von dem anfänglichen Leistungshindernis gehabt oder seine Unkenntnis zu vertreten haben (fahrlässige Unkenntnis).

a) V reparierte den Motorroller nicht selbst. Er besaß auch nicht anderweitig Kenntnis darüber, dass der Roller einen Unfall erlitten hatte. Damit hatte V keine Kenntnis.

b) V könnte jedoch fahrlässige Unkenntnis zur Last fallen. Das wäre der Fall, wenn er beim Erstellen der Artikelbeschreibung die im Verkehr erforderliche Sorgfalt außer Acht gelassen hätte und den Unfallschaden hätte erkennen müssen (§ 276 Abs. 2). V hat das Moped ohne positive Kenntnis von der Unfallfreiheit aus verkaufstaktischen Gründen in der Anzeige als „unfallfrei" bezeichnet und dies dem K auch noch einmal „ins Blaue hinein" bestätigt. Die von einem gewerblichen Gebrauchtwagenhändler zu erwartende „fachmännische Sichtprüfung" hat er unterlassen. Bei einer solchen wäre der reparierte Vorschaden aufgefallen und hätte V Anlass zur Nachfrage gegeben. V hat die im Verkehr erforderliche Sorgfalt außer Acht gelassen und handelte damit fahrlässig. Er hat seine Unkenntnis also zu vertreten.

4. Durch den Sachmangel ist dem K ein kausaler Schaden entstanden; der Motorroller ist weniger wert als er es sein sollte.

5. V könnte den Anspruch auf Schadensersatz durch die Vertragsklausel „*Der Motorroller wird ohne Gewähr verkauft*" wirksam ausgeschlossen haben. Wegen des Vorrangs der Beschaffenheitsvereinbarung ist die Klausel auch im Zusammenhang mit dem Schadensersatz wegen Fehlens der vereinbarten Beschaffenheit restriktiv auszulegen (§§ 133, 157). Hinsichtlich der Haftung für den Sachmangel kann V sich nicht auf die Klausel berufen (vgl. oben II 1 d). 410

Gegen § 476 Abs. 1 wird hingegen nicht direkt verstoßen, da § 476 Abs. 3 Ausschlüsse oder Beschränkungen von Schadensersatzansprüchen ausdrücklich erlaubt und von Abs. 1 ausnimmt.

Die Klausel könnte auch nach AGB-Recht (§§ 305–310) unwirksam sein. Dafür müsste sie zunächst die Voraussetzungen des AGB-Begriffs (§ 305 Abs. 1) erfüllen. Die Klausel war wie der ganze Vertrag von V vorbereitet, also vorformuliert, und dem K vorgelegt worden. Somit handelt es sich um vorformulierte Vertragsbedingungen; auf die Häufigkeit der Verwendung durch V kommt es nicht an, da eine einmalige Verwendung gegenüber dem Verbraucher genügt (§ 310 Abs. 3 Nr. 2). Anhaltspunkte für einen Ausschluss nach § 310 liegen nicht vor. Die Klausel ist wirksamer Vertragsbestandteil gem. §§ 305 Abs. 2, 3, 305a–c geworden. Sie müsste überdies der Inhaltskontrolle nach §§ 309, 308, 307 standhalten. Die Freizeichnungsklausel schließt pauschal jegliche Gewährleistung aus. Damit verstößt sie gegen § 309 Nr. 7 a) und b) und ist wegen des Verbots der geltungserhaltenden Reduktion insgesamt unwirksam (§ 306 Abs. 1). V kann sich auch deshalb nicht auf die Klausel berufen.

In der Klausur hätte man das Ergebnis also auch mit dieser differenzierteren Ansicht begründen können, zB folgendermaßen:

5. § 476 Abs. 3 lässt den Ausschluss von Schadensersatzansprüchen zum Nachteil des Verbrauchers durchaus zu. Die Vorschrift könnte allerdings nicht gelten, wenn es sich bei der Klausel des V um AGB handelt. AGB sind vorformulierte Vertragsbedingungen für eine Vielzahl von Verträgen, die eine Vertragspartei bei Abschluss eines Vertrags stellt. Im Verhältnis zum Verbraucher finden nach § 310 Abs. 3 Nr. 2 die §§ 305c Abs. 2, 306 bis 309 auf eine vorformulierte Vertragsbedingung auch dann Anwendung, wenn sie nur zur einmaligen Verwendung bestimmt ist. Bei gebrauchten Sachen ist zwar § 309 Nr. 8 b nicht anwendbar, aber § 309 Nr. 7, der den Ausschluss einer Haftung für grobes Verschulden oder Körperschäden verbietet. [Zum selben Ergebnis führt § 307 Abs. 2 Nr. 2, der aber nachrangig ist; demnach stellt der Ausschluss von Schadensersatzansprüchen für Vorsatz und grobe Fahrlässigkeit eine unangemessene Benachteiligung dar.] Der pauschale Haftungsausschluss „ohne Gewähr“ erfasst auch das grobe Verschulden und ist somit unwirksam. Die Klausel ist also auch nach dieser Ansicht gem. § 306 unwirksam.

Zur Wiederholung schauen Sie sich das Prüfungsschema zur Wirksamkeit von AGB an in Wörlen/Metzler-Müller/Balleis SchuldR AT Rn. 57 und hier im Buch → Rn. 376)!

18. Zu **Ausarbeitung V**
Hier konnte und musste man sich aufgrund der vorgegebenen Bearbeitungszeit wieder kurzfassen und nur noch die zusätzlichen Tatbestandsmerkmale des Anspruchs auf Schadensersatz *statt der ganzen Leistung* ausführlich prüfen!

19. Zu **Ausarbeitung V 3**
Natürlich kann K dann nicht auch noch den Kaufpreis zurückverlangen.

20. Zu **Ausarbeitung VI**
411 Tatbestandsmerkmale und Rechtsfolge ergeben sich aus dem Wortlaut der Vorschrift. Im Einzelnen gilt:

6. Fraglich ist, in welcher Höhe K Ersatz verlangen kann. Grundsätzlich ist der Gläubiger gem. § 249 Abs. 1 so zu stellen, wie er bei ordnungsgemäßer Erfüllung stehen würde. Geht es, wie hier, um Schadensersatz statt der Leistung (sog. kleiner Schadensersatz), besteht der Schaden im Mangelunwert, dh in der Differenz zwischen dem objektiven Wert der mangelfreien Sache und dem Wert der mangelhaften Sache, die der Geschädigte behält. In mangelfreiem Zustand wäre der Roller 3.000 EUR wert gewesen, aufgrund des Mangels ist er nur 2.000 EUR wert. Daher ist ein kausaler Schaden in Höhe von 1.000 EUR zu ersetzen.

7. Ergebnis
K kann von V gem. §§ 437 Nr. 3 Var. 1, 311a Abs. 2 S. 1 Var. 1 Schadensersatz statt der Leistung in Höhe von 1.000 EUR verlangen.

V. K könnte gegen V einen Anspruch auf Schadensersatz statt der ganzen Leistung aus §§ 437 Nr. 3 Var. 1, 311a Abs. 2 S. 1 Var. 1 *und* S. 3 haben. 412

1. Dann müsste zu den Voraussetzungen des Schadensersatzes statt der Leistung zusätzlich der Sachmangel gem. § 311a Abs. 2 S. 3 iVm § 281 Abs. 1 S. 3 erheblich sein. Wie schon oben beim Rücktritt (II 1 c) festgestellt, ist der Sachmangel der Kaufsache erheblich. Auch ist der Schadensersatzanspruch nicht durch die Klausel des V zum Gewährleistungsausschluss ausgeschlossen (IV 5).

2. Fraglich ist, in welcher Höhe der Schaden zu ersetzen ist. Grundsätzlich ist der Gläubiger gem. § 249 Abs. 1 so zu stellen, wie er bei ordnungsgemäßer Erfüllung stehen würde. Beim Schadensersatz statt der ganzen Leistung (sog. großer Schadensersatz) muss der Käufer die Kaufsache zurückgeben und wird dann durch finanziellen Ausgleich so gestellt, wie er stünde, wenn der Verkäufer mangelfrei erfüllt hätte. In diesem Fall hätte K eine Kaufsache im Wert von 3.000 EUR erhalten; diese Vermögensmehrung ist jedoch infolge der mangelhaften Leistung ausgeblieben. Daher ist ein kausaler Schaden im Rahmen des „großen Schadensersatzes" in Höhe von 3.000 EUR zu ersetzen.

3. Die „Kehrseite" dieses vollen Schadensersatzes ist die Pflicht zur Rückgabe der Kaufsache gem. §§ 311a Abs. 2 S. 3, 281 Abs. 5 S. 1 iVm §§ 348, 320, wonach der Schadensersatzanspruch nur Zug um Zug gegen Rückgabe und Rückübereignung des Rollers an V durchsetzbar ist.

4. Ergebnis
K kann von V Schadensersatz statt der ganzen Leistung in Höhe von 3.000 EUR gem. §§ 437 Nr. 3, 311a Abs. 2 S. 1 und 3 verlangen Zug um Zug gegen Rückgabe und Rückübereignung des Rollers an V.

VI. K könnte gegen V einen Anspruch auf Rückzahlung des Kaufpreises aus § 812 Abs. 1 S. 1 Var. 1 haben. 413

1. V hat den Besitz und das Eigentum an dem Geld erlangt.

2. Dies müsste durch Leistung des K geschehen sein. Leistung ist die zielgerichtete und bewusste Mehrung fremden Vermögens. K wollte mit der Bezahlung des Kaufpreises seine vertragliche Verpflichtung (§ 433 Abs. 2) erfüllen. Deswegen hat er geleistet.

413a

Prüfungsschema:
Leistungskondiktion gem. § 812 Abs. 1

- Anspruchsgegner muss etwas erlangt haben
- durch eine Leistung des Anspruchstellers
- ohne rechtlichen Grund
  - Fehlen des rechtlichen Grundes, § 812 Abs. 1 S. 1 Var. 1
  - Späterer Wegfall des rechtlichen Grundes, § 812 Abs. 1 S. 2 Var. 1.
  - Nichteintritt des bezweckten Erfolges, § 812 Abs. 1 S. 2 Var. 2

Rechtsfolge:
- Herausgabe oder Wertersatz
- Umfang des Bereicherungsanspruchs: §§ 812, 818 f.

Der Umfang der Herausgabe richtet sich nach §§ 812, 818. Grundsätzlich sind das tatsächlich Erlangte und die Nutzungen (§§ 812, 818 Abs. 1) herauszugeben. Wenn dies nicht möglich ist, ist Wertersatz (§ 818 Abs. 2) zu leisten. Ausnahmsweise entfällt die Pflicht zum Wertersatz, wenn der Schuldner entreichert ist (§ 818 Abs. 3), es sei denn, der Schuldner war bösgläubig (§§ 818 Abs. 4, 819, 292, 987, 989).

21. Zu **Ausarbeitung VI 3**
Die Bezahlung müsste also rechtsgrundlos erfolgt sein. Das wäre der Fall, wenn der Kaufvertrag nichtig (§ 142 Abs. 1) ist. Sie müssen hier alle Voraussetzungen einer Anfechtung prüfen (vgl. Fall 8 und das Prüfungsschema zur Anfechtung von Willenserklärungen → Rn. 213). Einleiten müssen Sie die Prüfung wieder durch einen Obersatz, der das hypothetische Ergebnis („...durch wirksame Anfechtung des K nichtig sein gem. § 142 Abs. 1.“) mitteilt. Daran schließt sich die Prüfung der Tatbestandsmerkmale einer Anfechtung im gewohnten Gutachtenstil – also für jedes einzelne Tatbestandsmerkmal in der Reihenfolge Obersatz/Hypothese, Voraussetzungen/Subsumtion, Ergebnis – an.

22. Zu **Ausarbeitung VI 3 b**
Zu problematisieren war an dieser Stelle, ob die Täuschung des V über die Unfallfreiheit des Motorrollers auch arglistig vollzogen wurde. Dabei war wichtig zu wissen, dass hier kein „bösartiges“ Verhalten auf Seiten des Täuschenden verlangt wird, sondern (bedingter) Vorsatz genügt.

Für Sie kam es vorrangig darauf an, eine brauchbare Lösung mit vertretbaren Argumenten abzuliefern. Kenntnisse des Problems „Angaben ins Blaue hinein“ bzw. die Rechtsprechung des BGH zur arglistigen Täuschung im Gebrauchtwagenhandel konnten nur von fortgeschrittenen Studierenden erwartet werden. Interessierte können die genauen Anforderungen, welche die Rechtsprechung im Einzelnen verlangt zB bei BGH NJW 2006, 2839 („Ein Verkäufer handelt bereits dann arglistig, wenn er zu Fragen, deren Beantwortung erkennbar maßgebliche Bedeutung für den Kaufentschluss seines Vertragspartners hat, ohne tatsächliche Grundlagen „ins Blaue hinein“ unrichtige Angaben macht.“) nachlesen.

Jedenfalls handelt arglistig, wer unrichtige Erklärungen in Kenntnis ihrer Unrichtigkeit abgibt, wobei bedingter Vorsatz reicht (s.o.). Für den bedingten Vorsatz genügt es, wenn der Täuschende mit der Möglichkeit der Unrichtigkeit seiner Angaben rechnete. Auch bezüglich der Kausalität genügt bedingter Vorsatz: Der Täuschende muss wissen und wollen, zumindest billigend in Kauf nehmen, dass der andere Teil durch die Täuschung zur Abgabe einer Willenserklärung veranlasst wird, die er anderenfalls (so) nicht abgegeben hätte (s. BeckOK BGB/Wendtland § 123 Rn. 17 mwN).

V hatte keine Grundlage für seine Behauptung und wahrscheinlich auch mit der möglichen Unrichtigkeit seiner Angaben gerechnet; jedenfalls war er gutgläubig, hatte aber seinen guten Glauben ohne zuverlässige Beurteilungsgrundlage (fachmännische Sichtprüfung) gebildet und diese auch nicht offenbart hat (vgl. HK-BGB/Dörner § 123 Rn. 4 mwN).

3. K müsste ohne rechtlichen Grund geleistet haben. Als Rechtsgrund kommt der Kaufvertrag (I 1) in Betracht. Er könnte jedoch durch Anfechtung des K nichtig sein (§ 142 Abs. 1). Dann müsste K den Vertrag wirksam angefochten haben. Als Anfechtungsgrund kommt hier eine arglistige Täuschung (§ 123 Abs. 1 Var. 1) in Betracht. Der Vorrang der kaufrechtlichen Mängelhaftung gilt nicht bei der Anfechtung des Vertrags wegen arglistiger Täuschung, sodass eine solche Anfechtung grundsätzlich möglich ist.

a) In objektiver Hinsicht muss eine Täuschung gegeben sein, die einen Irrtum beim anderen verursacht hat. K ist aufgrund der Angaben des V von der Unfallfreiheit des Motorrollers ausgegangen. Dies ist ein Irrtum. In Betracht kommt eine Täuschung durch aktives Tun in Form der Vorspiegelung unwahrer Tatsachen. Die von V gemachte und bestätigte Angabe „unfallfrei" entspricht nicht der Wahrheit und ist daher eine Täuschung. Diese Täuschungshandlung muss den anderen zur Abgabe einer Willenserklärung veranlasst haben (Kausalität). K hatte ausdrücklich noch einmal nach der Unfallfreiheit gefragt, auf diese kam es ihm an. Die unwahre Aussage des V dazu hat ihn zur Annahme des Vertragsangebots des V veranlasst.

b) In subjektiver Hinsicht ist fraglich, ob V auch arglistig war. Arglistig handelt, wer unrichtige Erklärungen in Kenntnis ihrer Unrichtigkeit abgibt, wobei bedingter Vorsatz ausreicht. Es genügt also, wenn der Täuschende mit der Möglichkeit der Unrichtigkeit seiner Angaben rechnete. V hatte seine Angaben ohne Tatsachengrundlage (fahrlässig unterlassene Durchführung einer fachmännischen Sichtprüfung) ins Blaue hinein gemacht und musste damit rechnen, dass der Roller genauso gut einen Unfall gehabt haben könnte. Auch bezüglich der Kausalität genügt bedingter Vorsatz: Der Täuschende muss wissen und wollen, zumindest billigend in Kauf nehmen, dass der andere Teil durch die Täuschung zur Abgabe einer Willenserklärung veranlasst wird, die er anderenfalls (so) nicht abgegeben hätte. V nahm auch billigend in Kauf, dass K gerade wegen der vorgeblichen Unfallfreiheit den Roller kaufte und nicht gekauft hätte, wenn er von dem unfallbedingten reparierten Vorschaden gewusst hätte.

Deswegen handelte V arglistig. Es liegt also ein Anfechtungsgrund vor.

K müsste gegenüber V die Anfechtung noch erklären (§ 143 Abs. 1), wofür er ein Jahr Zeit hat (§ 124 Abs. 1). Dann würde der Rechtsgrund (Kaufvertrag) *ex tunc* (rückwirkend) entfallen (§ 142 Abs. 1).

4. Ergebnis
K hat gegen V einen Anspruch auf Kaufpreisrückzahlung aus § 812 Abs. 1 S. 1 Var. 1 gegen Rückgabe des Motorrollers an V (gegenläufiger Kondiktionsanspruch des V aus § 812 Abs. 1 S. 1).

23. Zu **Ausarbeitung VII**:

414 Entsprechend der Aufgabenstellung mussten Sie die Ergebnisse ihrer Prüfung zusammenfassen und abschließend noch den in der Aufgabenstellung verlangten Rat formulieren. Fortgeschrittene Studierende hätten darüber hinaus noch kurz auf § 325 hinweisen können.

Literatur zur Vertiefung:

Alpmann Schmidt (Langkamp), Skript Schuldrecht BT 1, 24. Aufl. 2025, 1. Teil, 2. u. 6. Abschn. (Mängelgewährleistung und Verbrauchsgüterkauf)
Armbrüster, Grundfälle zum Schadensrecht, JuS 2007, 411
Biermann, Das neue Kaufrecht: Die wichtigsten Änderungen, DAR 2022, 134
Deutschmann, Der neue Sachmangelbegriff des § 434 BGB, NJ 2022, 14
Eggert, Arglistiges Verhalten beim Gebrauchtwagenkauf, DAR 2015, 43
Liauw, Besonderheiten beim Verbrauchsgüterkauf, JURA 2014, 388
Looschelders, Schuldrecht Besonderer Teil, 19. Aufl. 2024, § 14 (Der Verbrauchsgüterkauf)
Lorenz, Grundwissen – Zivilrecht: Verbrauchsgüterkauf, JuS 2016, 398
Lorenz, Grundwissen – Zivilrecht: Der Nacherfüllungsanspruch, JuS 2014, 7
Musielak, Die Nacherfüllung beim Stückkauf, NJW 2008, 2801
Petersen, Verbraucher und Unternehmer, JURA 2007, 905
Ostendorf, Beschaffenheitsvereinbarungen und Beschaffenheitsgarantien, JZ 2024, 280
Schmidt, Verbraucherbegriff und Verbrauchervertrag – Grundlagen des § 13 BGB, JuS 2006, 1
Stürner, Grundstrukturen des Verbrauchervertrags im BGB, JURA 2015, 30
Timm, Das Verhältnis der Mängelrechte aus § 437 BGB zueinander, JA 2022, 800
Wörlen/Metzler-Müller/Kokemoor, Schuldrecht BT, 14. Aufl. 2022, Rn. 14–72 (Mängelhaftung), 96–134 (Verbrauchsgüterkauf)
Wünsche, Änderungen im Sachmängelrecht und beim Verbrauchsgüterkauf, NWB 2021, 3331

VII. Zusammenfassung 415

1. Eine Rückabwicklung ist nach einer Anfechtungserklärung des K gem. **§ 812 Abs. 1 S. 1 Var. 1** möglich. Nach einer Anfechtung würde sich K aber die vorteilhafteren Rechte aus Gewährleistung (§ 437) abschneiden, so dass die Anfechtung nicht zu empfehlen ist.

2. K kann, wenn er den Roller behalten will, den Kaufpreis um 500 EUR gem. **§§ 437 Nr. 2, 441 Abs. 1** mindern und den zu viel gezahlten Kaufpreis (500 EUR) gem. **§§ 441 Abs. 4 S. 1, 346 Abs. 1** herausverlangen.

3. K kann aber auch wegen der Erheblichkeit des Mangels vom Vertrag gem. **§§ 437 Nr. 2 Alt. 1, 326 Abs. 5, 323 Abs. 1** zurücktreten. Die empfangenen Leistungen (Motorroller und Kaufpreis) sind dann gem. **§ 346 Abs. 1** einander herauszugeben.

4. K kann, weil V fahrlässige Unkenntnis von dem Unfall hatte, Schadensersatz statt der Leistung gem. **§§ 437 Nr. 3 Alt. 1, 311a Abs. 2 S. 1** in Höhe von 1.000 EUR verlangen und darf in diesem Fall den Roller behalten.

5. K kann aber auch aufgrund der Erheblichkeit des Mangels Schadensersatz statt der ganzen Leistung in Höhe von 3.000 EUR gem. **§§ 437 Nr. 3 Alt. 1, 311a Abs. 2 S. 1 und S. 3** verlangen. In diesem Fall muss er dann den Roller zurückgeben.

6. Weil der Kauf für K günstig war (der unfallbehaftete Roller kostete 1.500 EUR und war 2.000 EUR wert), sollte er auch nicht zurücktreten oder mindern, sondern je nachdem, ob er den Roller behalten möchte, entweder Schadensersatz statt der Leistung oder Schadensersatz statt der ganzen Leistung wählen! Wenn – anders als hier – Rücktritt vorschnell schon erklärt worden wäre, ist wegen **§ 325** trotzdem noch Schadensersatz möglich. Der Schadensersatz statt der ganzen Leistung wird dann gekürzt um den Betrag, den der Käufer infolge des Rücktritts erhält.

Fall 17

Raum für eigene Notizen:

Fall 18 Bereicherungsrecht, (Deliktsrecht), Geschäftsfähigkeit

„Nur Fliegen ist schöner"

„Überflieger" Burak (B) hat in der Schule eine Klasse übersprungen, im Alter von 17 Jahren das Abitur gemacht und gleichzeitig als Juniorstudent bereits sein viertes Semester Wirtschaftsrecht an einer Hochschule für angewandte Wissenschaften erfolgreich abgeschlossen. Zu diesen tollen Erfolgen schenken ihm seine Eltern einen Flug mit der Linie „El Condor Pasa" (E) von Frankfurt nach Hamburg, wo er mit seiner Patentante Sigrid das Musical „Der König der Tiger" besuchen sollte. B, der keine Musicals mag, entscheidet sich in Hamburg anders. Es gelingt ihm, den Flieger mit den Transitpassagieren unbemerkt wieder zu besteigen, um in New York zu landen. Da man ihm dort wegen des fehlenden Visums die Einreise verweigerte, beförderte ihn die E mit einem Charterflug nach Frankfurt zurück und verlangt 1.000 EUR für den Flug von Hamburg nach New York. Die Eltern des B verweigern die Genehmigung jeglicher Rechtsgeschäfte ihres Sohnes mit der E. **416**

B weist darauf hin, dass das Flugzeug auf dem Hinflug nicht ausgebucht (voll besetzt) war.

Kann E von B die Bezahlung des Flugs Hamburg – New York in Höhe von 1.000 EUR verlangen?

Bearbeitungshinweise (Lösungshilfe):

1. B hat durch sein Tun den Tatbestand des § 265a StGB (Erschleichen von Leistungen) verwirklicht. § 265a Abs. 1 StGB lautet:

> *„Wer die Leistung eines Automaten oder eines öffentlichen Zwecken dienenden Telekommunikationsnetzes, die Beförderung durch ein Verkehrsmittel oder den Zutritt zu einer Veranstaltung oder einer Einrichtung in der Absicht erschleicht, das Entgelt nicht zu entrichten, wird mit Freiheitsstrafe bis zu einem Jahr oder mit Geldstrafe bestraft, wenn die Tat nicht in anderen Vorschriften mit schwererer Strafe bedroht ist."*

Im Gutachten ist daher auch ein aufgrund dessen möglich erscheinender Anspruch zu prüfen.

2. Ansprüche aus Geschäftsführung ohne Auftrag (GoA) sind <u>nicht</u> zu prüfen.

3. Nach Ansprüchen hinsichtlich des Rückflugs von New York nach Frankfurt[89] ist hier <u>nicht</u> gefragt!

(Bearbeitungszeit: 3 Std.)

---

89 Vgl. dazu Hombrecher, Die verschärfte Haftung Minderjähriger nach § 819 Abs. 1 BGB – Der Flugreisefall (BGH NJW 1971, 609 = BGHZ 55, 128), JURA 2004, 250.

Besondere Vorüberlegungen:

1. **Vorbemerkung**

417 Diesem Fall (ausführliche Lösung für Fortgeschrittene vgl. Fall 31 bei Fezer/Obergfell Klausurenkurs SchuldR BT) liegt die berühmte Flugreisefall-Entscheidung („Lufthansa-Fall") des BGH vom 7.1.1971 (BGHZ 55, 128 ff.), gut zusammengefasst in NJW 1971, 609 und neu kommentiert von Führich in NJW 2017, 3079 zur Inanspruchnahme einer geldwerten Leistung ohne Rechtsgrund, insbes. durch Minderjährige zugrunde. Um ihn zu lösen, benötigt man etwas tiefer gehende Kenntnisse des Bereicherungsrechts, als sie in Einführungswerken zum Besonderen Schuldrecht vermittelt werden. **Für Studierende eines ersten oder zweiten Semesters ist der Fall daher grundsätzlich noch zu schwierig.** Dennoch ist der Fall eine gute Übung und Vorbereitung für spätere Klausuren. Allerdings sollte man auf Theorienstreite in Anfängerklausuren nicht tiefer eingehen, sondern sich – ohne Wesentliches auszulassen – möglichst kurzfassen und an der hM orientieren.

Wie bei allen Fällen, die Sie anhand dieses Buchs erarbeiten, sollten Sie etwa ein Viertel der Bearbeitungszeit für die bereits eingeführten „Allgemeinen Vorüberlegungen" (vgl. Einführung II 2 = Rn. 24 ff.) aufgewendet haben. Dabei werden Sie vermutlich festgestellt haben, dass in diesem Sachverhalt eine Vielzahl von Rechtsgebieten der ersten drei Bücher des BGB angesprochen wird, und dass der Schwerpunkt der Lösung im Bereicherungsrecht liegt. Ihre „Allgemeinen Vorüberlegungen", die Sie auf Ihrem Konzeptzettel vermerkt haben, sollten mindestens so umfangreich sein, wie die zu Fall 14 dargestellten …

2. Zu **Ausarbeitung I**

418 Vertragliche Ansprüche sind – sofern sie möglich erscheinen – grundsätzlich zuerst zu prüfen (vgl. Einführung II 3 = Rn. 50 ff.). Dass es sich bei der Beförderung mit einem Verkehrsmittel um einen Werkvertrag iSv § 631 handelt, sollte Ihnen spätestens seit der Lektüre von Fall 5 bekannt sein.

3. Zu **Ausarbeitung I 1**

419 Da es hier – wie Sie bei Ihren „Allgemeinen Vorüberlegungen" hoffentlich gemerkt haben – durchaus (mehr als) zweifelhaft ist, ob zwischen B und E ein Beförderungsvertrag zustande gekommen ist, musste man das prüfen! = Angebot und Annahme?

4. Zu **Ausarbeitung I 1 a**

420 Keine der Vertragsparteien hat ausdrücklich ein Angebot gemacht, welches die andere Partei angenommen hat. Das kann und muss man in diesem Gutachten – ohne das in Klausuren unbedingt zu vermeidende Wort „offensichtlich" zu benutzen! – kurz auch so feststellen, um dann gleich auf den Punkt zu kommen.
Anders als bei Massenbeförderungsmitteln, bei denen in der Bereitstellung zB der Straßenbahn ein konkludentes Angebot der Straßenbahngesellschaft auf Abschluss eines Beförderungsvertrages zu sehen ist (vgl. auch Fall 5, wo alternativ schon einmal die Lösung über die Lehre vom „faktischen Vertrag" angesprochen wird → Rn. 157), geht es hier bei der Beförderung (mit namentlicher Erfassung aller Passagiere) mit einem Flugzeug nicht um den typischen (anonymen) Massenverkehr (Bahn, Bus) im Bereich der sog. Daseinsvorsorge. Weder die (mittlerweile überwundene) Lehre vom faktischen Vertrag, noch die Lösung über das Gesetz (konkludenter Vertragsschluss) helfen im vorliegenden Fall also weiter.

5. Zu **Ausarbeitung I 1 b**

Mit diesem Satz zeigen Sie, dass Sie den Sachverhalt genau gelesen haben und das „Geschäftsfähigkeits-Recht" kennen.

Lösung (Ausarbeitung):

I. Anspruch aus Vertrag

421 E könnte gegen B einen Anspruch auf Bezahlung der Vergütung in Höhe von 1.000 EUR aus einem Beförderungsvertrag (Hamburg – New York) gem. § 631 Abs. 1 Hs. 2 haben.

1. Dann müsste eine Vertragspartei der anderen ein Angebot gemacht haben und dieses von der anderen Vertragspartei angenommen worden sein, §§ 145 ff.

a) Da weder E noch B entsprechende ausdrückliche Willenserklärungen hinsichtlich des Abschlusses eines Vertrags über die Flugbeförderung des B abgegeben haben, könnte man zunächst an einen Vertragsschluss durch schlüssiges Verhalten denken (konkludente Willenserklärungen).

422 b) Die E müsste dann durch Bereitstellung des Flugzeugs konkludent ein Beförderungsangebot gemacht haben. Im anonymen Massenverkehr (zB Straßenbahn) wäre dies auch denkbar – nicht hingegen im Flugverkehr. Hier werden Verträge typischerweise im Vorhinein am Schalter oder im Internet geschlossen und die Fluggesellschaft hat ein berechtigtes Interesse (insbesondere Sicherheitsinteresse) daran namentlich zu wissen, wen sie befördert. Ein genereller Wille auf Abschluss von Beförderungsverträgen mit allen Personen, die sich (entgegen der typischen geregelten Abläufe) an Bord eines Flugzeugs „geschlichen" haben, kann nicht unterstellt werden.

Auch das Besteigen des Flugzeugs durch B kann keine konkludente Willenserklärung darstellen, da dieser ja gerade nicht das Entgelt bezahlen wollte und somit keinen Beförderungsvertrag schließen wollte.

6. Zu **Ausarbeitung 2**
Um den roten Faden nicht zu verlieren, Ergebnis festhalten!

7. Zu **Ausarbeitung II 1**

423 Wären die Ansprüche aus GoA nicht explizit vom Bearbeitervermerk ausgenommen, müssten Sie diese natürlich vorrangig an dieser Stelle prüfen (Sie wissen ja bereits: quasivertragliche Ansprüche vor deliktischen Ansprüchen! → Rn. 54).

Was mögliche deliktische Ansprüche angeht, „riecht“ es in diesem Fall förmlich nach einer „unerlaubten Handlung“ des B!

Aber als angehende Juristin oder angehender Jurist muss man der Laienleserschaft mitteilen, dass das reine Vermögen kein von § 823 Abs. 1 geschütztes Rechtsgut ist. Vermögensbeschädigungen, die nicht den Tatbestand des § 823 Abs. 1 erfüllen, begründen daher nur unter den Voraussetzungen der §§ 823 Abs. 2, 824, 826, 839 eine Ersatzpflicht.

B ist mit seinen 17 Jahren tauglicher Anspruchsgegner, seine Deliktsfähigkeit (§ 828 Abs. 3) wird nicht angezweifelt, so dass man diese schlicht kurz feststellen muss, aber von vertieften Ausführungen dazu absehen kann und sollte.

8. Zu **Ausarbeitung II 2**

424 § 265a StGB wurde als Bearbeitungshilfe angegeben. Also musste er im Rahmen von § 823 Abs. 2 geprüft werden!

Da Sie den Sachverhalt genau gelesen haben, haben Sie bemerkt(?), dass B sich auf die nicht ausgebuchte Maschine (das Flugzeug) beruft, also: kein Schaden der Fluggesellschaft! B hat niemandem den Platz weggenommen. Denken Sie daran, dass (meistens) alle Sachverhaltsangaben für die Lösung wichtig sind und entsprechend im Gutachten verarbeitet werden müssen („Echo-Prinzip“)! Andererseits fordert die E nur den Ticketpreis. Andere theoretisch denkbare Schadenspositionen hier zu diskutieren, würde den Sachverhalt überspannen.

Selbst wenn man von der Existenz konkludenter Willenserklärungen, gerichtet auf Abschluss eines Beförderungsvertrages, ausginge, wäre dieser Vertrag unwirksam. Die Wirksamkeit der Willenserklärung des beschränkt geschäftsfähigen B (§ 106 iVm § 2) scheitert nämlich an der fehlenden Einwilligung (§ 107) und fehlenden – weil verweigerten – Genehmigung (§ 108 Abs. 1) seiner Eltern (gesetzliche Vertreter nach §§ 1626 Abs. 1 S. 1, 1629 Abs. 1).

c) Schließlich könnte man noch daran denken, hier unabhängig vom Vorhandensein 425
von Willenserklärungen ein „faktisches Vertragsverhältnis" zwischen E und B anzunehmen. Nach der heute überholten Lehre vom faktischen Vertrag soll kraft sozialer Leistungsverpflichtung im Rahmen der Daseinsvorsorge durch bloße Inanspruchnahme von typisierten Leistungen des Massenverkehrs ein Vertrag zustande kommen. Diese Konstruktion verstößt allerdings gegen den Grundsatz des BGB, dass Verträge nur durch den Willen der Parteien geschlossen werden können und ist daher bereits als systemwidrig abzulehnen.

Ohnehin passt sie auch nicht auf den Flugverkehr, denn die Flugreise ist individuell und namentlich zu buchen. Anders als im Bereich der Daseinsvorsorge ist E nicht verpflichtet, jeden auf Grundlage allgemeiner Beförderungsbedingungen zu befördern; es kommt also anders als im Bereich des Massenverkehrs gerade auf die vertragliche Einigung an.

2. Ergebnis
Zwischen E und B ist somit kein Beförderungsvertrag zustande gekommen, sodass ein Anspruch der E aus § 631 Abs. 1 Hs. 2 ausscheidet.

II. Ansprüche aus unerlaubter Handlung

1. E könnte gegen B einen Anspruch auf Schadensersatz gem. § 823 Abs. 1 haben. 426

a) Voraussetzung hierfür ist zunächst, dass B durch eine Handlung (Tun oder Unterlassen) eines der in § 823 Abs. 1 genannten Rechtsgüter der E verletzt hat.
Eine Eigentumsverletzung durch Beeinträchtigung des bestimmungsgemäßen Gebrauchs des Flugzeugs (Teil des Flugzeugs durch B belegt und damit für E nicht vollständig nutzbar) liegt jedenfalls nicht über der Bagatellgrenze). Das Vermögen der E, dem ihre Forderung über 1.000 EUR zuzurechnen wäre, ist kein geschütztes Rechtsgut im Sinne dieser Vorschrift. Somit liegt bereits keine Rechtsgutverletzung vor.

b) Ergebnis
Ein Schadensersatzanspruch der E aus § 823 Abs. 1 besteht nicht.

2. Denkbar ist jedoch ein Anspruch der E gegen B aus § 823 Abs. 2 iVm § 265a Abs. 1 427
Var. 3 StGB. Dafür müsste B sich die Beförderung durch ein Verkehrsmittel – hier den Flug mit dem Flugzeug der E – erschlichen haben, in der Absicht, das Entgelt nicht zu entrichten.

a) B ist es gelungen, unbemerkt in Hamburg wieder in den Flieger nach New York zu gelangen, obwohl er dafür kein Ticket hatte. Also hat er sich die Beförderung durch das Flugzeug der E nach New York in der Absicht erschlichen, das Entgelt nicht zu entrichten. Damit hat er vorsätzlich den Tatbestand des § 265a Abs. 1 StGB verwirklicht und somit schuldhaft ein den Schutz der Fluggesellschaft E bezweckendes Gesetz iSv § 823 Abs. 2 (iVm Art. 2 EGBGB) verletzt.

9. Zu **Ausarbeitung III 1**

428 Noch mehr als nach „unerlaubter Handlung" „roch" es in diesem Fall nach „ungerechtfertigter Bereicherung"! Sie haben gelernt(?), dass § 812 Abs. 1 vier Alternativen enthält. Davon kommt die „Leistungskondiktion" nach § 812 Abs. 1 S. 1 Var. 1 am häufigsten vor. Das Wort „ Leistungskondiktion" müssen Sie in einer Klausur nicht unbedingt verwenden. Wenn Sie stringent § 812 Abs. 1 S. 1 Var. 1 und seine Voraussetzungen in richtiger Reihenfolge anwenden, ist das auch ausreichend. Benutzen Sie das unter → Rn. 413a aufgeführte vereinfachte Prüfungsschema.

10. Zu **Ausarbeitung III 1 a**

Das „etwas erlangt" ist für jeden Bereicherungsanspruch unabdingbare Voraussetzung! Hier sollten Sie stets genau arbeiten und den vermögenswerten Vorteil so präzise wie möglich (Besitz? Eigentum? Gebrauchsvorteil?) benennen!

Nach heute überwiegender Ansicht („gegenständliche Betrachtungsweise", s. MüKoBGB/Schwab § 812 Rn. 1 f. mit Hinweis zur aA), ist das erlangte „Etwas" genau der Vorteil, der dem Bereicherungsschuldner ohne Rechtsgrund zugeflossen ist, sei er auch immateriell. In unserem Fall ist das also die tatsächliche Beförderung im Flugzeug von Hamburg nach New York.

Eine „vermögensorientierte Betrachtungsweise" (so noch der BGH in seiner Flugreisefall-Entscheidung) anhand der Vermögenslage des Schuldners (und die Frage nach der Ersparnis von Aufwendungen) sollten Sie nicht vornehmen. Richtigerweise sind das Fragen, die erst auf Ebene der Rechtsfolge bzw. des Haftungsumfangs, insbesondere des § 818 Abs. 3 relevant werden.

11. Zu **Ausarbeitung III 1 b und c**

„Leistung im Sinne des Bereicherungsrechts", haben Sie gelernt, „ist jede bewusste und zweckgerichtete Vermögensvermehrung …" durch den Entreicherten aufseiten des Bereicherten!

Ob in diesen Fällen des Erschleichens von Beförderungsleistungen tatsächlich eine „Leistung" der Fluggesellschaft vorliegt, ist umstritten. Es ist (so auch der BGH) vertretbar, der Fluggesellschaft vorliegend einen generellen Leistungswillen bzgl. aller an Bord befindlichen Passagiere zu unterstellen. Die heute wohl überwiegende Ansicht verneint diesen allerdings unter Berufung auf die an Flughäfen üblichen Sicherheitskontrollen und stützt darauf die Annahme, dass die Fluggesellschaft nur zur Erfüllung geschlossener Beförderungsverträge handele, also nur gegenüber ihren Passagieren (Vertragspartner) Leistungsbewusstsein habe. Sollten Sie dieser Ansicht folgen, müssen Sie die Leistungskondiktion mangels Leistung ablehnen („E beförderte den B nicht „bewusst" mit dem Flugzeug, also liegt keine Leistung vor") – und eine Eingriffskondiktion (§ 812 Abs. 1 Alt. 2) prüfen – am Ende werden Sie zum gleichen Ergebnis in der Gesamtprüfung kommen; vgl. Medicus/Petersen BürgerlR Rn. 665: „Ob dem Minderjährigen die Beförderung „geleistet" worden ist (durch Anweisung eines Platzes in dem Flugzeug) oder ob er sie sich durch einen Eingriff „genommen" hat (indem er in Hamburg an Bord geblieben ist), macht wertungsmäßig keinen Unterschied."

Den Theorienstreit brauchen Sie in der Klausur nicht vertiefen, wichtig ist nur, dass Sie sich keine Probleme „abschneiden" (das sollten Sie bei der Wahl Ihres Lösungswegs tunlichst, notfalls durch eine hilfsgutachtliche Prüfung, vermeiden!). In diesem Fall „spielt die Musik" jedenfalls bei den Rechtsfolgen!

Ergebnis festhalten, um den roten Faden nicht zu verlieren!

Zweifel an der erforderlichen Einsichtsfähigkeit des minderjährigen B, das Unrecht seiner Handlung zu erkennen (§ 828 Abs. 3), bestehen nicht. B ist damit trotz seiner Minderjährigkeit gem. § 828 Abs. 3 deliktsfähig.

b) Voraussetzung für eine Haftung des B ist allerdings ferner ein kausaler Schaden aufseiten der E. Da das Flugzeug nicht ausgebucht war, wäre der Platz des B leer geblieben, wenn er nicht mitgeflogen wäre. Folglich ist der E kein nachweisbarer Schaden entstanden. Die Anspruchstellerin E soll vermögensmäßig so gestellt werden, wie sie stehen würde, wenn die unerlaubte Handlung unterblieben wäre.

c) Ergebnis
Ein Anspruch aus § 823 Abs. 2 iVm § 265a Abs. 1 Var. 3 StGB scheidet daher ebenfalls aus.

III. Ansprüche aus ungerechtfertigter Bereicherung 429

1. Ein Anspruch der E gegen B auf Zahlung/Erstattung von 1.000 EUR könnte sich aus § 812 Abs. 1 S. 1 Var. 1 (Leistungskondiktion) ergeben.

a) Dann müsste B etwas erlangt haben. Unter „etwas" ist jeder Vermögensvorteil zu verstehen. B hat zwar weder Besitz noch Eigentum an einer Sache, noch eine konkrete Vermögensvermehrung erlangt. Allerdings hat er den Flug in Anspruch genommen und damit die tatsächliche Beförderung per Flugzeug von Hamburg nach New York erlangt. Das ist zwar ein immaterieller Vermögensvorteil, aber dennoch eine Bereicherung, die dem Vermögen des B zugeflossen ist und damit ein taugliches erlangtes „Etwas".

b) Weitere Voraussetzung ist, dass B die Beförderung nach New York durch eine Leistung der E erlangt hat. Unter „Leistung" versteht man im Bereicherungsrecht jede bewusste und zweckgerichtete Mehrung fremden Vermögens. Da E allerdings überhaupt nicht wusste, dass B sich in dem Flugzeug befand, beförderte sie ihn jedenfalls nicht bewusst willentlich. Auch ein genereller Beförderungs- bzw. Leistungswille hinsichtlich aller an Bord befindlichen Personen kann der Fluggesellschaft nicht unterstellt werden. Gerade durch individuelle Sicherheitskontrollen am Flughafen bringt die Fluggesellschaft zum Ausdruck, dass es ihr auf die Identität ihrer Passagiere an Bord ankommt und dass sie nur diejenigen befördern möchte, mit denen sie einen Beförderungsvertrag geschlossen hat. Mit Leistungswille handelt die E damit nur gegenüber „rechtmäßigen" Passagieren zur Erfüllung geschlossener Beförderungsverträge, nicht hingegen gegenüber „blinden Passagieren". 430

B hat die Beförderung nach New York also nicht durch Leistung der E erlangt.

c) Ergebnis
Somit scheidet auch ein Anspruch der E gegen B aus § 812 Abs. 1 S. 1 Var. 1 aus.

12. Zu **Ausarbeitung III 2**

431 Wenn keine „Leistung" der E vorliegt, dann möglicherweise eine („in sonstiger Weise") nahe liegende „Eingriffskondiktion" des B? Also prüfen wir das!

13. Zu **Ausarbeitung III 2 a**

Da das schon geprüft wurde, genügt dieser Hinweis!

14. Zu **Ausarbeitung III 2 b**

432 Die Fluggesellschaft E verdient ihr Geld damit, dass sie sich die Beförderung von Passagieren bezahlen lässt! Wenn sie es bewusst tut, hat sie eine Leistung erbracht; wenn jemand, wie B, einfach ohne ihr Wissen ihr Flugzeug benutzt, liegt ein Eingriff des B in die Rechte der E vor. Das muss man juristisch kurz und knapp mit dem Eingriff in den „Zuweisungsgehalt eines fremden Rechts" auf den Fall bezogen formulieren! Zum Theorienstreit sollten Sie unbedingt die Literatur zur Vertiefung nachlesen!

Merken Sie sich, dass die Nichtleistungskondiktion nur anwendbar ist, wenn nicht bzgl. des betreffenden Bereicherungsgegenstandes eine Bereicherung durch Leistung vorliegt (Vorrang der Leistungskondiktion!).

433 15. Zu **Ausarbeitung III 2 c**

Die Voraussetzung, „ohne rechtlichen Grund" etwas erlangt zu haben, muss bei allen Bereicherungsansprüchen aus § 812 erfüllt sein und daher in einer Klausur immer geprüft werden.

16. Zu **Ausarbeitung III 2 d**

Die Ermittlung des Umfangs einer herauszugebenden Bereicherung erfolgt nach §§ 812 Abs. 1, 818 Abs. 1 bis 4. Grundsätzlich sind nach Bereicherungsrecht immer das tatsächlich Erlangte sowie gem. § 818 Abs. 1 die daraus gezogenen Nutzungen herauszugeben. Ist dies – wie hier – nicht möglich, muss Wertersatz in Höhe des objektiven Werts der Beförderung geleistet werden (§ 818 Abs. 2). „Wertersatz" im Sinne des Bereicherungsrechts hat – was leider häufig verwechselt wird – nichts mit „Schadensersatz" zu tun! In keiner Vorschrift des Bereicherungsrechts ist von Schadensersatz die Rede, auch in § 818 nicht, an den Sie immer denken müssen, wenn Sie einen Bereicherungsanspruch bejaht haben.

434 17. Zu **Ausarbeitung II 2 d aa und bb**

Was hier relativ kurz im Gutachten geprüft wurde, setzt schon eine recht genaue Kenntnis der Problematik des Wegfalls der Bereicherung (vgl. LzV!) voraus: Nach Sinn und Zweck des § 818 Abs. 3 soll der Inanspruchgenommene keinen Nachteil erleiden. Es darf also nach der Rückabwicklung kein Vermögensnachteil verbleiben, sodass nur die echte Vermögensmehrung (abschöpfbarer Vermögenswert) herauszugeben ist. Da durch die Beförderung bei B keine bleibende Vermögensmehrung eingetreten ist, ist B nur dann bereichert, wenn er Aufwendungen erspart hat (MüKoBGB/Schwab § 818 Rn. 191–195; BeckOK BGB/Wendehorst § 818 Rn. 53). Sog. Luxusaufwendungen, die man sonst nicht getätigt hätte, stellen also keine im Vermögen verbleibende Ersparnis dar und fallen damit unter § 818 Abs. 3, die Entreicherung; das muss man wissen (siehe schon bei Fall 9 Rn. 233a).

435 18. Zu **Ausarbeitung III 2 d cc**

Dass sich ein nach § 818 Abs. 4 verschärft haftender Bereicherungsschuldner nicht mehr auf den Wegfall der Bereicherung (§ 818 Abs. 3) berufen kann, sollten Sie ebenfalls gelernt haben (vgl. zB Wörlen/Metzler-Müller/Kokemoor SchuldR BT Rn. 390). Ebenso, dass der bösgläubige Bereicherungsempfänger gem. § 819 Abs. 1 dem nach § 818 Abs. 4 Haftenden gleichgestellt ist.

2. Der Anspruch der E auf Herausgabe der Beförderungsvergütung von 1.000 EUR 436
könnte sich aber aus § 812 Abs. 1 S. 1 Var. 2 (Eingriffskondiktion) ergeben.

a) Erste Voraussetzung ist wiederum, dass B „etwas" erlangt hat. Dies wurde soeben (unter III 1 a) bejaht.

b) B müsste die Beförderung mit dem Flugzeug „in sonstiger Weise" (statt durch Leistung) auf Kosten der E erlangt haben. Das setzt voraus, dass B die Beförderung nach New York durch Eingriff in den Zuweisungsgehalt eines Rechts der E erlangt hat. Indem B sich den Flug nach New York erschlichen hat, hat er eine Dienstleistung der E in Anspruch genommen, die regelmäßig nur gegen Zahlung eines Entgelts erbracht wird. B hat damit in den Zuweisungsgehalt des Eigentums der E und der ihr damit zustehenden wirtschaftlichen Verwertungsmöglichkeit desselbigen eingegriffen.

B hat also die Beförderung nach New York „in sonstiger Weise" auf Kosten der E erlangt.

c) Dritte Voraussetzung für den Anspruch ist, dass B die Beförderung „ohne recht- 437
lichen Grund" erlangt hat. Da zwischen B und E weder ein Vertrag zustande kam (s.o. I) noch ein sonstiger Grund des B für den Flug nach New York ersichtlich ist, ist auch diese Voraussetzung erfüllt.

d) Rechtsfolge des Bereicherungsanspruchs ist grundsätzlich die Herausgabe des tat- 438
sächlich Erlangten (§ 812 Abs. 1). Ist dies wegen der Beschaffenheit des Erlangten – „den Flug" kann B nicht herausgeben – nicht möglich, ist Wertersatz nach § 818 Abs. 2 in Höhe des objektiven Werts zu leisten. Vorliegend müsste B also Wertersatz in Höhe des üblichen Beförderungsentgelts für den Flug von Hamburg nach New York leisten.

aa) Allerdings könnte sich B möglicherweise auf Entreicherung (§ 818 Abs. 3) berufen. 439

Bei unkörperlichen Vermögensvorteilen ist zu fragen, ob sich diese noch in Form von ersparten Aufwendungen im Vermögen des Bereicherungsschuldners niederschlagen oder ob er entreichert ist. Grundsätzlich ist B befördert worden, ohne zu bezahlen. Die Frage ist nun, ob das Aufwendungen sind, die er anderweitig getätigt hätte für diesen Flug und deshalb erspart hat. Wer hingegen rechtsgrundlos eine Beförderungsleistung erlangt, die er sich sonst nicht geleistet hätte, ist um jene Leistung entreichert.

B hatte gar kein Geld, einen solchen Flug zu bezahlen und auch seine Eltern hätten ihm diesen Flug nicht bezahlt. Er hätte also den Flug nicht unternommen, wenn er erwischt worden wäre und ein Ticket hätte kaufen müssen.

bb) Damit war der Flug nach New York für B eine Luxusaufwendung und die Bereicherung ist damit weggefallen. B könnte sich also auf Entreicherung (§ 818 Abs. 3) berufen.

cc) Auf den Wegfall der Bereicherung kann sich jedoch nicht berufen, wer verschärft 440
haften muss, was regelmäßig mit Rechtshängigkeit des Herausgabeanspruchs der Fall ist (§ 818 Abs. 4). Eine solche verschärfte Haftung mit der Folge, dass man sich nicht mehr auf den Wegfall der Bereicherung berufen kann, gilt gem. § 819 Abs. 1 aber auch für den, der bösgläubig (in Kenntnis des fehlenden Rechtsgrunds) etwas erlangt hat.
Das könnte hier passen: B unternahm ganz bewusst einen „Schwarzflug", kannte also den „Mangel des rechtlichen Grundes" bei Empfang des Erlangten. B könnte also aufgrund seiner Bösgläubigkeit verschärft haften gem. § 819 Abs. 1, § 818 Abs. 4, womit ihm die Berufung auf § 818 Abs. 3 versagt wäre.

441 19. Zu **Ausarbeitung III 2 d dd**
Die Frage, ob es bei der Bösgläubigkeit iSd § 819 Abs. 1 auf die Kenntnis und Einsichtsfähigkeit des Minderjährigen selbst entsprechend §§ 827, 828 ankommt, oder ob entsprechend §§ 106 ff. auf die Kenntnis der gesetzlichen Vertreter abzustellen ist, ist umstritten (vgl. Grüneberg/Sprau § 819 Rn. 4 und MüKoBGB/Schwab § 819 Rn. 9, die beide nach Kondiktionstyp differenzieren; eine verbreitete Meinung hingegen stellt im Sinne eines möglichst starken Minderjährigenschutzes stets auf die Kenntnis des gesetzlichen Vertreters ab analog § 166 Abs. 1; s. auch Literatur zur Vertiefung).

Hier wird der Meinung des BGH – BGHZ 55, 128 ff. (130 f.) = NJW 1971, 609 – gefolgt, der jedenfalls immer dann auf den Minderjährigen selbst abstellt, wenn dieser eine unerlaubte Handlung begangen hat. Zum gleichen Ergebnis kommt die differenzierende Auffassung, die bei der Eingriffskondiktion auf die eigene Kenntnis des Minderjährigen abstellt, wenn und soweit die Voraussetzungen der §§ 827 f. vorliegen. Deshalb kommt es insbesondere auf § 828 Abs. 3 an, wenn – wie hier im Falle der Erschleichung von Beförderungsleistungen – der rechtsgrundlose Vermögenszufluss zugleich einen Deliktstatbestand erfüllt. Eine andere Lösung, die den Minderjährigenschutz bevorzugt, wäre genauso gut vertretbar gewesen.

20. Zu **Ausarbeitung III 2 e**
442 Wie immer sollte man das Ergebnis am Ende der Ausarbeitung nochmals ausdrücklich formulieren.

dd) Allerdings muss auch im Bereicherungsrecht dem vom BGB bezweckten Minderjährigenschutz (§§ 106 ff.) hinreichend Rechnung getragen werden. Die entscheidende Frage ist, auf wessen Kenntnis es bei der Bösgläubigkeit im Rahmen des § 819 Abs. 1 ankommt: auf die des Minderjährigen selbst (§ 828 Abs. 3 analog) oder auf die des gesetzlichen Vertreters (§ 166 I analog). Nach überzeugender Ansicht kommt es in Fällen der deliktsähnlichen Eingriffskondiktion bzw. jedenfalls in allen Fällen der Bereicherung durch eine unerlaubte Handlung analog § 828 Abs. 3 auf die Einsichtsfähigkeit des Minderjährigen an. **443**

B erlangte die Beförderung durch unerlaubte Handlung (§§ 823 Abs. 2 iVm § 265a Abs. 1 Var. 3 StGB, s.o. III 2 b). Da B bereits fast 18 Jahre alt ist, erkennbar überdurchschnittlich begabt und zudem durch sein Studium schon rechtliche Vorkenntnisse besitzt (B selbst weist darauf hin, dass das Flugzeug nicht ausgebucht war), ist davon auszugehen, dass er die zur Erkenntnis seiner Verantwortlichkeit erforderliche Einsicht besaß und die Bedeutung einer unentgeltlichen und widerrechtlichen Inanspruchnahme von Leistungen beurteilen konnte. Somit bleibt es auch unter Berücksichtigung des Minderjährigenschutzes bei der Bösgläubigkeit des B. B kann sich folglich nicht auf den Wegfall der Bereicherung berufen.

e) Ergebnis: E hat gegen B einen Anspruch aus § 812 Abs. 1 S. 1 Var. 2 iVm § 818 Abs. 2 auf Erstattung des Beförderungsentgelts für den Flug von Hamburg nach New York in Höhe von 1.000 EUR. **444**

Literatur zur Vertiefung:
Alpmann Schmidt (Langkamp), Skript Schuldrecht BT 3, 22. Aufl. 2024, 3. Teil (Bereicherungsrecht)
Bartels, Klausurtraining, Gesetzliche Schuldverhältnisse, 2. Aufl. 2024, Kapitel 2 (Schwerpunkt Bereicherungsrecht)
Brox/Walker, Besonderes Schuldrecht, 48. Aufl. 2024, §§ 39–43 (Ungerechtfertigte Bereicherung)
Cziupka/Lorenz, Grundwissen – Zivilrecht: Bereicherungsrecht – Grundtypen der Kondiktionen, JuS 2012, 777
Fezer/Obergfell, Klausurenkurs zum Schuldrecht Besonderer Teil, 11. Aufl. 2023, Fall 31
Fielenbach, Können Minderjährige aus zivilrechtlicher Sicht bedenkenlos schwarzfahren? NZV 2000, 358
Fikentscher/Heinemann, SchuldR, 12. Aufl. 2022, 15. Abschnitt (Ungerechtfertigte Bereicherung)
Führich, Anm. zu BGH: Inanspruchnahme einer geldwerten Leistung ohne Rechtsgrund, insbes. durch Minderjährige, NJW 2017, 3079
Gehrlein, Keine verschärfte Haftung minderjähriger Anfechtungsgegner, NZI 2017, 695
Giesen, Grundsätze der Konfliktlösung im Besonderen Schuldrecht: Die ungerechtfertigte Bereicherung, Teil 1: Leistungskondiktionen, JURA 1995, 169; Teil 2: Nichtleistungskondiktionen, JURA 1995, 234; Teil 3: Der Bereicherungsumfang, JURA 1995, 281
Halfmeier, Inhalt des Kondiktionsanspruchs und Wegfall der Bereicherung, JA 2007, 492
Hombrecher, Die verschärfte Haftung Minderjähriger nach § 819 Abs. 1 BGB – Der Flugreisefall (BGH NJW 1971, 609 = BGHZ 55, 128), JURA 2004, 250
Kohler, Wertersatzhaftung und Entreicherungseinwand bei verschärfter Bereicherungshaftung, JZ 2018, 591
Kohler, Die Rechtsfolgen der verschärften Bereicherungshaftung, JuS 2018, 1033
Looschelders, Schuldrecht Besonderer Teil, 19. Aufl. 2024, §§ 53–36 (Bereicherungsrecht)
Markworth, Vertragsschlüsse durch faktisches oder sozialtypisches Verhalten? JuS 2024, 1105
Medicus/Lorenz, Schuldrecht II, Besonderer Teil, 18. Aufl. 2018, § 61 (Ungerechtfertigte Bereicherung)
Musielak, Zum Inhalt und Umfang des Bereicherungsanspruchs, JA 2017, 1
Thöne, Die Grundprinzipien des Bereicherungsrechts, JuS 2019, 193
Wörlen/Metzler-Müller/Kokemoor, Schuldrecht BT, 14. Aufl. 2022, Rn. 371–394 (Ungerechtfertigte Bereicherung)

Raum für eigene Notizen:

Fall 19 Deliktsrecht, vorvertragliches Schuldverhältnis, Gehilfenhaftung

„Balou, Frauchen und die Bananenschale"

Die Rentnerin Gerda Gurski (G) besucht den Supermarkt des Geschäftsinhabers Silvio Sauer **445**
(S).

Beim Hauptzugang zur Obstabteilung rutscht G unglücklicherweise auf einer Bananenschale aus, die nachweislich schon drei Stunden dort gelegen hat und von anderer Kundschaft bereits zu einer glitschigen Masse breitgetreten wurde.

Obwohl S seine Angestellten der Obstabteilung angewiesen hat, den Zugang zu und die Wege in dieser Abteilung stündlich auf Sauberkeit zu überprüfen, hatte sich diesmal entgegen sonstiger Gewohnheit keiner der Angestellten darum gekümmert.

Beim Ausrutschen auf der Bananenschale bricht G sich den Oberschenkelhals und muss für drei Wochen ins Krankenhaus, wo sie in einem Zweibettzimmer untergebracht wird. Kurz vor ihrer Genesung und Entlassung bekommt sie eine neue Bettnachbarin, die der G einen Grippevirus „mitbringt". Dies führt dazu, dass G weitere drei Wochen im Krankenhaus verweilen muss. Glücklicherweise bleiben Dauerschäden als Folge des Unfalls nicht zurück!

Als G zu Hause ihren Koffer auspackt, muss sie entsetzt feststellen, dass ihr aus ihrem Geldbeutel, den sie in der Schublade des Nachttisches neben ihrem Krankenhausbett aufbewahrt hatte, 1.000 EUR gestohlen worden sind.

G verlangt von S Ersatz der Arzt- und Krankenhauskosten für ein Zweibettzimmer für 6 Wochen von insgesamt 12.000 EUR. Ferner fordert sie insgesamt 500 EUR für die Kosten der Betreuung (300 EUR) und des Futters (200 EUR) für ihren kleinen Hund Balou, den sie bei einer Nachbarin „in Pension" gegeben hat.

Außerdem verlangt G von S Ersatz für die gestohlenen 1.000 EUR und ein gehöriges Schmerzensgeld.

S meint, dass er allenfalls die Kosten für die ersten drei Krankenhauswochen zahlen müsse und sonst nichts.

Welche Ansprüche hat G gegen S?

Bearbeitungshinweis: Es sind alle (also mehrere) Ansprüche, die in Betracht kommen, zu prüfen. § 823 Abs. 2 ist **nicht** zu erörtern.

(Bearbeitungszeit: 3 Std.)

Besondere Vorüberlegungen

446 1. Vorbemerkung:
Dieser Fall hat einen für Studierende in den ersten Semestern recht beachtlichen Schwierigkeitsgrad. Da Sie bereits 18 Fälle durchgearbeitet haben und das „Deliktsrecht" aus Ihrer Vorlesung sowie Lehrbüchern (?) kennen, sind Sie kein „Anfänger" bzw. keine „Anfängerin" mehr.

Nach gründlicher Lektüre des Sachverhalts, konnten Sie bestimmt feststellen (zumal der Bearbeitungshinweis darauf verweist), dass hier nach mehreren Ansprüchen gefragt ist.

Sinnvollerweise (→ Rn. 50 ff.) beginnt man mit der Prüfung vertraglicher / vertragsähnlicher Ansprüche.

447 Da zwischen G und S noch kein Vertrag geschlossen war, kam nur der vertragsähnliche (vorvertragliche) Schadensersatzanspruch aus § 280 Abs. 1 iVm §§ 311 Abs. 2 Nr. 2, 241 Abs. 2 in Betracht. § 311 Abs. 2 Nr. 2 bildet den Grundtatbestand des Abs. 2, der durch die Sonderregeln der Nr. 1 und 3 ergänzt wird (Grüneberg/Grüneberg § 311 Rn. 23). Die Vorschrift ist die normative Grundlage für das alte gewohnheitsrechtliche Institut der „culpa in contrahendo (cic)"[90].

Die genannte Paragrafenkette ist also als mögliche Anspruchsgrundlage in der **Ausarbeitung (A I)** dem Gutachten voranzustellen.

Dann sind Schritt für Schritt die vier Voraussetzungen für diesen Anspruch, die Sie „auswendig" wissen sollten, zu prüfen und der Sachverhalt darunter zu subsumieren, also

Prüfungsschema:
Schadensersatz wegen Pflichtverletzung vor/bei Vertragsschluss
gem. § 280 Abs. 1 iVm §§ 311 Abs. 2, 241 Abs. 2

- Wirksames (vorvertragliches) Schuldverhältnis (§§ 280 Abs. 1, 311 Abs. 2 Nr. 1–3: 3 Tatbestände)
- Pflichtverletzung durch den Schuldner (iSv § 241 Abs. 2)
  - durch aktives Tun oder
  - durch pflichtwidriges Unterlassen
- Vertretenmüssen (§ 280 Abs. 1 S. 2 iVm § 276 oder § 278)
- Schaden beim Gläubiger als Folge der Pflichtverletzung – kausaler Schaden

Rechtsfolge:
- Schadensersatz
- Umfang: §§ 249 ff.

2. Zu **Ausarbeitung A I 1**

448 Dass bereits die (einseitige) geschäftliche Kontaktaufnahme mit dem künftigen Geschäftspartner zur Begründung eines vorvertraglichen Schuldverhältnisses genügt, ist schon lange allgemein anerkannt (→ Rn. 447: „cic") und ist – seit der Schuldrechtsreform 2002 – in § 311 Abs. 2 Nr. 2 gesetzlich geregelt (Anbahnung eines Vertrags). Hat die Kundin, die den Supermarkt betritt, bereits konkrete Kaufabsicht, ist dies also unter § 311 Abs. 2 Nr. 2 zu subsumieren (vgl. Grüneberg/Grüneberg § 311 Rn. 23; weil die Grenzen zwischen Nr. 1, 2 und 3 fließend sind, kann idR offenbleiben, welcher Tatbestand des Abs. 2 erfüllt ist).

3. Zu **Ausarbeitung A I 2**

449 Sorgfaltspflichtverletzungen, zu denen auch die Verletzung von allgemeinen Verkehrssicherungspflichten gehören, können sowohl durch aktives Tun als auch durch pflichtwidriges Unterlassen begangen werden.

4. Zu **Ausarbeitung A I 3**

450 Wenn man bei den „Besonderen Vorüberlegungen" auf dem Konzeptzettel die Voraussetzungen der Anspruchsgrundlage – hier § 280 Abs. 1 iVm §§ 311 Abs. 2 Nr. 2, 241 Abs. 2 – festhält, dann muss man bei der Voraussetzung „Verschulden" (oder „Vertretenmüssen") immer § 276 notieren. Und wenn in einem Sachverhalt „Angestellte" vorkommen, dann muss es sofort „klingeln": Vielleicht greift – bei vertraglichen Schuldverhältnissen – § 278 ein (und außerdem blinkt in Ihrem Gedächtnis auch „§ 831 + unerlaubte Handlung" als eigenständige Anspruchsgrundlage auf → Rn. 310: Prüfungsschema)! Im Rahmen des vorvertraglichen Schuldverhältnisses war hier also bei der Voraussetzung „Verschulden" § 278 zu prüfen.

90 Lat. für „Verschulden bei Vertragsschluss".

Lösung (Ausarbeitung):

A. Schadensersatzansprüche der G gegen S

I. G könnte gegen S einen Anspruch auf Schadensersatz wegen Pflichtverletzung gem. § 280 Abs. 1 S. 1 iVm §§ 311 Abs. 2 Nr. 2, 241 Abs. 2 haben. 451

1. Zunächst müsste zwischen G und S ein vorvertragliches Schuldverhältnis iSv § 311 Abs. 2 bestanden haben. Dies liegt bereits vor, wenn potentielle Kundschaft einen geschäftlichen Kontakt zur Aufnahme von Vertragsverhandlungen hergestellt hat (§ 311 Abs. 2 Nr. 2).

Es genügt, wenn – wie im vorliegenden Fall – die Kundin ein Geschäftslokal – hier den Supermarkt des S – mit allgemeiner, noch nicht näher konkretisierter Kaufabsicht, also zur Anbahnung geschäftlicher Kontakte betritt. Somit ist die erste Voraussetzung für diesen Anspruch erfüllt.

2. Als zweite Voraussetzung ist die objektive Verletzung einer vorvertraglichen Schutzpflicht iSv §§ 280 Abs. 1 S. 1, 241 Abs. 2 erforderlich. Die Parteien haben sich so zu verhalten, dass Eigentum und sonstige Rechtsgüter des anderen Teils nicht verletzt werden (Rücksichtspflicht). 452

Anerkannt ist, dass den Inhaber eines Geschäftslokals eine Verkehrssicherungspflicht in Bezug auf die vom Publikum benutzten Zugänge und Wege trifft. Er hat dafür zu sorgen, dass seine Kundschaft in seinem Geschäftsbereich nicht zu Schaden kommt. Insbesondere muss der Betreiber eines Supermarktes grundsätzlich vermeiden, dass sich der Fußboden in einem verkehrsgefährdenden Zustand befindet. Durch die nachweislich drei Stunden herumliegende und bereits zertretene Bananenschale war ein objektiv pflichtwidriger Zustand geschaffen, der zu dem Unfall der G führte. Insoweit wurde objektiv pflichtwidrig eine vorvertragliche Schutzpflicht verletzt. Diese Pflichtverletzung ist hier nicht durch aktives Tun, zB Fallenlassen der Bananenschale, sondern durch Unterlassen – hier Nichtbeseitigen der Bananenschale – eingetreten.

3. Diese Pflichtverletzung müsste S auch zu vertreten haben (§ 280 Abs. 1 S. 2). Dies ist der Fall, wenn er selbst die im Verkehr erforderliche Sorgfalt außer Acht gelassen und damit fahrlässig gehandelt hätte (§ 276 Abs. 2). 453

Da S jedoch eine Anweisung erteilt hatte, dass der Zugang zu und die Wege in der Obstabteilung stündlich überwacht und entdeckte Verschmutzungen sofort beseitigt werden müssen, ist ein Eigenverschulden des S abzulehnen. Er hat seine Pflicht zur ordnungsgemäßen Auswahl, Anweisung, Aufsicht und Überwachung seines Personals nicht verletzt.

Gemäß § 278 S. 1 haftet der Geschäftsinhaber jedoch auch für fremdes Verschulden, nämlich das Verschulden seiner Erfüllungsgehilfen.

Erfüllungsgehilfe ist, wer in Erfüllung einer Verbindlichkeit des Schuldners aus einem Schuldverhältnis tätig wird. Dazu gehören auch vorvertragliche Schuldverhältnisse. Die Angestellten sind mit Wissen und Wollen des S bei der Erfüllung von dessen Verkäuferpflichten tätig und folglich seine Erfüllungsgehilfen.

5. Zu **Ausarbeitung A I 4**

454 Zunächst ist der entstandene Schaden zu verifizieren.

Hier muss für jede Schadensposition einzeln geprüft werden, ob sie in einem Kausalzusammenhang mit der Rechtsgut- bzw. Pflichtverletzung steht (haftungsausfüllende Kausalität). (Sie erinnern sich an den Unterschied zwischen haftungsausfüllender und haftungsbegründender Kausalität? .... Wenn nicht, lesen Sie nach bei Wörlen/Metzler-Müller/Kokemoor SchuldR BT Rn. 404!)

Dabei ist vor allem auf die im Zivilrecht herrschende **Adäquanztheorie** Bezug zu nehmen, die ihre Ergänzung durch die Normzwecktheorie findet. (Gut und schnell zu wiederholen mit Wörlen/Metzler-Müller/Kokemoor SchuldR BT Rn. 406 f.; s. auch Grüneberg/Grüneberg Vorb. v. § 249 Rn. 26 ff., wo auch die typischen Formeln des BGH nachzulesen sind. Oft werden diese verbunden zu folgender Formulierung für Adäquanz: „Das Ereignis muss im Allgemeinen und nicht nur unter besonderen eigenartigen, unwahrscheinlichen und nach dem gewöhnlichen Verlauf der Dinge außer Betracht zulassenden Umständen geeignet sein, einen Erfolg der eingetretenen Art herbeizuführen.").

Ob der festgestellte entstandene Schaden tatsächlich in den Haftungsbereich des Schädigers fällt, wird erst am Ende des Gutachtens geklärt, wenn es um den Umfang und die Art und Weise der Ersatzpflicht nach §§ 249 ff. geht (**vgl. unten zu Ausarbeitung A I 5**).

6. Zu **Ausarbeitung A I 4 b aa–dd**

455 aa) Arzt- und Krankenhauskosten:

Dass in Krankenhäusern die Ansteckungsgefahr erheblich größer ist als an anderen Orten, müssen Sie einfach gehört oder gelesen (vgl. RGZ 105, 264) oder sich selbst erschlossen haben.

bb) Hundebetreuungskosten:

456 Im Rahmen der §§ 249 ff. sollten Sie immer an § 254 denken. Die Vorschrift dann (**vgl. unten Ausarbeitung A I 5 b**) zu erwähnen, war nicht nötig, aber auch nicht abwegig!

cc) Futterkosten:

457 Da G diese Kosten verlangt, mussten Sie klarstellen, dass dieses Verlangen abwegig war: Ein Hund frisst immer, einerlei, ob Frauchen zu Hause oder im Krankenhaus ist!

dd) Diebstahl:

458 Wer 1.000 EUR bar mit sich herumträgt oder gar irgendwo liegen lässt, muss immer und überall damit rechnen, dass sie ihm gestohlen werden! „Gelegenheit macht Diebe" ... Den Diebstahl hat S nicht dadurch verursacht, dass er die G ins Krankenhaus „brachte", sondern G selbst, weil sie das Geld mitgenommen bzw. ungesichert in ihrem Nachttisch aufbewahrt hat.

Da die Angestellten im Rahmen des vorvertraglichen Schuldverhältnisses die Sicherheitsanweisungen des S nicht befolgt haben, haben sie die im Verkehr erforderliche Sorgfalt außer Acht gelassen und somit fahrlässig (§ 276 Abs. 2) gehandelt. Dieses Verschulden seiner Erfüllungsgehilfen muss sich S über § 278 S. 1 zurechnen lassen.

4. Durch diese Pflichtverletzung müsste der G schließlich ein kausaler Schaden entstanden sein. Unter Schaden wird allgemein jede Einbuße verstanden, die jemand infolge eines bestimmten Ereignisses an seinen Lebensgütern, wie zB Gesundheit, Ehre oder Eigentum, erleidet. **459**

a) Der Schaden ist hier darin zu sehen, dass G sich den Oberschenkelhals brach, drei Wochen im Krankenhaus war, sich für diese Zeit eine Hundebetreuerin leisten musste und ihr 1.000 EUR gestohlen wurden.

b) Bei der Feststellung des Schadens muss berücksichtigt werden, ob der eingetretene Schaden Folge des zum Schadensersatz verpflichtenden Ereignisses gewesen ist. Die Pflichtverletzung des Schuldners muss für den eingetretenen Schaden ursächlich bzw. kausal sein. Nach der im Zivilrecht herrschenden Adäquanztheorie ist ein Verhalten des Schädigers nur dann für den Schaden ursächlich, wenn es vom Standpunkt eines objektiven Beobachters geeignet ist, unter normalen und vorhersehbaren Umständen diesen konkret eingetretenen Schaden (Erfolg) herbeizuführen. Der Erfolg der schädigenden Handlung darf nicht außerhalb aller Wahrscheinlichkeit liegen, dh gänzlich unwahrscheinliche Kausalverläufe begründen keine Haftung. Darüber hinaus ist die auf eine Wahrscheinlichkeitsbetrachtung ausgerichtete Adäquanztheorie durch eine wertende Beurteilung zu ergänzen (Normzwecktheorie): Eine Schadensersatzpflicht besteht nur, wenn der geltend gemachte Schaden nach Art und Entstehungsweise unter den Schutzzweck der verletzten Norm fällt. Der entstandene Schaden muss zu der vom Schädiger geschaffenen Gefahrenlage in einem inneren Zusammenhang stehen, eine bloß zufällig äußere Verbindung genügt nicht. **460**

aa) Dass eine Kundin auf der nicht weggeräumten Bananenschale ausrutscht und sich verletzt, war sehr naheliegend und somit wahrscheinlich. Danach liegt es auf der Hand, dass die Verletzung der Verkehrssicherungspflicht den Unfall der G herbeigeführt und damit ursächlich für den Oberschenkelhalsbruch der G und die dadurch entstandenen Arzt- und Krankenhauskosten in Höhe von 12.000 EUR war. Da in Krankenhäusern die Ansteckungsgefahr typischerweise größer ist als an anderen Orten, liegt auch der durch die Ansteckung bedingte zusätzliche Krankenhausaufenthalt der G nicht außerhalb „adäquater" Wahrscheinlichkeit und fällt noch unter den Schutzbereich der Norm. **461**

bb) Grundsätzlich fallen auch die Hundebetreuungskosten in Höhe von 50 EUR pro Woche (300 EUR) unter den „adäquaten" Schadensersatz. Ohne den Unfall hätte G nicht ihre Nachbarin mit der Versorgung ihres Hundes beauftragen und bezahlen müssen. **462**

cc) Die Futterkosten für Balou hätte G indessen auch ohne den Krankenhausaufenthalt tragen müssen. Für diesen Schaden ist der Unfall nicht kausal, sodass G die 200 EUR nicht von S verlangen kann. **463**

dd) Die Diebstahlsgefahr (im Gegensatz zur Ansteckungsgefahr) in Krankenhäusern ist üblicherweise nicht höher als an anderen Orten. S kann also für den Verlust der 1.000 EUR nicht verantwortlich gemacht werden. Für diesen Schaden ist der Unfall keine „adäquate" Bedingung. Er fällt zudem nicht mehr unter den Schutzbereich der Norm. **464**

7. Zu **Ausarbeitung A I 5**

Grundlegendes (Wiederholung → Rn. 40):

465 Ein grober Fehler ist es, eine Klausur, in der es um Schadensersatzansprüche geht, mit dem Satz zu beginnen: „G könnte gegen S einen Anspruch auf Schadensersatz gem. (!) § 249 haben"! Damit stehen Sie bereits am Rande des Abgrunds bzw. Ihres Grundverständnisses des zivilrechtlichen Anspruchsdenkens und Ihres bisherigen Rechtsstudiums! Ein Anspruch ist (vgl. § 194 Abs. 1) „das Recht, von einem anderen ein Tun oder Unterlassen zu verlangen"! Eine Anspruchsgrundlage ist eine Vorschrift, aus deren Wortlaut man herauslesen kann, dass „einer vom anderen" etwas verlangen kann! ZB § 823 Abs. 1: „Wer … ein Rechtsgut … eines anderen … verletzt, ist dem anderen zum Ersatz des … Schadens verpflichtet"! Also kann „der andere" Schadensersatz gem. (!) § 823 Abs. 1 verlangen! Wenn er – hier gem. § 823 Abs. 1 (oder aus § 280 Abs. 1) – zum Schadensersatz verpflichtet ist, hat er „den Zustand herzustellen …" vgl. Wortlaut § 249. § 249 ist also eine **Rechtsfolgeregelung**, aber keine Anspruchsgrundlage! Dazu Grüneberg/Grüneberg Vorb. v. § 249 Rn. 1: „Die §§ 249 ff bestimmen Art, Inhalt und Umfang der SchadErsLeistg. Sie enthalten keine AnsprGrdl. Ihr RegelgsGgst ist nicht die Haftungsbegründg (HaftungsR), sondern die Haftungsausfüllung (SchadensR)."

8. Zu **Ausarbeitung A I 5 c**

Das soeben angeführte Zitat von Grüneberg/Grüneberg entspricht der **hM**, insbesondere auch für § 253 Abs. 2 (s. für alle MüKoBGB/Oetker § 253 Rn. 15 f.). Grüneberg/Grüneberg betont bei § 253 Rn. 4 zwar, dass der Schmerzensgeldanspruch aus § 253 Abs. 2 ein „selbstständiger Anspruch" – neben dem Anspruch auf Ersatz des Vermögensschadens – ist, aber (§ 253 Rn. 5) auch immer voraussetzt, dass bereits ein Haftungsgrund für den Schadensersatz vorliegen muss. Die Kommentarstelle anders zu interpretieren, mag dem weit verbreiteten Missverständnis aufgrund der Formulierung „Schmerzensgeldanspruch" geschuldet sein (MüKoBGB/Oetker § 253 Rn. 15 f.). § 253 Abs. 2 ist jedenfalls auch nur eine **Rechtsfolgeregelung**, die einen bestehenden Schadensersatzanspruch (zB aus § 823 Abs. 1 oder § 280 Abs. 1) voraussetzt. Die Besonderheit liegt in der Erweiterung des Umfangs des Schadensersatzes um ein angemessenes Schmerzensgeld für den vom Verletzten erlittenen immateriellen Schaden (ausführlich Wörlen/Metzler-Müller/Balleis SchuldR AT Rn. 375a–375b bzw. Wörlen/Metzler-Müller/Kokemoor SchuldR BT Rn. 409 f.).

9. Zu **Ausarbeitung A II**

466 Wenn ein deliktischer Schadensersatzanspruch möglich erscheint (weil zB ein in § 823 Abs. 1 geschütztes Rechtsgut verletzt ist), muss er immer neben dem vertraglichen Anspruch geprüft werden! Im Gutachten muss jede Anspruchsgrundlage geprüft werden, die das Begehren des Anspruchstellers rechtfertigen kann.

467 10. Zu **Ausarbeitung A II 1–2**

Wenn Sie einen Anspruch aus **§ 823 Abs. 1** prüfen, sollten Sie systematisch prüfen und das folgende **Prüfungsschema** in richtiger Reihenfolge auswendig wissen oder zumindest dem Gesetz entnehmen können:

Prüfungsschema:
Schadensersatz gem. § 823 Abs. 1 S. 1

- Tatbestandsmäßigkeit
  - Verletzung eines absoluten Rechts aus § 823 Abs. 1
  - Ursächlichkeit der Handlung für die Rechtsgutverletzung (haftungsbegründende Kausalität)
- Widerrechtlichkeit
- Verschulden (Vorsatz oder Fahrlässigkeit); evtl. Verschuldensfähigkeit §§ 827 f.
- Schaden: Ursächlichkeit zw. Rechtsgutverletzung und Schaden (haftungsausfüllende Kausalität)

Rechtsfolge: Schadensersatz – Umfang gem. §§ 249 ff.; ggf. §§ 842 ff.

Im Fall startet man also mit …

a) Tatbestandsmäßigkeit der Handlung des Schädigers (Anspruchsgegner): Objektive Rechtsgutverletzung, für die ein Verhalten des Schädigers ursächlich war (= haftungsbegründende Kausalität: Beziehung Handlung – Rechtsgutverletzung). Eine Rechtsgutverletzung, die dem Schädiger zuzurechnen ist, kann nicht nur durch „positives Tun", sondern auch durch „Unterlassen" verursacht werden. Da S nicht tatbestandmäßig handelte, war die Prüfung in der Klausur abzubrechen. Die weiteren Voraussetzungen von § 823 Abs. 1 dienen daher nur zur Auffrischung Ihrer Kenntnisse:

5. Rechtsfolge ist, dass S die der G entstandenen kausalen Schäden zu ersetzen hat. Für den Umfang des Schadensersatzes gelten die §§ 249 ff. Der Gläubiger ist gem. § 249 Abs. 1 grundsätzlich so zu stellen, wie er stehen würde, wenn das schädigende Ereignis nicht eingetreten wäre. **468**

a) G kann somit für die Oberschenkelverletzung den zur Wiederherstellung des ursprünglichen Zustandes erforderlichen Geldbetrag verlangen (§ 249 Abs. 2 S. 1), dh G kann die Arzt- und Krankenhauskosten in Höhe von 12.000 EUR verlangen.

b) Die Hundebetreuungskosten in Höhe von 300 EUR ergeben sich aus § 251 Abs. 1 Var. 1. Man könnte durchaus erwägen, ob es der G zumutbar gewesen wäre, Balou in ein möglicherweise billigeres Tierheim zu geben, um den Schaden zu mindern wegen § 254 Abs. 2 S. 1, letzter Hs. Dies ist angesichts der Geringfügigkeit des Betrages im Vergleich zum Gesamtschaden in Höhe von 12.300 EUR abzulehnen.

c) Darüber hinaus kann der G wegen der Körperverletzung gem. § 253 ein angemessenes Schmerzensgeld zugestanden werden.

6. Ergebnis
G hat gegen S einen Anspruch auf Schadensersatz aus § 280 Abs. 1 S. 1 iVm §§ 311 Abs. 2 Nr. 2, 241 Abs. 2 in Höhe von 12.300 EUR (§§ 249 Abs. 2 S. 1, 251 Abs. 1 Var. 1) zuzüglich eines angemessenen Schmerzensgeldes (§ 253 Abs. 2).

II. Ein Schadensersatzanspruch der G gegen S könnte sich auch aus § 823 Abs. 1 ergeben.

1. Dann müsste S ein Recht oder Rechtsgut der G im Sinne dieser Vorschrift durch ein Tun oder Unterlassen verletzt haben. Außerdem muss dieses Verhalten ursächlich für die eingetretene Rechtsgutverletzung sein (haftungsbegründende Kausalität). Hier liegt eine Verletzung der Rechtsgüter Gesundheit und Körper vor. **469**

Fraglich ist die Verletzungshandlung des S. Ein positives Tun des S ist nicht ersichtlich. Möglicherweise ist dem S ein pflichtwidriges Unterlassen vorzuwerfen. Das setzt zunächst eine Garantenstellung des S voraus. Eine solche Garantenstellung ergibt sich hier für den Supermarktinhaber S aus dem vorvertraglichen Schuldverhältnis wegen Vertragsanbahnung. Der Ladeninhaber hat – nach Anbahnung von Kaufverhandlungen schon vor Kaufabschluss – für einen gefahrlosen Aufenthalt seiner Kundschaft in seinem Geschäftslokal zu sorgen.

Indem S die Anweisung erteilt hatte, den Bereich der Obstabteilung stündlich auf Sauberkeit zu kontrollieren und diese Anweisung bisher auch immer befolgt wurde, ist eine Verletzung der Verkehrssicherungspflicht durch S zu verneinen. Es ist ihm kaum zuzumuten, sozusagen stündlich zu überprüfen, ob alle Anweisungen, die er für seinen Supermarkt erteilt hat, immer befolgt werden, solange keine besonderen Anhaltspunkte gegeben sind. Folglich kann dem S kein pflichtwidriges Unterlassen vorgeworfen werden.

2. Ergebnis
G hat gegen S keinen Anspruch auf Schadensersatz aus § 823 Abs. 1.

470 **Achtung:** Das oben erwähnte zurechenbare, also rechtlich erhebliche Unterlassen, das positivem Tun gleichzusetzen ist, liegt vor, wenn der Anspruchsgegner durch „Nichtstun" eine Rechtspflicht zum Handeln verletzt und er tatsächlich in der Lage ist, die Rechtsgutverletzung abzuwenden. Diese Rechtspflicht (sog. Garantenpflicht) ergibt sich aus einer Garantenstellung (Beispiele s. Wörlen/Metzler-Müller/Kokemoor SchuldR BT Rn. 400), begründet zB durch gesetzliche sowie vertragliche Schutzpflichten (sog. Beschützergarant) oder durch die Eröffnung einer Gefahrenquelle (sog. Überwachungsgarant). Typisch für den zweiten Fall sind die sog. Verkehrs(sicherungs)pflichten. Sobald jemand eine solche ihm obliegende Pflicht auf einen Dritten überträgt, wandelt sich diese in die Pflicht zur ordnungsgemäßen Auswahl, Anweisung, Aufsicht und Überwachung des Dritten (Verengung auf Kontroll- und Überwachungspflicht, s. Grüneberg/Sprau § 823 Rn. 50).

b) **Widerrechtlichkeit der Handlung:** Diese liegt vor, wenn der Schädiger sich nicht auf Rechtfertigungsgründe (zB §§ 227–229, 904, Einwilligung des Verletzten) berufen kann. Gibt es dafür keine Anhaltspunkte, ist von der Widerrechtlichkeit auszugehen. Weiterführende Ausführungen wie zB: „...widerrechtlich gehandelt haben. Dies ist der Fall, wenn keine Rechtfertigungsgründe vorliegen. Als solche kommen in Betracht: ..." sind in der Klausur zu unterlassen. Sie werden Ihnen, weil überflüssig, nur als falsch angestrichen.
c) **Verschulden des Schädigers:** Setzt zunächst Verschuldensfähigkeit gem. §§ 827, 828 voraus (dazu aber nur Stellung nehmen, wenn Sachverhalt dafür Anlass gibt). Schuldformen: Vorsatz oder Fahrlässigkeit.
d) **Schaden des Anspruchstellers (Geschädigter):** Wenn Verschulden vorliegt, muss zuletzt ein Schaden festgestellt werden, für den das Verhalten des Schädigers ursächlich war (= haftungsausfüllende Kausalität zw. Handlung und Schaden). Abgestellt wird auf adäquaten (= angemessenen) Kausalzusammenhang.
e) **Rechtsfolge:** Für den Umfang des Schadens gelten wieder die §§ 249 ff.

11. Zu **Ausarbeitung A III 1–4**
Die Voraussetzungen für die Haftung des Geschäftsherrn für den Verrichtungsgehilfen müssen Sie in richtiger Reihenfolge „auswendig" lernen! → Rn. 312! Wiederholung und Ergänzung zu Rn. 310:

471 **Prüfungsschema:**
Haftung für den Verrichtungsgehilfen (§ 831 Abs. 1 S. 1)

- Verrichtungsgehilfe – Merkmal: weisungsgebundene Tätigkeit
- tatbestandsmäßige und widerrechtliche (nicht schuldhafte)[91] unerlaubte Handlung (§§ 823 ff.) des Verrichtungsgehilfen
- Schadenszufügung „in Ausführung der Verrichtung" = nicht gelegentlich o. anlässlich der Verrichtung!
- Schaden des Dritten
- Verschulden des Geschäftsherrn (Auswahl- und Überwachungsverschulden):
  - Vermutung des Verschuldens und der Ursächlichkeit
  - Kein Exkulpationsbeweis (Widerlegung der Vermutung) des Geschäftsherrn (§ 831 Abs. 1 S. 2)

Rechtsfolge: Schadensersatz – Umfang gem. §§ 249 ff.
Anmerkung: § 831 Abs. 1 S. 1 ist keine „starke" Anspruchsgrundlage, denn der Exkulpations- (= Entlastungs) beweis wird dem Geschäftsherrn oft gelingen. Wenn der Sachverhalt über eine tatsächliche Entlastung nichts sagt, wählt man eine Formulierung wie hier **(vgl. Ausarbeitung A III 4).**

472 Die Frage, ob die unerlaubte Handlung **in Ausführung der (weisungsgebundenen) Verrichtung** stattgefunden hat, kann kniffelig sein (s. Wörlen/Metzler-Müller/Balleis SchuldR AT Rn. 402–408; was dort zum Meinungsstreit bei Erfüllungsgehilfen steht, gilt auch für Verrichtungsgehilfen). Es muss ein unmittelbarer innerer Zusammenhang zwischen aufgetragener Verrichtung und schädigender Handlung vorliegen. Dieser liegt vor, wenn zB ein Versicherungsangestellter die Kundin falsch berät, was zu einem Schaden für sie führt; er liegt aber nicht vor, wenn der Versicherungsangestellte ihr beim Beratungsgespräch den Geldbeutel stiehlt.

91 Wichtig: Ein Verschulden des Verrichtungsgehilfen ist nicht (!) erforderlich, da es in § 831 Abs. 1 nicht um eine Haftung für fremdes Verschulden geht, sondern um eigenes Verschulden des Geschäftsherrn.

III. In Betracht kommt indessen ein Schadensersatzanspruch der G gegen S aus § 831 Abs. 1 S. 1.

1. Dann müssten die Angestellten der Obstabteilung Verrichtungsgehilfen des S gewesen sein. Verrichtungsgehilfe ist, wer für einen anderen, von dessen Weisungen er abhängig ist, eine Tätigkeit ausführt. **473**

Die Angestellten des S sind aufgrund ihrer Arbeitsverträge an dessen Weisungen (vgl. § 106 GewO) gebunden. Somit ist diese Tatbestandsvoraussetzung erfüllt.

2. Ferner müssten die Angestellten „in Ausführung der Verrichtung" durch ihr Verhalten tatbestandsmäßig und widerrechtlich eine unerlaubte Handlung begangen haben. **474**

a) Indem die Angestellten des S es unterlassen haben, seiner Weisung zu folgen, die Obstabteilung sauber zu halten, haben sie eine Verkehrssicherungspflicht verletzt. Dieses Verhalten war auch ursächlich für die Gesundheitsverletzung der G, durch die ihr ein Schaden zugefügt wurde. Für diesen Schaden war die Verletzung der Verkehrssicherungspflicht durch die Angestellten des S adäquat kausal (s. A I 4 b).

b) Rechtfertigungsgründe für das Verhalten der Angestellten sind nicht ersichtlich, sodass sie auch widerrechtlich handelten.

3. Die Verletzung der Verkehrssicherungspflicht geschah „in Ausführung der Verrichtung", zu der die Angestellten von S wegen ihres Arbeitsvertrags verpflichtet waren. **475**

4. Gemäß § 831 Abs. 1 S. 1 müsste S daher grundsätzlich Schadensersatz leisten, sofern ihm nicht der Entlastungsbeweis nach § 831 Abs. 1 S. 2 gelingt. **476**

Verschulden des Geschäftsherrn iSv § 831 Abs. 1 liegt vor, wenn ihn ein Auswahl- oder Überwachungsverschulden trifft. Ein Überwachungsverschulden ist nach dem bisher Gesagten abzulehnen. Ob den S ein Auswahlverschulden trifft, muss mangels weiterer Hinweise im Sachverhalt offenbleiben.

Grundsätzlich ist der Anspruch aus § 831 Abs. 1 S. 1, sofern dem S der Exkulpationsbeweis nicht gelingen sollte, zu bejahen.

5. Für den Umfang des Schadensersatzes iSd §§ 249 ff. würden in diesem Fall die Ausführungen unter A I 5 entsprechend gelten. **477**

6. Ergebnis
Falls S sich nach § 831 Abs. 1 S. 2 nicht entlasten kann, hat er der G Schadensersatz in Höhe von insgesamt 12.300 EUR sowie ein angemessenes Schmerzensgeld (§ 253 Abs. 2) zu leisten.

12. Zu **Ausarbeitung A III 5:**

Falls der Anspruch (mangels Entlastungsbeweises durch S) begründet wäre, kann für den Umfang des Schadensersatzes auf das Ergebnis beim vertraglichen Schadensersatzanspruch verwiesen werden (→ Rn. 468).

478 13. Zur Ergänzung:
Gemäß § 253 Abs. 2 erstreckt sich der Umfang des Schadensersatzanspruchs im Fall der Verletzung des Körpers, der Gesundheit, der Freiheit oder der sexuellen Selbstbestimmung auch wegen des Nichtvermögensschaden auf eine „billige Entschädigung in Geld". „Billig" bedeutet in diesem Zusammenhang nicht „preiswert", sondern „angemessen". Art und Umfang des Schmerzensgeldes sind dabei in das Ermessen des Richters gestellt, der alle Umstände des Einzelfalls zu berücksichtigen hat.

479 Aufgrund der konkreten Fragestellung wäre es überflüssig (= „falsch") gewesen, einen Anspruch gegen die Angestellten aus § 823 Abs. 1 zu prüfen.

Nochmals: Die Fallfrage am Ende des Sachverhalts gibt stets den Umfang der Lösung vor und muss daher, um die Klausur in der vorgegebenen Bearbeitungszeit lösen zu können, unbedingt beachtet werden.

14. Zu **Ausarbeitung B**
Nach einer so umfangreichen Klausur-Ausarbeitung sollten Sie Ihre Teilabschnittsergebnisse nochmals zusammenfassen.

Literatur zur Vertiefung:

Alpmann Schmidt (Langkamp), Skript Schuldrecht AT 1, 26. Aufl. 2024, 1. Teil, 2. Abschn. (Rechtsgeschäftsähnliche Schuldverhältnisse)
Alpmann Schmidt (Haak), Skript Schuldrecht BT 4, 1. Teil, 1. u. 2. Abschn. (Der Grundtatbestand, § 823; Sonstige Anspruchsgrundlagen)
Armbrüster, Grundfälle zum Schadensrecht, JuS 2007, 411 und 605
Brox/Walker, Allgemeines Schuldrecht, 48. Aufl. 2024, § 20 (Verantwortlichkeit des Schuldners), § 25 (Verletzung von Schutzpflichten)
Brox/Walker, Besonderes Schuldrecht, 48. Aufl. 2024, § 44 (Überblick über das Deliktsrecht)
Croon-Gerstefeld, § 823 Abs. 1 BGB: Die geschützten Rechte und Rechtsgüter, JURA 2016, 1007
Croon-Gerstefeld, § 823 Abs. 1 BGB: Die Rahmenrechte, JURA 2016, 1374
Fikentscher/Heinemann, SchuldR, 12. Aufl. 2022, § 107 (Eingriffsdelikte), § 111 (Verrichtungsgehilfe u.a.)
Fischer, Wirtschaftsprivatrecht, 2. Aufl. 2023, 7.6.6 Verschuldensprinzip und Zurechnung fremden Handelns, 7.6.10.5 Die culpa in contrahendo, 7.7.21.6 Die Haftung für den Verrichtungsgehilfen
Kaiserauer/Stabel, Linoleumrolle, Bananenschale und Gemüseblatt 2.0 – Culpa in contrahendo und die Weintraube: Verkehrte Welt im Kundenverkehr oder „Alter Wein in neuen Schläuchen", JURA 2023, 1435
Lange, Haftung in arbeitsteiligen Prozessen – der Verrichtungsgehilfe gem. § 831 BGB, JURA 2019, 351
Looschelders, Schuldrecht Allgemeiner Teil, 22. Aufl. 2024, § 8 (Vorvertragliche Schuldverhältnisse)
Looschelders, Schuldrecht Besonderer Teil, 19. Aufl. 2024, § 59 (Grundfragen der Haftung), § 67 (Haftung für vermutetes Verschulden)
Lorenz, Grundwissen – Zivilrecht: Deliktsrecht – Haftung aus § 823 I BGB, JuS 2019, 852
Lorenz, Grundwissen Zivilrecht – Haftung für den Erfüllungsgehilfen (§ 278 BGB), JuS 2007, 983
Medicus/Lorenz, Schuldrecht I, Allgemeiner Teil, 22. Aufl. 2021, § 40 (Verletzung vorvertraglicher Pflichten – Verschulden bei Vertragsverhandlungen (§ 311 II, III)
Medicus/Lorenz, Schuldrecht II, Besonderer Teil, 18. Aufl. 2018, § 80 (Die Haftung aus vermutetem Verschulden)
Wörlen/Metzler-Müller/Balleis, Schuldrecht AT, 15. Aufl. 2023, Rn. 359–366 (Rücksichtspflichtverletzung im vorvertraglichen Schuldverhältnis)
Wörlen/Metzler-Müller/Kokemoor, Schuldrecht BT, 14. Aufl. 2022, Rn. 395–478 (Unerlaubte Handlungen/Deliktsrecht)

B. Zusammenfassung

I. G hat gegen S einen Anspruch auf Schadensersatz gem. **§ 280 Abs. 1 S. 1 iVm §§ 311 Abs. 2 Nr. 2, 241 Abs. 2** in Höhe von insgesamt 12.300 EUR zuzüglich eines angemessenen Schmerzensgeldes (§ 253 Abs. 2). 480

II. Sofern S der Entlastungsbeweis nach § 831 Abs. 1 S. 2 nicht gelingt, kann G ihren Schadensersatzanspruch auch auf **§ 831 Abs. 1 S. 1** stützen.

Fall 19

Raum für eigene Notizen:

Fall 20 Sachenrecht: Eigentumserwerb an beweglichen Sachen, gutgläubiger Erwerb, Besitzschutz

„Wem gehört der Rasenmäher?"

F gibt im Januar seinen Rasenmäher bei der B in Reparatur. Diese schickt ihm im Februar eine Rechnung über die Reparaturkosten mit dem Zusatz, dass das Gerät zur Abholung bereitstehe. F verlegt die Rechnung und denkt nicht daran, das Gerät abzuholen, da er es zu dieser Jahreszeit nicht vermisst. **481**

Im April fragt E die B, ob er bei ihr einen gebrauchten Rasenmäher bekommen könne. B verkauft und übereignet ihm den Rasenmäher des F gegen Barzahlung. Nach zwei Wochen bringt E der B den Rasenmäher zurück mit der Bitte, einige Lackschäden auszubessern.

Anfang Mai will F den Rasenmäher bei B abholen. B, der nun Bedenken wegen des Verkaufs an E kommen, gibt den Rasenmäher an F gegen Zahlung der Reparaturkosten heraus.

E verlangt von F die Herausgabe des Geräts.

1. Hat E gegen F **sachenrechtliche** Ansprüche auf Herausgabe des Rasenmähers?

2. Kann F von B **Herausgabe des erlangten** Verkaufserlöses verlangen?

(Bearbeitungszeit: 90 Minuten)

Besondere Vorüberlegungen

1. Vorbemerkung:

482 Das Sachenrecht bereitet Anfängern erfahrungsgemäß größere Schwierigkeiten als das Schuldrecht. Das könnte an der Eigenart der im Sachenrecht geregelten dinglichen Rechte liegen: Sie sind **absolute Rechte**, dh sie wirken gegen jedermann und sind gegen jeden rechtswidrigen Eingriff geschützt. Diese umfassende Wirkung unterscheidet sie von den **relativen Rechten**, insbesondere den Ansprüchen iSv § 194, die nur Rechtsbeziehungen zwischen bestimmten Personen begründen.

Dies mag das Schuldrecht zunächst überschaubarer erscheinen lassen, zumal dingliche Rechte die Grundlage dinglicher Ansprüche, also relativer Rechte, sein können. So fließt der dingliche Herausgabeanspruch des § 985 aus dem Eigentum (Jauernig/Berger § 985 Rn. 1). Andererseits kennt das Sachenrecht im Gegensatz zum Schuldrecht keine allgemeine Vertragsfreiheit, sodass der sog. **Typenzwang – der „numerus clausus[92]" der dinglichen Rechte** (Es lohnt sich eine Wiederholung der Grundbegriffe des Sachenrechts sowie der sachenrechtlichen Grundsätze mit Wörlen/Kokemoor/Lohrer SachenR Rn. 1–11 u. Rn. 12–21!) – eine überschaubare Menge von dinglichen Ansprüchen zur Folge hat.

Bei der Bearbeitung einer Sachenrechtsklausur neigen die Studierenden häufig dazu, ihr Wissen zum Schuldrecht kundzutun. Deshalb wurde in der Fallfrage ausdrücklich nach „sachenrechtlichen" Ansprüchen des E gegen F gefragt!

Der hier ausgewählte kurze – eigentlich einfache – Fall bereitete vielen Studierenden erstaunliche Schwierigkeiten, was möglicherweise auf einem besonderen – allerdings den sachenrechtlichen Grundsätzen widersprechenden – Gerechtigkeitsgefühl beruhen mag: „Der Rasenmäher gehörte eigentlich dem F und nun hat er ihn wieder" …

2. Zu **Ausarbeitung I 1**

483 Wenn Sie die einschlägige Anspruchsgrundlage nicht sofort parat haben, suchen Sie sie nochmals anhand unseres Schemas **„Wer will was von wem warum woraus?"** (→ Rn. 104). Die Antwort lautet zunächst: „E will von F die Herausgabe des Rasenmähers." Warum? Weil er glaubt, dass er Eigentümer des bei B gekauften und von dieser ihm übereigneten Rasenmähers geworden ist (Übereignung bedeutet immer: Übergabe der Sache und Einigung über den Eigentumswechsel iSv § 929 S. 1.). Woraus (= aus welcher Vorschrift) ergibt sich der Herausgabeanspruch des Eigentümers? Nur aus § 985! Damit war das Gutachten zu beginnen: Anspruchsgrundlage ausformulieren und deren Voraussetzungen nennen!

3. Zu **Ausarbeitung I 1 a und b**

484 Dass der Rasenmäher eine Sache (§ 90) und F Besitzer (§ 854 Abs. 1) ist, ist so offensichtlich, dass man dies gerne sehr knapp bzw. im Urteilsstil feststellen darf.

Da die Feststellung des unmittelbaren Besitzes des F keine Schwierigkeiten macht, kann man sie vorziehen, bevor unter c) die möglicherweise zweifelhafte Eigentümerstellung des E geprüft wird.

4. Zu **Ausarbeitung I 1 c**

485 Wenn man das Recht der beweglichen Sachen bereits gelernt hat, weiß man, dass der Eigentumserwerb an beweglichen Sachen im Mittelpunkt steht. Auch muss man die Voraussetzungen des gutgläubigen Eigentumserwerbs kennen (zur Wiederholung: Wörlen/Kokemoor/Lohrer SachenR Rn. 114–124).

Prüfungsschema:
Gutgläubiger Eigentumserwerb durch Einigung und Übergabe gem. §§ 929 S. 1, 932 Abs. 1 S. 1

- Einigung mit Nichtberechtigtem (= Sache gehört nicht dem Veräußerer) (§ 929 S. 1)
- Übergabe (§ 929 S. 1)
- Gutgläubigkeit des Erwerbers (§ 932 Abs. 1 S. 1, Abs. 2)
- Kein Abhandenkommen (= Sache darf dem früheren Eigentümer nicht abhandengekommen sein) (§ 935)

92 Lat. (*numerus* = Zahl / Anzahl und *clausus* = geschlossen); meint im Recht eine abschließende Anzahl von Rechtsformen, hier der dinglichen Rechte.

Lösung (Ausarbeitung):

I. Ansprüche des E gegen F

1. E könnte gegen F einen Anspruch auf Herausgabe des Rasenmähers gem. **§ 985** haben. Dafür ist Voraussetzung, dass der Rasenmäher eine Sache, E Eigentümer und F unrechtmäßiger (vgl. § 986) Besitzer ist. **486**

a) Der Rasenmäher ist ein körperlicher Gegenstand, also eine Sache iSv § 90.

b) Besitz ist die vom Verkehr anerkannte tatsächliche Herrschaft einer Person über eine Sache. F übt die tatsächliche Gewalt über den Rasenmäher aus und ist folglich unmittelbarer Besitzer iSv § 854.

c) Fraglich ist, ob E Eigentümer des Rasenmähers ist. Eigentum ist die rechtliche Herrschaft einer Person über eine Sache.

Ursprünglich ist F Eigentümer gewesen. Dadurch, dass F den Rasenmäher an B zur Reparatur übergeben hat, hat er sein Eigentum nicht verloren, da es an einer Einigung iSv § 929 S. 1 über den Eigentumsübergang fehlt.

Er könnte sein Eigentum aber durch die Verfügung der B an E verloren haben. Da der Rasenmäher weiterhin dem F gehörte, hat B als Nichtberechtigte verfügt, als sie den Rasenmäher in Erfüllung ihrer Verkäuferpflicht aus § 433 Abs. 1 S. 1 gem. § 929 S. 1 an E übereignete. Somit kommt nur ein gutgläubiger Eigentumserwerb durch E gem. § 929 S. 1 iVm § 932 Abs. 1 S. 1 in Betracht.

Dann muss E bei der Übereignung durch B bezüglich deren Eigentümerstellung gutgläubig gewesen, und die Sache dürfte dem ursprünglichen Eigentümer F nicht abhandengekommen sein (§ 935 Abs. 1).

5. Zu **Ausarbeitung I 1 c aa**

487 Oft wird bei einem Sachverhalt wie dem vorliegenden von Studierenden im Gutachten behauptet(!): „X hätte sich erkundigen müssen, ob Y wirklich Eigentümer war. Da er das nicht getan hat, handelte er grob fahrlässig iSv § 932 Abs. 2.“. Das ist leider ganz falsch! Der oder die Bearbeiterin kennen offensichtlich § 1006 und damit ein wichtiges Prinzip des Sachenrechts – „Eigentumsvermutung für den Besitzer“ – nicht! In unserem Fall hat E einen Rasenmäher gekauft und übereignet bekommen! Kein Auto! Wenn er sich beim „Autokauf“ die Zulassungsbescheinigung, Teil II (Kfz-Brief = Eigentumsnachweis für das Auto) nicht zeigen lässt, ist ihm gem. § 932 Abs. 2 infolge grober Fahrlässigkeit unbekannt, „dass die Sache dem Veräußerer nicht gehört“! „Rasenmäher-Briefe“ gibt es hingegen nicht.

6. Zu **Ausarbeitung I 1 c bb**

488 Im Sachenrecht gilt das alte deutsche Rechtssprichwort „Wo Du Deinen Glauben gelassen hast, da musst Du ihn suchen!“ Diese Weisheit ist im BGB in § 935 festgeschrieben. „Gestohlen, verloren oder sonst abhandengekommen“ bedeutet: Der Eigentümer hat den Besitz der Sache unfreiwillig aufgegeben. Überlässt er die Sache freiwillig einem anderen (zB dem Mieter oder Werkunternehmer), muss er das Risiko tragen, dass diesen Besitzer diebische Freude befällt!

7. Zu **Ausarbeitung I 1 d**

489 Eigentumserwerb – ob vom wahren oder vermeintlichen Eigentümer – erfordert immer eine Einigung (= dinglicher Vertrag)! Die Übergabe kann ersetzt („surrogiert“) werden: Übergabesurrogate enthalten die §§ 929 S. 2, 930, 931.

8. Zu **Ausarbeitung I 1 e**

490 Eigentlich könnte man diese Passage in einer Klausur einfach weglassen. Die Lösung stimmt dann immer noch. Aber wenn man als Korrektor lesen muss, dass „F als früherer Eigentümer kein Recht zum Besitz hat“ (!?), muss man dieses „Schmankerl“ der Musterlösung hinzufügen dürfen.

9. Zu **Ausarbeitung I 2 a bis c**

491 Da in der ersten Fallfrage ausdrücklich nach sachenrechtlichen Ansprüch-*en* (also mindestens zwei Ansprüchen) gefragt ist, konnte die Prüfung mit § 985 noch nicht abgeschlossen sein. Da E nicht nur gutgläubig Eigentum erworben hat, sondern den Rasenmäher vorübergehend im Besitz hatte, kamen noch Ansprüche aus § 1007 in Betracht. Um beide Ansprüche abzulehnen, brauchte man „nur“ das Gesetz genau lesen und richtig anwenden.

Ohne Wichtiges wegzulassen, konnte man die möglichen Ansprüche gegen den früheren Besitzer hier „zusammenfassen“, damit das Gutachten nicht ausufert.

aa) Gemäß § 932 Abs. 2 ist der Erwerber gutgläubig, wenn ihm nicht bekannt oder nicht infolge grober Fahrlässigkeit unbekannt ist, dass die Sache nicht dem Veräußerer gehört. Aus der Anfrage des E bei B, ob er bei ihr einen gebrauchten Rasenmäher bekommen (kaufen) könne, geht hervor, dass B offenbar nicht nur Rasenmäher repariert, sondern auch damit handelt. Somit hatte E keinen Grund anzunehmen, dass B nicht Eigentümer des übereigneten Geräts sei. Da B den Rasenmäher in Besitz hatte, konnte E vielmehr vermuten, dass B auch Eigentümerin ist (vgl. § 1006 Abs. 1 S. 1). Der gute Glaube des E ist also nicht durch § 932 Abs. 2 ausgeschlossen. 492

bb) Gemäß § 935 Abs. 1 S. 1 wäre der gutgläubige Erwerb des E ausgeschlossen, wenn die Sache (Rasenmäher) dem Eigentümer F abhandengekommen ist. 493

Als F den Rasenmäher der B zur Reparatur gab, war F Eigentümer. Da F den Rasenmäher freiwillig selbst der B übergab, ist ihm das Gerät jedoch nicht „abhandengekommen". Darunter ist nur eine unfreiwillige Besitzaufgabe wie im Falle des Diebstahls oder des Verlierens zu verstehen.

Somit ist E gem. §§ 929 S. 1, 932 Abs. 1 S. 1 gutgläubig Eigentümer des Rasenmähers geworden.

d) E hat sein Eigentum auch nicht etwa dadurch verloren, dass er den Rasenmäher der B zur Ausbesserung von Lackschäden zurückbrachte und B das Gerät dem F übergab. In beiden Fällen ist keine Einigung über einen Eigentumserwerb iSv § 929 S. 1 erklärt worden, sodass keine Eigentumsübertragung stattgefunden hat. 494

e) Die Tatsache, dass F früher einmal Eigentümer des Rasenmähers war, gibt ihm schließlich auch kein Recht, die Herausgabe der Sache gem. § 986 Abs. 1 S. 1 zu verweigern. Weder er noch B als mittelbarer Besitzer (vgl. § 868) sind dem E gegenüber zum Besitz berechtigt. Unberechtigt iSv § 986 ist der (auch mittelbare) Besitzer selbst dann, wenn er aus Vertrag – wie B gegenüber F aus § 631 – an sich zur Herausgabe (Rückgabe) verpflichtet ist. 495

f) Ergebnis
E kann daher als neuer Eigentümer vom Besitzer F die Herausgabe des Rasenmähers gem. § 985 verlangen.

2. Ein Herausgabeanspruch des E gegen F könnte sich möglicherweise auch aus **§ 1007 Abs. 1 oder Abs. 2 S. 1** ergeben.

a) Gemäß § 1007 Abs. 1 könnte E als früherer Besitzer – E hat den Rasenmäher der B zur Ausbesserung der Lackschäden zurückgegeben - von F die Herausgabe verlangen, wenn F beim Besitzerwerb nicht in gutem Glauben war. 496

F war indessen beim Besitzerwerb von B im Glauben, er sei noch als Eigentümer zum Besitz berechtigt. Er war also hinsichtlich seines Besitzrechts durchaus gutgläubig, sodass die Voraussetzungen von § 1007 Abs. 1 nicht vorliegen.

10. Zu **Ausarbeitung II 1–5**

497 Wenn gezielt nach Ansprüchen auf Herausgabe des Verkaufserlöses gefragt wird, sind auch nur solche Ansprüche zu prüfen! Eventuelle Schadensersatzansprüche aus §§ 280 Abs. 1 und 3, 283 S. 1 oder § 823 Abs. 1 waren deswegen nicht zu prüfen. Die Fallfrage gibt Ihnen immer das Prüfungsprogramm vor!

498 Wem die Anspruchsgrundlage des § 816 Abs. 1 S. 1 nicht gleich eingefallen ist, konnte sie im Sachverzeichnis der BGB-Textausgabe unter „Nichtberechtigter" einfach finden.

Die Tatbestandsmerkmale lassen sich leicht aus dem Wortlaut der Vorschrift herleiten. Im Einzelnen gilt:

Prüfungsschema:
Entgeltliche Verfügung eines Nichtberechtigten (= Eingriffskondiktion) gem. § 816 Abs. 1 S. 1

- Entgeltliche Verfügung eines Nichtberechtigten (zB nach § 929)
- Verfügung ist dem Berechtigten (= Anspruchsteller) gegenüber wirksam (zB nach § 932 oder gem. § 185 Abs. 2)
- Nichtberechtigter erlangt „etwas" durch die Verfügung

Rechtsfolge: Herausgabe des durch die Verfügung Erlangten (= die tatsächlich erlangte Gegenleistung) durch den Nichtberechtigten

Die Voraussetzungen mussten dann nur noch Schritt für Schritt geprüft **(Ausarbeitung II 1–4)** und das Ergebnis **(Ausarbeitung II 5)** mitgeteilt werden.

Literatur zur Vertiefung:

Alpmann Schmidt (Veltmann), Skript Sachenrecht 1, 25. Aufl. 2025, 1. u. 2. Teil (Besitz und Erwerb des Eigentums vom Berechtigten sowie Erwerb des Eigentums vom Nichtberechtigten)
Baur/Stürner, Sachenrecht, 18. Aufl. 2009, § 51 (Der Erwerb des Eigentums vom Berechtigten) und § 52 (Der Erwerb vom Nichtberechtigten)
Frahm/Würdinger, Der Eigentumserwerb an Kraftfahrzeugen, JuS 2008, 14
Hofmann, Die Übertragung von Rechten – Ein Überblick, JA 2008, 253
Lorenz/Eichhorn, Grundwissen – Zivilrecht: Der gutgläubige Erwerb, JuS 2017, 822
Mohamed, Der rechtsgeschäftliche Erwerb an beweglichen Sachen gemäß §§ 929 ff. BGB im Überblick, JA 2017, 419
Neuner, Der Redlichkeitsausschluss an abhanden gekommenen Sachen, JuS 2007, 401
Schreiber, Sachenrecht, 8. Aufl. 2022, 2. Kapitel: Eigentumserwerb an beweglichen Sachen (Rn. 152–177), 3. Kapitel: Ansprüche aus dem Eigentum (Rn. 203–210)
Schreiber, Eigentumserwerb an abhanden gekommenen Sachen, JURA 2004, 238
Schreiber, Die Eigentumsvermutung für den Besitzer, JURA 2003, 392
Schreiber, Mittelbarer Besitz, JURA 2003, 682
Prütting, Sachenrecht, 38. Aufl. 2024, §§ 32 (Die Übertragung des Eigentums), § 35 (Der gutgläubiger Erwerb), § 47 (Der Herausgabeanspruch), § 50 (Eigentumsvermutung und Anspruch aus früherem Besitz)
Temming, Der Ausschluss des gutgläubigen Erwerbs bei abhanden gekommenen Sachen, JuS 2018, 108
Wellenhofer, Sachenrecht, 39. Aufl. 2024, § 8 (Der gutgläubige Erwerb beweglicher Sachen), § 21 (Der Eigentumsherausgabeanspruch)
Westermann, Grundbegriffe des BGB, 17. Aufl. 2013, Kapitel 15 (Eigentum) und 17 (Der Erwerb von Eigentum an beweglichen Sachen)
Wörlen/Kokemoor/Lohrer, Sachenrecht mit Kreditsicherungsrecht, 12. Aufl. 2023, Rn. 46–55 (Wesen des Eigentums), 68–81 (Herausgabeanspruch des Eigentümers), 102a–124 (Rechtsgeschäftlicher Eigentumserwerb)

b) Gemäß § 1007 Abs. 2 S. 1 kann ein früherer Besitzer die Sache allerdings auch von einem gutgläubigen Besitzer herausverlangen, wenn sie ihm gestohlen wurde, verloren gegangen oder sonst abhandengekommen ist. Kommt eine Sache dem unmittelbaren Besitzer abhanden, kommt sie damit auch dem mittelbaren Besitzer abhanden (§ 935 Abs. 1 S. 2). **499**

E hat den Rasenmäher aber freiwillig der B übergeben, sodass der Rasenmäher dem E nicht abhandengekommen ist. Dadurch wurde B unmittelbare Besitzerin, während E aufgrund des Werkvertrags mit B mittelbarer Besitzer blieb.

Wenn nun B den Besitz freiwillig dem F überlassen hat, ist das Gerät weder ihr (B) noch E abhandengekommen.

c) Ergebnis
E hat gegen F somit weder einen Anspruch aus § 1007 Abs. 1 noch aus § 1007 Abs. 2 S. 1.

II. Ansprüche des F gegen B 500

F könnte gegen B einen Anspruch auf Herausgabe des Verkaufserlöses aus **§ 816 Abs. 1 S. 1** haben.

1. B müsste bezüglich der Eigentumsübertragung an dem Rasenmäher Nichtberechtigte sein. Dies wurde bereits bejaht (I 1 c).

2. Weiterhin müsste B eine Verfügung getroffen haben. Eine Verfügung ist jedes Rechtsgeschäft, das unmittelbar auf den Bestand und Inhalt eines Rechts einwirkt. B hat das Eigentum an dem Rasenmäher an E übertragen.

3. E wurde gutgläubig Eigentümer (s. I 1 c bb), sodass die Eigentumsübertragung dem F als Berechtigten gegenüber wirksam ist.

4. B hat aufgrund des der Verfügung zu Grunde liegenden Rechtsgeschäfts (Kaufvertrag mit E) den Verkaufserlös erlangt.

5. Ergebnis
Somit hat F gegen B einen Anspruch auf Herausgabe des erzielten Verkaufserlöses aus § 816 Abs. 1 S. 1.

Fall 20

Raum für eigene Notizen:

Fall 21 Handelsrecht mit BGB: Hilfspersonen des Kaufmanns (Prokura und Handlungsvollmacht), Stellvertretung, Umdeutung

„Erfolgreiche Unternehmenspolitik?"[93]

Olga Ochs (O) ist Inhaberin einer großen Wurst- und Fleischfabrik mit mehreren Filialen. Sie 501
bestellt ihre Mitarbeiterin Sieglinde Stier (S) durch ausdrückliche mündliche Erklärung zur Prokuristin und lässt die Prokura in das Handelsregister eintragen. Mit S trifft O eine Vereinbarung, dass diese nicht ohne Einwilligung der O Geschäfte mit einem Volumen von über 200.000 EUR abschließen darf. O beauftragt ihre neue Prokuristin S, ein Kühlwagenunternehmen zu suchen und für den Transport der Produkte die erforderliche Anzahl Kühlwagen zu mieten.

S will dies aber nicht selbst erledigen, weil sie sich zu Höherem berufen fühlt. Sie bestellt den Angestellten Karsten Kuh (K) in ihr Büro und erklärt ihm, dass sie ihn zum Prokuristen mache und mit der Anmietung von 20 Kühlwagen für O beauftrage. K erledigt dies umgehend und mietet die Fahrzeuge bei M.

S selbst gedenkt nun Unternehmenspolitik zu betreiben. Sie erwirbt für das Unternehmen einen auf die Produktion von bio-veganen Lebensmitteln spezialisierten landwirtschaftlichen Betrieb zum Preis von 2 Mio. EUR, um die Fabrik durch Veggie-Wurst und vegetarische Fleischalternativen zukunftsorientiert auszurichten.

Die Landwirtin Beate Borstig (B), von der S den landwirtschaftlichen Betrieb gekauft hat, verlangt von O die Zahlung des Kaufpreises. Diese weigert sich, den Kaufpreis zu zahlen.

Außerdem ist O auch nicht bereit, den von K mit M abgeschlossenen Mietvertrag über 20 Kühlwagen gegen sich gelten zu lassen und weigert sich, den von M verlangten Mietpreis zu zahlen.

Sind die Ansprüche von B und M gegen O begründet?

(Bearbeitungszeit: 2 Std.)

93 Fall entlehnt aus Wörlen/Kokemoor/Lohrer HandelsR, dort Übungsfall 4, Kap. 6 Rn. 4 ff. und Rn. 19 ff.

Besondere Vorüberlegungen

1. Vorbemerkung

502 Wenn Studierende einen „Handelsrechtsfall" zu lösen haben, stürzen sie sich oft sofort auf die (klassischen) handelsrechtlichen Probleme, weil sie gelernt haben, dass das HGB als „Sonderprivatrecht der Kaufleute" Vorrang vor dem BGB hat („Subsidiaritätsprinzip": Vorschriften des BGB gelten auch für Kaufleute, aber nur subsidiär[94]). Dabei wird dann das HGB häufig unsystematisch und an falscher Stelle geprüft. Typisches Beispiel für solche Fehler: „B könnte einen Anspruch auf Zahlung des Kaufpreises haben, wenn die Prokura wirksam ist." Wer so argumentiert, hat offenbar noch keine Vorlesung oder Übung und kein Tutorium zur Lösung von Zivilrechtsfällen besucht oder gar ein Buch dazu gelesen.

Näheres folgt bei den einzelnen Bemerkungen zu den Gliederungspunkten der Ausarbeitung.

2. Zu **Ausarbeitung I**

503 Da nach Ansprüchen verschiedener Anspruchsteller gegen O gefragt ist, war zwischen den Ansprüchen der B und des M zu trennen und die Reihenfolge der Fragestellung einzuhalten.

3. Zu **Ausarbeitung I 1 a**

504 Nachdem Sie bereits 20 Fälle und Lösungen zum BGB gelesen haben (und vorher versucht haben, diese selbst zu lösen ...), sind Sie hoffentlich in der Lage(?), die in Betracht kommende Anspruchsgrundlage für B, die Zahlung des Kaufpreises verlangt, ohne lange Überlegung zu bezeichnen: § 433 Abs. 2 war als hypothetisches Ergebnis voranzustellen. Sodann waren die Voraussetzungen für den Kaufvertrag zu nennen. Der Hinweis auf die §§ 145 ff. ist nicht zwingend erforderlich, in der gewählten Kürze aber auch nicht überflüssig oder falsch.

4. Zu **Ausarbeitung I 1 b**

505 An dieser Stelle musste man zeigen, dass man das Stellvertretungsrecht kennt, indem man die Wirkungen einer wirksamen Stellvertretung nach § 164 nennt und dann ihre Voraussetzungen nach § 164 Abs. 1 S. 1 prüft. Dazu benutzt man folgendes Schema (siehe schon → Rn. 189, hier noch ergänzt um im Handelsrecht bedeutsame Vorschriften betreffend „Hilfspersonen der Kaufleute", vgl. Wörlen/Kokemoor/Lohrer HandelsR Kap. 6 Rn. 1–41):

Prüfungsschema:
Stellvertretung gem. § 164 Abs. 1 iVm HGB

- Eigene Willenserklärung des Vertreters
- Erkennbares Handeln in fremdem Namen (= im Namen des Vertretenen)
- Innerhalb der zustehenden Vertretungsmacht (Vollmacht)
  - Wirksame Erteilung zB §§ 48 (Prokuraerteilung), § 167 oder Anscheins- bzw. Duldungsvollmacht sowie Umdeutung § 140 (für Handlungsvollmacht), Sonderfall: § 56 HGB (für gesetzliche Anscheinsvollmacht des Ladenangestellten)
  - Kein Erlöschen zB § 52 HGB, § 168 (Widerruf) u.a.
  - Keine Überschreitung der Vertretungsmacht zB §§ 49 f., 54, 56 HGB

5. Zu **Ausarbeitung I 1 b aa**

506 Eine eigene Willenserklärung setzt Entscheidungsspielraum des Erklärenden voraus. Dabei ist, wie hier geschehen, eine „positive" Subsumtion des Sachverhalts unter das Gesetz erforderlich. Falsch sind sog. „Negativprüfungen", etwa: „Dann dürfte S nicht Bote gewesen sein." Es interessiert nicht, was nicht sein dürfte, sondern es interessiert, was „ist" bzw. was vorliegen muss, damit S als Vertreterin der O handelte!

6. Zu **Ausarbeitung I 1 b bb**

507 Da im Sachverhalt nicht ausdrücklich formuliert ist, dass S erkennbar „im Namen des O" handelt, war klar herauszuarbeiten, woraus sich ergibt, dass diese zweite Voraussetzung von § 164 Abs. 1 S. 1 iVm § 164 Abs. 2 erfüllt ist!

---

94 Wiederhole mit Wörlen/Kokemoor/Lohrer HandelsR Kap. 2 Rn. 4 f.

Lösung (Ausarbeitung):

I. Anspruch B gegen O

1. B könnte gegen O einen Anspruch auf Zahlung des Kaufpreises in Höhe von 2 Mio. EUR gem. § 433 Abs. 2[95] geltend machen. 508

a) Dazu müsste zwischen B und O ein wirksamer Kaufvertrag (durch Angebot und Annahme nach §§ 145 ff.) zustande gekommen sein.

b) Da B und O nicht direkt miteinander verhandelt haben, sondern S für O auftrat, könnte ein Kaufvertrag zwischen B und O nur zustande gekommen sein, wenn S die O wirksam vertreten hat, mit der Folge, dass die Willenserklärungen der S gem. § 164 Abs. 1 S. 1 unmittelbar für und gegen O wirken. Dazu müssen gem. § 164 Abs. 1 S. 1 folgende Voraussetzungen erfüllt sein:

aa) S müsste gegenüber B eine eigene Willenserklärung abgegeben haben. Da S aus eigenem Entschluss den landwirtschaftlichen Betrieb der B „erwirbt", ist diese Voraussetzung erfüllt. Ob S dabei, was aus der Formulierung „erwirbt" nicht ersichtlich ist, selbst ein Angebot abgegeben oder eines der B angenommen hat, ist für das Zustandekommen des Kaufvertrags unerheblich. 509

bb) Weiterhin müsste S erkennbar (§ 164 Abs. 2) in fremdem Namen, dh im Namen der vertretenen O, gehandelt haben. B wendet sich mit ihrem Zahlungsbegehren direkt an O. Daraus lässt sich schließen, dass S im Namen der O aufgetreten ist. Somit ist auch die zweite Voraussetzung von § 164 Abs. 1 S. 1 erfüllt. 510

95 Zur Erinnerung: §§ ohne Bezeichnung sind solche des BGB.

7. Zu **Ausarbeitung I 1 b cc**

511 Dass die dritte Voraussetzung von § 164 Abs. 1 S. 1 „Untervoraussetzungen“ (→ Rn. 505) enthält, wird häufig übersehen!

8. Zu **Ausarbeitung I 1 b cc (1)**

512 Erst hier war auf das Handelsrecht einzugehen, da § 48 Abs. 1 HGB eine Sonderregelung gegenüber der allgemeinen Vorschrift des § 167 Abs. 1 enthält, unter die der Sachverhalt zu subsumieren war.

Zur Erinnerung: Zwar ist die im Sachverhalt angegebene Eintragung der Prokura ins Handelsregister Pflicht (§ 51 HGB). Sie hat aber nur deklaratorische Wirkung und ist somit nicht für die Wirksamkeit der Prokuraerteilung von Bedeutung. Das kurz zu erwähnen, ist nicht notwendig, aber auch nicht falsch.

9. Zu **Ausarbeitung I 1 b cc (2)**

513 Mit der Prüfung von § 49 HGB sind Sie dann „mitten im Handelsrecht“ gelandet. Hier war zu verdeutlichen, dass sich die Prokura auf alle Rechtsgeschäfte bezieht, die der Betrieb eines („irgendeines“) Handelsgewerbes mit sich bringt und dass der Erwerb von Grundstücken dem Prokuristen nach § 49 Abs. 2 nicht untersagt ist.

10. Zu **Ausarbeitung I 1 b cc (3)**

514 § 50 HGB ist immer zu prüfen, wenn der Prinzipal[96], hier die O als Inhaberin des Handelsgeschäfts, den gesetzlichen Umfang der Prokura durch eine interne Vereinbarung modifiziert hat.

11. Zu **Ausarbeitung I 2**

515 Hat man festgestellt, dass alle Voraussetzungen für den anfangs vermuteten Anspruch erfüllt sind, ist zur Abrundung des Gutachtens als Ergebnis festzuhalten, dass der Anspruch begründet ist.

12. Zu **Ausarbeitung II 1**

516 Auch in der zweiten Variante dieses Falls dürfte nach der Erfassung des Sachverhalts und der Qualifizierung der Fallfrage das Auffinden der Anspruchsgrundlage für die Zahlung der Miete – § 535 Abs. 2 – keine Schwierigkeiten bereitet haben.

96 Antiquierte Bezeichnung für Arbeitgeber, aber noch üblich im Handelsrecht: §§ 55, 60 ff., 74 ff.; Legaldefinition in § 55 Abs. 4 HGB: … = Unternehmer.

cc) Schließlich ist Voraussetzung, dass S innerhalb der ihr zustehenden Vertretungsmacht gehandelt hat. Dies bedeutet einerseits, dass sie überhaupt Vertretungsmacht hatte und noch hat, und andererseits, dass sie den Rahmen der Vertretungsmacht nicht überschritten haben darf. **517**

(1) Vertretungsmacht setzt gem. § 167 Abs. 1 die Erteilung einer Vollmacht voraus, die grundsätzlich formlos (§ 167 Abs. 2) und auch konkludent erteilt werden kann. Hier ist jedoch zu berücksichtigen, dass der S Vollmacht in Form einer Prokura erteilt worden ist, sodass die Sondervorschriften der §§ 48 ff. HGB anzuwenden sind.

Gemäß § 48 Abs. 1 HGB kann die Prokura grundsätzlich nur vom Inhaber des Handelsgeschäfts (Prinzipal) oder seines gesetzlichen Vertreters durch ausdrückliche Erklärung erteilt werden. O betreibt als Wurst- und Fleischfabrikantin ein Handelsgewerbe iSv § 1 Abs. 2 HGB. Sie ist also Kauffrau und Inhaberin eines Handelsgeschäfts.

O hat dem S persönlich und ausdrücklich Prokura erteilt. Somit ist die Prokuraerteilung wirksam. Die Eintragung der Prokura ins Handelsregister ist dafür unerheblich nach § 48 Abs. 1 HGB.

(2) Für den Umfang der Prokura gilt § 49 HGB. Gemäß § 49 Abs. 1 HGB ist der Prokurist zu allen Arten von Rechtshandlungen ermächtigt, die der Betrieb eines Handelsgewerbes mit sich bringt. Zu solchen Rechtshandlungen gehört grundsätzlich auch der Erwerb eines anderen Handelsgeschäfts (vgl. § 22 Abs. 1 HGB) und von Grundstücken, denn § 49 Abs. 2 HGB untersagt nur die Veräußerung und Belastung von Grundstücken durch den Prokuristen, nicht aber deren Erwerb. **518**

(3) Gemäß § 50 Abs. 1 und 2 HGB ist eine Beschränkung der Prokura auf einen bestimmten Betrag (hier 200.000 EUR), den der Prokurist beim Abschluss von Rechtsgeschäften nicht überschreiten darf, Dritten gegenüber, also im Außenverhältnis, unwirksam. Somit hat S beim Kauf des landwirtschaftlichen Betriebs der B für 2 Mio. EUR im Rahmen der Prokura, dh innerhalb der ihr zustehenden Vertretungsmacht gehandelt, sodass alle Voraussetzungen einer wirksamen Stellvertretung der O durch S nach § 164 Abs. 1 S. 1 erfüllt sind. **519**

Die Willenserklärungen der S wirken also unmittelbar für und gegen O. Folglich ist der Kaufvertrag zwischen B und O, vertreten durch S, wirksam zustande gekommen. **520**

2. Ergebnis
Der Anspruch der B gegen O auf Zahlung des Kaufpreises von 2 Mio. EUR gem. § 433 Abs. 2 iVm § 164 Abs. 1 S. 1 und §§ 48, 49 HGB ist demnach begründet.

II. Anspruch M gegen O

1. M könnte gegen O einen Anspruch auf Zahlung der Miete für die 20 Kühlwagen gem. § 535 Abs. 2 haben. **521**

2. Voraussetzung dafür ist, dass zwischen M und O ein wirksamer Mietvertrag zustande gekommen ist.

13. Zu **Ausarbeitung II 2 a und b**

522 Da die Voraussetzungen einer wirksamen Vertretung nach § 164 Abs. 1 S. 1 bereits in der ersten Fallvariante ausführlich geprüft wurden, konnte man sich nun etwas kürzer fassen. Allerdings durfte man es sich nicht zu bequem machen. Folgende Formulierung wäre zu knapp: „Bezüglich der eigenen Willenserklärung des K und seinem Handeln in fremdem Namen gilt das unter I 1 b aa und bb Ausgeführte entsprechend." Da mit K nun eine andere Person als S für O auftrat und mit M ein ganz anderer Vertragspartner als B angesprochen wurde, musste hier schon etwas präziser subsumiert und argumentiert werden!

14. Zu **Ausarbeitung II 2 c**

523 An dieser Stelle haben manche Bearbeiter „fatalerweise" die Prokuristin S als „gesetzliche" Vertreterin der O angesehen! Damit wird zwar das Ergebnis des Gutachtens richtig: „K hatte die O wirksam vertreten, der Mietvertrag zwischen O und M war wirksam, der Anspruch ist begründet …" Dadurch fehlte aber leider die Hälfte der Lösung der zweiten Fallvariante. Besser waren hier noch die Lösungen, die die Nichtigkeit der Prokuraerteilung von S an K erkannten, dann aber nicht weiterwussten, weil § 140 nicht gefunden wurde (diese Wissenslücke war verzeihlicher als die Behandlung der S als gesetzliche Vertreterin!).

15. Zu **Ausarbeitung II 3 a und b**

524 Handelsrechtliche Grundkenntnisse setzen voraus zu wissen, dass eine Prokuristin zwar keine Prokura, wohl aber eine Handlungsvollmacht iSv § 54 HGB erteilen darf. Weiterhin muss man wissen, dass sich die Handlungsvollmacht mindestens auf alle Rechtsgeschäfte bezieht, die der Betrieb (nicht irgendeines, sondern) eines „derartigen" Handelsgewerbes gewöhnlich mit sich bringt. Dass dazu bei einer Wurst- und Fleischfabrik auch der Abschluss eines Mietvertrags über Kühlwagen gehört, liegt auf der Hand. Diese Erkenntnis hilft natürlich nur wenig, wenn man von „Umdeutung" nach § 140 noch nichts gehört hat.

Aber bevor Sie in einer Klausur vorzeitig fertig sind [wenn Sie zB nach ca. zwei Dritteln der Bearbeitungszeit fertig sind, gibt es grundsätzlich zwei Möglichkeiten: Entweder sind Sie „genial", also Note 1,0. Oder Sie haben vieles nicht gewusst, also schlechte Note!], sollten Sie „kämpfen"! Mit dem Sachverzeichnis zu Ihrem Gesetzestext etwa: Sie haben erkannt, dass die Prokuraerteilung (ein „Rechtsgeschäft" übrigens) nichtig ist. Blättern Sie im Sachverzeichnis zu Ihrem Gesetzestext nach, finden Sie zB in der Ausgabe des BGB von Beck-Texte im dtv unter „Rechtsgeschäfte" gegen Ende: „Umdeutung bei Nichtigkeit **1** 140", also: Gesetz Nr. 1 (= BGB), § 140! Oder Sie finden dort unter „Nichtigkeit" im ersten Drittel: „Konversion (Umdeutung) bei N. eines Rechtsgeschäfts: **1** 140" (= dasselbe!). Ein bisschen Geduld und Spürsinn sollten Sie haben, wenn Ihnen momentan das Wissen fehlt …

525 Wenn Sie dann § 140 gelesen haben, § 54 HGB kennen und die Nichtigkeit der Prokuraerteilung erkannt haben, sollten Sie zu der hier präsentierten Lösung in der Lage sein und das Ergebnis, wie unter **Ausarbeitung II 4** geschehen, formulieren können.

Literatur zur Vertiefung:

Alpmann Schmidt (Lüdde), Skript BGB AT 1, 25. Aufl. 2023, 34. Teil (Vertretung, §§ 164 ff.)
Alpmann Schmidt (Braasch), Skript Handelsrecht, 19. Aufl. 2022, 3. Abschn. (Die Vertretung des Kaufmanns)
Beck, Zur Funktionsweise der Prokura als handelsrechtliche Vollmacht, JURA 2016, 969
Brox/Walker, Allgemeiner Teil des BGB, 48. Aufl. 2024, §§ 23–27 (Stellvertretung)
Brox/Henssler, Handelsrecht, 23. Aufl. 2020, § 10 (Die Prokura), § 11 (Die Handlungsvollmacht)
Deckenbrock/Sossna, Grundfälle zum Rechtsschein des Handelsregisters, JuS 2024, 211
Drexl/Mentzel, Die handelsrechtlichen Besonderheiten der Stellvertretung – Teil I, JURA 2002, 289 und Teil II, JURA 2002, 275
Gruber, Handelsrecht – Schnell erfasst, 6. Aufl. 2019, 3.1 (Vertretung des Kaufmanns)
Hirsch, BGB Allgemeiner Teil, 10. Aufl. 2019, 8. Kapitel (Vertretung)
Jung, Handelsrecht, 13. Aufl. 2023, §§ 24–28 (Die Vertretung des Kaufmanns)
Lettl, Fälle zum Handelsrecht, 5. Aufl. 2021, Fall 8
Medicus/Petersen, Allgemeiner Teil des BGB, 12. Aufl. 2024, 7. Abschnitt (Die Stellvertretung)
Neuner, Allgemeiner Teil des Bürgerlichen Rechts, 13. Aufl. 2023, §§ 49–51 (Die Stellvertretung)
Petersen, Der gute Glaube an die Verfügungsmacht im Handelsrecht, JURA 2004, 247
Stadler, Allgemeiner Teil des BGB, 21. Aufl. 2022, §§ 29–32 (Die Stellvertretung)
Wörlen/Metzler-Müller/Balleis, BGB AT, 16. Aufl. 2023, Rn. 349–403 (Recht der Stellvertretung)
Wörlen/Kokemoor/Lohrer, Handelsrecht mit Gesellschaftsrecht, 15. Aufl. 2024, 6. Kap. (Hilfspersonen der Kaufleute)

Da O wiederum nicht selbst, sondern K mit M verhandelt hat, ist zu prüfen, ob K die O bei Vertragsschluss wirksam vertreten hat. Dazu müssen gem. § 164 Abs. 1 S. 1 folgende Voraussetzungen erfüllt sein:

a) K müsste eine eigene Willenserklärung abgegeben haben. Da K die Kühlwagenfirma selbst aussuchen konnte und an keine Vorgaben über die Höhe der Miete gebunden war, hatte er eigenen Entscheidungsspielraum, sodass diese Voraussetzung erfüllt ist. **526**

b) Da auch M sich direkt an O wendet, ist daraus zu schließen, dass K erkennbar (§ 164 Abs. 2) im Namen von O aufgetreten ist und somit in fremdem Namen gehandelt hat. **527**

c) Fraglich ist allerdings, ob K innerhalb der ihm zustehenden Vertretungsmacht gehandelt hat, da ihm die Prokura nicht von O, sondern von S erteilt wurde. Aus der Formulierung von § 48 Abs. 1 HGB folgt, dass die Prokuraerteilung ein sog. „Inhaber-“ oder „Prinzipalgeschäft“ ist, welches ausdrücklich nur vom Inhaber des Handelsgeschäfts oder seinem gesetzlichen Vertreter vorgenommen werden kann. Da S als Prokuristin nicht gesetzliche, sondern rechtsgeschäftliche Vertreterin der O ist, war sie zur Prokuraerteilung an K nicht berechtigt. Die Prokuraerteilung ist folglich nichtig. **528**

3. Zu den Rechtshandlungen, zu denen eine Prokuristin gem. § 49 HGB ermächtigt ist, gehört indessen die Erteilung einer Handlungsvollmacht iSv § 54 Abs. 1 HGB, da diese nicht ausdrücklich dem Prinzipal vorbehalten ist. **529**

a) Zu prüfen ist deshalb, ob sich die nichtige Prokuraerteilung an K gem. § 140 in eine wirksame Erteilung einer Handlungsvollmacht umdeuten lässt. Mit der Erteilung der Prokura an K wollte S den Auftrag der O, die erforderlichen Kühlwagen zu mieten, an K delegieren. Sie wollte, dass K mit M im Namen der O einen Mietvertrag schließt. Dazu ist sie als Prokuristin auch berechtigt, denn sie hätte K eine Handlungsvollmacht erteilen können. **530**

Gemäß § 54 Abs. 1 HGB ist ein Handlungsbevollmächtigter zur Vornahme aller Geschäfte und Rechtshandlungen ermächtigt, die der Betrieb eines „derartigen“ Handelsgewerbes mit sich bringt. Zu den Geschäften einer großen Wurst- und Fleischfabrik gehört auch die Anmietung von Kühlwagen. Somit hätte die Erteilung der Handlungsvollmacht genügt, um K den Abschluss eines Mietvertrags mit M zu ermöglichen.

Die nichtige Prokuraerteilung gegenüber K entspricht also den Erfordernissen der Erteilung einer wirksamen Handlungsvollmacht. Folglich ist anzunehmen, dass S dem K Handlungsvollmacht erteilt hätte, wenn sie Kenntnis von der Nichtigkeit der Prokuraerteilung gehabt hätte.

b) Gemäß § 140 kann die nichtige Prokuraerteilung daher in die wirksame Erteilung einer Handlungsvollmacht iSv § 54 Abs. 1 Var. 3 HGB (Spezial-Handlungsvollmacht) umgedeutet werden. Aufgrund dieser Vollmacht war K ermächtigt, die 20 Kühlwagen im Namen der O zu mieten, sodass er innerhalb der ihm zustehenden Vertretungsmacht handelte.

4. Ergebnis **531**
Da alle Voraussetzungen von § 164 Abs. 1 S. 1 für eine wirksame Stellvertretung der O durch K vorliegen, ist der Mietvertrag zwischen O und M zustande gekommen. Der Anspruch der M gegen O auf Zahlung der Miete gem. § 535 Abs. 2 ist also begründet.

Raum für eigene Notizen:

Fall 22 Arbeitsrecht mit BGB: Arbeitsvertrag, Einstellungsbetrug, Anfechtung, Kündigung, Fragerecht des Arbeitgebers

„Erfolgreiche Personalpolitik?"[97]

P ist Personalchefin des Maschinenbauunternehmens „Mannomann GmbH" (M). Als solche **532** stellte sie mehrere IT-Fachkräfte ein und führte mit diesen Einstellungsgespräche, so auch mit Herrn A und Frau B, denen sie eine Vielzahl von Fragen stellte, unter anderem bezüglich ihrer Gewerkschaftszugehörigkeit, ihre bisher ausgeübten beruflichen Tätigkeiten und nach Vorstrafen, insbesondere Vermögensdelikten und Computerdelikten.

A verneinte die Frage nach der Gewerkschaftszugehörigkeit, obwohl er jahrelang eifrig als Gewerkschaftsfunktionär tätig war. Als bisher ausgeübten Beruf gab er „Diplom-Informatiker" an, obwohl er lediglich einen Zweiwochenkurs „Einführung in die IT" besucht hatte. Die Frage nach Vorstrafen beantwortete er mit „keine", obwohl er wegen fahrlässiger Körperverletzung zu einer Geldstrafe von 10 Tagessätzen à 50 EUR rechtskräftig verurteilt wurde.

B gehörte tatsächlich keiner Gewerkschaft an und ist in der Tat IT-Spezialistin (Master of Science Informatik). Als solcher war es ihr mehrfach gelungen, in ihrer Freizeit Computersysteme von Unternehmen mit Ransomware (=Erpressungssoftware) zu verschlüsseln, was ihr beachtliche Nebeneinnahmen bescherte. Dafür war sie mehrfach einschlägig vorbestraft, was sie P gegenüber tunlichst verschwieg. Darüber hinaus hatte sie einen ihr zusätzlich vorgelegten Personalfragebogen ausgefüllt: Auf die Frage nach der von ihr bevorzugten Farbe ihrer Nachtwäsche hatte sie mit „pink" geantwortet, obwohl sie in Wahrheit gar keine benutzt. Die Frage, ob sie regelmäßig die Pille nehme, hatte sie wahrheitswidrig mit „ja" beantwortet. Die Frage, ob sie schwanger sei, hatte sie fälschlicherweise – was sie allerdings selbst noch nicht wusste – mit „nein" beantwortet. Drei Monate nach der Einstellung erfährt sie von ihrer Schwangerschaft und legt ein entsprechendes ärztliches Attest vor.

Zur gleichen Zeit kommen auch alle „Lügen" von A und B ans Licht. P ist entsetzt und möchte den neuen Mitarbeitern der M fristlos kündigen oder, sofern dies nicht möglich sein sollte, sie schnellstens anderweitig wieder loswerden! Sie bittet daher ihre Hausjuristin um ein Gutachten darüber, welche Möglichkeiten sie hat, um dies zu erreichen, und was sie dabei beachten muss. Dieses Gutachten wird nun von Ihnen verlangt!

(Bearbeitungszeit: 2 Std.)

97 S. dazu Wörlen/Kokemoor ArbR Rn. 67 ff. Zum Teil nach Fall 53 aus Eisenmann/Quittnat/Tavakoli WirtschaftsPrivatR Fälle, und zum Teil nach Fall 11 aus Alpmann Schmidt (Marschollek) Skript ArbeitsR I Rn. 236.

Besondere Vorüberlegungen

533 1. Vorbemerkung:
Nachdem man in den „allgemeinen Vorüberlegungen" nach Erfassen des Sachverhalts zur Qualifizierung der Fallfrage gekommen war, konnte man feststellen, dass es sich hier um einen Fall handelt, in dem ausnahmsweise einmal nicht nach einem Anspruch (vgl. § 194 Abs. 1) gefragt ist! Einen „Anspruch auf Entlassung von Arbeitnehmern" gibt es nicht.

Da P den Mitarbeitern fristlos kündigen oder sie „schnellstens anderweitig wieder loswerden" möchte, hieß die Fallfrage sinngemäß: „Kann P die mit A und B geschlossenen Verträge außerordentlich kündigen oder anderweitig beenden?" Dazu gibt es im Zivilrecht neben der Kündigung grundsätzlich zwei weitere Gestaltungsrechte: Rücktritt und Anfechtung.

Da der Rücktritt gem. § 346 Abs. 1 ein (vertraglich vereinbartes oder gesetzliches) Rücktrittsrecht vorsieht, welches im Arbeitsrecht nicht üblich ist, kamen nur Kündigung oder Anfechtung in Betracht. Da es um zwei verschiedene Arbeitsverträge geht, mussten diese getrennt geprüft werden.

Angesichts der Vielzahl der in diesem Fall angesprochenen Prüfungspunkte empfiehlt es sich, die einzelnen Gliederungspunkte mit Überschriften zu versehen. Allerdings ist das in Klausuren nicht zwingend erforderlich.

Hinweis: Dieser Fall setzt Grundlagenwissen im Arbeitsrecht voraus und kann nur sinnvoll bearbeitet werden, wenn Sie bereits eine entsprechende Vorlesung gehört haben oder gerade hören.

2. Zu **Ausarbeitung I 1**

534 Ganz allgemein braucht der Arbeitgeber grundsätzlich einen Kündigungsgrund (§ 1 Abs. 1 KSchG, § 626 Abs. 1). Wegen der verschiedenen Fragen und Antworten können hier auch verschiedene Gründe gegeben sein. Die Kündigungsmöglichkeiten gegenüber A und B müssen daher sinnvollerweise getrennt geprüft werden.

Da nach der fristlosen, außerordentliche Kündigung gem. § 626 Abs. 1 ausdrücklich gefragt ist, muss diese Möglichkeit als erste geprüft werden.

Das KSchG betrifft grundsätzlich nur die ordentliche Arbeitgeberkündigung. Es greift erst, wenn das Arbeitsverhältnis länger als sechs Monate bestanden hat (§ 1 Abs. 1 KSchG). Eine ordentliche Kündigung gem. § 620 Abs. 2, § 622 Abs. 1 BGB wäre also problemlos möglich (und würde deshalb in der Praxis in einem solchen Fall sicherlich zumindest hilfsweise ausgesprochen!), beendet das Arbeitsverhältnis aber nur unter Beachtung der vierwöchigen Kündigungsfrist. Alle anderen Beendigungsmöglichkeiten wirken schneller.

**Prüfungsschema:
Fristlose (außerordentliche) Kündigung aus wichtigem Grund (§ 626)**

- Wichtiger Grund (§ 626 Abs. 1)
- Schriftliche Kündigungserklärung (§ 623 iVm § 126 Abs. 1)
- Besonderer Kündigungsschutz (zB gem. § 17 Abs. 1 MuSchG, §§ 168 ff. SGB IX)
- Anhörung des Betriebsrats (§ 102 Abs. 1 BetrVG)
- Kündigungserklärungsfrist: 2 Wochen (§ 626 Abs. 2)

3. Zu **Ausarbeitung I 1 a**

535 Was ein wichtiger Grund ist, ist in § 626 Abs. 1 hinreichend umschrieben. Diese allgemeine Umschreibung war im Gutachten sinngemäß wiederzugeben, um dann sofort auf die speziellen Probleme des Falles zuzusteuern.

4. Zu **Ausarbeitung I 1 b**

536 Dass es sich in diesem Fall um ein Kernproblem des Arbeitsrechts (die Zulässigkeit von Fragen des Arbeitgebers bei der Einstellung von Arbeitnehmern) dreht, und dass dabei je nach Frage zu differenzieren ist, muss jedem Studierenden, der eine Vorlesung über Arbeitsrecht gehört und nachgearbeitet hat, bekannt sein.

Lösung (Ausarbeitung):

I. Beendigung des Arbeitsverhältnisses mit A 537

1. Kündigung des Arbeitsvertrags

Da P die neuen Arbeitnehmer „schnellstens loswerden" möchte, ist zu prüfen, ob sie als Vertreterin (§ 164 Abs. 1) der Arbeitgeberin M das Arbeitsverhältnis mit A durch eine fristlose, außerordentliche Kündigung gem. § 626 Abs. 1 beenden kann.

a) Wichtiger Grund

Voraussetzung dafür ist gem. § 626 Abs. 1 ein „wichtiger Grund", der die Kündigung ohne Einhaltung einer Kündigungsfrist rechtfertigt, wenn Tatsachen vorliegen, aufgrund derer dem Kündigenden die Fortsetzung des Arbeitsverhältnisses nach Abwägung aller Einzelumstände und der Interessen beider Vertragsteile bis zum Ablauf der ordentlichen Kündigungsfrist oder bis zur vereinbarten Beendigung des Arbeitsverhältnisses nicht zugemutet werden kann. 538

Ein wichtiger Grund könnte in der Tatsache zu sehen sein, dass A alle Fragen des P wider besseres Wissen wahrheitswidrig beantwortet hat.

b) Zulässigkeit der dem A gestellten Fragen

Voraussetzung dafür ist, dass die Fragen der P zulässig waren. Zulässig sind Fragen des Arbeitgebers, an deren Beantwortung er ein berechtigtes Informationsinteresse hat. Denn personenbezogene Daten (Art. 4 Nr. 1 DS-GVO) von Arbeitnehmern oder Stellenbewerbern (§ 26 Abs. 8 S. 2 BDSG) dürfen nur verarbeitet (= erhoben, erfasst, gespeichert, übermittelt, s. Art. 4 Nr. 2 DS-GVO) werden, wenn dies für die Entscheidung über die Begründung eines Arbeitsverhältnisses „erforderlich" ist (§ 26 Abs. 1 S. 1 BDSG). Demnach sind Fragen nur zulässig, die in konkreter Beziehung zu dem angestrebten Arbeitsplatz stehen. Dazu gehören vor allem Fragen nach der beruflichen Qualifikation. Zulässig sind zB auch Fragen nach Vorstrafen. Diese müssen allerdings nur beantwortet werden bei spezifischer Beziehung zu der angestrebten Arbeit. Ferner darf sich aus anderen gesetzlichen Regelungen (zB § 7 Abs. 1 AGG, Art. 9 Abs. 3 GG) kein Frageverbot ergeben. 539

Im Einzelnen gilt für die dem A gestellten Fragen Folgendes:

5. **Zu Ausarbeitung I 1 b aa-cc**

540 Da hier mehrere Fragen gestellt wurden, mussten diese nacheinander auf ihre Zulässigkeit geprüft werden. Hat ein Arbeitnehmer auf eine zulässige Frage bewusst falsch geantwortet, ist das Vertrauensverhältnis zwischen ihm und dem Arbeitgeber so belastet, dass ein wichtiger Grund iSv § 626 Abs. 1 vorliegt. Eine unzulässige Lüge genügt also bereits als wichtiger Grund für die außerordentliche Kündigung.

Im Gutachten müssen dennoch alle Fragen auf ihre Zulässigkeit geprüft werden. Da die Vorstrafenproblematik bei der B einen zentralen Punkt darstellt, wurden detailliertere Ausführungen erst dort gemacht (**Ausarbeitung II 1 b aa**).

6. Zu **Ausarbeitung I 1 c**

541 Da P die Hausjuristin auch bittet, ihm mitzuteilen, worauf er achten muss, war nicht nur zu prüfen, ob eine Kündigung aus wichtigem Grund möglich ist, sondern auch, wie sie wirksam abzuwickeln ist:

Bei der außerordentlichen, fristlosen („nomen est omen“[98]) Kündigung ist keine Kündigungsfrist zu beachten, sondern die Kündigungserklärung wirkt sofort mit ihrem Zugang.

Zu beachten ist das Schriftformerfordernis für die Kündigung gem. § 623 (**Ausarbeitung I 1 c aa**).

Zudem ist bei jeder Kündigung zu erwägen, ob ein besonderer Kündigungsschutz entgegensteht (**Ausarbeitung I 1 c bb**).

Mit einer fristlosen Kündigung kann man aber nicht beliebig lang warten, sondern es ist die Kündigungserklärungsfrist gem. § 626 Abs. 2 S. 1 einzuhalten (**Ausarbeitung I 1 c dd**).

7. Zu **Ausarbeitung I 2**

542 Da die Kündigung aus wichtigem Grund ausreicht, um das Arbeitsverhältnis mit A zu beenden und die Anfechtung unten bei der B noch angesprochen werden muss, war auf die Anfechtung hier nur noch kurz einzugehen.

Ein Hinweis auf die grundsätzliche Möglichkeit der Anfechtung zeigt, dass der oder die Bearbeiterin den Fall durchschaut hat. Ohne diesen Hinweis hätte es aber keine „Minuspunkte“ gegeben, wenn sonst alles richtig gewesen ist. Es wurde von Ihnen erst recht nicht die Erkenntnis erwartet, dass möglicherweise eine Anfechtung für M günstiger gewesen wäre.

98 Lat. (= Der Name ist ein Zeichen.).

aa) Gewerkschaftszugehörigkeit

Für die fachliche Eignung eines Bewerbers ist die Gewerkschaftszugehörigkeit unbeachtlich, da ein sachlicher Zusammenhang zum Arbeitsbereich nicht besteht. Für die persönliche Eignung wird die Frage selbst bei leitenden Angestellten (wegen der durch Art. 9 Abs. 3 GG garantierten Koalitionsfreiheit), erst recht bei anderen Bewerbern unzulässig sein. Für die Tätigkeit einer IT-Fachkraft ist es gleichgültig, ob sie gewerkschaftlich organisiert ist oder nicht. Die falsche Beantwortung dieser unzulässigen Frage kann daher kein wichtiger Grund für die Kündigung sein. **543**

bb) Vorstrafen

Die Tatsache, dass A wegen fahrlässiger Körperverletzung vorbestraft ist, ist für seine Eignung als IT-Fachkraft ohne Bedeutung. Deshalb durfte A auf diese in seinem Fall unzulässige Frage falsch antworten. **544**

cc) Bisher ausgeübte berufliche Tätigkeit

Bezüglich der Frage nach bisher ausgeübten beruflichen Tätigkeiten ist ein berechtigtes Informationsinteresse des Arbeitgebers zu bejahen, da er wissen muss, ob der Arbeitnehmer aufgrund seiner fachlichen und persönlichen Eignung für die angestrebte Tätigkeit ausreichend qualifiziert ist. Die Frage des P war daher zulässig. Da A zu seiner bisherigen beruflichen Tätigkeit vorsätzlich falsche Angaben machte, die P zu seiner Einstellung veranlassten, stellt dieser Einstellungsbetrug einen wichtigen Grund iSv § 626 Abs. 1 BGB dar. Die M, vertreten durch P, kann somit A fristlos kündigen.

c) Abwicklung der Kündigung **545**

aa) Kündigungserklärung

Damit die Kündigung wirksam ist, muss dem A eine Kündigungserklärung zugehen (§ 130). Gemäß § 623 Hs. 1 bedarf die Kündigung zu ihrer Wirksamkeit der Schriftform.

bb) Kündigungsschutz

Der Kündigung darf kein besonderer Kündigungsschutz (wie etwa aus § 17 MuSchG oder §§ 168, 174 Abs. 1 SGB IX) entgegenstehen. Ein solcher ist im Fall des A nicht ersichtlich. **546**

cc) Anhörung des Betriebsrats

Sofern das Unternehmen M einen Betriebsrat hat, muss P darauf achten, dass dieser vor der fristlosen Kündigung angehört wird (§ 102 Abs. 1 S. 1 BetrVG). **547**

dd) Kündigungserklärungsfrist

Bei Einhaltung der Kündigungserklärungsfrist von zwei Wochen (§ 626 Abs. 2 S. 1) steht der Wirksamkeit der Kündigung nichts entgegen. **548**

2. Anfechtung des Arbeitsvertrags; ordentliche Kündigung

Grundsätzlich kommt bei Vorliegen eines Anfechtungsgrundes – hier evtl. durch falsche Beantwortung zulässiger Fragen – auch eine Anfechtung des Arbeitsvertrags in Betracht. Mit seiner Lüge zur bisherigen beruflichen Tätigkeit täuschte A auch arglistig über seine berufliche Qualifikation, weshalb P den Arbeitsvertrag mit A grundsätzlich auch wegen „arglistiger Täuschung" (§ 123 Abs. 1 Var. 1) sowie wegen „Eigenschaftsirrtums" (§ 119 Abs. 2) anfechten kann. Gemäß § 143 Abs. 1 und 2 muss P die Anfechtung gegenüber dem A erklären. Die Irrtumsanfechtung müsste P unverzüglich (§ 121 Abs. 1), die Anfechtung wegen arglistiger Täuschung innerhalb der Jahresfrist des § 124 Abs. 1 erklären. **549**

Nach der Rechtsprechung des BAG (zB BAG Urt. v. 5.12.1957, BAGE 5, 159 = NJW 1958, 516 oder BAG Urt. v. 29.8.1984, NJW 1985, 646) wirkt die Anfechtung entgegen § 142 Abs. 1 bei bereits vollzogenem Arbeitsvertrag nur „ex nunc“[99], also nur mit Wirkung für die Zukunft (Arg.: „geleistete Arbeit kann nicht zurückerstattet werden“). Vertretbar erscheint hier aber auch die Annahme einer „*ex tunc*“[100]-Wirkung, weil A wegen der arglistigen Täuschung (§ 123) keinen Schutz verdient, da seine Arbeitsleistung aufgrund der Täuschung über die nicht vorhandene berufliche Qualifikation im Wert erheblich gemindert war (vertretbar in Anlehnung an die neuere Rechtsprechung des BAG, die bei arglistiger Täuschung in bestimmten Fällen eine Rückwirkung bejaht, wenn dies der Interessenlage besser gerecht wird; MüKoBGB/Busche § 142 Rn. 18 mwN).

Zur Anfechtung des Arbeitsvertrags allgemein: Wörlen/Kokemoor ArbR Rn. 82–86.

Unter **Ausarbeitung I 3** ist dann das Ergebnis des Gutachtens zu Teil I nochmals festzuhalten.

8. Zu **Ausarbeitung II 1 a**

550 Da hier keine wesentlichen Unterschiede zur ersten Fallvariante bestehen, konnte man sich mit der Verweisung nach oben kurzfassen.

9. Zu **Ausarbeitung II 1 b aa**

551 Da B die Fragen nach der Gewerkschaftszugehörigkeit und der bisher ausgeübten beruflichen Tätigkeit zutreffend beantwortet hat, brauchte darauf nicht mehr eingegangen zu werden. Stattdessen war hier sofort auf die Frage nach den Vorstrafen zu kommen, die im Fall der B offenbar das zentrale Problem bei den unrichtig beantworteten Fragen bildete. Aus diesem Grund wird das Vorstrafenproblem – für „Klausurverhältnisse“ – auch relativ ausführlich abgehandelt.

Merken Sie sich:

- Die Frage nach Vorstrafen ist grundsätzlich zulässig, soweit die begangenen Delikte für die Art des angestrebten Arbeitsplatzes von spezifischer Bedeutung sind, dh die Eignung des Arbeitnehmers für die beabsichtigte Tätigkeit infrage stellen.
- Strafen, die nicht in ein Führungszeugnis eingetragen werden müssen (vgl. § 32 Abs. 2 BZRG), sind übrigens schon keine „Vorstrafen“; ebenso wenig darf nach bereits im Bundeszentralregister (Strafregister) getilgten Verurteilungen gefragt werden (s. § 53 Abs. 1 BZRG).
- Bei unzulässigen Fragen darf der Arbeitnehmer, um eine Chance auf Einstellung zu erhalten, bewusst eine falsche Antwort geben (notwehrähnliches „Recht zur Lüge“), sodass die falsche Antwort keinen Anfechtungsgrund iSv § 123 darstellt.

99 Lat. (= ab jetzt).
100 Lat. (= seit damals).

Ferner könnte P das Arbeitsverhältnis mit A auch ordentlich kündigen (§§ 620 Abs. 2, 622 Abs. 1), das dann aber erst mit Ablauf der Kündigungsfrist enden würde.

Auf diese Alternativen kommt es hier aber nicht an, weil P außerordentlich kündigen möchte und dies hier möglich ist.

3. Ergebnis: Unter Beachtung der unter I 1 c genannten Voraussetzungen kann P dem A gem. § 626 Abs. 1 fristlos kündigen.

II. Beendigung des Arbeitsverhältnisses mit B

1. Kündigung des Arbeitsvertrags

a) Außerordentliche Kündigung

Auch hier ist zunächst an eine außerordentliche, fristlose Kündigung nach § 626 Abs. 1 zu denken. Insofern gilt das zu I 1 a Ausgeführte entsprechend. **552**

b) Zulässigkeit der der B gestellten Fragen

aa) Vorstrafen

Die Frage nach Vorstrafen ist nicht uneingeschränkt zulässig, um die Resozialisierung des Vorbestraften nicht unnötig zu erschweren. Daher darf ein Bewerber nach Vorstrafen nur gefragt werden, wenn die begangenen Delikte für die Art des angestrebten Arbeitsplatzes von spezifischer Bedeutung sind, dh die Eignung des Arbeitnehmers für die beabsichtigte Tätigkeit infrage stellen. Zulässig, weil iSv § 26 I 1 BDSG „erforderlich", sind zB Fragen nach Vermögensdelikten (wie Diebstahl, Unterschlagung und Betrug) an einen Arbeitnehmer, der als Kassierer in einem Supermarkt angestellt werden soll oder nach Computerdelikten[101], wenn jemand, wie hier die B, als IT-Fachkraft eine ähnliche Vertrauensstellung einnehmen soll. **553**

Steht eine Vorstrafe indessen in keinerlei sachlichem oder persönlichem Zusammenhang mit der Tätigkeit, die ein Bewerber künftig ausüben soll, ist er berechtigt, die Vorstrafe zu verschweigen („Recht zur Lüge"). Da B jedoch einschlägig (als „Hackerin" bzw. Ransomware-Erpresserin) vorbestraft ist, war die Frage nach den Vorstrafen zulässig, ohne dass ihr ein Recht zur Lüge zustand. **554**

B hat auf die zulässige Frage nach den Vorstrafen nicht wahrheitsgemäß geantwortet, sondern ihre einschlägigen Vorstrafen bewusst verschwiegen und dadurch den P arglistig getäuscht.

Unter „arglistiger Täuschung" versteht man jedes Verhalten des Täuschenden, das bei seinem Vertragspartner einen für die Abgabe einer Willenserklärung ursächlichen Irrtum hervorruft. Dabei muss sich der Täuschende bewusst sein, dass der andere seine Willenserklärung ohne die Täuschung nicht oder nicht „so" abgegeben hätte. **555**

Täuscht ein Arbeitnehmer den Arbeitgeber bei Einstellungsgesprächen auf diese Weise, berechtigt dies den Arbeitgeber grundsätzlich zur Kündigung aus wichtigem Grund gem. § 626 Abs. 1.

---

101 ZB Ausspähen und Abfangen von Daten (§ 202a und b StGB), Datenveränderung und Computersabotage (§ 303a und b StGB) oder Computerbetrug (§ 263a StGB).

10. Zu **Ausarbeitung II 1 b bb und cc**

556 Im Grunde wäre es vertretbar gewesen, auf die Fragen nach der Farbe der Nachtwäsche und der Einnahme der Pille nicht einzugehen: Da B auf die zulässige Frage nach den speziellen, einschlägigen Vorstrafen trotz ihrer entsprechenden Verurteilungen bewusst wahrheitswidrig geantwortet hat, ohne dass ihr ein Recht zur Lüge zustand, hätte das grundsätzlich als wichtiger Grund für eine Kündigung gem. § 626 Abs. 1 ausgereicht, wenn nicht ein Kündigungsschutz entgegenstünde.

Da es sich um ein Gutachten (für die Personalchefin) handelt, musste aber kurz auf alle gestellten Fragen eingegangen werden.

Die Frage nach der Schwangerschaft ist grundsätzlich unzulässig, da sie naturgemäß nur Frauen betrifft und mit ihr deshalb eine unmittelbare Benachteiligung wegen des Geschlechts verbunden ist (§ 3 Abs. 1 S. 2 AGG), die nach § 7 Abs. 1 iVm § 6 Abs. 1 S. 2 AGG unzulässig ist (vgl. Wörlen/Kokemoor ArbR Rn. 77 f.).

Eine Anfechtung wegen Irrtums über eine verkehrswesentliche Eigenschaft gem. § 119 Abs. 2 der B scheidet im Übrigen aus, da es sich bei der Schwangerschaft nicht um einen dauerhaft anhaltenden Zustand handelt (vgl. Wörlen/Kokemoor ArbR Rn. 86).

557 11. Zu **Ausarbeitung II 1 c**

Hier war klar herauszustellen, dass § 17 Abs. 1 S. 1 MuSchG jeder Art von Kündigung entgegensteht (absolutes Kündigungsverbot). Eine Schwangere genießt generell Kündigungsschutz!

558 12. Zu **Ausarbeitung II 2**

Dieser Überleitungssatz bedarf keiner eigenen Gliederungsnummer, da er nur die Überschrift im Gutachtenstil wiederholt. „Überschriften" sind, wie gesagt, in Klausuren nicht gefordert (eher unüblich; abgesehen von „I. Ansprüche gegen A", „II. Ansprüche gegen B" etc).

In einer Klausur genügen dem Korrektor Gliederungsziffern und -buchstaben (die aber leider oft vergessen werden, was das Nachvollziehen der Lösungsgedanken erschwert!). Die Überschriften, die dazu passen, sollte er selbst im Kopf haben. Überschriften wurden hier nur gewählt, um den Studierenden (die letztlich eine Art Lehr- bzw. Lernbuch vor sich haben) die Lektüre zu erleichtern. Da Sie den Faden nunmehr gefunden haben, folgt der Rest ohne Überschriften.

13. Zu **Ausarbeitung II 2 a**

559 In einer „reinen" BGB-Klausur ist zur Zulässigkeit der Anfechtung kein Wort zu verlieren, davon ist vielmehr auszugehen. Da es sich hier aber um eine Arbeitsrechts-Klausur handelt, war das „Problem" der Zulässigkeit der Anfechtung neben der Kündigung unbedingt darzustellen!

Wenn sich die Frage nach der Anfechtung stellt, gilt Folgendes:

Prüfungsschema:
Anfechtung von Willenserklärungen (§§ 119–124, 142 f.) (Wiederholung → Rn. 213)

- Anfechtungsgrund (möglich: §§ 119 Abs. 1 Var. 1 und 2, 119 Abs. 2, 120, 123 Abs. 1 Var. 1 und 2)
- Anfechtungserklärung gegenüber richtigem Anfechtungsgegner (§ 143)
- Anfechtungsfrist (§§ 121, 124)

Wirkung der Anfechtung: § 142 Abs. 1

14. Zu **Ausarbeitung II 2 b–e**

560 Die Prüfungsreihenfolge entspricht der soeben (Rn. 559) genannten Folge im Prüfungsschema „nach BGB", wobei wir bei **Ausarbeitung II 2 b aa–cc** auf die besonderen Voraussetzungen eingehen müssen, die speziellen arbeitsrechtlichen Bezug haben!

bb) Nachtwäsche und Pille

Die Grundsätze des Fragerechts des Arbeitgebers beziehen sich sowohl auf Fragen in einem persönlichen Gespräch als auch auf (Personal-)Fragebögen, vgl. § 26 Abs. 1 S. 1, Abs. 7 BDSG. Die auf diese Weise gestellten Fragen nach der Farbe der Nachtwäsche und der Einnahme der Pille waren nicht erforderlich und damit unzulässig, da sie ein völlig unnötiges Einmischen des Arbeitgebers in die Intimsphäre der B darstellen. **561**

cc) Schwangerschaft

Unzulässig ist grundsätzlich auch die Frage nach der Schwangerschaft: Da diese Frage naturgemäß nur weibliche Bewerber betreffen kann, fällt sie unter das Benachteiligungsverbot von § 7 Abs. 1 AGG. Selbst wenn B von ihrer Schwangerschaft bereits gewusst hätte, hätte sie diese daher verschweigen bzw. die Frage danach verneinen dürfen. **562**

c) Kündigungsschutz

Der nach § 626 Abs. 1 grundsätzlich zulässigen Kündigung darf kein besonderer Kündigungsschutz entgegenstehen. Da B ein ärztliches Attest über ihre Schwangerschaft vorgelegt hat, ist § 17 Abs. 1 MuSchG zu beachten. Gemäß § 17 Abs. 1 S. 1 Nr. 1 MuSchG ist die Kündigung während der Schwangerschaft unzulässig. **563**

Daran ändert auch die Tatsache nichts, dass B durch Verschweigen ihrer Vorstrafen einen Einstellungsbetrug begangen hat, da es sich bei § 17 Abs. 1 MuSchG um ein absolutes Kündigungsverbot handelt.

Somit kann P das Arbeitsverhältnis mit B nicht durch eine Kündigung nach § 626 Abs. 1 beenden.

2. Anfechtung des Arbeitsvertrags

Eine Anfechtung wegen Irrtums über eine verkehrswesentliche Eigenschaft gem. § 119 Abs. 2 der B scheidet von vorneherein aus, da es sich bei der Schwangerschaft nicht um einen dauerhaft anhaltenden Zustand handelt. **564**

Allerdings hat B auch wahrheitswidrig auf die Frage nach Vorstrafen geantwortet, sodass P den daraufhin geschlossenen Arbeitsvertrag deswegen anfechten könnte.

a) Dann müsste das Anfechtungsrecht des BGB neben dem Kündigungsrecht im Arbeitsrecht anwendbar sein. **565**

Dem könnte entgegenstehen, dass dadurch der absolute Kündigungsschutz des § 17 MuSchG umgangen wird. § 17 MuSchG soll indessen nur verhindern, dass die schwangere Arbeitnehmerin ihren rechtmäßig erlangten Arbeitsplatz durch eine Kündigung verliert. Durch den Kündigungsschutz von § 17 MuSchG soll dagegen nicht bewirkt werden, dass die Beteiligten an einem Arbeitsverhältnis festhalten müssen, welches in rechtlich fehlerhafter Weise zustande gekommen ist.

b) Die somit grundsätzlich zulässige Anfechtung könnte nur wirksam sein, wenn P einen Anfechtungsgrund hätte. Als solcher kommt § 123 Abs. 1 Var. 1, Irrtum aufgrund arglistiger Täuschung, in Betracht. Im Einzelnen setzt das Anfechtungsrecht des Arbeitgebers nach § 123 Abs. 1 Var. 1 voraus: **566**

15. Zu **Ausarbeitung II 2 e**

567 Da die Wirkung der Anfechtung im Arbeitsrecht (ex nunc) nicht immer der allgemeinen Wirkung des § 142 Abs. 1 (*ex tunc*) entspricht, musste das klargestellt werden.

16. Zu **Ausarbeitung 3**

568 Die Klausur wäre auch ohne den letzten Satz richtig gelöst, doch empfiehlt es sich, zur Klarstellung in einem kurzen Satz das Ergebnis des (hier: Teil-) Gutachtens abschließend mitzuteilen.

Literatur zur Vertiefung:

Alpmann Schmidt (Lüdde), Skript BGB AT 2, 23. Aufl. 2023, 1. Teil, 4. Abschn. (Nichtigkeit wegen Anfechtung, §§ 142 Abs. 1, 119 ff.)
Alpmann Schmidt (Marschollek), Skript Arbeitsrecht, 23. Aufl. 2022, 2. Teil, 1. Abschn. (Begründung und Mängel des Arbeitsvertrags)
Alpmann Schmidt (Marschollek), Basiswissen Arbeitsrecht, 2. Aufl. 2021, 3. Abschn. B (Mängel beim Vertragsschluss – Fehlerhafter Arbeitsvertrag)
Armbrüster/Wollenberg, Grundfälle zum AGG, JuS 2020, 301, 400
Boecken, BGB Allgemeiner Teil, 3. Aufl. 2019, § 10 IV Rn. 485 ff. (Vernichtbare Rechtsgeschäfte – Anfechtung)
Brox/Walker, Allgemeiner Teil des BGB, 48. Aufl. 2024, § 19 (Arglistige Täuschung und widerrechtliche Drohung)
Däubler, Arbeitsrecht – Ratgeber für Beruf, Praxis und Studium, 15. Aufl. 2024, 7. Kapitel (Die Bewerbungssituation)
Dütz/Thüsing, Arbeitsrecht, 29. Aufl. 2024, § 3 III (Fehlerhaftes Arbeitsverhältnis) und § 6 IV (Einzelne Klauseln)
Hirsch, BGB Allgemeiner Teil, 10. Aufl. 2019, § 20 (Arglistige Täuschung)
Hromadka/Maschmann, Arbeitsrecht Band I – Individualarbeitsrecht, 8. Aufl. 2023, § 5 I (Anbahnung des Arbeitsvertrages) und § 10 I (Beendigungsgründe)
Junker, Grundkurs Arbeitsrecht, 23. Aufl. 2024, § 3 I (Anbahnung des Arbeitsverhältnisses) und IV (Fehlerhaftes Arbeitsverhältnis)
Löwisch/Caspers/Klumpp, Arbeitsrecht, 12. Aufl. 2019, §§ 16 f. (Begründung und Beendigung des Arbeitsverhältnisses)
Metz, Neues zur Strafbarkeit des AGG-Hoppings, NZA 2019, 876
Müller, Die Lüge im Arbeitsrecht, NZA-RR 2023, 225
Stadler, Allgemeiner Teil des BGB, 21. Aufl. 2022, § 25 (Willensmängel)
Rolfs, AGG-Hopping, NZA 2016, 586
Wörlen/Metzler-Müller/Balleis, BGB AT, 16. Aufl. 2023, 2. Kapitel (Anfechtung von Willenserklärungen und Rechtsgeschäften)
Wörlen/Kokemoor, Arbeitsrecht, 14. Aufl. 2023, Rn. 62–97 (Entstehung des Arbeitsverhältnisses)

aa) Der Arbeitgeber M bzw. dieser vertreten durch P müsste eine zulässige Frage gestellt haben, dh begrenzt auf solche Vorstrafen, die für den betreffenden Arbeitsplatz „einschlägig" sind. Diese Voraussetzung ist hier erfüllt (siehe II 1 b aa). **569**

bb) Die Arbeitnehmerin B müsste auf die zulässige Frage vorsätzlich wahrheitswidrig geantwortet haben. Dass B zu ihren einschlägigen Vorstrafen bewusst („tunlichst") keine Angaben machte, zeigt, dass ihr klar war, dass ihre Vorstrafen hier von Bedeutung waren. B hat somit eine arglistige Täuschung (Einstellungsbetrug) vorgenommen. **570**

cc) Diese Täuschung müsste für den Irrtum des P, dh die damit verbundene Einstellung der B ursächlich gewesen sein. Da davon auszugehen ist, dass P die B bei Kenntnis ihrer Straftaten nicht eingestellt hätte, ist auch diese Voraussetzung erfüllt, sodass ein Anfechtungsgrund nach § 123 Abs. 1 Var. 1 vorliegt. **571**

c) Gemäß § 143 Abs. 1 und 2 muss P die Anfechtung gegenüber der B erklären.

d) Dabei hat P die Jahresfrist des § 124 Abs. 1 einzuhalten, die gem. § 124 Abs. 2 Var. 1 mit dem Zeitpunkt beginnt, in welchem P die Täuschung entdeckt hat. Da P ohnehin an einer schnellen Vertragsauflösung interessiert ist, wird er diese Frist mit Sicherheit einhalten. **572**

e) Gemäß § 142 Abs. 1 würde das angefochtene Rechtsgeschäft, hier der Arbeitsvertrag mit B, grundsätzlich als von Anfang an nichtig angesehen. Hierzu muss P jedoch wissen, dass diese Rückwirkung im Arbeitsrecht nicht gilt, da eine Rückerstattung der aufgrund des Arbeitsvertrags erbrachten Leistungen, welche (zB nach § 812 Abs. 1 S. 1 Var. 1) die Folge des von Anfang an nichtigen Vertrags wäre, nicht möglich ist. Nach Rechtsprechung des BAG und der hM wird durch die Anfechtung des Arbeitsvertrags das Arbeitsverhältnis daher wie durch die Kündigung erst für die Zukunft, dh ab dem Zeitpunkt des Zugangs der Anfechtungserklärung beendet. **573**

3. Ergebnis
Unter diesen Voraussetzungen ist folglich eine Anfechtung des Arbeitsvertrags mit B durch P gem. § 123 Abs. 1 Var. 1 möglich und wirksam.

Raum für eigene Notizen:

Sachregister

(Die Zahlen beziehen sich auf die Randnummern.)